Dicionário
de Ecumenismo

JUAN BOSCH NAVARRO

Dicionário de Ecumenismo

Tradução de Pe. Ivo Montanhese, C.Ss.R.

EDITORA SANTUÁRIO
Aparecida-SP

DIREÇÃO EDITORIAL: Pe. Flávio Cavalca de Castro, C.Ss.R.
Pe. Carlos Eduardo Catalfo, C.Ss.R.
COORDENAÇÃO EDITORIAL: Elizabeth dos Santos Reis
COPIDESQUE: Ana Lúcia de Castro Leite
REVISÃO: Marilena Floriano
Vanini Nazareth Oliveira Reis
DIAGRAMAÇÃO: Marcelo Antonio Sanna
CAPA: Marco Antônio Santos Reis

Título original: *Diccionario de ecumenismo*
© Editorial Verbo Divino, 1998
ISBN 84-8169-164-X

Colaboração de Carmen Márquez Beunza (CMB)
Desenhos de Mariano Sinués

**Dados Internacionais de Catalogação na Publicação (CIP)
(Câmara Brasileira do Livro, SP, Brasil)**

Bosch Navarro, Juan
    Dicionário de ecumenismo / Juan Bosch Navarro; tradução de Ivo Montanhese; ilustrações de Mariano Sinués. — Aparecida, SP: Editora Santuário, 2002.

   Título original: Diccionario de ecumenismo
   Bibliografia
   ISBN 85-7200-762-8

1. Ecumenismo — Dicionários I. Sinués, Mariano II. Título

01-5494   CDD-262.001103

Índices para catálogo sistemático:

1. Dicionários: Ecumenismo 262.001103
2. Ecumenismo: Dicionários 262.001103

Todos os direitos em língua portuguesa
reservados à **EDITORA SANTUÁRIO** - 2002

Composição, impressão e acabamento:
EDITORA SANTUÁRIO - Rua Padre Claro Monteiro, 342
Fone: (0xx12) 565-2140 — 12570-000 — Aparecida-SP.

Ano: 2006 2005 2004 2003 2002
Edição: **10 9 8 7 6 5 4 3 2 1**

Introdução

Ao entardecer de um século que coincide com o final do milênio, nossas vistas voltam-se para duas direções. Uma vista, que nasce da razão, procura sinais e perscruta novos horizontes. Outra, a dos olhos do coração, volta-se para trás e, quase sem o querer, faz um balancete. E encontra-se com uma história construída na base de luzes e de sombras, repleta de grandeza e de miséria, cheia de risos e de lágrimas.

A fé cristã proclama que, apesar do caos, nossa história — que é a história de salvação — não está direcionada à destruição da qual falam os "profetas de calamidades". Nosso passado, o mais recente — o século que agora termina — e o mais distante — o milênio que chega a seu fim —, está traçado com caracteres distorcidos, mas escritos retamente, porque o Espírito está sempre presente.

O Espírito acompanhou a caminhada dos cristãos no segundo milênio cristão, apesar de a Igreja ter sofrido talvez a mais grave das enfermidades. Se no primeiro milênio a Igreja indivisa — a Igreja apostólica e a dos Padres — pôde mostrar ao mundo o rosto querido por Cristo, o segundo milênio o desfigurou através das múltiplas divisões entre irmãos e irmãs: cismas entre o Ocidente e Oriente (século XI), entre a Igreja de Roma e as da Reforma e o Anglicanismo (século XVI), e depois múltiplas divisões entre as próprias Igrejas reformadas.

O século XX, nosso passado mais recente, está repleto de páginas muito obscuras. Páginas que podem ser chamadas de pecado, porque pecado foram as duas guerras mundiais, o horror nazista, os expurgos stalinistas, a heresia destruidora do "apartheid sul-africano", a bárbara repressão executada pelos chefes dos exércitos argentinos durante a ditadura militar etc. Atos e situações de pecado em que, muitas vezes, nós os cristãos fomos protagonistas. Mas o século XX tem também páginas luminosas escritas pelas contribuições dos cristãos e das Igrejas. A renovação interna das Igrejas, a aproximação — tímida num primeiro momento e mais arrojada mais tarde — de umas para outras, a colaboração em projetos comuns para a reconstrução da paz perdida, e da devolução da dignidade àqueles que haviam sido despojados de seus direitos, a criação do Conselho Ecumênico das Igrejas (1948), a celebração do Segundo Concílio Vaticano II (de 1962 a 1965), colocadas a funcionar as comissões mistas do diálogo doutrinal... tudo são buscas, numa palavra, da unidade visível, do *Oikoumene*, de todas as Igrejas. Mas isso é, numa palavra, o ecumenismo, a página mais brilhante do cristianismo do século XX. Alguém qualificou-o como o "século da Igreja"; talvez possa-se com mais precisão qualificá-lo como "século do ecumenismo".

Seria conhecida suficientemente essa brilhante página da história das Igrejas cristãs no século XX? Atrevo-me a contestar pela negativa. O ecumenismo continua sendo, entre nós, o tesouro escondido. Faz alguns anos publiquei um livro, *Para comprender el ecumenismo*, com a intenção de preencher essa lacuna na bibliografia religiosa da Espanha e da América que falam o espanhol. Acredito que cumpriu e continua cumprindo um serviço, simples mas básico. Concebido dentro do espírito da coleção "Para pensar, para ler...", da editorial Verbo Divino, foi adotado em alguns seminários e faculdades de teologia para ajudar professores e estudantes, leigos interessados por teologia, e também tem sido objeto de estudo em grupos paroquiais etc. Falta contudo muito por fazer nesse terreno. Não estamos enraizados num passado interconfessional que tivesse facilitado as relações ecumênicas. Por isso tornam-se necessárias publicações que convidem a descobrir a dimensão ecumênica da Igreja.

Este *Dicionário de ecumenismo* pretende ser uma ajuda aos interessados em conhecer essa dimensão eclesial por meio de termos que são empregados habitualmente na literatura ecumênica, às vezes um tanto complexa. Através de 245 termos — infelizmente muitos mais ficaram fora em razão de espaço — procurou-se uma aproximação ao complexo, mas apaixonante, mundo do ecumenismo. Complexo, porque na história ecumênica não somente aparecem conceitos teológicos e doutrinais, diálogos e acordos já realizados, projetos de futuro imediato; há também instituições ecumênicas, em níveis internacionais, nacionais e locais, que é importante conhecer, citam-se cidades onde foram celebradas assembléias e conferências com datas precisas. Mas sobretudo nomes próprios de cristãos e cristãs que contribuíram com sua dedicação dando o melhor de suas vidas para essa aventura que se chama ecumenismo.

Os termos deste dicionário são de diversas índoles. Alguns referem-se a personagens e protagonistas do movimento ecumênico, dos quais apresentamos breves dados biográficos, suas contribuições específicas e algumas de suas obras com caráter eminentemente ecumênico. Outros termos referem-se a instituições ecumênicas ou a documentos já publicados. Dessa forma a apresentação é simplesmente descritiva, atendo-se à explicação da história da instituição ou apresentando o esquema do documento escolhido. Finalmente estão aqueles termos que são eminente-mente teológicos. Nesse caso procurou-se ressaltar a dimensão ecumênica do mesmo, ou as virtua-lidades que para a reunião dos cristãos e das Igrejas têm alguns conceitos doutrinais. O leitor notará que o tom e as formas quiseram ser respeitosas ao máximo ao falar das Igrejas e instituições ecumênicas que não são as da confessionalidade daqueles que as escrevem. Não podia ser de outra maneira num texto que quer ser, em primeiro lugar, ecumênico por opção e por vocação, e depois porque trata-se justamente de um dicionário que procura cristãos de todas as confissões. Um *Índice referencial*, e algumas *Bibliografias*, em espanhol, inglês, francês e alemão, poderão dar uma valiosa ajuda para os leitores interessados no vasto mundo do ecumenismo.

Convencido como estou de que a tarefa ecumênica é fundamentalmente de todo o povo de Deus, e somente em segundo lugar tarefa de especialistas, e convencido também de que as novas gerações devem-se empenhar em realçar o ecumenismo para que a Igreja do século XXI seja realmente ecumênica, quis que neste pequeno dicionário colaborassem alguns alunos de minhas aulas de ecumenismo na Faculdade de teologia de Valência. Mas somente uma aluna, que estava preparando a licenciatura na linha ecumênica, colaborou em nosso trabalho. Trata-se de Carmen Márquez, religiosa marianista, que viveu a bela experiência ecumênica em Taizé e Graz. Trabalhou e redigiu uns 20 termos. Carmen representou nessa ocasião a todos os meus alunos e alunas que passaram durante vários anos pelas salas de aula da Faculdade de teologia de Valência — Seção dominicana — e que agora estão e trabalham já, sem dúvida alguma, com espírito ecumênico em todo território espanhol e por vários países da América do Sul. A eles dedico este *Dicionário de ecumenismo*. E na hora dos agradecimentos é de justiça colocar em primeiro lugar os amigos — antes de mais nada — da direção da Editorial Verbo Divino. Na Verbo Divino pude publicar várias obras, graças a seu amável convite. E agradecimento àqueles que trabalham comigo em equipe no "Centro Padre Congar de Documentação Ecumênica", de Valência. São vários nomes: Jaime, Carlos, Carmentxu, Andrés, Tomeu...

Ao entardecer de um século que coincide com o final do segundo milênio, nosso olhar volta-se para o terceiro milênio no qual a Igreja será verdadeiramente ecumênica, ou terá se convertido numa pequena Igreja provinciana. Nossa fé proclama que será a Igreja indivisa. Nossa esperança baseia-se na palavra e na força de Deus.

Juan Bosch, dominicano
Faculdade de Teologia de Valência

Acordos ecumênicos

Gênero literário teológico que expressa o grau de conformidade e harmonia que se vai descobrindo entre as Igrejas, até agora divididas, e que estabeleceram relações amistosas e diálogos doutrinais. O resultado final do diálogo teológico entre as Igrejas costuma concretizar-se em alguns documentos que, se forem referendados pelas autoridades hierárquicas e recebidas pelo povo cristão, podem constituir passos importantes em ordem à reconciliação cristã.

Na elaboração desses documentos participam teólogos e especialistas de diferentes Igrejas que empreenderam o diálogo e que constituem as chamadas *comissões mistas*. Tendo-se em conta que na composição das comissões mistas participam delegados oficiais e teólogos de diferentes tradições eclesiais, e de tendências teológicas e nacionalidades muito díspares, seus trabalhos constituem um gênero literário com características muito especiais.

Esses documentos são provisionais, não pretendem dizer nem a última palavra, nem às vezes alcançaram a melhor das formulações possíveis. O texto, por mais que se proponhe ser imparcial, comporta certa ambigüidade, já que procede de mundos espirituais distintos. Mas essa ambigüidade vai desaparecendo à medida que as interpretações e leituras, tanto de uns como de outros, convergem em textos posteriores que emendam as lacunas. Assim, cada documento é um marco necessário para a seguinte etapa que conduz ao acordo final. Tudo isso é sinal da limitação de toda linguagem, também da linguagem teológica, e é prova palpável do fato de terem vivido as Igrejas e suas teologias separadas durante séculos.

A autoridade de que gozam esses documentos é dada pelo caráter e oficialidade dos signatários do documento em questão. Se o texto está assinado pelas *autoridades das Igrejas*, deverá ser interpretado como vinculante. Haverá que se considerar, não obstante, a natureza própria do documento, seu gênero literário e seu conteúdo doutrinal, assim como o nível de vinculação eclesial que as próprias hierarquias atribuem à declaração mencionada. Se o texto estiver assinado pelos *membros das comissões mistas*, mas ainda não recebeu o respaldo das hierarquias, não goza de valor oficial e, portanto, o grau do acordo não vincula as próprias Igrejas, mas tem um valor objetivo derivado da ciência de seus autores. Por isso não é considerado ainda como "declaração de Igreja" e não autoriza a mudança da disciplina ou doutrina vigentes. O fato de que seja publicado significa que pode ajudar a enriquecer a reflexão teológica e a mudança de mentalidade do povo fiel. Se o texto estiver assinado por teólogos, pastores ou sacerdotes de *grupos ecumênicos privados*, sem oficialidade eclesial alguma, sua autoridade depende do grau de verdade e solidariedade eclesial que mantêm com a fé das próprias Igrejas. Em nenhum caso, o texto ou declaração em questão implica as Igrejas como tais — já que são grupos não-oficiais —, mas com freqüência seu peso moral é de grande importância. Necessitará, não obstante, da aprovação da autoridade eclesial para que goze da correspondente legitimação. É o caso, por exemplo, do Grupo de Dombes, fundado pelo Pe. Couturier, com resultados surpreendentes.

Torna-se necessário precisar a *tipologia dos acordos ecumênicos*, pois possuem diferente caráter. Os especialistas falam de quatro tipos de acordos: 1) Fala-se de *convergência* quando um documento determinado expressa mais o dinamismo para a unidade que o resultado sobre a substância de doutrina e de unidade. 2) O *elemento do acordo* (*agreed statement*) refere-se à harmonia e consonância sobre um ponto dado, mas deixando aberta a possibilidade de outras divergências, inclusive graves. 3) O *acordo substancial* (*substancial agreemente*) recai sobre um conjunto fundamental sem o qual a mensagem de salvação não é transmitida em sua integridade. Mas reconhece por sua vez que nem as elaborações doutrinais nem as respectivas práticas das Igrejas em diálogo o recobrem inteiramente, embora o essencial esteja assegurado e inclusive se tenha a mesma visão de fé (*intentio*). 4) O *consenso ou acordo pleno* (*full agreement*) designa um acordo total nos conteúdos doutrinais, embora nem sempre na expressão. A pergunta sobre o grau do acordo na fé que se requer para o restabelecimento da "plena comunhão" é óbvia. Muitos teólogos opinam que é necessário chegar ao *acordo substancial*, embora o desejável seria o *acordo pleno*.

Adventistas

O termo "adventista", do latim *adventus*, que significa vinda, designa determinadas comunidades cristãs, de tradição protestante, surgidas em meados do século XIX. A origem dos grupos adventistas remonta à peculiar interpretação das idéias escatológicas que, em meados do século XIX, se expandiram através dos meios protestantes dos Estados Unidos. William Miller (1782-1849), de confissão batista, é reconhecido como o iniciador do adventismo contemporâneo. Inclinado à leitura de difíceis textos bíblicos, chega à conclusão, depois de meticulosos cálculos no livro de Daniel e no Apocalipse, de que o retorno de Cristo à terra devia ocorrer em 1843. Depois duma estrondosa decepção, refez a leitura e anunciou uma nova data: 22 de outubro de 1844. Diante de um novo fracasso e expulso de sua Igreja batista, fundou uma comunidade estritamente adventista sem muitas precisões sobre a data do retorno. O movimento adventista recebeu poderoso impulso graças a uma mulher de grande talento, Ellen Gould Harmon (1827-1915), mais conhecida como a Senhora White por seu matrimônio com o pregador adventista James White. Sua celebridade deveu-se à vasta produção literária que ainda hoje é lida nos meios adventistas: *O conflito dos séculos*, *História dos Apóstolos*, *O caminho para Cristo*, e outros.

A senhora White reinterpretaria os fracassados intentos de Miller conservando a data de 1844, mas afirmando que Cristo passa do lugar santo ao santuário celeste do qual fala Daniel (8,14). Nesse santuário celebra-se o julgamento dos mortos e, uma vez terminado, caberá a vez daqueles que ainda estiverem na terra. O final está evidentemente muito perto. Com ela organizou-se propriamente o Adventismo do Sétimo Dia. Os adventistas são evangelicamente conservadores, reconhecem como única regra de fé a Sagrada Escritura e professam quase todas as verdades cristãs dentro do espírito da reforma protestante: Trindade, divindade de Jesus Cristo, justificação pela fé etc. Mas insistem em vários pontos doutrinais muito próprios deles: a iminente volta de Jesus Cristo à terra como núcleo central da revelação bíblica; negam a imortalidade da alma humana; somente os justos receberão a imortalidade como um dom, enquanto que os ímpios serão destruídos; mantêm uma teoria da "expiação", segundo a qual os pecados apagados do Livro — obra executada por Cristo no juízo de investigação para apresentar ao Pai os arrependidos — necessitam duma vítima propiciatória que arque com eles; essa vítima é Satã, sobre quem recaem os pecados dos arrependidos. *O milênio* é outro dos centros doutrinais adventistas: depois do retorno de Cristo à terra, os fiéis viverão com ele um reino milenário no céu, durante o qual a terra ficará vazia. Somente e no final do milênio, os justos voltarão do céu com Cristo. Desse modo os que tiverem morrido no pecado ressuscitarão para assistir ao juízo universal. Os justos habitarão na nova Jerusalém edificada na terra, enquanto que os ímpios serão definitivamente aniquilados. Insistem na estrita observância dos dez mandamentos, o que implica a obrigação de celebrar o *sabbat* bíblico no sétimo dia da semana, e não no domingo, costume de todas as demais Igrejas cristãs. As oferendas e os dízimos são observados escrupulosamente para sustentar o culto e os postos de missão. A prática do rito do lava-pés antes do serviço de comunhão e o batismo por imersão demonstram o desejo de seguir literalmente os usos bíblicos.

De grande interesse é a obra de reforma sanitária, na qual dão grande importância a uma equilibrada alimentação vegetariana, além da proibição do fumo e do álcool. Embora não participem ativamente em instituições ecumênicas, os adventistas demonstram uma notória atenção aos temas da liberdade, e estão nas origens da Associação internacional para a defesa da liberdade religiosa.

Aliança batista mundial

É a associação mundial das comunidades de tradição batista. Elas se caracterizam dentro do mundo protestante por batizar somente os adultos capazes de confessar pessoalmente Jesus como Senhor e Salvador. Embora muito ciosos da autonomia congregacional, em 1905, criaram em Londres essa aliança com o desejo de maior unidade denominacional, facilitando as relações fraternais entre as Igrejas da tradição batista.

A constituição da Aliança batista mundial afirma que: "existe como expressão da unidade essencial do povo batista no Senhor Jesus, na ordem para irradiar inspiração para a mútua comunhão, e para oferecer pontes que facilitem o compartilhar preocupações na hora do testemunho e do ministério. A Aliança reconhece a autonomia tradicional e a independência das comunidades batistas".

Entre 33 e 35 milhões de batistas pertencem à Aliança batista mundial, que representam as 135 federações de Igrejas divididas nestas seis regiões: Comunhão batista pan-africana, Federação batista da Ásia, Comunhão batista do Caribe, Federação batista européia, Comunhão batista norte-americana e União batista latino-americana. A cada período de cinco anos celebra-se um Congresso batista internacional que estuda os temas escolhidos previamente e programa ações para o lustro seguinte.

Aliança reformada mundial

É a associação mundial de Igrejas da tradição reformada-presbiteriana, cujas origens remontam ao ano de 1875 (Londres). Quase um século depois, unir-se-ia a essa aliança o Conselho internacional congregacionalista (1970), de tradição presbiteriana, formando-se dessa forma a Aliança mundial de Igrejas reformadas ("World Alliance of Reformed Churches"). Sua sede está em Genebra e hoje conta entre seus membros 175 Igrejas, presentes em 85 países, algo em torno de 70 milhões de fiéis. A finalidade da aliança foi sempre preservar a identidade da tradição doutrinal calvinista, assim como o tipo de organização ministerial (diácono, ancião, doutor e presbítero) e eclesiástica (regime presbiteriano-sinodal), que surgiu da reforma de Genebra. Sua ênfase numa eclesiologia da Igreja local como expressão particular da Igreja universal valeu-lhe o reconhecimento de outras tradições que estão ainda muito longe de conceber para a Igreja local a importância que tem.

Uma das grandes contribuições dessa herança ao cristianismo mundial tem sido o papel e a participação ativa e reconhecida ministerialmente que o leigo deve desempenhar na vida da comunidade cristã. Igualmente a tradição reformada-presbiteriana desempenhou um papel de grande importância no movimento ecumênico. Quase todas as suas Igrejas-membros pertencem ao Conselho Ecumênico das Igrejas, e mantêm diálogos oficiais de cunho teológico com quase todas as grandes comunidades cristãs. Tem sido pioneira também do programa *Justiça, paz e integridade da criação* (1983) do Conselho Ecumênico das Igrejas.

Os desafios maiores que hoje têm as Igrejas dessa Aliança mundial são ajustar sua própria identidade e unidade dentro de um variadíssimo leque pluralista de opções ministeriais, e a interpretação das primitivas confissões de fé das Igrejas reformadas.

Amsterdã (Assembléia de)

É a assembléia constituinte do Conselho Ecumênico das Igrejas. Celebrou-se na cidade de Amsterdã, de 22 de agosto a 4 de setembro de 1948. Tema geral: *A desordem do homem e o desígnio de Deus.* Participaram 147 Igrejas-membros e 351 delegados oficiais. Celebrou-se pouco depois da II Guerra Mundial, no início da Guerra

Fria e pouco antes da Guerra da Coréia. As Igrejas que participaram afirmaram a "vontade de permanecer juntas". Quatro seções centralizam o trabalho: 1) *A Igreja Universal no plano de Deus*; 2) *O desígnio de Deus e o testemunho da Igreja*; 3) *A Igreja e a desordem da sociedade*; 4) *A Igreja e a desordem internacional.* Embora do ponto de vista teológico Amsterdã não significou grande coisa, deve-se reconhecer o significado que teve com respeito à presença eclesial na situação histórica em que se vivia. A presença de Karl Barth — extremamente crítico com a Igreja de Roma — significou a substituição de certos métodos ecumênicos do passado (o dos artigos fundamentais, ou o dos pontos de acordo e de diferenças) pelo *método dialético*, que desde alguns anos se emprega na chamada teologia dialética.

Em Amsterdã formularam-se perguntas fundamentais: Por acaso há algo de "católico" na posição "protestante", e "algo de protestante na posição católica"? Por causa disso convida-se a manter os pólos que parecem antagônicos: a tensão da divergência (o não) e da semelhança (o sim), numa busca cada vez mais profunda que se encontre na síntese. Cabe também destacar o duro confronto de duas atitudes frente à sociedade daquele tempo: J. Foster Dulles representa o cristianismo ocidental e vincula o ser cristão aos valores democráticos, enquanto que Joseph Hromadka, teólogo tcheco, admite a possibilidade e conveniência de comunhão entre a fé cristã e a sociedade socialista.

Anabatistas

É o movimento religioso contemporâneo de Martinho Lutero e de U. Zwinglio, criado em Zurique, que radicaliza as posições de ambos reformadores, fundamentalmente na teologia e na prática do batismo. O nome origina-se da insistência em rebatizar aqueles que receberam seu batismo na infância e desejam confessar, de modo pessoal, sua fé em Cristo. A partir de 1523, e induzidos por Conrad Grebel e Felix Manz, e mais tarde por Melchior Hofmann, separaram-se definitivamente de Zwinglio e tentaram instaurar a comunhão dos santos aqui na terra esperando o iminente retorno de Cristo. Esses primeiros anabatistas foram muito perseguidos na Alemanha e Suíça por causa de suas opiniões sobre o pacifismo, sua oposição à pena de morte, aos juramentos nos tribunais e ao crédito com juros, assim como por sua insistência na total separação da Igreja e do Estado, sua negativa em batizar as criancinhas, e especialmente por sua repulsa e oposição ao mundo.

A famosa *Confessión de Schleithein* (1527) é o melhor documento para se entender as teses e convicções anabatistas. Na Holanda encontram no ex-sacerdote Meno Simonis (1496-1561) um notável apoio. Este criaria um movimento com características similares, chamado posteriormente *mennonita*, com grande influência nos ingleses não-reformistas e opositores à reforma anglicana. Mas, ao lado do anabatismo pacífico, existiram tendências de cunho violento, algo posteriores no tempo, que procuraram estabelecer pela força o reino de Deus na cidade terrena. Sobressai pela sua radicalidade o intento teocrático de J. Matthijs e J. de Leyde, em Münster (1534), exterminado brutalmente pelos príncipes alemães.

Anglicana (Comunhão)

A Comunhão Anglicana é a reunião das Igrejas de tipo episcopal, que se mantêm unidas por sua vinculação com a sede de Cantuária, por sua adesão ao *Book of Common Prayer* (*Livro de Oração comum*) e por sua participação nas conferências de Lambeth, que desde 1867 vêm sendo celebradas a cada dez ou doze anos. A identidade anglicana expressa-se, mais que por uma especial teologia ou por uma estrutura autoritária central, por seu sentido bíblico, litúrgico e por um "catolicismo" capaz de manter dentro de si uma grande variedade de opiniões e tendências tão distintas como a anglo-católica ("High Church"), a liberal ("Broad Church") e a evangélica ("Low Church"). A "Igreja da Inglaterra" está na origem dessa comunhão de Igrejas. A motivação externa que levou Henrique VIII a se defrontar com o papado foi a questão de seu divórcio com Catarina

Abadia de Westminster

de Aragão. Depois diferentes atuações do parlamento inglês possibilitaram o estabelecimento de uma Igreja nacional. O *Act of Supremacy* (1534) rejeitava a autoridade do papa em território britânico, e o *Act of Uniformity* — nos tempos da rainha Isabel I — porá as bases jurídicas da nova Igreja. A obra litúrgica levada a cabo pelo arcebispo Thomas Cranmer com o *Livro de oração comum* e a publicação da tradução inglesa da Bíblia chamada *King James Authorized Version* (1611) são dois momentos-chaves no desenvolvimento do anglicanismo.

As Igrejas anglicanas mantêm uma originalidade com respeito às reformas protestantes, que se estavam realizando no continente europeu por sua positiva vontade de querer manter a todo custo a tradição da antiga Igreja medieval em continuidade com a fé dos credos primitivos, mas por sua vez distanciam-se do catolicismo romano pela aceitação de alguns princípios de organização e intuições do protestantismo. A comunhão das Igrejas anglicanas estende-se por todos os continentes e reveste-se de uma tipologia muito diferente de comunidades, tanto as chamadas Igrejas independentes nacionais, como as "Igrejas da província", com referências óbvias às antigas colônias do império britânico. De três modos realizam-se as programações concernentes à comunhão anglicana: a "Conferência de Lambeth", na qual participam o conjunto de bispos da comunhão; os "Congressos pan-anglicanos", sem autoridade executiva, mas que dão suporte aos representantes dos clérigos e dos leigos das diversas dioceses das Igrejas, e o "Conselho executivo", que desde 1971 se reúne a cada dois ou três anos e exerce um papel de conexão sumamente útil para o resto do anglicanismo.

As Igrejas da comunhão anglicana, dentro do cristianismo ocidental, mantêm o princípio de total separação do Estado, embora a "Igreja da Inglaterra" seja nesse sentido uma exceção, uma vez que se considera a si mesma como a Igreja oficial (estabelecida), permitindo a alguns de seus bispos serem membros da Câmara dos lordes, e coroando os reis na abadia de Westminster. Este (o rei) é considerado como a "cabeça da Igreja".

No plano estritamente eclesial admite-se o tríplice ministério do diaconado, presbiterado e episcopado, (ministérios aos quais têm acesso a mulher); igualmente os dois sacramentos do batismo e a eucaristia, mas recusando o caráter de sacramento aos cinco sinais que católicos e ortodoxos admitem também como sacramentos; a eucaristia somente pode ser celebrada por ministros validamente ordenados, sempre usando a língua vernácula e sendo distribuída entre os fiéis sob as duas espécies, do pão e do vinho. O *Livro de oração comum* permitiu que o fiel anglicano mantenha um sentido litúrgico muito elevado. Os *39 artigos de fé*, embora nunca tenham sido recusados oficialmente, caíram em desuso em muitas Igrejas da comunhão. A Virgem Maria, devido à sua maternidade divina, goza na espiritualidade anglicana de especial relevo, mas recusam os dogmas católicos da Imaculada e da Assunção. O *Quadrilátero de Lambeth* (1888) descreve a procura da unidade das Igrejas na base de quatro elementos imprescindíveis: a Bíblia, os credos apostólico e niceno, os dois sacramentos, e o ministério episcopal. A vida religiosa, embora abolida nos tempos de Eduardo VI, foi renascendo a partir do Movimento de Oxford e hoje há na comunhão anglicana várias ordens e congregações de vida religiosa, tanto masculinas como femininas. A contribuição anglicana ao movimento ecumênico tem sido fundamental desde a conferência de Edimburgo (1910).

Anglo-católicos

A Igreja da Inglaterra, como também a comunhão anglicana, conheceu em seu seio diferentes tendências doutrinais e litúrgicas que se traduziram na vida eclesial num pluralismo de comportamentos e modos de ser dificilmente concebíveis em outras Igrejas. Falou-se, inclusive, de três tendências que no mundo anglo-saxão recebem o qualificativo de "Igreja": Igreja alta ("High Church"), Igreja baixa ("Low Church") e Igreja ampla ("Broad Church"). Não devem ser entendidas como blocos separados e antagônicos, pois todos eles convivem — certamente às vezes com dificuldades — dentro da única Igreja da Inglaterra ou de qualquer das Igrejas da comunhão anglicana. Se a Igreja baixa ("Low Church") caracteriza-se por uma sobriedade litúrgica e tendências teológicas próximas do protestantismo, e a Igreja ampla ("Broad Church") é o refúgio dos anglicanos mais liberais e livres-pensadores, ao contrário, a Igreja alta ("High Church") seria a tendência que tem mantido, contra ventos e ressacas, o católico na vida da Igreja; daí deriva-se o nome de anglo-católicos dado aos fiéis dessa tendência.

Eles têm querido manter não somente as cerimônias litúrgicas e a mesma organização eclesiástica, mas o "espírito", que nunca quis abandonar seu passado medieval, e uma teologia que os fez sentir-se em comunhão com a Igreja dos Padres, isto é, com a Igreja universal e indivisa.

Embora em geral essa tendência refira-se ao Movimento de Oxford (E. B. Pusey, J. Keble, R. W. Church, John Newman etc.), deve-se afirmar que os melhores espirituais e teólogos da Igreja da Inglaterra de todos tempos — Mathew Parker, Thomas Cranmer, Richard Hooker, Lancelot Andrewes, Jeremy Taylor, Willian Laud etc. —

sempre mantiveram o sentido "católico" da Igreja. Os anglo-católicos demonstraram, especialmente desde o Movimento de Oxford, um interesse especial em apoiar as relações cordiais e de comunhão com a Igreja católica romana. As Conversações de Malinas — com a pessoa de Lord Halifax por parte anglicana — são sem dúvida a demonstração mais palpável do desejo unionista dos anglo-católicos com a Igreja de Roma.

Apostolicae curae

Carta apostólica do papa Leão XIII, datada em setembro de 1896, em Roma, através da qual se declaram completamente nulas as ordenações anglicanas. Consta de seis partes: I. *Introdução*, onde se formula a questão das ordenações segundo o ritual anglicano e o resultado do exame confiado a uma comissão especial encarregada do estudo dos temas; II. *Decisões anteriores e práticas da Igreja*, com referência especial às Atas de Júlio III e Paulo IV, além do caso Gordon; III. O *defeito da fórmula no "Ordinal" anglicano* ("Accipe Spiritum Sanctum"); IV. *O defeito de intenção*; V. *Decisão final,* e VI. *Exortações e cláusulas finais.* Na decisão final Leão XIII afirma que "aderindo-se a todos os decretos formulados por nossos pontífices predecessores, confirmando-os plenamente e renovando-os, pela nossa autoridade, e pela nossa própria vontade e ciência, nós pronunciamos e declaramos que as ordenações conferidas segundo o rito anglicano foram e são absolutamente vãs e inteiramente nulas". A Carta *Apostolicae curae* apresenta para a Igreja católica um enorme problema ecumênico e suas repercussões são evidentes para as relações entre essas duas Igrejas ocidentais.

Apostolicidade

O termo "apostolicidade" expressa a propriedade graças à qual a Igreja conserva — através do tempo — sua identidade fundamental com a Igreja dos Apóstolos. Ao lado dos conceitos de unidade, santidade e catolicidade, é um dos quatro tradicionalmente considerados como dimensões essenciais ou notas da Igreja. A palavra origina-se do verbo grego *apostollein*, que significa "enviar com uma missão". Já desde o princípio os Doze são os "enviados" por Jesus para proclamar o Reino, da mesma maneira que ele foi enviado pelo Pai. Mas os Doze não são os únicos "enviados". Todos na comunidade são enviados. Por isso que a qualidade de apostolicidade seja na realidade um atributo de toda a Igreja, porque a Igreja toda é a "enviada".

O fato das origens é aqui um tema básico: trata-se de justificar a idéia de que a Igreja ao longo dos séculos é apostólica por ter seu fundamento nos próprios apóstolos escolhidos por Jesus (com uma chamada pessoal a segui-lo, para serem testemunhas de sua ressurreição, e pelo papel simbólico que representa as doze tribos de Israel), o que equivale dizer que possui a mesma doutrina e realiza as mesmas tarefas dos apóstolos. O problema que se levanta nas primeiras comunidades cristãs é precisamente o da pretensão de continuidade como desejo do próprio Cristo. Mas qualquer pretensão de continuidade com a comunidade de Jesus, passa precisamente pelos Doze (apóstolos). Por isso seu desaparecimento iria provocar o problema da sucessão. Que garantia se tem para afirmar que essa Igreja é a mesma dos Apóstolos? Não é de se estranhar que bem cedo aparecessem "escritos apostólicos", não redigidos precisamente pelos próprios Apóstolos, mas redigidos por aqueles que tendo a convicção de que "ensinam a mesma doutrina apostólica" usam seus nomes para dar credibilidade aos ensinamentos ortodoxos. Nessa linha pode-se pensar tanto na redação das "memórias e ensinamentos dos Apóstolos", e dos credos apostólicos, como nas "Igrejas ou sedes apostólicas", cujas origens remontam a algum dos Doze, nos ministérios por imposição das mãos, e finalmente, na composição do cânon das Escrituras.

Diante das disputas com hereges e cismáticos, foi-se desenvolvendo a idéia da necessidade de ligar-se com o genuinamente apostólico, através da doutrina e através de uma série de vínculos e elos históricos que conduzissem até os próprios Apóstolos. Estava nascendo na realidade a tradição apostólica, que seria garantida pelos bispos em comunhão com a sede de Pedro, dentro de uma sucessão que em linha direta parece remontar até às origens. Os concílios ecumênicos são os momentos fortes dessa tradição. Contudo o critério que irão apresentar, séculos mais tarde, os reformadores do século XVI, nas disputas contra Roma, apóia-se na "sola Scriptura". Para eles, o especificamente apostólico será, diante do cúmulo de doutrinas errôneas que acreditam descobrir numa Igreja necessitada de reforma, a pureza da fé e as práticas dos apóstolos, relegando a sucessão apostólica do ministério sacerdotal a um segundo plano, quando não a negando de maneira radical.

A controvérsia católico-protestante diante do tema da apostolicidade tomou desde então uma dupla alternativa: o mundo protestante punha como único critério de apostolicidade a pura doutrina e as práticas legitimadas pelas Escrituras, enquanto que as Igrejas de tipo episcopal (católico-romano, ortodoxos, anglicanos e alguns luteranos) enfatizaram a sucessão dos bispos como critério básico de apostolicidade.

Felizmente nos meios ecumênicos distingue-se hoje uma dupla apostolicidade, mas sem se apresentar como puras alternativas: a *apostolicidade de vida e doutrina*, que seria como a conservação e o desenvolvimento da doutrina transmitida desde os apóstolos (o decisivo é a *própria mensagem*: apostolicidade material); e a *apostolicidade do ministério*, ou sucessão ininterrupta de ministros à frente das comunidades (o decisivo é o *portador oficial da mensagem*: apostolicidade formal e jurídica). O problema analisa-se portanto num novo contexto, no qual a apostolicidade aparece não já como conceito fechado de uma vez por todas, como se na história se houvesse realizado por alguma Igreja em sua forma total, mas sim como um processo com dimensões escatológicas, no qual — apesar de se ter desenvolvido muito cedo ainda as estruturas necessárias de um "ministério apostólico" — sua plenitude não será alcançada senão antes da chegada do reino.

O *Documento de Lima* (Batismo, Eucaristia,

Ministérios. Convergências doutrinais, 1982, chamado às vezes o BEM) é talvez a expressão mais exata até agora sobre nosso problema. O BEM admite sem discussão a existência de "ministérios ordenados como constitutivos da Igreja" (n. 8), cuja "autoridade está enraizada em Jesus Cristo" (n. 15); pelo qual a Igreja é apostólica por ser enviada toda ela (apostolicidade da comunidade, n. 34), mas é também apostólica por se originar no envio dos Doze (apostolicidade dos Doze apóstolos e seus sucessores), que requer uma "sucessão", pelo qual o ministério ordenado tem a tarefa da "preservação e atualização da fé apostólica" (n. 35). A sucessão dos bispos converte-se assim numa expressão da tradição apostólica da Igreja (n. 36), expressão qualificada de "sinal, embora não de garantia" da continuidade e unidade da Igreja (n. 38). Muitas Igrejas que "possuem a sucessão através do episcopado reconhecem cada vez mais que uma continuidade na fé apostólica, no culto e na missão foi conservada nas Igrejas que não guardaram a forma do episcopado histórico" (n. 37). Isso não invalida, logicamente, a "importância do ministério episcopal"; inclusive há Igrejas não episcopais que "expressam sua vontade de aceitar a sucessão episcopal como um sinal de apostolicidade de toda a Igreja" (n. 38).

Se o reconhecimento mútuo dos ministérios seja talvez o problema ecumênico por excelência, é preciso dar alguns passos e superar algumas etapas: as Igrejas de cunho episcopal "terão de reconhecer o conteúdo apostólico do ministério ordenado existente nas Igrejas que não conservaram essa sucessão, e igualmente a existência nestas Igrejas de um ministério da *episcopé* sob suas formas diversas". Mas também as Igrejas sem a sucessão apostólica devem "fazer corresponder que a continuidade com a Igreja dos Apóstolos encontre uma expressão profunda na sucessão da imposição das mãos pelos bispos, e inclusive se não estão privadas da continuidade na tradição apostólica, esse sinal fortalecerá e aprofundará essa continuidade. Deverão redescobrir o sinal da sucessão episcopal" (n. 53).

Assembléias de Deus

As "Assembléias de Deus" constituem um dos grupos mais importantes de todo o movimento de renovação ("revival") espiritual que se percebe em muitas Igrejas de tipo protestante em fins do século XIX e princípios do século XX nos Estados Unidos. Alguns daqueles grupos aspiravam a uma vida de maior experiência de santificação interior ("Holiness Churches"); outros, pelo contrário, quiseram levar adiante uma ação evangelizadora muito mais agressiva e não se contiveram em pregar e atrair aqueles que não pertenciam a nenhuma confissão cristã, mas também atrair aqueles que já eram membros de qualquer outra Igreja ("Evangelistic Associations"); outros, finalmente, desejaram experimentar em suas próprias pessoas e comunidades a ação sensível do Espírito Santo, baseando-se no gozo e posse dos dons que os apóstolos e os primeiros cristãos receberam em Pentecostes ("Pentecostals, Assemblies of God"). Os primeiros pregadores pentecostais, vindos de diferentes denominações cristãs — batistas, metodistas etc. —, viram-se obrigados a ter de criar suas próprias comunidades ao serem expulsos por causa de suas supostas extravagâncias e por causa do lugar preeminente que atribuíam aos dons e carismas. Charles Fox Parhan (Topeka, Kansas, 1900-1903), Evam Roberts (País de Gales, 1904), W. J. Seymour (Los Angeles, 1906) iniciam, sem nenhuma conexão entre si, algumas comunidades que têm já todas as características pentecostais. Pouco depois, em 1914, grupos de pessoas reúnem-se em Hot Springs, Arkansas, para organizar a maior e mais estruturada denominação dos pentecostais, chamada desde então "Assembléias de Deus".

No plano doutrinal assemelham-se muito a todos os demais grupos pentecostais: aceitação da Bíblia como única regra de fé e costumes, batismo no Espírito, cuja confirmação será o batismo de água somente para crentes adultos, importância dos dons de cura, glossolalia e interpretação de línguas, valor simbólico do significado da santa ceia etc. E entre suas características destacam o zelo missionário, que atualmente exercem de maneira intensiva em toda a América Latina e África, com um estilo de vida comunitária marcado pelo entusiasmo contagiante, e uma vida pessoal muito rígida com a proibição do fumo, bailes mundanos, bebidas alcoólicas.

Entre todos os grupos pentecostais, as Assembléias de Deus, apesar de sua espontaneidade e autonomia da congregação local, sobressaem por sua maior organização e pela rede de federações que abrange quase todo o mundo. Estão presentes em sua minoria nos acontecimentos de tipo ecumênico, e somente algumas comunidades eclesiais das assembléias pertencem ao Conselho Ecumênico das Igrejas.

Em 1961, duas Igrejas pentecostais chilenas ingressaram no organismo de Genebra, e em 1969 aconteceu o chamado "O Brasil para Cristo", cujo líder era Manuel de Melo. Desde o ano de 1947 há uma "Conferência mundial pentecostal" (Zurique), um corpo não-legislativo que serve como fórum de intercâmbio de idéias, informação e ajuda mútua. Seu comitê central organiza a cada três anos uma convenção mundial.

Associação ecumênica de teólogos do Terceiro mundo

A Associação ecumênica de teólogos do Terceiro mundo (AETTM), em inglês "Ecumenical Association of Third-World Theologians", (EATWOT), como seu próprio nome indica, reúne teólogos nascidos em contextos geográficos que, pertencendo ao Terceiro mundo, realizam uma reflexão crítica à luz do Evangelho. Crítica da realidade imposta a seus países pelo imperialismo ocidental, mas forjadora por sua vez, partindo do empenho evangélico, de condições para que a realidade possa ser aquela que sempre deveria ter sido. A ambigüidade do termo "Terceiro mundo", fez com que num primeiro momento os teólogos das minorias dos Estados Unidos (negros, latinos, mulheres de cor etc.) estivessem excluídos da associação. Somente depois de diversos encontros de membros dessas minorias com a associação integraram-se de maneira total. A AETTM nasceu no calor da assembléia geral do

Conselho Ecumênico das Igrejas celebrada em Nairobi (1975).

Ali, teólogos africanos, asiáticos e latino-americanos iniciam conversações que foram concluídas com a fundação da "Associação ecumênica", cuja assembléia constituinte teve lugar em Dar es Salaam (Tanzânia, 1976). Nela decidiu-se criar as condições para que o trabalho, que realizam de maneira isolada tantos teólogos de cor, pudesse transformar-se numa enorme força criativa teológica frente a uma teologia importada e irrelevante aos cristãos dos países subjugados durante séculos. A seguinte assembléia teve lugar em Ghana (1977), na qual se estudou preferentemente a possibilidade de se construir uma teologia indígena africana, libertada do domínio cultural das Igrejas missionárias procedentes do mundo branco. Os resultados do encontro de Ghana foram publicados num documento com o título *Teologia Africana em marcha* (1979). A assembléia de Sri Lanka (1979), em contexto asiático, analisou as difíceis implicações da fé cristã num mundo onde é minoria, empobrecido economicamente, mas com uma riqueza multicultural e religiosidade bimilinária. Um ano depois apareceu o documento *As lutas da Ásia por uma plena humanidade.*

A assembléia que a AETTM celebrou no Brasil, em 1980, centrou-se na teologia da libertação e suas implicações sociopolíticas, uma teologia que enfatiza as análises econômicas e de classes, e que será duramente criticada pelas Igrejas européias e norte-americanas. Análise que aparece no documento intitulado *O desafio das comunidades cristãs de base* (1981). A seguinte assembléia reuniu-se em Nova Delhi (1983) e tratou das diferenças existentes entre as teologias feitas a partir do Terceiro mundo, mas a partir duma perspectiva de complementaridade não julgada de maneira negativa.

O documento *A irrupção do Terceiro mundo: desafio para a teologia* apresentou o trabalho feito em Nova Delhi. A AETTM havia realizado um processo no qual podia definir o que era e quais eram seus objetivos.

Era a primeira fase, talvez a mais difícil, de

sua própria história. Era a dos começos, dos balbucios, mas era a da criatividade. E três pareciam ser as suas finalidades: congregar o maior número possível de teólogos do chamado Terceiro mundo, capazes de repensar, partindo de seus próprios contextos de pobreza, a tarefa teológica; construir uma hermenêutica capaz de unificar as aspirações das diferentes teologias da África, Ásia e América Latina; e aspirar a conseguir um diálogo — difícil diálogo — com teólogos brancos da Europa e dos Estados Unidos.

Uma primeira tentativa nesse sentido realizou-se em Genebra (1983). Na cidade suíça reunira-se um número igual de teólogos de ambos contextos teológicos, que procuraram estudar durante vários dias suas diferenças, e analisaram um mundo dividido pelo racismo, sexismo e classicismo. A partir de Genebra, a teologia ocidental terá um companheiro, incômodo mas necessário, representado pela Associação de Teólogos do Terceiro Mundo. Teólogos de diferentes Igrejas cristãs que publicam um documento muito rico: *Fazendo teologia num mundo dividido* (1985). Desde 1986, as mulheres teólogas do Terceiro mundo vêm-se reunindo regularmente com posições muito críticas contra todo paternalismo teológico, inclusive com aquele que se desenrolava nas primeiras assembléias da Associação de teólogos do Terceiro mundo.

Atenágoras I

Aristokles Pyrou (Tsraplana, 25.3.1886 - Estambul, 6.7.1972) foi um dos grandes líderes do movimento ecumênico de todos os tempos e uma figura excepcional das relações ecumênicas entre a ortodoxia e o catolicismo romano. Muito jovem ingressou na vida monástica, e, mais tarde, será nomeado secretário do Santo Sínodo. Em 1923 foi sagrado bispo metropolitano de Corfú; em 1931 ocupou o arcebispado da Igreja grega da América e desde 1949, até à sua morte, será o patriarca ecumênico de toda a ortodoxia. Seu espírito irênico o levará a trabalhar em favor da incorporação de sua Igreja no Conselho Ecumênico das Igrejas.

O encontro com Paulo VI (5-6 de janeiro de 1964), em Jerusalém, marca uma nova relação entre católicos e ortodoxos, iniciando-se o chamado "diálogo do amor", cujas melhores expressões são o *Tomo agapis*, que apresenta a correspondência entre ambas as hierarquias, e o levantamento de anátemas de 1054, que significou a volta para uma nova e cordial relação, a ponto de encerrar-se o Concílio Vaticano II, no dia 7 de dezembro de 1965. Seu trabalho pela unidade da ortodoxia não foi menor. Por isso suas freqüentes visitas às Igrejas "irmãs", seus encontros com os diferentes patriarcas e seu interesse em desenvolver a idéia de conciliaridade em todos os ambientes ortodoxos.

Nesse sentido Atenágoras passará, sem dúvida, para a história como figura capital nas relações da própria ortodoxia com o resto do mundo cristão. Em 1967 realizou através da Europa ocidental uma "peregrinação pela unidade", visitando Paulo VI no Vaticano, a sede do Conselho Ecumênico das Igrejas (em Genebra), o Arcebispo de Cantuária, Michael Ramsey, na Inglaterra. Seus esforços ainda o levariam a trabalhar pela reconciliação entre as Igrejas calcedonianas e não-calcedonianas, e para a preparação de um concílio pan-ortodoxo, no qual deveria chegar-se por etapas, após o desenvolvimento do sentido de conciliaridade entre todas as Igrejas.

Augsburgo (Confissão de)

A *Confissão de Augsburgo*, chamada às vezes de "Augustana", ao lado do *Pequeno catecismo* de Lutero, constitui um dos símbolos que ao longo de 450 anos manteve unido o mundo luterano, apesar de sua enorme diversidade. O imperador Carlos V, desejoso de resolver a disputa religiosa, na qual se defrontavam católicos e seguidores de Lutero, de maneira amigável e não à base de repressão, convocara as duas partes em conflito para que expusessem suas razões a fim de conseguir a paz religiosa no império. A confissão é a resposta da facção luterana ao convite do imperador. Consta o texto de duas partes, de desigual proporção. *A primeira parte*, sistemática, trata de *assuntos doutrinais e de fé* e tem 21 artigos: 1) Deus: a doutrina de Nicéia; 2) o pecado original; 3) a pessoa divina e humana de Jesus; 4) a justificação pela fé; 5) o ministério da palavra e o sacramento; 6) a obediência cristã; 7) e 8) a Igreja; 9) o batismo; 10) a ceia do Senhor; 11) a confissão que se há de conservar; 12) penitência, interpretação evangélica; 13) o uso do sacramento como meio para aumentar a fé; 14) a ordenação como essencial para o ministério; 15) a conservação dos ritos eclesiásticos não-ofensivos ao Evangelho; 16) o governo civil; 17) a volta de Cristo; 18) a escravidão da vontade e a necessidade da graça; 19) a causa do pecado; 20) fé e obras; 21) *A segunda parte* discute os *abusos de Roma*; 22) proibição do cálice para os leigos; 23) o celibato do clero; 24) o sacrifício da missa; 25) a confissão auricular obrigatória; 26) os jejuns e as festas; 27) os votos monásticos; 28) o poder secular dos bispos.

O redator principal foi seu discípulo Melanchthon — Lutero estava impedido de comparecer à Dieta por ordem imperial — e seus colaboradores principais foram: J. Jonas, Agricola e Spalatin. A *confissão* foi lida diante do imperador e príncipes alemães, no dia 25 de junho de 1530. Sete príncipes assinaram esse documento: o eleitor da Saxônia, Filipe de Hesse, Jorge de Brandeburgo, o duque Ernesto de Lüneburg e o príncipe Wolfgang de Anhalt, junto com os representantes das cidades de Nüremberg e Reuttlingen. A *Confissão de Ausburgo*, a primeira confissão evangélica, e talvez a mais famosa, expõe em termos conciliadores a teologia luterana, procurando a paz necessária, mas sem ceder naqueles pontos que pareciam a seus autores uma traição ao Evangelho de Jesus Cristo.

Autocéfalas (Igrejas)

Termo que vem do grego *autós* (próprio) e *kephalé* (cabeça). Igreja autocéfala é aquela que se governa por si mesma, por própria iniciativa. Na ortodoxia é um termo que se emprega para reconhecer que uma Igreja pode escolher seu próprio primado e que não está submetida à jurisdição de nenhum dos nove patriarcados. Mas num sentido amplo designa o conjunto de Igrejas que constitui a Igreja ortodoxa universal. Hoje denominam-se Igrejas autocéfalas os *oito patriarcados* de Constantinopla, Alexandria, Antioquia, Jerusalém, Bucarest, Moscou, Sérvia, Bulgária e o catolicato de Tiflis (Geórgia); as *seis autocéfalas* em sentido estrito da Grécia, Chipre, República Tcheca, Albânia e Polônia, e o mosteiro de Santa Catarina, do Sinai; e algumas *Igrejas da Diáspora*, como os Arcebispados da América e do Japão.

Autoridade

Nenhuma Igreja ou comunidade cristã sente-se ácrata. Inclusive as comunidades com estruturas mais simples — as de tipo congregacional ou aquelas que se proclamam de origem carismática — possuem algum tipo de autoridade, que lhes permite manter uma "ordem" inspirada nas primeiras comunidades cristãs surgidas em torno dos Doze, herdeiras da chama do Jesus histórico. A autoridade, que o próprio Jesus se atribui (sua palavra está acima da palavra de Moisés, tem autoridade para perdoar pecados, e poder sobre o mar e os ventos, chama-nos a deixar tudo e o seguir, envia seus discípulos em nome da autoridade que lhe foi dada no céu e na terra etc), se transmite aos apóstolos (os Doze) e a seus sucessores no sentido de que no meio da comunidade gozam de uma autoridade "derivada" da do Senhor Jesus? Mesmo respondendo afirmativamente, trata-se de uma autoridade cujo modelo está inserido no sentido de *serviço* (*diakonia*) que rejeita explicitamente o modelo das estruturas mundanas dos poderosos desta terra.

Esse primitivo modelo de autoridade (*serviço*) foi-se estruturando em torno dos três centros ministeriais que a comunidade cristã tinha vislumbrado nos títulos de Jesus: *profeta, rei, sacerdote*. Por isso os ministérios (*serviços*) cristãos — o tipo de autoridade permitido na Igreja para cumprir a missão (*envio*) — giram em torno da palavra (*ministérios proféticos*), em torno da comunidade (*ministérios pastorais*), e do culto (*ministério sacerdotal*). As "listas ministeriais",

Autoridade / 31

que se encontram no Novo Testamento (1Cor 12,28-41; Ef 4,11; Rm 12,6; 1Pd 4,10-11), falam da diversidade de serviços que existiam nas comunidades primitivas. E entre eles — embora não os mais importantes no princípio — estão aqueles que pouco a pouco e através das cartas pastorais aparecem como expressões da autoridade derivada dos Doze: autoridade especial dentro da comunidade: os *presbíteros* (origem judeu-cristã), os *bispos e diáconos* (origem dos gentios). Os verbos que são empregados nos Atos dos Apóstolos, em São Tiago e nas cartas pastorais não deixam lugar para dúvidas. Tito, Timóteo e os sucessores dos Apóstolos devem *proteger* a tradição dos Apóstolos, *apascentar* o rebanho, *presidir* bem, *orar* eficazmente, *ungir* enfermos etc. Seria ingênuo pensar que a autoridade cristã sempre se exerceu em clima de comunhão fraterna. As querelas entre as Igrejas, tanto em matérias litúrgicas como de organização ou em questões de fé, foram freqüentes. Não foi fácil encontrar respostas satisfatórias para todas as Igrejas, apesar da existência da instituição do bispo monárquico depois de Inácio de Antioquia, ou apelando, mais tarde, aos sínodos das províncias eclesiásticas, à sede do bispo de Roma quando o primado romano foi desenvolvendo-se como lugar privilegiado do centro da "communio catholica", ou inclusive ao concílio ecumênico.

As diferentes tradições eclesiais desenvolveram ao longo da história doutrinas variadas sobre a autoridade, e seu próprio exercício foi plasmando-se de modo muito diverso. Em suas modalidades extremas poder-se-ia pensar naquilo que os autores do século XIX qualificaram de "religiões de autoridade" (cujo máximo expoente seria a Igreja de Roma) e "religiões de Espírito" (referidas às Igrejas surgidas das reformas do século XVI). Na realidade, ambas expressões eram resultado de um longo desenvolvimento, começando inclusive séculos antes das separações entre o Oriente e o Ocidente, quando o Oriente enfatizava mais a autoridade de tipo colegial-sinodal, respeitosa com as decisões das comunidades locais, embora sempre sob a vontade e supervisão do imperador; enquanto o Ocidente, muito mais cioso da liberdade da Igreja diante dos poderes seculares e políticos, acentuou mais o princípio autoritário e centralizado da Igreja num ponto determinado que foi a sede romana, lugar do martírio de Pedro e Paulo, mas à margem das manobras e interesses políticos do imperador.

O problema da autoridade na Igreja do ponto de vista ecumênico tem várias dimensões, que se referem, de uma parte, à eclesiologia e, de outra, ao ministério eclesial. A Igreja mesma goza de uma autoridade recebida do próprio Senhor, que pode ser definida como "sacramento de salvação" ou, pelo contrário, somente possui uma autoridade que provém de um compromisso e entendimento meramente humanos, a fim de que nela haja uma "ordem", e que a palavra e os sacramentos possam se proclamar e se exercer dignamente? O ministério da Igreja pertence somente à ordem do fazer ("ad bene esse"), ou se refere antes à ordem ontológica ("esse"), que configura o ministro com Cristo cabeça, e cujo atuar frente à comunidade traz consigo uma sacramentalidade especial que nem todos os batizados possuem? Mesmo dentro dessa segunda concepção, o "magistério" que o ministério papal possui em comunhão com a Igreja universal pode pretender ter a infalibilidade que lhe atribui o Concílio Vaticano I? Cabe a um "magistério eclesial" que interprete verdadeiramente as Santas Escrituras, ou as próprias Escrituras são seu próprio intérprete acima das quais não cabe juízo humano? E, por último, a idéia católico-romana de uma autoridade de jurisdição transferida pelo primado petrino e o de seus sucessores sobre a Igreja universal até que limites pode ser admitida pelas concepções eclesiológicas ortodoxas, protestantes e anglicanas? Aqui estão alguns dos temas de debate ecumênico sobre a concepção da autoridade eclesial. Há anos, esses temas são objeto de estudo nas comissões mistas entre as diferentes Igrejas cristãs.

Barmen (Confissão de)

Texto teológico de resistência ao nazismo emanado de um grupo de cristãos luteranos da chamada "Igreja confessante" que se reúnem em sínodo na pequena vila Barmen, perto de Wuppertal, desde 30 de maio de 1934. A oposição era realmente contra os chamados "cristãos alemães", uma tendência da própria Igreja luterana que tentava implantar o espírito do nacional socialismo no núcleo da Igreja e que procurava identificar o germânico com o evangélico. A partir da tomada do poder por parte de Adolfo Hitler (30 de janeiro de 1933), há projetos de se criar uma Igreja do III Reich, levada adiante pelos "cristãos alemães", que já em julho de 1933 conseguem implantar o *Führerprinzip*, isto é, a assimilação de todas as Igrejas territoriais alemãs numa única Igreja evangelista alemã (DEK), e a introdução de leis racistas na mesma. Para muitos luteranos, contudo, aquela tendência estava em contradição frontal com o espírito do evangelho.

Daí a criação de uma linha de pensamento e ação que iria chamar-se Igreja confessante e de uma "Federação de emergência de pastores", cuja alma será Martin Niemöller. Mas ao lado dele encontram-se homens da importância de Karl Barth, Dietrich Bonhöffer, Hans Asmussen, Karl Immer, e Jacobi. Por isso o sínodo de Barmen, no qual se reúnem 139 representantes das Igrejas luteranas, reformadas e da união, vai oferecer a possibilidade de devolver à Igreja a sua liberdade diante das exigências do nacional socialismo. Aqui estão as seis teses de Barmen:

Tese 1. Jesus Cristo, única palavra de Deus: "(Jo 14,6; Jo 10,1.9). Condenamos a falsa doutrina segundo a qual a Igreja poderia e deveria reconhecer como fonte de sua pregação, fora de e junto a essa única palavra de Deus, também a outros acontecimentos e poderes, figuras e verdades, como revelação de Deus".

Tese 2. A obra redentora de Cristo: "Jesus Cristo foi feito por Deus para nós sabedoria, justiça, santificação e redenção (1Cor 1,30). Como Jesus Cristo é a comunicação do Deus de perdão de nossos pecados, assim e com igual seriedade ele é também a firme exigência de Deus sobre a totalidade de nossa vida; por Jesus Cristo somos felizmente libertados das ataduras ímpias deste mundo para um serviço livre e agradecido às suas criaturas. Condenamos a falsa doutrina segundo a qual haveria setores de nossa vida que não estariam sujeitos à autoridade de Jesus Cristo, mas à de outros senhores. Setores nos quais não teríamos necessidade de ser justificados e santificados por ele".

Tese 3. A Igreja, comunidade de irmãos sob o Senhor: "(Ef 4,15.16). A Igreja cristã é a comunidade de irmãos na qual Jesus Cristo age atualmente como o Senhor, em palavra e sacramento, por meio do Espírito Santo. Com sua fé e obediência, com sua mensagem e sua organização, ela deve confessar no meio do mundo de pecado, e, como a Igreja dos pecadores perdoados pela graça, que ela pertence somente a Jesus Cristo, que vive e quer viver somente de seu consolo e de suas diretrizes na expectativa de sua vinda. Condenamos a falsa doutrina segundo a qual a Igreja poderia mudar a forma de sua mensagem e de sua organização segundo sua própria vontade ou de acordo com a mudança das convicções cosmo-visuais e políticas respectivamente dominantes".

Tese 4. Os ministérios na Igreja: "(Mt 20,25-26). Os diversos ministérios na Igreja não fundamentam nenhum domínio de alguém sobre os outros, mas o desempenho do serviço recomendado e mandado a toda comunidade. Condenamos a falsa doutrina segundo a qual a Igreja teria o poder e o direito, fora desse serviço, de se dar ou deixar-se dar a um chefe especialmente provido de poderes ditatoriais".

Tese 5. A Igreja e o Estado: "(1Pd 2,17). A Escritura diz-nos que o Estado, neste mundo ainda não redimido, no qual também se encontra a Igreja, tem o encargo, segundo o ordenamento divino, de velar pelo direito e pela paz com a ameaça e o emprego da força de acordo com a medida do entendimento e do poder humanos. A Igreja reconhece com gratidão e veneração para com Deus o benefício desse ordenamento divino. A Igreja reconhece o Reino de Deus, o mandamento e a justiça de Deus, e com isso, a responsabilidade dos governantes e dos governados. A Igreja confia na força da palavra, por meio da qual Deus sustenta todas as coisas, e lhe obedece. Condenamos a falsa doutrina segundo a qual o Estado poderia e deveria, ultrapassando sua missão particular, converter-se numa única ordem e total da vida humana e, portanto cumprir também o destino da Igreja. Condenamos a falsa doutrina segundo a qual a Igreja poderia e deveria, ultrapassando sua missão particular, apropriar-se dos encargos e do prestígio do Estado e, com isso, converter-se ela mesma num órgão do Estado".

Tese 6. A missão da Igreja no mundo: "(Mt 28,20; 2Tm 2,9). A missão da Igreja, que fundamenta sua liberdade, consiste em comunicar a todos os povos, com a pregação e os sacramentos, em lugar de Cristo e, portanto, a serviço de sua própria palavra e obra, a mensagem da livre graça de Deus. Condenamos a falsa doutrina segundo a qual a Igreja poderia, em virtude de um ato de autonomia humana, colocar a palavra e obra do Senhor a serviço dos desejos, fins e planos, quaisquer que sejam, escolhidos de um modo arbitrário".

Conclusão: "O sínodo confessante da Igreja evangélica alemã declara que vê no reconhecimento dessas verdades e na condenação desses erros o fundamento teológico indispensável da Igreja evangélica alemã, considerada como uma federação de Igrejas confessionais. Convida todos aqueles que podem aderir a essa declaração que recordem esses conhecimentos teológicos em suas decisões de política eclesiástica. Pede a todos aqueles aos quais isso concerne voltar à unidade da fé, do amor e da esperança".

Foi evidente a repercussão que teve a *Confissão de Barmen* no futuro das Igrejas na Alemanha dos anos 30 e 40. É evidente também seu caráter interconfessional — Igrejas luteranas, reformadas e da união. Já de menor transcendência é o problema de saber se Barmen deve ser considerada como uma "confissão de fé" estritamente falando — portanto obrigatória para todos os crentes —, ou como uma declaração teológica contextual, tendo em conta a situação daquele tempo preciso na Alemanha dos anos 30 diante dos "cristãos alemães".

Barth, Karl

Karl Barth (Basiléia, 10.5.1886 - Basiléia, 10.12.1968). Foi um dos maiores e mais decisivos teólogos do século XX. Estudou em Berlim com A. Harnack e em Marburgo com W. Hermann. Ordenado pastor, é nomeado pároco da Igreja Reformada em Genebra e em Safenwil. Fez parte do movimento de cristãos socialistas, mas o apoio incondicional dos teólogos liberais à política belecista do Kaiser significou para ele a ruptura com tudo o que significa a teologia protestante do século XIX. Seu *Comentario de la carta a los Romanos* (1919-1922) supunha o nascimento de outro tipo de teologia que rompia com o subjetivismo, historicismo e pietismo. A distância entre Deus e o homem, muito enfatizada por Barth, torna impossível qualquer intento de reconciliação do homem com Deus; por isso sua negação da teologia natural ou teodicéia. Sua escola, chamada "Teologia dialética", "Teologia neo-ortodoxa" ou "Teologia da crise", chegou a reunir um grupo excepcional de teólogos: F. Gogarten, E. Brunner, R. Bultmann, colaboradores na revista "Entre os tempos", embora mais tarde se dividissem. Nomeado professor em Gotinga, pouco depois obtém as cátedras em Munique e em Bonn. Sua oposição ao nazismo acarreta-lhe o abandono da docência na Alemanha, passando para a universidade de Basiléia (1935-1962). Entre 1932 e 1967 escreve sua monumental *Dogmática eclesiástica* em 13 volumes, nos quais desenvolve seu pensamento teológico no estilo das grandes "sumas teológicas". Mantém duras polêmicas com A. Harnack e mais tar-

Karl Barth

de com E. Brunner a respeito da teologia natural. Participou ativamente na redação da *Confissão de Barmen* contra o propósito nazista de identificar o germanismo com o cristianismo. Embora no princípio fosse sumamente crítico com o movimento ecumênico e com a Igreja católica, mais tarde trabalha pela união das Igrejas (participou da Assembléia de Amsterdã, em 1948, e preparou um dos temas para a de Evanston, 1954). Convidado como observador ao Concílio Vaticano II, não assiste por razão de saúde, mas recuperado, visita colégios e universidades romanas, onde dialoga com teólogos católicos, e é recebido por Paulo VI. Resultado dessa viagem (setembro de 1966) é seu *Ad limina apostolorum*.

Basiléia (Assembléia ecumênica européia)

Primeira assembléia ecumênica européia de Igrejas cristãs, realizada de 15 a 21 de maio de 1989. Convocada e organizada conjuntamente pela KEK e a CCEE, sua própria celebração constitui um relevante acontecimento ecumênico, uma vez que era a primeira vez, desde a ruptura do século XVI, que todas as Igrejas cristãs reuniam-se para um encontro e uma organização conjunta, superando-se com isso uma etapa de mero envio de observadores como acontecia até então. A convocação surge em resposta ao pedido que o Conselho Ecumênico das Igrejas realizou na assembléia de Vancouver (1982), dirigido às Igrejas para entrar "num processo conciliar de compromisso mútuo em favor da justiça, da paz e integridade da criação". Acolhendo esse chamado, as Igrejas reúnem-se com a finalidade de estudar juntas partindo da fé cristã esses problemas e coordenar respostas comuns, conscientes de que se trata de uma situação de crise global cujos três aspectos — guerras, injustiça e deterioração da criação — encontram-se numa interdependência.

A assembléia constatou duas exigências: que tais problemas deviam ser tratados globalmente, em conjunto, e que era necessária uma resposta comum por parte das diferentes confissões cristãs. Setecentos delegados das diferentes Igrejas e milhões de pessoas reuniram-se para analisar, empregando a metodologia do "ver, julgar e agir", a situação da deterioração na qual se encontra a criação e a humanidade. O resultado final da assembléia concretizou-se num documento final de enorme interesse e que teve ampla repercussão. Nele foram analisados os desafios, realizou-se uma confissão de pecados reconhecendo as Igrejas sua responsabilidade na situação, assumindo compromissos e fazendo recomendações.

A celebração dessa assembléia não constituiu um fato isolado, mas que se insere nesse "processo ecumênico conciliar" animado pelo Conselho Ecumênico das Igrejas. Nesse sentido, Basiléia é considerada como uma contribuição a esse processo, que teve a sua continuação nas assembléias de Seul e Graz (CMB).

Batismo

Sacramento de iniciação cristã que supõe a participação na morte e na ressurreição de Cristo e a inserção em seu corpo, e que implica na confissão do pecado e na conversão do coração. Administrado mediante um rito de imersão ou ablução, está acompanhado de uma confissão trinitária, com a fórmula: "em nome do Pai, do Filho e do Espírito Santo". Reconhecido, junto com a Eucaristia, por todas as confissões cristãs, constitui o vínculo sacramental da unidade e o fundamento da comunhão entre todos os cristãos (UR 22), sendo o sinal que, pese as divisões existentes, reúne-os numa mesma fé. Falar hoje do batismo partindo duma perspectiva ecumênica exige ter-se em conta o documento *Batismo, Eucaristia, Ministério* (BEM), onde estão contidos os acordos alcançados pelas diferentes Igrejas. A possibilidade do batismo de crianças, praticado desde a antiguidade, situa-se na ordem duma das divisões surgidas no século XVI: a do movimento anabatista, que não admite o batismo de crianças e pratica o "rebatismo daqueles que receberam o batismo na infância. As Igrejas batistas, herdeiras do movimento anabatista, admitem unicamente o batismo de adultos. O problema da restrição do batismo aos adultos tem sido a maior dificuldade doutrinal. Distingue-se entre as Igrejas que batizam somente os crentes capazes de pronunciar por si mesmos a confissão de fé e aquelas Igrejas que admitem o batismo de crianças (apresentadas por adultos responsáveis de educá-las na fé). Enquanto que no batismo de adultos ressalta-se a confissão explícita da pessoa que pede o batismo, o caráter imprescindível da fé, no batismo de crianças o elemento destacado é a fé comunitária e a fé compartilhada com os pais.

O BEM procura uma aproximação de posições afirmando que "as duas formas do batismo exigem uma atitude responsável idêntica no que se refere à educação cristã. Um redescobrimento do caráter permanente da formação cristã pode facilitar a aceitação mútua das diferentes práticas de iniciação (BEM, n. 12. *Comentário*). O aumento na prática do batismo de adultos em todas as Igrejas apresenta-se como um elemento de convergência que pode ajudar a superar essa controvérsia. Outra dificuldade apresenta-se a propósito do "batismo no Espírito", praticado pelas comunidades pentecostais, que é visto como o fundamento da vida cristã e interpretado como um novo

Pentecostes. Apesar das diversas formas de administração, longe de ser um obstáculo, o batismo deve ser visto como um elemento de comunhão. Assim o BEM refere-se ao batismo como "vínculo de comunhão", afirmando que "nosso único batismo em Cristo constitui um chamamento às Igrejas a fim de que superem as divisões e manifestem ostensivamente sua comunhão" (n. 6). As práticas diferentes do batismo nas diferentes Igrejas devem ser entendidas como participação no único batismo de Cristo. Neste sentido, o BEM faz um convite às Igrejas cristãs a reconhecer explicitamente seus respectivos batismos como meio de expressão dessa unidade batismal em Cristo. Há acordo por parte de todas as Igrejas em recusar o rebatismo por considerar ser um ato que não pode ser reiterado se foi corretamente administrado. O BEM faz um alerta para evitar qualquer prática que pudesse ser interpretada como um rebatismo. Foram realizados entre diferentes Igrejas acordos de reconhecimento mútuo do batismo (CMB).

Batistas

Com esse nome conhecem-se hoje as Igrejas herdeiras daquele movimento chamado "anabatismo", contemporâneo de Lutero, que radicalizava as posições do reformador alemão sobretudo na teologia e na prática do batismo. O nome originou-se pela insistência em rebatizar aqueles que receberam o batismo na infância — considerado inválido — e que precisavam confessar sua fé adulta em Cristo de modo pessoal. Os anabatistas — parte da chamada "esquerda luterana" — foram muito perseguidos na Alemanha e Suíça por causa de suas opiniões sobre o pacifismo, sua oposição à pena de morte, aos juramentos nos tribunais e ao crédito com juros, assim como à total separação entre Igreja e Estado e na negativa em batizar as crianças. Encontraram no ex-sacerdote holandês Meno Simonis um autêntico líder, cujo movimento tomaria mais tarde o nome de "menonista". Contudo, as origens próprias dos batistas encontram-se em John Smyth — clérigo anglicano que abandonou sua

Igreja e fundou na Holanda (1609) uma comunidade com todas as características que terão mais tarde as congregações "batistas" — e Thomas Helwys, que em 1611 cria uma comunidade em Londres propriamente batista. A tradição expande-se pelas colônias inglesas da América rapidamente. Roger Willians funda o primeiro templo batista em Providence (Rhode Island) em 1631. Sua simplicidade congregacional e litúrgica, o biblicismo e às vezes um emocionalismo, do qual são muito receptivos os imigrantes pobres da Europa e os numerosos escravos negros, fizeram com que a fé batista crescesse vertiginosamente por todos os estados sulinos.

Mas os batistas também conheceram numerosas divisões, devido às diferenças doutrinais sobre a redenção — batistas "gerais" e "particulares", conforme a redenção possa ser aplicada universalmente ou somente aos eleitos — e sobretudo à questão da escravidão, uma vez que foram criadas bem cedo Igrejas para homens e mulheres da raça negra e "Igrejas brancas" para os senhores dos escravos. Nos Estados Unidos há três grandes associações batistas: a American Baptist Convention (batistas do norte), a Southern Baptist Convention, e a Negro Baptists. Em 1905 cria-se a Aliança batista mundial, expressão do sentir e compartilhar batista, mas sem nenhum poder legislativo sobre as Igrejas-membros. As últimas estatísticas falam da existência de cinqüenta milhões de batistas no mundo. Com o protestantismo histórico compartilham a aceitação da Bíblia como palavra de Deus e única regra de fé e de vida, sua livre interpretação sem que credos ou magistérios possam dar interpretação oficial, a justificação pela fé, negação do mérito humano e das práticas não-bíblicas nas devoções, rejeição do culto especial à Virgem Maria e aos santos, aceitação de somente dois sacramentos: batismo e santa ceia.

As características genuínas dos batistas residem em sua concepção do regime eclesiástico, que é "congregacionista": total e exclusiva autonomia da Igreja local; e em sua concepção do sacramento do batismo administrado sempre por imersão e somente aos adultos. A santa ceia não é celebrada com freqüência e é uma simples recordação da última ceia de Jesus. Os batistas foram sempre porta-bandeiras da total separação entre Igreja e Estado (Roger Willians), da liberdade em matéria religiosa e civil, do pacifismo (M. Luther King), e do espírito missionário (Willians Carey).

Bea, Agostinho

Agostinho Bea (Riedböhringen, Baden, 28.5.1881 - Roma, 16.11.1968). Jesuíta alemão, exegeta e ecumenista, nomeado cardeal (1959) e primeiro presidente do Secretariado romano para a unidade dos cristãos (1960-1968) pelo papa João XXIII. Estudara teologia em Friburgo, filosofia clássica em Innsbruck e ciências orientais em Berlim. Foi professor de exegese bíblica do AT na Alemanha (1917-1921) e em Roma (1924-1959), sendo reitor do Pontifício Instituto Bíblico dessa cidade desde 1930 até 1949. Ao seu lúcido e eficiente trabalho deve-se, sem dúvida alguma, que a declaração conciliar *Nostra aetate* viesse à luz e chegasse finalmente a ser aprovada pelos Padres do Concílio Vaticano II e promulgada por Paulo VI no dia 28 de outubro de 1965. Neste sentido teve de lutar muito, pois a propaganda anti-semita, que tomou conta da sala conciliar para que não se promulgasse um texto que tratava bem os judeus, foi enorme e orquestrada inclusive por alguns eclesiásticos simpáticos à causa palestina. Deu importância extrema à necessidade da Bíblia para o diálogo ecumênico. Entre as suas obras em espanhol estão: *A unidade dos cristãos* (1963); *Unidade na liberdade. Reflexões sobre a família humana* (1964); *A Igreja e o povo judeu* (1966).

Beauduin, Lambert

Lambert Beauduin (Rosoux-lès-Waremme, Bélgica, 5.5.1873 - Chevetogne, 11.1.1960). Foi um dos grandes pioneiros do movimento ecumênico e litúrgico. Em 1906 ingressou na abadia beneditina de Mont-César (Lovaina), embora tenha sido ordenado sacerdote em 1897. Por sua vocação beneditina trabalhou na renovação litúrgica organizando a cada ano uma "Semana litúrgica" e fundando a revista "La vie liturgique", que mais tarde muda o nome e se torna "Les questiones liturgiques" (1911). Desde sua nomeação como professor de teologia em Santo Anselmo, Roma (1921), cresce seu interesse pela questão oriental. Nesse tempo tornou-se um digno colaborador do cardeal Mercier nas Conversações de Malinas (1921-1925). Em 1925 fundou o Mosteiro da união em Amay-sur-Meuse e em 1926 fundou também a revista "Irénikon". Dom L. Beauduin teve de abandonar o mosteiro por causa da curta visão de Roma em interpretar o trabalho ecumênico que se desenvolvia nele. Em 1939, o mosteiro se transladará para Chevetogne. Enquanto está no exílio colabora com os dominicanos na fundação do "Centro de Pastoral Litúrgica" e da revista "La Maison-Dieu". Em princípios da década de cinqüenta, volta de novo para Chevetogne e estabelece uma profunda amizade com o Núncio em Paris, Ângelo Roncalli, que mais tarde seria eleito Papa em 1958. Entre as obras de L. Beauduin destaca-se *La piété de l'Église* (1914).

BEM (*Documento de Lima*, 1982)

O assim chamado *Documento de Lima* é um texto de tipo ecumênico, elaborado pela comissão de "Fé e Constituição" do Conselho Ecumênico das Igrejas, que ajunta as *convergências* doutrinais existentes hoje entre a maioria das Igrejas cristãs a respeito de batismo, eucaristia e ministério. Por isso, às vezes, é citado inclusive pelas letras iniciais da temática estudada: B (batismo), E (eucaristia), M (ministérios). Na realidade, o texto é o resultado de um longo processo de estudo e investigação levado a termo pela comissão de "Fé e Constituição" que se iniciou na conferência de Lausana (1927), e cujos materiais, revisados em Lovaina (1971), em Accra (1974) e em Bengalore (1978), tomam finalmente corpo definitivo em Lima (janeiro de 1982). O *Documento de Lima* contém um notável grau de acordos ou convergências, mas não manifesta ainda um *consenso* quanto à experiência de vida e de fé necessárias para realizar a unidade visível. A *convergência* é uma etapa na caminhada para a unidade visível dos cristãos na qual se manifesta claramente que, apesar de a diversidade das expressões teológicas, as Igrejas têm muitas coisas já em comum no que se refere à sua compreensão da fé cristã.

A peculiaridade do BEM é que em sua elaboração colaboraram não somente membros das Igrejas pertencentes ao Conselho Ecumênico, mas também teólogos de outras confissões, entre elas teólogos da Igreja católica. "O fato de que teólogos de tradições tão acentuadamente diferentes possam ser capazes de falar com tal harmonia do batismo, da eucaristia e dos ministérios é alguma coisa sem precedentes no movimento ecumênico moderno." Cada um dos três capítulos do *Documento de Lima* consta de duas partes: numa primeira aparece o texto principal, dividido em vários parágrafos que mostram os pontos de convergência teológica maiores, e numa segunda parte estão os comentários que indicam as diferenças superadas ou as questões ainda controvertidas que exigem maiores estudos. A comissão de "Fé e Constituição", através do *Documento de Lima*, convidou todas as Igrejas a favorecer o processo de recepção e a preparar uma resposta oficial contestando essas ou parecidas questões: até que ponto vossa Igreja pode reconhecer no presente texto a fé da Igreja através dos séculos; as conseqüências que vossa Igreja poderia tirar desse texto para suas relações com outras Igrejas; as indicações que vossa Igreja pode obter desse texto no qual concernem a sua vida e seu testemunho no plano do culto, da educação, da ética e da espiritualidade; e as sugestões que vossa Igreja possa fazer para a continuação do trabalho de "Fé e Constituição" no que se refere à relação entre o material desse texto e seu projeto de estudo a longo prazo sobre a "expressão comum da fé apostólica hoje".

As numerosas respostas foram publicadas pelo Conselho Ecumênico das Igrejas, sob a direção de Max Thurian, em seis volumes nos quais estão contidos os ecos, as sugestões e as críticas de 143 Igrejas, incluída a da Igreja católica. O título geral é *Churches Respond to B.E.M. (Official responses to the Baptism, Eucharist and Ministry).* Apresentamos aqui o esquema do BEM: *Batismo*: 1) *A instituição do Batismo* (n. 1). 2) *A significação do Batismo* (n. 2). Participação na morte e na ressurreição de Cristo (n. 3), Conversão, perdão, purificação (n. 4), Dom do Espírito (n. 5), Incorporação no corpo de Cristo (n. 6), Sinal do reino (n. 7). 3) *O batismo e a fé* (n. 8-10). 4) *A prática do batismo: Batismo de adultos e batismo de crianças* (n. 11-13), Batismo, crisma, confirmação (n. 14). Para um reconhecimento mútuo do batismo (n. 15-16). 5) *A celebração do batismo* (n. 17-23). *Eucaristia*: 1) *A Instituição da Eucaristia* (n. 1). 2) *Significação da Eucaristia* (n. 2): *como ação de graças ao Pai* (n. 3-4), *como anamnese ou memorial de Cristo* (n. 5-13), como invocação do Espírito (n. 14-18), como comunhão dos fiéis (n. 19-21), como convite do reino (n. 22-26). 3) *A celebração da Eucaristia* (n. 27-33). *Ministério*: 1) *A vocação de todo povo de Deus* (n. 1-6). 2) A Igreja e o ministério ordenado (n. 7): O ministério ordenado (n. 8-14), Ministério ordenado e autoridade (n. 15-16), Ministério ordenado e sacerdócio (n. 17). O ministério de homens e mulheres na Igreja (n. 18). 3) *As formas do ministério ordenado*: Bispos, presbíteros e diáconos (n. 19-25). Princípios regentes para o exercício do ministério ordenado na Igreja (n. 26-27), Funções dos Bispos, dos presbíteros e dos diáconos (n. 28-31). Variedades de carismas (n. 32-33). 4) *A sucessão na tradição apostólica*: A tradição apostólica na Igreja (n. 34). A sucessão do ministério apostólico (n. 35-38). 5) *A ordenação*: O significado da ordenação (n. 39-40), O ato da ordenação (n. 41-44), Condições para a ordenação (n. 45-50). 6) *Para o reconhecimento dos ministérios ordenados* (n. 51-55).

Bíblia

É o conjunto de escritos com valor normativo para a fé cristã onde estão contidas as revelações de Deus para o homem. Essas revelações não aparecem como um conjunto de verdades doutrinais, mas como a automanifestação de Deus na história humana, cuja expressão definitiva é Cristo. A formação do cânone (lista de livros que formam a Bíblia) supôs um grande processo através do qual foi-se forjando na comunidade a convicção de que determinados escritos são normativos para a fé e a vida da mesma. Foi no Concílio de Trento onde o magistério católico fixou definitiva e oficialmente o cânone dos livros *protocanônicos* (aqueles que sempre foram aceitos como canônicos) e os *deuterocanônicos* (aqueles que escritos ou transmitidos em grego, tiveram dificuldade em serem assumidos pela tradição cristã). Embora todas as Igrejas cristãs aceitem a obrigatoriedade de um cânone, há entre elas divergências quanto ao conteúdo. Assim, as Igrejas da reforma aceitam como canônicos os livros do Antigo Testamento, considerados como "protocanônicos" pela Igreja católica (a chamada Bíblia hebréia ou cânone curto), mas não os "deuterocanônicos". Enquanto que para o Novo Testamento aceitam o mesmo cânone como a Igreja católica. Nas Igrejas ortodoxas não há decisão oficial alguma sobre o cânone, coincidindo geralmente com o da Igreja católica, embora, desde a Reforma, algumas Igrejas não admitam os "deuterocanônicos" do Antigo Testamento ou do Novo Testamento.

Com respeito a autoria, a Bíblia é ao mesmo tempo palavra de Deus e palavra do homem. Enquanto palavra de Deus, é reconhecida por todas as Igrejas cristãs como palavra inspirada e verdadeira. Assim, fala-se de inerrância (ausência de erro) da Escritura, que deve ser entendida, não como ausência de erros históricos, mas como certeza da salvação que ela anuncia (DV 11). A inerrância atribui-se a todos os livros e a todos os conteúdos, sem que se queira limitá-la a determinados aspectos ou partes da Bíblia (pois os erros materiais também fazem parte da verdade da salvação que anunciam). Enquanto palavra humana, que chega até nós através da linguagem humana, escrita em determinado gênero literário, partindo dum contexto determinado e dum horizonte mental concreto, torna-se necessária uma aproximação hermenêutica que, a partir do estudo do gênero literário e dos métodos histórico-críticos permita descobrir hoje seu sentido e alcance salvífico universal. Foram os protestantes os primeiros no campo da hermenêutica, mas hoje há grande convergência no que se refere à interpretação da Escritura (adoção dos mesmos métodos e pontos de vista hermenêuticos análogos). A Bíblia é reconhecida por todas as confissões cristãs como a fonte básica do conhecimento (o Conselho Ecumênico das Igrejas exige em sua base doutrinal "crer em Nosso Senhor Jesus Cristo como Deus e Salvador segundo as Escrituras"). As diferenças surgem no que se refere à aceitação de outras fontes e a sua coordenação: para as Igrejas nascidas da reforma, a Sagrada Escritura é a única palavra de Deus e a única possibilidade de revelação (princípio "Sola Scriptura"); rejeitam o valor normativo da tradição e o magistério. A Igreja ortodoxa reconhece a tradição, mas de forma subordinada. Na Igreja católica, Escritura e Tradição constituem um único depósito da palavra de Deus, correspondendo ao magistério a função interpretativa da Escritura (CMB).

Bilateral, multilateral (Tipos de diálogo teológico)

Os diálogos teológicos oficiais empreendidos pelas Igrejas com o fim de alcançar a unidade têm como resultado, normalmente, um texto ou vários textos ecumênicos que representam sempre etapas de uma longa caminhada que conduzirá à comunhão plena na unidade visível de todos os cristãos. E esses diálogos podem ser tanto *bilaterais*, aqueles que se mantêm entre duas Igrejas, ou *multilaterais*, os entabulados entre três ou mais tradições eclesiais. Em sua elaboração participam teólogos, peritos e pastores das Igrejas implicadas, nomeados oficialmente pelas hierarquias das respectivas Igrejas. Tendo em conta que na composição das "equipes mistas" participam delegados oficiais, teólogos de diferentes nacionalidades e de diversas tradições teológicas, seus trabalhos constituem um gênero literário muito complexo com características especiais entre as quais poder-se-iam enumerar as seguintes: 1) *Provisionalidade*. De um documento interconfessional não pode exigir a precisão e a exatidão terminológica que se poderia esperar de um documento confessional; isso que poderia parecer falta de lealdade é antes sinal da limitação da linguagem teológica nascida de mundos espirituais diferentes. Essa certa ambigüidade irá desaparecendo à medida que, no intercâmbio e no diálogo entre os membros das equipes mistas, vão sendo corrigidas e emendadas certas lacunas anteriores, e se trabalha em documentos para etapas seguintes que poderão conduzir à meta final. Por isso esse caráter de provisonalidade. 2) *Topologia*. Os documentos, resultado dos diálogos teológicos, possuem caráter distinto. Aqui são apresentados alguns mais representativos: *convergência* quando um texto expressa um comum movimento para a unidade, mas longe ainda de um acordo sobre a substância da doutrina; *elementos de acordo (agreed statement)*: quando o acordo é sobre um ponto determinado, embora sobre outros pontos permaneçam divergências de fundo: *acordo substancial (substancial agreement)*: quando se chega a uma definitiva aprovação como resultado final de um longo processo; e *consenso ou acordo pleno (full agreement)*: designa um acordo total, ao menos no conteúdo, embora às vezes não na expressão.

"Black theology"

Entende-se por "teologia negra" aquela forma de teologia da libertação que surgiu nos últimos anos da década dos anos sessenta em ambientes culturais negros dos Estados Unidos, com metodologia própria, reivindicativa da libertação do povo negro diante da sociedade racista branca, com caráter contextual e inter-denominacional, com símbolos próprios (o "Deus negro", o "Cristo negro, a "Igreja negra"), e com uma chave hermenêutica — a negritude — que dá a razão para toda a sua luta. Seus autores e protagonistas, todos de raça negra, aceitam unanimemente como "lugares "teológicos" de seu agir teológico o passado de escravidão de seu povo na América, a interpretação da Bíblia dada pela "Igreja negra", a pregação de seus pastores dos séculos XVIII e

XIX, e certas formas musicais do povo afro-americano. Dentro de seu contexto desenrolou-se nos últimos anos uma interessante "teologia feminista", que se separa daquela que estrutura a mulher branca, e que se convencionou chamar "womanist theology", que quer ser expressão da voz da mulher negra, duplamente marginalizada por sua condição de mulher e de mulher de raça negra. A influência da teologia negra norte-americana na teologia sul-africana é inquestionável. A luta diante da opressão branca, levada a termo por cristãos de diferentes denominações durante o tempo do "sistema do apartheid", inspirou-se de maneira direta na luta de seus irmãos negros dos Estados Unidos. É mais discutível a relação existente entre a teologia negra e as diferentes teologias africanas que não nasceram diretamente de um contexto de opressão racista. Os nomes importantes da teologia negra são: James H. Cone, J. Deotis Roberts, Major Jones, Erica Lincoln, Calvin Bruce, James M. Washington. Entre os nomes da "womanist theology" destacam-se os de Jaquelyn Grant, Delores S. Williams, M. Shawn Copeland; e entre os da teologia negra sul-africana estão: Allan Boesak, Desmond Tutu, Itumeleng J. Mosala, Frank Chikane, Simon Maimela, John de Gruchy, Basil Moore e Albert Nolan.

Boegner, Marc

Marc Boegner (Epinal, 21.2.1881 - Estrasburgo, 19.12.1970). Pastor da "Igreja Reformada da França" e um dos homens que mais trabalhou pelo movimento ecumênico durante o século XX. Estudante de leis, inicia sua carreira teológica e é ordenado no ministério pastoral em 1905. Professor na Sociedade evangélica missionária de 1911 a 1918, e Pastor da paróquia de Passy (Paris) desde 1918 até 1954. Membro do Conselho provisional do Conselho Ecumênico das Igrejas (1938-1948), e desde sua fundação (Amsterdã, 1948) será co-presidente até 1954. Em sua juventude havia-se sobressaído como ativo dirigente do Movimento cristão de estudantes franceses. Durante a II Guerra Mundial interveio a favor dos judeus e de refugiados de guerra. Observador convidado no Concílio Vaticano II e membro da Academia Francesa (1962). Entre seus livros merecem menção: *O problema da unidade cristã* (1947); *A exigência ecumênica e o longo caminho para a unidade: memória e antecipações,* nenhum deles traduzido para o espanhol.

Bonhoeffer, Dietrich

Dietrich Bonhoeffer (Breslau, 4.2.1906 - Flossenburg, 9.4.1945). Pastor e teólogo luterano — mártir do nazismo — cuja influência no mundo teológico universalizou-se pela publicação de suas *Cartas da prisão.* Nascido de uma família abastada, inicia-se desde cedo na carreira teológica e estuda em Berlim e mais tarde em Tubinga. Os anos em Barcelona (1929) e em Nova York (1930) abrem-lhe os horizontes dos quais tinha necessidade. Depois de seu ano sabático na "Union Theological Seminary", volta para a Alemanha. A chegada ao poder de Adolfo Hitler supõe um desafio ao jovem teólogo, cuja resistência através da "Igreja confessante" levá-lo-ia finalmente à morte. Alternou a docência universitária com a resistência. Os anos em Londres (1933-1935) o aproximam do movimento ecumênico e da figura do bispo anglicano George Bell, duas grandes referências anti-nazistas. Dirige mais tarde o seminário de Winkenfalde para jovens pastores, os quais ele leva a uma espiritualidade comunitária que se encontra em seu livrinho *Vida em comunidade* (1938). O seminário será fechado pelas autoridades políticas e sobre Dietrich cai a proibição de publicar. Recusa um convite para permanecer em Nova York, onde esteve dando algumas conferências (1939). Membro de um serviço de contra-espionagem, tem oportunidade de se encontrar com líderes ecumenistas no estrangeiro. Implicado no atentado à vida de Hitler, é preso em abril de 1943 e transferido para diversas prisões; foi o momento de suas mais interessantes reflexões de tipo teológico. Depois de dois anos de prisão, e poucos dias antes do término da guerra, foi executado na manhã da Páscoa. Entre suas obras merecem especial menção: *Quem é e quem foi Jesus Cristo?* (1933); *O preço da graça*, ou no original alemão *Seguimento* (1937); *Ética* (1942), e uma obra póstuma: *Resistência e submissão*.

Book of common prayer

O *Livro de oração comum* é o monumento litúrgico mais importante da reforma inglesa do século XVI. A Igreja da Inglaterra encontrou nele a riqueza espiritual, litúrgica e teológica que modelou o *ser anglicano*. Inclusive foi proposto inúmeras vezes como definidor da fé anglicana: "Se queres saber o que cremos, observa o que rezamos". Sua origem vem do reinado de Henrique VIII e Eduardo VI, mas seu autor foi o arcebispo Thomas Cranmer (1489-1556), principal arquiteto da reforma inglesa e um dos maiores gênios litúrgicos de todos os tempos.

Embora a vida de Cranmer transcorresse em meio aos difíceis anos da reforma inglesa — quando em 1533 foi nomeado arcebispo de Cantuária, o parlamento já havia aprovado a *Ata de limitação de apelação* (1532), em junho sentencia a nulidade matrimonial do rei com Catarina de Aragão, no ano seguinte o parlamento vota a *Ata da supremacia*, será testemunha do martírio de João Fischer e Tomás More (1535) por sua oposição à *Ata da supremacia*, aparece a *Ata da supressão de mosteiros e conventos* (1537), e o papa Paulo III publica uma bula excomungando Henrique VIII e liberando seus súditos do juramento de fidelidade (1538); foi igualmente testemunha dos diversos casamentos de Henrique VIII e de sua morte em 1547, e esteve à frente do conselho da regência durante os anos de Eduardo VI (1547-1553), e quando Maria Tudor foi elevada ao trono sofrerá o primeiro um desterro mitigado (1553) e depois o martírio, sendo queimado em praça pública em Oxford no dia 21 de março de 1556; contudo Cranmer fez mais que ninguém para que a Igreja da Inglaterra fosse o que ela é hoje.

Foi dito que "na Inglaterra não tivemos nenhum Lutero martelando a doutrina da justificação pela fé por toda a Europa; não tivemos nenhum Calvino com a implacável, quase aterradora ênfase na soberania de Deus. O principal reformador na Inglaterra surgiu pela providência de Deus, o maior gênio litúrgico do tempo". E sua genialidade litúrgica, plasmada no *Livro de oração comum*, consistiu em unificar, traduzir, purificar e simplificar. *Unificou* todos os livros de ofícios da Igreja... Quase cada bispo tinha seu livro particular, cada catedral possuía seu próprio rito distinto... Cranmer fez esse extraordinário trabalho de unificar os livros da Igreja num só volume. *Traduziu*: pôs o culto da Igreja na língua do povo. *Purificou* o culto inglês, expurgando-o do erro e de tudo quanto não era bíblico. *Simplificou*: construiu os ofícios de tal maneira que as pessoas de todos os níveis pudessem tomar parte...; o culto converteu-se em algo que o povo simples podia compreender e desfrutar..." (R. Nichols). Embora autor das *Litanias* (1544) e de 5 das 12 *homilias*, que foram editadas em 1547 com o título de *Livro das homilias*, Thomas Cranmer passou para a história por ser o redator do *Livro de oração comum*, que conheceu em seu tempo duas edições um tanto diferentes, a de 1549 e a de 1552. A originalidade da edição de 1549 é que reduz os 7 ofícios monacais a dois: o do ofício matutino *(Mattins)* e do ofício vespertino *(Evensong)*, e oferece no ofício de *Holy Communion* uma ordem eucarística em inglês, baseada fundamentalmente no *Missal Sarum* que continua o velho rito de Salisbury. A edição de 1552 apresenta certas novidades: em primeiro lugar, incorpora o novo *Ordinal* redigido em 1550 — recusado pelos bispos "catolizantes" Gardiner e Bonner — e sobretudo certa reformulação da doutrina eucarística, de tendência da reforma continental (as idéias de sacrifício e transubstanciação estão ausentes), já que Cranmer em 1551 trabalhou na nova redação inspirada por Bullinger, Pedro Mártir e Martín Bucer. Contudo, será um século depois, em 1662, quando o *Livro de oração comum* tomou seu corpo definitivo e, excetuando algumas modificações, será aquele que se usa em muitas Igrejas anglicanas, fundamentalmente na Igreja da Inglaterra. O índice do livro de 1662 contém estes elementos: prefácio; ordem em que se deve ler o saltério e o resto da Sagrada Escritura; calendário e tabelas do lecionário; ordem da oração matutina; ordem da oração vespertina; credo atanasiano, ladainha; orações e ação de graças para diferentes ocasiões; coletas, epístolas e evangelhos para serem proclamados no ofício eucarístico; ordem da santa comunhão: ordem do batismo, público e privado; catecismo; ordem da confirmação; forma solene do matrimônio; ordem da visita aos enfermos e comunhão dos mesmos; ordem do funeral; o saltério; forma de orações para as pessoas do mar; formas e maneiras de ordenações e consagrações de bispos, presbíteros e diáconos; e os *39 artigos de religião*.

Bossey (Instituto de)

O Instituto ecumênico de Bossey, fundado no dia 5 de outubro de 1946 — dois anos antes que o próprio Conselho Ecumênico das Igrejas —, por iniciativa do pastor e teólogo W. A. Visser't Hooft e financiado por John D. Rockefeller, está situado a uns 20 km de Genebra, nas ladeiras dos montes Jura. Sua finalidade é formar líderes — leigos e clérigos — para levar adiante a tarefa ecumênica em níveis locais, empregando o método da ação-reflexão. Hoje tornou-se uma esplêndida realidade na qual se conjuga a interconfessionalidade de seus professores e estudantes, assim como a procedência internacional e intercultural de todos os seus componentes. Desde 1952 vêm desenvolvendo programas de graduados em ecumenismo, com duração de uns cinco meses, e com reconhecimento oficial por parte da Faculdade de teologia de Genebra. Várias figuras do movimento ecumênico deram personalidade própria ao Instituto de Bossey: H. Kraemer (1948-1955) e Suzanne de Dietrich (1946-1955), H. H. Wolf (1955-1966), N. A. Nissiotis (1966-1974), J. S. Mibiti (1974-1978), Karl Hertz (1978-1983), Adrian Geense (1983-1988), e ultimamente Heidi Hadsell. Milhares de cristãos e cristãs passaram pelas aulas de Bossey e são hoje alma do trabalho ecumênico em seus lugares de origem.

Brent, Charles

Charles H. Brent (Newcastle, Ontário, 9.4.1862 - Lausana, 27.3.1929). Ordenado presbítero anglicano em 1887, dirige uma paróquia em Boston e é eleito bispo de sua Igreja episcopal nas Filipinas (1901). Mais tarde será bispo da diocese de Nova York (1917) e finalmente toma a seu cargo as Igrejas episcopais da Europa. Foi um ardente pioneiro e promotor da idéia ecumênica e missionária. Sua participação na Conferência missionária mundial de Edimburgo (1910) convenceu-o da necessidade da unidade de todos os cristãos na fé e na doutrina: estava nascendo o movimento "Fé e Constituição". Presidiu a conferência mundial desse movimento em Lausana (1927).

Calvinismo

O calvinismo é o amplo movimento reformador executado por João Calvino (1509-1564), cidadão francês residente em Genebra, mas com peculiaridades tão notáveis que chegou a constituir comunidades totalmente diferenciadas das outras Igrejas cristãs. As Igrejas que surgem do movimento reformador de João Calvino receberam com o tempo o nome de *reformadas* (terminologia empregada preferentemente na Europa continental), ou *presbiterianas* (usualmente no mundo anglo-saxão). A originalidade do calvinismo — ao menos em suas origens — estribava-se nas doutrinas sobre a transcendência de Deus, na predestinação e na eucaristia; e no plano da organização eclesiástica, no regime presbiteriano (governo de presbíteros e anciãos), oposto à forma episcopal. Sua ampla expansão explica-se, em primeiro lugar, pela extraordinária difusão das traduções da *Instituição cristã*, a obra fundamental de João Calvino e, depois, pela criação da "Academia de Genebra", freqüentada por pessoas de toda a Europa religiosamente insatisfeitas com a Igreja de Roma e com as reformas luteranas e anglicanas. O calvinismo oferece sempre um caráter mais universal que o próprio luteranismo, este mais centralizado no mundo germânico. Por isso muitas das Igrejas que se separaram de Roma adotaram bem cedo em suas confissões de fé e em seus próprios catecismos os princípios genuínos do calvinismo: em Zurique, o *Consensus Tigurinus* (1549); na França, a *Confessio Fidei Gallicana* (1559); na Escócia, a *Confessio Scotica Prior* (1560) e *Posterior* (1581); em Flandres, *a Confessio Belgica* (1561); no Palatinado, o *Heidelberg Catechismus* (1563); na Hungria, a *Confessio Czengerina* (1570).

Durante séculos o calvinismo passou por uma prova de fogo: as disputas teológicas sobre o tema da *predestinação*. Os mais ferrenhos calvinistas mantinham a teoria da dupla predestinação e da redenção particular, tomando-as literalmente de J. Calvino. Os "arminianos", ao contrário, opuseram-se a essa visão e acreditam que a redenção de Cristo se estende universalmente a todos os homens e mulheres. O sínodo de Dordrecht (1618) dirimiu a contenda em favor da interpretação mais rígida. O calvinismo admite a Bíblia como autoridade soberana em matéria de fé e costumes, que se faz palavra de Deus para o crente "pelo testemunho interior do Espírito Santo"; igualmente aceita a interpretação clássica da doutrina trinitária. Com respeito à doutrina de Deus insiste na sua absoluta soberania, sem analogia válida que ajude o ser humano a se aproximar do conhecimento e do ser de Deus. Portanto, o conhecimento de Deus somente é possível a partir da revelação de Jesus Cristo, que possibilita a chamada "analogia da fé". O calvinismo antigo falava da "total corrupção do homem". Este nasce e permanece no estado de pecado e, logicamente, todos os seus atos são pecaminosos. Nenhum esforço poderia ser meritório e alcançar o perdão divino. Somente a fé justifica o crente. As suas obras, a partir da justificação, são "sinais", não méritos que se podem apresentar diante de Deus. A reconciliação e a justificação são a obra conseguida por Cristo para os predestinados, que não podem de modo algum perdê-la. Os réprobos — escolhidos desde toda a eternidade para as penas eternas — glorificam também os insondáveis desígnios de Deus.

Poucas Igrejas reformadas, contudo, admitem hoje essa doutrina exposta no sínodo de Dordrecht (1618). A Igreja está desprovida de atividade santificadora, não se pode falar tampouco da presença ontológica do corpo glorificado de Jesus nos sacramentos. Poder-se-ia melhor falar da Igreja como "acontecimento" do que como "instituição". Os ministérios não têm caráter sacramental. Rejeita-se o sacramento da ordem e a sucessão apostólica no ministério. Contudo as Igrejas reformadas possuem uma estrutura ministerial muito firme. Partindo do sacerdócio dos fiéis e da leitura que Calvino faz dos serviços no Novo Testamento, admite-se um quádruplo serviço ministerial: pastor, doutor, ancião e diácono. Foi prevista uma "ordenação" para cada um desses ministérios, porém esvaziada de qualquer caráter sacerdotal que há nas Igrejas de tipo católico. O culto, baseado na pregação das Sagradas Escrituras e na celebração dos dois únicos sacramentos (batismo e santa ceia), manteve-se sempre na mais absoluta simplicidade e sobriedade. Nenhuma "mediação" deve distrair o acesso direto do crente à palavra. Por isso a ausência de flores, imagens, incenso, vestes litúrgicas no culto, com somente a exceção da música e do canto de hinos, que gozam de grande relevo nessas Igrejas. A santa ceia celebra-se regularmente uma vez por mês, mas em algumas comunidades até toda semana, e a comunhão sempre sob as duas espécies do pão e do vinho. Tema muito discutido foi o modo da presença de Cristo na Eucaristia. A maioria dos autores fala de uma "presença espiritual". A espiritualidade reformada é exclusivamente bíblica. Não há culto à Virgem Maria, nem aos santos; não há devoções privadas, não há peregrinações a santuários. Dentro da espiritualidade calvinista chegou-se a criar uma escola de ética, chamada *puritanismo*, com nítida influência durante séculos nos homens e mulheres forjadores do mundo ocidental. M. Weber abriu em princípios do século o grande debate sobre as relações entre calvinismo, puritanismo e capitalismo. Em 1875 criou-se em Londres a Aliança das Igrejas congregacionistas — também de regime presbiteriano e doutrinalmente calvinistas — uniram-se no Conselho congregacionalista internacional. Ambas as organizações, com grande espírito ecumênico, fundiram-se em 1970 formando a "Aliança mundial de Igrejas reformadas", que agrupa uns 70 milhões de fiéis e cuja sede central encontra-se em Genebra.

Calvino, João

João Calvino (Noyon, 10.7.1509 - Genebra, 27.5.1564). Reformador do século XVI, talvez o homem que melhor estruturou o pensamento teológico da Reforma, uma vez que organizou a eclesiologia protestante de maneira permanente. Desde muito jovem havia estudado filosofia em Paris (colégios de la Marche e Montaigu) e direito na Universidade de Orleans (1528). Em 1533 é cativado pelas idéias reformadoras que já se estendiam por toda Paris. Humanista e bom conhecedor do grego e do latim, é bem cedo atraído pelas controvérsias de tipo teológico. Em 1534 rompe solenemente com a Igreja católica romana e recusa um benefício da diocese de Noyon e fixa residência em Basiléia (1534-1535), onde redige em latim a *Institutio religionis christianae*, que aparece em março de 1536. De passagem por Genebra, Guilherme Farel convida-o a permanecer na cidade, e inicia logo suas lições na cátedra de São Pedro, para a qual passou, com a aprovação do conselho da cidade, as novas idéias reformistas. Contudo certas exigências fazem com que fosse expulso da cidade, junto com Guilherme Farel, retirando-se de novo para a cidade de Basiléia. Em 1539 aparece a nova edição de sua *Instituição cristã*, agora já como um tratado de dogmática; nesse mesmo ano escreve sua famosa *Resposta* à carta do cardeal Sadolet. Entre 1540 e 1541, Calvino participa, representando a cidade de Estrasburgo, nas disputas religiosas entre católicos e protestantes, nas cidades de Frankfurt,

Worms e Ratisbona. Em setembro desse ano, Genebra convida-o a retornar à cidade, e reinicia aí de novo a explicação das Escrituras de sua cátedra de São Pedro, até o final de seus dias. São anos de uma prodigiosa produção teológica e pastoral. Novas edições da *Instituição cristã*; o *Pequeno tratado da santa ceia* (1541); *Ordenanças Eclesiásticas* (1541); *Catecismo da Igreja de Genebra* (1542); *Artigos da faculdade de Paris* (1544); *Contra a seita fantástica e furiosa dos libertinos...* (1545); *Prefácio* para a *Suma Teológica* (*De locis*), de Filipe Melanchton (1546).

Durante esses anos, Calvino conseguiu impor, não sem dificuldades, uma disciplina muito rigorosa nos costumes da cidade de Genebra, executada pelo consistório, integrado por pastores e anciãos (leigos). Genebra converteu-se na cidade emblemática do protestantismo luterano. Para lá se dirigem príncipes de outros países, daí saem as obras de Calvino. Desejoso sempre de unificar as tentativas reformadoras da Suíça, assim firma em Zurique, com o reformador Bullinger, o *Consensus Tigurinus* (1549), que sela o acordo das Igrejas reformadas da Suíça, apesar da oposição do luteranismo estrito. Em 1552 publica um tratado sobre *A predestinação eterna de Deus*, causa de inumeráveis problemas com Jerônimo Bolsec, e acabará sendo expulso da cidade. Foi um momento difícil para Calvino, pois o conselho da cidade vê como muito dura a atitude do consistório calvinista. No ano seguinte ocorre o processo criminal contra Miguel Servet, no qual o conselho pronuncia a sentença de morte na fogueira ao médico aragonês depois das consultas às Igrejas e magistrados das cidades suíças. Calvino continuará suas produções teológicas com seu *Comentário ao livro dos salmos* (1558); a tradução francesa da última edição da *Instituição cristã* (1559-1560) etc. Em 1559 inaugura-se a academia, cujo primeiro reitor foi Teodoro de Beza. Ali, junto com seus comentários bíblicos na catedral, Calvino continuou seu magistério até sua morte, que ocorreu no dia 27 de maio de 1564. A influência de Calvino não somente se fez sentir nas demais Igrejas reformadas da Suíça, França, Holanda e Escócia, mas chegou também à Inglaterra, através do jovem rei Eduardo VI. Desde esse momento o anglicanismo será uma "via média" entre o catolicismo e o calvinismo. Calvino e com ele o mundo reformado acentuaram, como nunca se fizera antes, a idéia da predestinação — o duplo decreto —; a idéia de Igreja como lugar onde se prega a palavra de Deus com retidão; a presença simbólica de Cristo no pão e no vinho, embora ainda chegasse a falar da presença real na ceia pela ação do Espírito Santo; e sobretudo a majestade de Deus e a pequenez do homem.

Camberra (Assembléia de)

Foi a sétima assembléia geral do Conselho Ecumênico das Igrejas (CEI), celebrada do dia 7 a 20 de fevereiro de 1991 na cidade australiana de Camberra, com o tema geral *Vem, Espírito, renova toda a criação*. Estiveram presentes 852 delegados de 317 Igrejas, além de centenas de peritos, convidados, jornalistas e observadores de outras Igrejas. É interessante observar que 35% dos delegados eram mulheres, 46% leigos e 11% jovens. Foram recebidas numerosas mensagens de adesão, lidas na assembléia, entra as quais se destacam as enviadas pelo patriarca ecumênico Demétrio I, o patriarca Alexis de Moscou, e o Papa João Paulo II. O clima diário de oração e de celebração da eucaristia segundo a *Liturgia de Lima*, que envolveu a assembléia, impediu que a cruel guerra do Golfo Pérsico e as crises de algumas repúblicas da antiga URSS estivessem presentes na memória e trabalho dos delegados.

As quatro seções de trabalho abordaram o tema geral das diversas fontes. A 1ª seção, intitulada *Doador da vida mantém tua criação*, tratou da temática ecológica, que fazia parte já da agenda ecumênica através do programa *justiça, paz e integridade da criação*, cujas reuniões de Basiléia (1989) e Seul (1990) haviam proporcionado notável informação. A 2ª seção, *Espírito de verdade, liberta-nos*, realizou uma análise do compromisso cristão nas áreas da libertação, justiça, paz e da luta contra o racismo. A 3ª seção, *Espírito da unidade, reconcilia teu povo*, centralizou-se nos aspectos propriamente teológicos, na documentação ecumênica e na unidade visível de todos os cristãos. Finalmente, a 4ª seção, *Espírito Santo, transforma-nos e santifica-nos*, versou sobre uma espiritualidade cristã, propriamente ecumênica. Apesar de tudo, a assembléia de Camberra esteve cheia de tensões. Falou-se do perigo da dispersão da CEI, devido ao excessivo número de Igrejas-membros com interesses e projeções muitas vezes encontrados, sendo parte de uma instituição limitada como é o próprio Conselho Ecumênico. A chamada "teologia contextual" goza de notável desenvolvimento em Camberra, mas provoca apreciações diferentes em algumas Igrejas, que colocam na incomunicabilidade a já frágil comunicação entre elas. E o diálogo entre as religiões não-cristãs e com outras culturas produz a impressão em alguns, particularmente entre os delegados ortodoxos, de que certo sincretismo envolve cada vez mais o trabalho e o espírito do próprio Conselho Ecumênico. Por isso, os delegados ortodoxos, quase na finalização da assembléia de Camberra, tornaram público um breve mas duro documento intitulado *Reflexões dos participantes ortodoxos*, dirigido à sétima assembléia, no qual expõem uma série de preocupações motivadas "por sua sincera inquietude diante do futuro do movimento ecumênico e pelo destino de suas metas e ideais tais como foram formulados por seus fundadores". Particularmente emotiva e controvertida foi a conferência da professora Chung Hyun Kyung, da Igreja presbiteriana da Coréia do Sul, introduzindo o tema geral da assembléia. Como é costume na história das assembléias do CEI, também em Camberra foram redigidas várias declarações sobre assuntos públicos, entre os quais a Guerra do Golfo, os povos aborígines e seus direitos à terra, Sul da África, a desnuclearização do Pacífico, as tensões entre os Estados bálticos e a União Soviética, e a violência em Sri Lanka e El Salvador.

Carismático (Movimento)

O termo "carismático" procede do grego *Kharisma* (derivado de *Kharis*, graça), que significa em linguagem bíblica o dom concedido pelo

Espírito ao cristão para levar adiante uma tarefa especial na comunidade. São Paulo é o escritor do Novo Testamento que mais emprega o termo em suas cartas, destacando os dons ou carismas da glossolalia (dom das línguas), o poder de fazer milagres, a profecia, o discernimento do espírito etc. Alguns santos ao longo da história foram adornados com diferentes carismas do Espírito de maneira sobrenatural. Mas foi em fins do século XIX, em determinadas comunidades protestantes dos Estados Unidos, onde na base de certos "despertares religiosos" cria-se um movimento que reivindica a primitiva experiência de Pentecostes para os cristãos que levavam a sério sua vida espiritual. Para que exista uma verdadeira comunidade cristã são imprescindíveis vários sinais de tipo carismático em cada assembléia, como o batismo no Espírito, o falar em línguas desconhecidas, sua correta interpretação, a profecia, o poder de curas etc. Os primeiros agrupamentos pentecostais, muito informais no começo (Ch. Parham, em Kansas, 1901), consolidam-se em duas grandes comunidades: as "Assembléias de Deus" (Springfield, Missouri) e as "Igrejas de Deus em Cristo" (Memphis, Tennessee).

Mas a explosão de tipo carismático não se iria encerrar nessas comunidades de tradição protestante. Em princípio da década dos anos 60, entra também em comunidades anglicanas e católico-romanas, primeiro nos Estados Unidos e mais tarde por todo mundo. Hoje o movimento carismático é uma realidade viva, presente em todas as famílias cristãs, capaz de criar pequenas comunidades, grupos de oração e leitura bíblica — a exemplo do modelo de vida que se reflete no livro dos Atos dos Apóstolos (2,42-47) e em 1ª Coríntios (12,12-27) —, e às vezes, somente às vezes, com um compromisso com a realidade social circundante. Não é nada fácil avaliar a influência do movimento carismático na realidade econômica. Teoricamente sua criatividade e confiança no Espírito, ao lado de seu desinteresse pelo jurídico, deveriam significar um poderoso impulso para a busca da unidade querida por Cristo — e um expoente dessa realidade é constituído por algumas Igrejas de tipo pentecostal que pertencem ao Conselho Ecumênico das Igrejas —; contudo, não se podem negar os traços de tipo sectário que mostram muitas comunidades pentecostais — especialmente anti-católicas, nos países latino-americanos —, e inclusive certos grupos da renovação carismática da Igreja católica, apesar de toda séria reflexão levada a termo por homens como os cardeais Suenens e Congar sobre o movimento carismático.

Catolicidade

Termo originado do grego *katholikos*, que significa universal, geral, oposto a particular ou parcial. No vocabulário cristão usa-se para expressar uma das quatro notas ou dimensões da Igreja recitadas no credo niceno-constantinopolitano: "Creio na Igreja una, santa, católica e apostólica". Um uso muito recente do termo referiu-se à necessária distinção entre cartas dirigidas a comunidades particulares ou a indivíduos, e as dirigidas ao conjunto da Igreja, isto é, *cartas católicas*. A Igreja católica será, já para Santo Inácio de Antioquia, a comunidade em comunhão com toda a mensagem e com a pessoa de Jesus Cristo, e para outros autores posteriores será a comunidade estendida por toda a *Oikoumene*, isto é, por todo o mundo habitado; inclusive chegará a se identificar com a una e verdadeira como oposta à formada por grupos heréticos e cismáticos.

Na história da Igreja, *catolicidade* e *católico* contudo foram termos muito controvertidos. Algumas Igrejas apropriaram-se dele com exclusividade. Em muitos documentos, por exemplo, da teologia e do magistério católico, chegam a se identificar com a Igreja de Roma de tal maneira que o adjetivo "romano" poderia ser acrescentado às quatro notas fundamentais da Igreja: "una, santa, católica, apostólica romana". Outras Igrejas, pelo contrário, desde o momento em que não são termos que aparecem explicitamente no Novo Testamento, não os empregam; outras preferem traduzir "católica" por "cristã", para fugir das possíveis conotações católico-romanas; finalmente, outras famílias cristãs lhe dão um uso muito amplo para expressar aquelas tra-

Catolicidade / 63

dições opostas ao cristianismo puritano, "evangélico" ou liberal. Assim, por exemplo, os "anglo-saxões" da Igreja da Inglaterra, ou certas tendências doutrinais chamadas "católicas" — que apareceram já nas primeiras conferências de "Fé e Constituição" e hoje no Conselho Ecumênico das Igrejas — que insistiram na sucessão apostólica, no episcopado, na liturgia recebida dos Padres da Igreja etc., em contraposição às tendências "protestantes" que punham a ênfase exclusivamente na palavra de Deus identificada com o texto bíblico. A história das *controvérsias católico-protestantes* mostra a unilateralidade à qual pode conduzir o gênero da polêmica doutrinal. Para a Igreja católica, o critério último de catolicidade será durante séculos a comunhão com Roma; por isso as Igrejas separadas dela estão desprovidas da catolicidade, e finalmente de eclesialidade. As várias negativas da Igreja católica aos convites de tipo ecumênico, feitos pelo patriarcado de Constantinopla (1920), e pelos dirigentes das primeiras conferências de "Vida e Ação" (1925) e "Fé e Constituição" (1927), devem-se à teologia que se abrigava naquele momento em meios romanos que explicitava a encíclica *Mortalium animos* (6 de janeiro de 1928).

O desenvolvimento do movimento ecumênico significou uma nova reflexão sobre o conceito de catolicidade que acentua a aproximação católico-protestante. Em 1970, uma comissão mista do Conselho Ecumênico das Igrejas e da Igreja católica elaborou um documento intitulado *Catolicidade e apostolicidade*, no qual o termo "catolicidade" adquire um sentido não coincidente de maneira exclusiva com a romanidade. Aí afirma-se: "A noção de 'o católico' foi utilizada, sobretudo nos últimos séculos, para opor certas Igrejas às outras... Enquanto que alguns consideram unicamente a catolicidade e apostolicidade como dimensões da Igreja que esta possui em princípio, outros as entendem antes como uma exigência de universalidade e de plenitude, de serviço e santificação, que Cristo, Salvador do mundo, dirige a sua Igreja no Espírito Santo, em vista da salvação da humanidade". Na nova consideração se trataria de uma tensão da Igreja, de uma chamada "para realizar sua catolicidade dia a dia", mais do que "uma catolicidade possuída aqui como princípio". Igualmente a IV assembléia do Conselho Ecumênico das Igrejas, celebrada em Upsala (1968), oferece um informe intitulado *O Espírito Santo e a catolicidade da Igreja*. A catolicidade aparece definida como a "qualidade pela qual a Igreja expressa a plenitude, a integridade e a totalidade da vida de Cristo. A Igreja é católica, e deve ser católica, em todos os seus elementos e em todos os aspectos de sua vida, e especialmente em seu culto... Na catolicidade há pois dois fatores: a graça unificadora do Espírito e os humildes esforços dos crentes... A catolicidade é um dom do Espírito, mas é também uma tarefa, uma vocação e um compromisso". O catolicismo romano já havia assumido essa direção desde o Concílio Vaticano II através de várias afirmações: 1) que a Igreja de Cristo *subsiste na* Igreja católica romana, e não que *seja* a Igreja católica romana, equivale a afirmar que já não cabe identificação exclusiva entre catolicidade e Igreja católica (LG 8); 2) que há características essenciais da catolicidade preservadas em outras Igrejas, tanto na comunhão anglicana (UR 23) como na ortodoxia (UR 17); 3) que o fato das divisões impede a Igreja de manifestar a plenitude da catolicidade (UR 4). Dentro dos espaços ecumênicos afirma-se que no momento presente nenhuma Igreja manifesta plenamente a catolicidade, e que uma sábia consideração convida para uma análise dos aspectos escatológicos implicados na noção de catolicidade.

Centros ecumênicos

O "Centro ecumênico" define-se como o *lugar* no qual os cristãos eclesiasticamente divididos alimentam a nostalgia da irmandade, se comprometem a manifestar a unidade que têm em Cristo e decidem buscar a plenitude que os fará testemunhas credíveis da fé cristã. Distinguem-se entre si por seu caráter doutrinal ("Centros de estudos ecumênicos"), pela ênfase colocada na oração pela unidade ("Centros de espiritualidade ecumênica"), ou por sua incidência na pastoral ecumênica ("Centros de encontros ecumênicos"). Podem ser *confessionais* se seus membros pertencem a uma só Igreja, ou *interconfessionais,* quando seus componentes pertencem a várias denominações.

Na Espanha há quatro Centros ecumênicos de caráter interconfessional: "Centre Ecumènic de Catalunya" (Barcelona, 1955-1956); o "Centro Ecuménico Interconfesional de Valencia" (Valência, 1968); o "Centro Ecuménico El Salvador" (Maspalomas, Las Palmas, 1970) e o "Centro Ecuménico de Sevilla" (Sevilha, 1996). Há outros de caráter confessional: "Asociación Ecuménica Juan XXIII" (Salamanca, 1967); "Centro Ecuménico de las Misioneras de la Unidade (Madri, 1962); "Centro Ecuménico A la Unidad por María" (Toledo, 1963), "Centro Ecuménico de la Iglesia Evangélica Española (Los Rubios. Málaga); "Centro Ecuménico Lux Mundi" (Fuengirola, 1972); "Centro Ecuménico P. Augustín Bea" (Elda, 1991). Somente dois possuem caráter doutrinal: "Centro de Estudios Orientales y Ecuménicos" (Salamanca, 1972); "Centro Padre Congar de Documentación Ecuménica (Valência, 1988).

Em outros países há alguns Centros ecumênicos que merecem destaque: "Centro Anglicano de Roma" ("Anglican Center in Rome"), inaugurado no dia 22 de março de 1966, depois do encontro histórico em Roma entre Paulo VI e o arcebispo de Cantuária, Michael Ransey; o "Centro de Estudos Istina", de Paris, fundado em 1927 e dirigido pelos dominicanos franceses, num primeiro momento com intenção da aproximação ortodoxo-russa, e mais tarde ampliado à ortodoxia em geral e ao conjunto do movimento ecumênico, que publica desde 1954 a revista "Istina", de grande prestígio internacional; o "Centro pro Unione", de Roma, dirigido pelos Irmãos da Reconciliação ("Antonement"), de tradição franciscana, fundado pelo P. Paul Wattson, e com peso específico no atual movimento ecumênico; "Centro Ecumênico São Nicolau", de Bari, especializado na teologia ecumênico-patrística (greco-bizantina), criado em 1969 e dirigido pelos dominicanos italianos, que publicam "Nicolaus", revista de bom nível científico; "Centro Santo Irineu", de Lyon, fundado em 1953 pelo dominicano René Beaupère, e especializado no problema dos matrimônios mistos; "Centro Ecumênico Taddeide", em Riano, criado por Giulio M. Penitenti, fundador das "Missionárias Ecumêmicas", com uma biblioteca especializada, e com um lugar de encontro para o diálogo interconfessional; "Centro de Unidade Cristã", de Lyon, criado em 1954 sob o impulso do cardeal Gerlier e dos discípulos do P. Couturier, que se especializou no ecumenismo espiritual, redigiu em "Fé e Constituição" os textos para a Semana da Unidade e publica trimestralmente a revista "Unité des Chrétiens".

Chevetogne

Mosteiro beneditino belga, fundado em 1925 por Dom Lambert Beauduin, considerado como pioneiro na aproximação espiritual entre Oriente e Ocidente. Seus monges são chamados de "monges da união". Originalmente (1925), o mosteiro encontrava-se em Amay (Liège) e desde 1939 está em Chevetogne (Ardenas). As capelas do mosteiro dos ritos latino, eslavo e bizantino falam ao mundo e às Igrejas da catolicidade de uma única Igreja. O mosteiro publica a prestigiosa revista ecumênica intitulada "Irénikon".

Cisma

Nos meios ecumênicos entende-se por "cisma" a ruptura entre Igrejas cristãs, não por razões de dogmas e doutrinas, mas por razão de diferenças de opinião sobre disciplina, ritos e organização eclesiástica. Distingue-se assim da "heresia", porque a razão dessa reside na recusa aberta ou na interpretação errônea da fé cristã em seu conjunto ou de algumas verdades da doutrina em relação direta com o fundamento da fé, que é cristológica e trinitária.

Contudo, a história prova que confrontos por razões disciplinares, reformas litúrgicas ou de direito canônico várias vezes desembocaram em profundas diferenças em questões sacramentais ou eclesiológicas. Os cismas que obscureceram a caminhada da Igreja impediram a eficaz evangelização dos povos. Questões como a validade das ordenações feitas por cismáticos, assim como a eucaristia ou o batismo recebidos em meios cismáticos, foram estudadas pelos Padres da Igreja — Basílio Magno, Agostinho etc. — em suas controvérsias com os donatistas e grupos similares. O cisma que marcou a história das relações entre Ocidente e Oriente aconteceu em 1054, como fecho de uma prolongada falta de entendimento entre orientais e latinos. Quase todas as grandes Igrejas sofreram também em seu seio rupturas cismáticas. A Igreja católica romana sofreu o grande cisma do Ocidente (1378-1417) que chegou a produzir três sedes papais; a Igreja ortodoxa sofreu o cisma dos velhos crentes (1850); a Igreja anglicana viu sair de seu seio membros insignes (John Wesley) que formariam as Igrejas de tradição metodista. Na agenda ecumênica entra, logicamente, a busca de uma superação dos cismas que ainda sofrem as Igrejas cristãs.

CLAI

Sigla que designa o "Conselho latino-americano de Igrejas". O CLAI é uma organização ecumênica que inclui cerca de 150 Igrejas em toda a América Latina e no Caribe de língua espanhola. Sua sede central acha-se em Quito (Equador). Embora a presença de missionários e Igrejas protestantes no continente tenha tido seus inícios em fins do século XIX e princípios do XX, somente muito depois se iniciam os passos para chegar a fundar um conselho que, além das diferenças confessionais, as agrupasse num corpo com fins específicos na hora da evangelização e da implantação eclesial. Uma assembléia de Igrejas, reunida em Oaxtepec (México, setembro de 1978), forma uma equipe que trabalhará em questões eclesiológicas e legais encaminhada à celebração de uma conferência constituinte que se realiza em Huampaní (Peru) em 1982. O CLAI estava criado abrangendo as seguintes famílias confessionais:

luteranos, presbiteriano-reformados, anglicanos, metodistas, valdenses, batistas, pentecostais, moravos, Igrejas unidas e ortodoxos. Com o tempo, o CLAI foi assumindo em sua agenda não somente as relações ecumênicas entre tão diferentes Igrejas, mas também os desafios que sofrem os povos latinos explorados secularmente: pobreza, violência, injustiças estruturais, sexismo, direitos humanos, promoção dos povos indígenas e negros etc. Hoje o CLAI é também uma ponte de diálogo entre protestantismo latino-americano e a Igreja católica da América espanhola.

Colegialidade

É um dos conceitos teológicos mais debatidos hoje na agenda ecumênica, de cuja solução, tanto teórica como prática, depende a aproximação entre as Igrejas cristãs divididas. O conceito entra em cena fundamentalmente quando a Igreja católica romana se incorpora definitivamente no movimento ecumênico. Parecia a todas as luzes impossível considerar ecumenicamente o tema da autoridade papal, se esta fosse colocada acima e à parte da autoridade dos bispos em suas respectivas Igrejas locais. Inclusive dentro da própria Igreja católica existia a necessidade de completar a doutrina afirmada no Concílio Vaticano I acerca da infalibilidade papal e seu supremo magistério sobre a Igreja universal, assim como o poder de jurisdição sobre ela. A história das relações entre a autoridade papal — o bispo de Roma — e a autoridade de todos os bispos reunidos em concílio, e o debate sobre quem estaria acima de quem — papalismo e conciliarismo, respectivamente — é um fato longo e contencioso desde os primeiros séculos do cristianismo e que nunca encontrou uma adequada e definitiva solução. Se o papado ajudou a se libertarem as próprias Igrejas locais do Ocidente de sua dependência e servidão a respeito de seus senhores feudais, príncipes e imperadores — dependência e servidão que sofreram durante séculos as Igrejas orientais —, não é menos certo também que a eclesiologia ocidental definiu-se por um centralismo que foi minando aos poucos a identidade e riqueza das Igrejas locais até serem consideradas — pelo menos na prática — como meras extensões ou puros desdobramentos da própria Igreja de Roma.

O Vaticano II abordou com certo rigor o tema da colegialidade, e desde então não somente o tema é debatido em ambientes ecumênicos, mas sim uma das preocupações teológico-pastorais mais inquietantes da Igreja do pós-concílio. Várias afirmações da constituição *Lumen gentium* centram-se no conceito de colegialidade: "Assim como, por disposição do Senhor, São Pedro e os demais Apóstolos formam um só colégio apostólico, de modo análogo unem-se entre si o Romano Pontífice, sucessor de Pedro, e os bispos, sucessores dos Apóstolos... O corpo episcopal, que sucede ao colégio dos apóstolos no magistério e no regime pastoral, mais ainda, naquele que perdura continuamente o corpo apostólico, junto com seu chefe, o Romano Pontífice, e nunca sem ele, é também detentor do supremo e pleno poder sobre a Igreja universal, embora não possa exercer esse poder sem o consentimento do Romano Pontífice... Esse colégio, enquanto composto de muitos, expressa a variedade e universalidade do povo de Deus; e enquanto agrupado sob um só chefe, a unidade do rebanho de Cristo... Dentro desse colégio, os bispos, respeitando fielmente o primado e principado de seu chefe, gozam de poder próprio para o bem da Igreja... Esse mesmo poder colegial pode ser exercido pelos bispos dispersos pelo mundo em união com o papa, contanto que o Chefe do Colégio o convoque para uma ação colegial, ou ao menos aprove ou livremente aceite a ação conjunta dos bispos dispersos de modo que se torne um verdadeiro ato colegial..." (LG 22). "A união colegial manifesta-se também nas mútuas relações de cada bispo com as Igrejas particulares e com a Igreja universal... Por sua parte, os bispos são, individualmente, o princípio e fundamento visível da unidade com suas Igrejas particulares, formando a imagem da Igreja universal, nas quais e a base das quais se constitui a Igreja católica, una e única. Por isso, cada bispo representa sua Igreja, e todos juntos com o papa representam toda a Igreja no vínculo da paz, do amor e da unidade" (LG 23).

Uma vez que os agentes do poder supremo na Igreja católica são vários (o papa e o resto dos bispos em comunhão com ele), o tema das relações mútuas no exercício de sua autoridade respectiva é assunto crucial. A articulação da colegialidade — ainda muito pobremente desenvolvida na Igreja católica, inclusive após o Vaticano II — é um problema urgente, já não somente para ela mesma, mas também pelas conseqüências ecumênicas que dela se derivam. Todavia hoje acentuam-se os problemas de maneira diferente nos dois centros da autoridade. Ou no papa — que pode atuar por seu próprio direito sem recorrer ao colégio episcopal, embora de fato não vá ocorrer essa possibilidade —, ou realizando o papel do colégio dos bispos, no qual residiria o sujeito do poder supremo, e que inclusive quando o papa atuasse não o faria enquanto pessoa individual, mas como chefe do colégio, do mesmo modo que Pedro foi o chefe do grupo dos Doze. O tema da colegialidade — do ponto de vista ecumênico — é debatido hoje em vários diálogos bilaterais que a Igreja católica mantém com as Igrejas ortodoxas e anglicanas, assim como aquele que se realiza nos Estados Unidos pelas Igrejas católicas e luteranas. É digno de menção neste contexto o *Documento de Lima* (1982), em cuja seção dedicada ao ministério falou-se da sucessão episcopal como "serva, símbolo e guardiã" da comunidade de fé apostólica e da comunhão. E João Paulo II, em sua encíclica *Ut unum sint* (n. 95-96), pede às hierarquias e teólogos de outras Igrejas cristãs que o ajudem a encontrar o modo de um melhor exercício do primado. Talvez estejamos no caminho da solução para a grande pergunta: como deveria ser exercida a autoridade do primado romano para ser aceito por parte de outras Igrejas cristãs?

Comissões mistas

As Igrejas cristãs envolvidas no movimento ecumênico encaminham, em níveis doutrinais, dois tipos de diálogo ecumênico: diálogos bilaterais (quando somente duas comunidades são as protagonistas) e multilaterais (quando mais de duas Igrejas são os sujeitos de um diálogo que interessa a todas elas). Em ambos os casos, os encarregados de pôr em marcha esses tipos de encontros devem ser pessoas oficialmente nomeadas pelas autoridades das respectivas Igrejas. Formam-se então as chamadas *comissões mistas*, ou equipes compostas por um número igual de delegados das diferentes comunidades eclesiais, normalmente peritos e especialistas na área doutrinal na qual se trabalha. A finalidade das comissões mistas é apresentar, no final do processo de elaboração, o resultado dos trabalhos em forma de textos ou documentos às suas respectivas autoridades para sua recepção. Até que não sejam aprovados oficialmente, os documentos das comissões mistas gozam somente do valor próprio que eles têm por si mesmos e que dependem da categoria dos redatores ou autores dessa comissão. Gozarão de valor eclesial somente quando forem recebidos por toda a comunidade, incluídos os representantes oficiais ou autoridades eclesiásticas. Praticamente todas as Igrejas históricas estão comprometidas hoje em diálogos bilaterais e multilaterais através de diferentes comissões mistas.

Além dos documentos resenhados no termo "Diálogos teológicos", referentes ao trabalho levado a cabo pela Igreja católica com as outras Igrejas, vale a pena recordar alguns, somente alguns, dos documentos (resultados) que as outras Igrejas cristãs elaboraram conjuntamente através de suas respectivas comissões mistas em níveis internacionais; motivos de espaço impedem analisar os diálogos em níveis regionais ou nacionais:

1) A "Federação luterana mundial" e o "Conselho metodista mundial" levaram adiante de 1978 a 1984 um trabalho muito sério. Aqui vão alguns dos temas tratados: *A autoridade da Bíblia e a autoridade da Igreja* (Dresde, 1979); *Justificação e santificação* (Bristol, 1980); *O Espírito Santo e a Igreja* (Oslo, 1981); *Os meios da graça, os sacramentos do batismo e a eucaristia e a ordem eclesiástica*, temas do quarto encontro (Lake Janaluska, N. C., 1983); finalmente, a última sessão tratou de avaliar os acordos e conver-

gências resultantes do trabalho da comissão mista, concluindo que a fé comum de luteranos e metodistas expressa-se diferentemente (Bossey, 1984), embora haja necessidade de um maior aprofundamento em certos temas que serão estudados no futuro. A "Federação luterana mundial" e as "Igrejas ortodoxas", em nível internacional, trabalharam durante os anos de 1978 a 1981 dois importantes temas: o primeiro tratou dos primitivos contatos havidos entre ambas as Igrejas durante os séculos XVI e XVII, e o segundo consistiu numa avaliação dos acordos, em níveis regionais, entre luteranos e ortodoxos. Mas o tema doutrinal de maior peso foi *A participação no mistério da Igreja*, com importante convergência entre ambas as comunhões sobre a revelação, a Escritura e a Tradição, a inspiração e o cânone. A partir de 1991 (Moscou), trabalhou-se sobre o tema da *Autoridade na e da Igreja*. As "Igrejas luteranas" e as "Igrejas reformadas" empreenderam desde muitos anos diálogos oficiais em todos os níveis. Merece ser citado, antes de qualquer outro, aquele levado a termo no continente europeu, embora com repercussões mundiais. O *Acordo de Leuenberg* (1973) tem alguns precedentes imediatos muito significativos: as *Teses de Arnoldshain* (1957), cuja idéia fundamental é que partindo do Novo Testamento não cabe justificar a divisão eucarística, as *Teses de Schauenberg* (1964-1967). O *Acordo de Leuenberg* é hoje a mais elaborada expressão de comunhão entre luteranos e reformados. As Igrejas que o assinaram — mais de 80 Igrejas de ambas as tradições até o dia de hoje — comprometem-se a estar em plena comunhão e compartilhar o altar e o ambão (púlpito). Depois desse documento vieram outros como o intitulado *Um convite para a ação* (1983), e *Rumo à comunhão eclesial* (1989), que rejeita abertamente a aplicação das condenações mútuas do passado às Igrejas de hoje.

2) A "Comunhão anglicana" e as "Igrejas luteranas" vêm dialogando seriamente desde princípios do século XX. Já em 1909 representantes anglicanos e luteranos da Igreja da Suécia mantêm várias sessões em Upsala. Alguns anos mais tarde (1920-1922), e durante novos encontros, os

delegados anglicanos declararam oficialmente que a Igreja sueca manteve a verdadeira sucessão episcopal ao longo da história e que sua doutrina sobre os ministérios é ortodoxa, podendo seus clérigos pregar nas paróquias anglicanas. Desde então, a hospitalidade eucarística tem sido uma prática comum entre anglicanos ingleses e luteranos suecos. Em 1970 inicia-se um diálogo oficial entre a "Comunhão anglicana" e a "Federação luterana mundial", cujos resultados estão contidos no *Informe Pullach* (1973), e contém acordos substanciais sobre as fontes da autoridade, da Igreja, da palavra e dos sacramentos, do ministério apostólico e do culto divino.

Vários informes posteriores merecem ser ressaltados: o *Informe Cold Ash* (1983) definiria a plena comunhão entre ambos os corpos cristãos como finalidade última dos diálogos, sugerindo a ação em marcha de um corpo permanente de comunicação. Cria-se assim o "Comitê internacional anglicano-luterano", cujos trabalhos são iniciados em 1986, e cujo melhor resultado é o *Informe de Niágara* (1988), com estudos muito sérios sobre o episcopado e sua sucessão, e com insistentes recomendações a luteranos e anglicanos. As relações "anglicano-metodistas" foram ao longo da história muito complexos, devido às especiais circunstâncias em que surge o movimento metodista renovador dentro da Igreja na Inglaterra, e cujo processo, apesar da vontade de John Wesley de permanecer fiel à sua Igreja-mãe, impede que as estruturas de ambos os organismos possam manter a comunhão desejável. Um projeto de aproximação de ambas as Igrejas aconteceu na Inglaterra durante a década dos anos 60. Tratava-se de conseguir o modelo de união orgânica. A Conferência metodista aprovou o projeto, mas a Igreja da Inglaterra em duas ocasiões, tanto em 1969 como em 1972, declinou sua aprovação por dúvidas suscitadas diante da compreensão do episcopado e da sucessão apostólica manifestada pelos metodistas.

A conferência de Lambert de 1988, reconhecendo a falta de um diálogo sério entre anglicanos e metodistas em nível internacional, convidou o Conselho metodista mundial a iniciar conversações para a criação de um comitê misto estável no qual pudessem manter diálogos teológicos entre ambas as Igrejas. A "Comunhão anglicana" e as "Igrejas reformadas" tampouco tiveram uma história fácil. O fato de a Igreja da Inglaterra ser a "Igreja estabelecida" pelo Parlamento, e que os *Artigos de religião* de 1562 reconhecessem o monarca como "chefe temporal da Igreja", dificultou as relações com os chamados "dissidentes" ou "não-conformistas", entre os quais se contaram em primeiro lugar os congregacionistas, e mais tarde os presbiterianos. Estes tiveram uma vida difícil, sobretudo depois de O. Cromwell, devido à *Ata de uniformidade* de 1662. As dificuldades no plano teológico surgiam a propósito do episcopado, da necessidade da ordenação dentro da sucessão apostólica, se esta era entendida como a continuidade temporal e linear dos bispos sucessivos nas mesmas sedes, da compreensão da própria Igreja e suas relações com o Estado etc. Certa cooperação anglicano-reformada manteve-se em certas áreas muito concretas: na Sociedade bíblica britânica e estrangeira ("Bristish and Foreign Bible Society", 1804), na Aliança evangélica ("Evangelical Alliance", 1846), na fusão orgânica de suas dioceses na Índia para formar a Igreja da Índia do Sul (1947), e na criação e colaboração do Conselho Ecumênico das Igrejas (1948). O Conselho consultivo anglicano e a Aliança reformada mundial levaram adiante um diálogo teológico durante os anos de 1981-1984, cujo resultado mais palpável é o documento *O reino de Deus e nossa unidade* (1984).

O diálogo teológico entre a "Comunhão anglicana" e as "Igrejas ortodoxas" é de data mais recente. O patriarcado ecumênico de Constantinopla enviou por sua vez primeira uma delegação para a conferência de Lambert (1920), e dez anos mais tarde a presença ortodoxa em Lambert (1930) representava uma delegação enviada de várias Igrejas ortodoxas. Durante aqueles anos havia-se constituído uma pequena comissão conjunta que examinou alguns problemas que afetavam ambas as Igrejas. Será a partir da visita que o arcebispo de Cantuária, Michael Rampsey, realiza ao Patriarca Atenágoras (1962), quando se programou uma comissão mista para o diálogo doutrinal. Depois de uma fase preparatória (1966-1972), em 1973 iniciaram-se vários encontros que tiveram como finalidade o estudo de sete grandes temas: o conhecimento de Deus, inspiração e autoridade das Escrituras, Escritura e Tradição, autoridade dos Concílios, o problema do "Filioque", a Igreja como comunidade eucarística, a invocação do Espírito Santo na eucaristia. Resultou no acordo por parte anglicana da não conveniência da incorporação do "Filioque" no credo niceno, assim também como o desacordo diante da importância dos primeiros concílios ecumênicos, tendo uma primazia para os anglicanos os quatro primeiros, enquanto que para os ortodoxos os sete primeiros gozam de igual importância. Um problema suscitado nos meios anglicanos foi capaz de terminar com as relações entre ambas as Igrejas. Entre 1977 e 1978, o tema da ordenação da mulher bloqueou o contato entre ambas as delegações, quando os ortodoxos deixaram bem clara sua oposição a esse tipo de ordenação. Várias visitas de personalidades anglicanas às sedes orientais convenceram sobre a conveniência de prosseguir os contatos doutrinais. Por isso a partir de 1980 reiniciam as conversações que produzem um texto conciliatório (Dublin, 1984), com três grandes temas: o mistério da Igreja; a fé trinitária, a oração e a santidade, e o culto divino; e a Tradição. Num tema não foi atingido o acordo desejado: a concepção da unidade e da Santidade da Igreja. A comissão anglicano-ortodoxa não voltaria a se reunir até 1989, mas com uma maior dificuldade acrescentada por causa da ordenação da primeira mulher como bispo da Igreja episcopal dos Estados Unidos. Uma nova linha de esperança entre ambas as Igrejas vislumbrou-se a partir da criação da "Comissão internacional para o diálogo anglicano-ortodoxo" (Valamo, junho de 1989), em cuja agenda de trabalho foram incluídas as questões eclesiológicas.

Conciliaridade

É a dimensão permanente da vida eclesial que reflete a sintonia entre as decisões de um concílio ecumênico e a consciência eclesial de todo o povo de Deus, manifestando-se no fato da *recepção*. Cada um dos concílios ecumênicos suscitou regularmente expectativas entre os fiéis e alimentou esperanças renovadoras. Esse fato comum teve no Concílio Vaticano II especial significado porque transcendeu as fronteiras da própria comunidade católica penetrando em ambientes protestantes e anglicanos. Três anos depois do encerramento do Vaticano II, a Assembléia Geral do Conselho Ecumênico das Igrejas, reunida em Upsala (1968), acolhe o termo "conciliaridade" para expressar as novas relações e as perspectivas ecumênicas entre todas as Igrejas cristãs. O termo é retomado pela "Fé e Constituição" em seus encontros de Lovaina (1971) e Salamanca (1973), até chegar finalmente à V Assembléia Geral de Nairobi, onde se apresenta nas conclusões da segunda seção o texto seguinte: "O termo fraternidade conciliar (*conciliar fellowship*) tem sido freqüentemente mal-entendido. Não olha para uma concepção da unidade diferente daquela unidade orgânica total esboçada na afirmação de Nova Delhi, é antes uma elaboração detalhada daquela. O termo tenta descrever um aspecto da vida somente da Igreja indivisa *em todos os níveis*. Em primeiro lugar expressa a unidade da Igreja separada pela distância, cultura e tempo, unidade publicamente manifestada quando os representantes dessas Igrejas locais reúnem-se para uma assembléia comum. Refere-se também à qualidade de vida dentro de cada Igreja local; acentua o fato de que a verdadeira unidade não é monolítica, não desautoriza os dons especiais dados a cada membro e a cada Igreja local, mas antes os aprecia e os protege" (n. 4). O termo "conciliaridade" continua a ser estudado ainda hoje em ambientes ecumênicos.

Concílio ecumênico

O termo "concílio" vem do latim *concilium*, que significa assembléia reunida, reunião; ecumênico, vem do grego *oikoumene*, universal, estendido por toda a terra. Na linguagem eclesiástica designa a assembléia dos bispos reunidos para analisar e dialogar sobre temas importantes referentes à divina revelação ou sobre questões pastorais, litúrgicas e disciplinares que afetam a vida da Igreja. É *ecumênico* precisamente porque dele participam todos os bispos do mundo representando a Igreja universal.

As condições para que um concílio possa ser verdadeiramente ecumênico variam segundo as Igrejas. Para a Igreja católica romana o é quando nela estão representados todos os bispos católicos, é convocado pelo bispo de Roma, presidindo-o pessoalmente ou por meio de outros e suas decisões são aprovadas e confirmadas por ele mesmo em sua qualidade de pastor universal. Para essa Igreja são já 21 os concílios celebrados ao longo da história. Ao contrário, para as Igrejas ortodoxas somente haverá concílio ecumênico quando toda a Igreja universal e indivisa, através de seus bispos, dialoguem e aceitem as decisões conciliares. Por isso que para a ortodoxia somente os sete primeiros concílios podem ser definidos como tais, porque neles está exposta a "doutrina ortodoxa", aceita pela Igreja indivisa do Oriente e do Ocidente. Logicamente, os concílios posteriores ao cisma já não podem ser qualificados como ecumênicos porque não representam a Igreja, mas somente as Igrejas em estado anômalo de divisão. Por essa razão contabilizam como ecumênicos os sete primeiros concílios, esperando o dia em que, unidas de novo todas as Igrejas, possam celebrar um concílio verdadeiramente universal. Os sete primeiros concílios foram: 1º) Nicéia (ano 325); 2º) Constantinopla I (381); 3º) Éfeso (431); 4º) Calcedônia (451); 5º) Constantinopla II (553); Constantinopla III (680-691); e 7º) II Nicéia (787). Esses concílios são admitidos por todo cristianismo histórico como representando a Igreja indivisa, na qual se encontra o núcleo da fé cristã graças ao desenvolvimento trinitário, cristológico e mariano. Merecem especial menção os quatro primeiros.

O concílio de *Nicéia* (325), convocado pelo imperador Constantino, e com a presença de dois sacerdotes representando o bispo de Roma, tratou o tema da heresia de Ário que negava a divindade de Cristo. O credo aceito pelos bispos seria a norma da fé cristã que confessava a divindade de Cristo, o Filho de Deus, consubstancial (*homoousios*) ao Pai. Condenadas as teses arianas, Nicéia tratou também outros assuntos como os cismas de Novaciano, de Paulo de Samósata e Melécio, sustentando que aqueles que retornavam à Igreja deviam ser rebatizados e reordenados. Abordou além disso a disputa sobre a data da celebração da Páscoa e vários assuntos sobre as penas a se impor aos cristãos que tivessem claudicado na fé nas perseguições, o caso dos bispos cismáticos e da readmissão dos hereges. Apesar de a perda das atas conciliares, foram conservados os 20 cânones e o credo de Nicéia.

O *1º de Constantinopla* (381), convocado pelo imperador Teodósio I, e no qual estão presentes 150 bispos, todos eles orientais, procurou acabar definitivamente com o arianismo condenado em Nicéia. Sua principal atuação consistiu na reformulação do credo de Nicéia, adaptado às novas necessidades. O credo niceno-constantinopolitano reafirmou a doutrina da consubstancialidade do Filho em relação ao Pai, acrescentando a cláusula da divindade do Espírito Santo. Os sete cânones do concílio, além de reafirmar a fé do concílio de Nicéia, tratam de assuntos disciplinares condenando várias heresias antitrinitárias, declarando a sede de Constantinopla como imediatamente posterior em dignidade a de Roma, e especifica a maneira de receber os hereges arrependidos no seio da Igreja.

O concílio de *Éfeso* (431), com São Cirilo, patriarca de Alexandria à frente, condenou as doutrinas de Nestório, patriarca de Constantinopla, e seus seguidores da Pérsia que atribuíam a Cristo duas pessoas, divina e humana. *Éfeso* declarou a existência de uma só pessoa em Cristo. Certamente Nestório quis ser fiel à Nicéia e creu na unidade a divindade e humanidade em Cristo, embora expressasse sua doutrina numa linguagem conceptual pouco feliz.

Finalmente o concílio de *Calcedônia* (451), convocado pelo imperador Marciano, reuniu 450 bispos, talvez o mais numeroso de todos os celebrados na antigüidade. Contra a escola alexandrina, afirmou em Cristo "uma hipóstase em duas naturezas" divina e humana. Calcedônia, ao lado de Roma e Antioquia, distinguiu claramente os termos *hipóstase* (pessoa) e *physis* (natureza), enquanto que Alexandria os empregou de maneira sinônima, defendendo o *monofisismo* (uma só natureza). A definição de Calcedônia, baseada em Nicéia e Constantinopla, foi o símbolo mais abertamente aceito por todas as Igrejas cristãs ao longo de sua história. As afirmações dogmáticas, contudo, desse concílio, gerariam uma resistência entre alguns patriarcados orientais, que em sua animosidade contra o império bizantino provocaram a separação de várias Igrejas, chamadas *não-calcedonianas*. Foram estas: a Igreja copta do Egito, a Igreja da Etiópia, a Igreja síria (chamada às vezes *jacobita*), e a Igreja armênia. As *Igrejas não-calcedonianas* permaneceram durante séculos isoladas do cristianismo que professou a fé do IV Concílio Ecumênico. Somente desde 1964 começou-se um diálogo teológico entre essas Igrejas e as Igrejas ortodoxas com prometedores resultados em 1985, 1989 e 1990. A Igreja oriental copta (não-calcedoniana) formou com a Igreja católica romana (1974) uma comissão conjunta, cujos trabalhos sobre cristologia refletiram um acordo muito positivo numa fórmula aceita por ambas as Igrejas em fevereiro de 1988.

Conferência das Igrejas Européias (KEK)

Fundada em 1959 como uma comunidade ecumênica regional, hoje constitui um dos principais organismos ecumênicos em nível europeu. Agrupa 122 Igrejas de todos os países do continente, pertencentes às tradições anglicana, batista, luterana, metodista, ortodoxa, reformada, veterocatólica e pentecostal. Sua principal meta é trabalhar pelo ecumenismo na Europa, promovendo a unidade das Igrejas e apresentando um testemunho cristão comum aos povos da Europa a favor da reconciliação e da justiça. Por constituição, a KEK deve celebrar uma assembléia geral ao menos uma vez a cada seis anos. Até o momento, foram celebradas 11 assembléias, sendo a última a convocada em Graz em junho de 1997, como continuação da segunda assembléia ecumênica européia. A KEK mantém relações com a Igreja católica, principalmente através de uma de suas instituições, a CCEE, com a qual celebrou cinco encontros ecumênicos (Chantilly, 1978; Logumkloster, 1981; Riva del Garda/ Trento, 1984; Erfurt, 1988; Santiago de Compostela, 1991). Desde 1971 há também uma comissão mista de delegados de ambos organismos que se reúne uma vez ao ano. Além disso, ambas as instituições convocaram conjuntamente as assembléias ecumênicas européias de Basiléia e Graz, encontros que marcaram o ponto culminante da cooperação entre a KEK e a CCEE. Atualmente, John Arnold é o presidente e Jean Fischer ocupa o cargo de Secretário Geral. A KEK tem sua sede em Genebra (CMB).

Confissão de fé

Termo que designa genericamente a adesão de fé a algumas fórmulas que contêm e querem expressar o corpo de crenças de determinada confissão religiosa. Há várias acepções. Uma primeira viria a se identificar com os credos professados na antigüidade cristã. Estes são chamados também símbolos ou confissão de fé: assim o símbolo dos apóstolos, o símbolo niceno-constantinopolitano, o símbolo atanasiano, reconhecidos por todas as Igrejas como núcleo da fé cristã. A outra acepção refere-se aos formulários — quase todos elaborados no século XVI — que contêm os principais artigos de fé sobre determinada Igreja reformada.

A maioria dessas confissões de fé nasce com o propósito de expressar a identidade específica dessa Igreja. Entre as mais conhecidas pode-se citar a *Confissão de Augsburgo* (1530), da tradição luterana; e a *Confissão tetrapolitana* (1530); a *Confissão Helvética* (1536); a *Confissão de Rochelle* (1559-1571); a *Confissão belga* (1561); a *Confissão helvética posterior* (1566); Os *Cânones de Dort* (1619); a *Confissão de Westminster* (1647), todos eles de tradição reformada; os *39 artigos de fé* (1536) da tradição anglicana. Nunca a confissão de fé, neste segundo sentido, quis suprir a primazia da Sagrada Escritura, uma vez que somente ela contém a revelação divina. Por isso os escolásticos protestantes falaram da Escritura como *norma normans*, e das confissões de fé como *norma normata*. Todavia poder-se-ia falar de um terceiro sentido do termo "confissão". É o referente ao conjunto de Igrejas que possuem uma mesma confissão de fé. Assim, por exemplo, pode-se falar da confissão luterana, da confissão anglicana, da confissão reformada, referindo-se respectivamente ao conjunto dos luteranos, dos anglicanos, dos reformados (estes últimos de tradição calvinista e de organização presbiteriana).

Congar, Yves

Yves Marie-Joseph Congar (Sedan, 13.4.1904 - Paris, 22.6.1995). Dominicano francês, teólogo eclesiólogo e ecumenista com enorme influência na teologia européia e no Concílio Vaticano II. Em 1919 surge sua vocação religiosa, e depois de quatro anos como seminarista em Paris entra para a Ordem dos Pregadores. Estudou teologia em Le Saulchoir, com Chenu e Maldonnet (1926-1930). Em 1930 foi ordenado sacerdote, e depois de um tempo na Alemanha e um curso sabático na Sorbona, com E. Gilson, inicia sua docência em Le Saulchoir com as matérias de apologética e de Ecclesia. Faz parte da equipe teológica dessa escola com Chenu e Féret, e participa em encontros ecumênicos com Maritain, Bulgakov, Berdieff, Mounier, Gratieux, Beauduin, Lialine e Couturier. A partir da leitura teológica que faz para uma pesquisa sobre a incredulidade realizada pela "La vie spirituelle" (1934), cria a coleção de estudos eclesiológicos "Unam Sanctam". Em 1937 aparece seu *Cristãos desunidos*, que lhe trará sérias dificuldades. Quase no início da guerra em 1939 até 1945 sofre um longo cativeiro nas prisões alemãs. Roma proíbe-o de participar da assembléia de Amsterdã (1948). Os anos de suas grandes obras, *Verdadeiras e falsas reformas na Igreja* (1950), e *Balizas para uma teologia do laicato* (1953), estão cheios de suspeitas, acusações e mal-entendidos. Duras medidas recaem sobre os dominicanos franceses, e Congar é desterrado primeiramente para Jerusalém (1954) e depois para Cambridge (1955). Quando regressa para Estrasburgo, começa sua reabilitação e pouco depois é convidado a participar na tarefa conciliar como membro da comissão preparatória. Com isso terminava para Congar uma época muito dura de sua vida. De 1962 a 1965 tem uma atividade prodigiosa no concílio e intervém na redação de alguns textos conciliares: LG, PO, AG, GS, DV, UR, DH. Em 1964 recebe o título de "Mestre em Teologia" concedido pela Ordem dos Pregadores, no ano seguinte Paulo VI nomeia-o membro da Comissão católica para o diálogo com a Federação luterana mundial e faz parte do conselho acadêmico do Instituto ecumênico de Tantur (Jerusalém). Em 1969 e 1974 é membro da "Comissão teológica internacional". Desde 1984 residia, por causa de uma paralisia progressiva, no Hospital dos Inválidos, de Paris. E em novembro de 1994, poucos meses antes de sua morte, é nomeado cardeal da Igreja. Pioneiro, por parte da Igreja católica, do ecumenismo doutrinal. Com influência decisiva nos campos da eclesiologia, do ecumenismo e da teologia dos seculares. Entre sua imensa produção teológica, além da já citada, aparecem: *O mistério do templo* (1954); *A tradição e as tradições* (1960-1963); *Sacerdócio e Laicato* (1962); *Cristãos em diálogo* (1964); *Situação e tarefas atuais da teologia* (1967); *Uma paixão: a unidade* (1974); *Um povo messiânico* (1975); *Creio no Espírito Santo* (1979-1980); *Diversidades e comunhão* (1982); *Martinho Lutero; Sua fé, sua reforma* (1983); *Ensaios ecumênicos* (1984); *Chamados para a vida* (1985); *Escritos reformadores* (1995).

Congregacionismo

É o nome que se dá a uma família de Igrejas que têm suas origens nos movimentos não-conformistas e separatistas, que, nos princípios do século XVII, se desenvolvem com muita força na Inglaterra em oposição às estruturas da Igreja nesse país. Com o termo "congregacionismo", designa-se em primeiro lugar as Igrejas que dão toda a importância à "*assembléia local* dos crentes" ou "congregação". De fato, daí vem seu nome. Mas designa também o regime eclesiástico que enfatiza a plena autonomia do núcleo paroquial diante de qualquer controle superior, seja de tipo burocrático, litúrgico ou doutrinal. Há, portanto, Igrejas que adotaram o regime "congregacionalista" sem serem elas mesmas dessa família eclesial, como é o caso dos batistas e pentecostais, assim como a maioria das chamadas "Igrejas livres" ("Free Churches").

Nas origens do movimento congregacionista encontram-se dois não-conformistas ingleses, Robert Browne e John Robinson, que imigraram para a Holanda em princípio do século XVII e fundaram em Leiden a que será a primeira a qual pode se dar esse nome. Mas é a partir de 1620 com a histórica viagem do "Mayflower", na qual os cristãos não-conformistas deixam a Inglaterra e chegam às costas de Massachusetts como "pais peregrinos", quando esse tipo de Igreja recebe carta de cidadania no mundo cristão. Ali criaram uma sociedade puritana, tipicamente teocrática, e muito intransigente em dogmas e costumes. Eles estiveram na base da revolução norte-americana contra a Inglaterra e na declaração da independência dos Estados Unidos. Seu espírito missionário é muito forte desde o princípio: traduzem a Bíblia nas línguas autóctones de várias tribos indígenas e mantêm uma liderança nos grandes "despertares" ("revivals") que sacodem os Estados Unidos durante os séculos XVIII e XIX. Também no terreno cultural os congregacionistas tiveram importância: fundaram as Universidades de Harvard (1636) e Yale (1701). Do ponto de vista das doutrinas, estão muito próximos das Igrejas reformadas (presbiterianas), mas a absoluta liberdade concedida à congregação local e ao próprio indivíduo em matérias de fé proporcionou divergências entre liberais e conservadores, entre unitários e trinitários, causando muitas divisões em seu seio. A "American Unitarian Association" tem suas origens nos congregacionistas antitrinitários, e a "United Church of Christ", uma das grandes denominações americanas, é o resultado da fusão de congregacionistas e presbiterianos. Igualmente, a "Aliança Mundial de Igrejas reformadas" formou-se a partir da união do Conselho congregacionista internacional e da Aliança reformada mundial levada a cabo em 1970. Se alguma coisa caracteriza hoje os congregacionistas é sua total rejeição às fortes estruturas eclesiásticas e a sua hierarquização. Por isso limitam ao máximo o papel das estâncias superiores da congregação local ou paroquial.

Conselho das Conferências Episcopais Européias (CCEE)

Organismo da Igreja católica que agrupa às conferências episcopais de todos os países da Europa. Fundado com o fim de estar a serviço da colegialidade das conferências episcopais européias, tem como tarefa promover a colaboração entre os bispos. Sua origem teve começo no fim do Concílio Vaticano II, em 1865, e nasceu vinculado ao cardeal Etchegaray, a quem foi confiada a direção de uma comissão que avaliasse a possibilidade de uma colaboração mais estreita entre as conferências episcopais da Europa.

Sua importância ecumênica reside na relação que mantém com a KEK, organismo ecumênico europeu, com o qual celebrou cinco encontros (Chantilly, 1978; Logumkloster, 1981; Riva de Garda/Trento, 1984; Erfurt, 1988; Santiago de Compostela, 1991), tendo convocado conjuntamente duas assembléias ecumênicas (Basiléia, 1989; Graz, 1997), e com quem sustenta uma comissão mista que se reúne uma vez ao ano. Tais contatos ecumênicos constituem um dos máximos expoentes de trabalho ecumênico em nível europeu. O presidente atual é o cardeal Miloslav Ulk, arcebispo de Praga (CMB).

Conselho Ecumênico das Igrejas

O Conselho Ecumênico das Igrejas (CEI), chamado às vezes Conselho Mundial das Igrejas (CMI), é um organismo eclesiástico sem equivalente algum na história do cristianismo. É a expressão mais completa dos anelos de unidade cristã que há hoje entre as Igrejas. Embora o CEI ficou constituído em 1948 (Assembléia de Amsterdã), seus antecedentes remontam-se à Conferência missionária mundial de Edimburgo (1910), e aos movimentos que surgiram ali chamados "Vida e Ação" e "Fé e Constituição". A aproximação mútua com o fim de uma união orgânica de ambos movimentos trouxe como resultado a criação do CEI. A natureza e identidade do CEI ficaram claras desde o princípio: não é a Igreja universal, nem uma super-Igreja, nem um concílio, nem *Una sancta* da qual falam as antigas confissões de fé. É antes como se define em sua *base doutrinal*, uma associação fraternal de Igrejas que crêem em Nosso Senhor Jesus Cristo como Deus e Salvador, segundo as Escrituras, e se esforçam para responder conjuntamente à sua vocação comum para glória somente de Deus Pai, Filho e Espírito Santo.

As Igrejas cristãs que desejam ser membros do CEI devem subscrever essa base doutrinal, de tipo trinitário e cristológico, mas não renunciam por isso a sua própria eclesiologia, nem nenhuma decisão tomada em suas assembléias tem caráter autoritário sobre elas. Na realidade, o CEI é um instrumento válido posto a serviço das Igrejas para que se conheçam, dialoguem e busquem caminhos para sua possível reunificação. As mais de 320 *Igrejas-membros* do CEI pertencem às grandes tradições cristãs do anglicanismo, da ortodoxia e do protestantismo, tanto luterano como calvinista. Mantêm relações com as grandes famílias cristãs reunidas em aliança e federações. A relação com a Igreja católica é cordial, e em mais de uma ocasião foi proposta a questão da incorporação de Roma ao CEI; tema, contudo, nunca resolvido positivamente. Desde 1965 há uma "Comissão mista de trabalho" que reagrupa teólogos católicos e do CEI, e que desde 1968 teólogos católicos participam "pleno iure" nos trabalhos da comissão de "Fé e Constituição". A organização do CEI é muito complexa, alguns dos elementos fundamentais permanecem intactos desde sua fundação, outros sofrem modelações atualmente em curso. A *Assembléia geral* ostenta a autoridade suprema, é órgão legislativo e se reúne a cada seis ou sete anos. Os delegados das Igrejas-membros, com direito a voto, representam todos os departamentos eclesiais: leigos e clérigos, mulheres e homens, jovens e adultos.

Até hoje foram celebradas as seguintes assembléias: Amsterdã (1948), Evanston (1954), Nova Delhi (1961), Upsala (1968), Nairobi (1975), Vancouver (1983) e Camberra (1991). A direção está assegurada por seus seis presidentes — cargos honoríficos — e por um secretário geral que anima todas as atividades. Seus nomes são: W. A. Visser't Hooft (1948-1966), Carson Blake (1966-1972), Philip Potter (1972-1984), Emilio Castro (1984-1993), e Konrad Raiser (1993-). A máxima autoridade durante o espaço entre as assembléias gerais é dada tanto ao *Comitê Central*, que se reúne uma vez ao ano, como o C*omitê executivo*, duas ou três vezes ao ano. Ambos os comitês asseguram a vida e atividades do CEI. Estas ficaram reagrupadas em três unidades de trabalho: 1) *Fé e testemunho*; 2) *Justiça e serviço*; 3) *Educação e renovação*. Ultimamente remodelou-se deste modo: 1) *Unidade e renovação*, dentro da qual encontra-se *"Fé e Constituição"*, braço teológico do Conselho Ecumênico das Igrejas; 2) *Vida, educação e missão*; 3) *Justiça, paz e criação*; 4) *Participação e serviço*.

Conselho Missionário Internacional

A idéia de se formar um Conselho Missionário Internacional (CMI, "International Missionary Council") nascera durante a conferência missionária que tivera lugar em Edimburgo no ano de 1910, e que foi considerado como o berço do moderno movimento ecumênico. Anos depois, em Lake Mohonk (Estado de Nova York), constitui-se legalmente o CMI (1921), que agrupa os conselhos missionários protestantes dos Estados Unidos e a outros conselhos missionários de diferentes Igrejas protestantes da Europa e da América do Norte. Se o século XVI foi considerado por muitos missionólogos como o século das missões católicas, o século XIX iria conhecer uma expansão missionária protestante sem precedentes na história. A proliferação de sociedades missionárias caminha junto com a criação de sociedades bíblicas, a fim de evangelizar o mundo não-cristão. Algumas destas sociedades são criadas inclusive em fins do século XVIII: "Baptist

Missionary Society" (Londres, 1792), "London Missionary Society" (1795) e "Dutch Mission" (1799), mas o grosso mesmo é do século XIX: "British and Foreign Bible Society" (1804), "London Society for Promonting Christianity among the Jews" (1809), "American Board of Commissioners for Foreign Missions" (1810), "American Baptist Missionary Board" (1814), "American Bible Society" (1916) etc.

A teologia que está subjacente nesse "revival" missionário é a da salvação entendida em perspectiva meramente individualista: a salvação da pessoa somente se entende em termos de conversão pessoal com explícita confissão do nome de Jesus Cristo. O pano de fundo da conferência missionária de Edimburgo (1910) e das assim chamadas "jovens Igrejas" ou "Igrejas de missão", que nascem na Índia, Japão, China, Coréia, e em vários países africanos entre 1920 e 1930, encaixa-se precisamente em todo esse contexto de sociedades missionárias protestantes. O que diferencia, contudo, a identidade do CMI com referência a outras sociedades missionárias é o espírito ecumênico e a teologia mais aberta da missão que herdou de Edimburgo em 1910. Homens como John Mott, Charles Brent, Viser't Hooft, Leslie Newbigin etc., pioneiros do ecumenismo, são por sua vez protagonistas da linha que caracteriza o CMI. Depois da conferência de Edimburgo, fora criado um "comitê de continuidade" que trabalhou eficazmente na promoção da obra missionária partindo das perspectivas ecumênicas e que levou à criação do CMI em 1921. Anos antes fora criada a revista "The International Review of Missions" (1912), uma das publicações mais prestimosas do ponto de vista da missão. O CMI trabalhará muito estreitamente com os protagonistas da "Fé e Constituição" e "Vida e Ação", em vista de criar o que logo seria o Conselho Ecumênico das Igrejas (1948). As grandes conferências do CMI foram celebradas em Jerusalém (1928), Madrás (1938), Whitby (1947), Willingen (1952) e Accra (1958). Nesses últimos anos surgiu um problema de não fácil solução: sua integração plena no Conselho Ecumênico das Igrejas, ou sua continuidade com autonomia própria à margem do Conselho Ecumênico.

Finalmente, na assembléia geral de Nova Delhi (1961), o CMI integrou-se, passando a ser desde esse momento uma divisão ou comissão chamada "Missão mundial e evangelização" ("World Mission and Evangelism"), organismo do Conselho Ecumênico. Essa celebrou posteriormente várias conferências missionárias: México (1963), Upsala (1968), Bangkok (1972-1973), Melbourne (1980), e San Antonio (Texas, 1989). O problema de se a incorporação plena do CMI no Conselho Ecumênico alteraria seu específico caráter missionário levou alguns de seus membros, não-partidários da fusão, à criação de um organismo paralelo chamado "Comitê de Lausana para a evangelização mundial ("Lausanne Committee for World Evangelization"). Em julho de 1974, uns 2.500 líderes evangélicos de 150 nações reuniram-se na cidade suíça para celebrar um congresso do qual nasceria essa nova sociedade missionária, cujo líder indiscutível foi John R. Stott. O espírito do comitê de Lausana, na linha do pregador Billy Graham, dista muito do espírito missionário-ecumênico que animou o velho CMI, hoje comissão missionária do Conselho Ecumênico das Igrejas.

Conselho pontifício para a promoção da unidade

É o novo nome que, a partir da constituição apostólica *Pastor bonus* (1º de março de 1989), de João Paulo II, mudou o antigo "Secretariado romano para a unidade dos cristãos". Esse fora criado no dia 5 de junho de 1960 como organismo preparatório para o Concílio Vaticano II. A estrutura definitiva ser-lhe-à dada pela constituição apostólica de Paulo VI, *Regimini Ecclesiae universae* (15 de agosto de 1967). A estrutura do conselho pontifício é semelhante a de outros discatérios da cúria romana. Seu primeiro presidente foi o cardeal Agostinho Bea que teve como sucessor Johannes Willenbrands, e desde 1989 o australiano Edward Y. Cassidy. As competências são várias: manter o papa informado sobre os assuntos ecumênicos; fomentar a relação com as outras Igrejas; oferecer uma exata interpretação e aplicação dos princípios católicos do ecumenismo; fomentar e coordenar grupos de teólogos católicos que promovam a unidade cristã; estabelecer conversações sobre problemas ecumênicos com outras Igrejas; designar observadores católicos para as reuniões dessas Igrejas e convidar seus observadores para as reuniões católicas; executar os textos conciliares que se referem ao ecumenismo. Entre os trabalhos executados pelo Conselho pontifício, destaca-se em primeiro lugar a colaboração prestada aos padres conciliares na redação do decreto *Unitatis redintegratio*; mas são dignas de memória também sua participação nas comissões mistas do diálogo teológico com outras Igrejas cristãs, a intensa cooperação em diferentes campos com o Conselho Ecumênico das Igrejas, a preparação conjunta de materiais para a celebração da semana da unidade, a cooperação com a Aliança bíblica mundial para a tradução ecumênica de textos bíblicos, e os trabalhos conjuntos com o judaísmo em matéria religiosa. São importantes também os textos emanados do conselho pontifício intitulados: *Diretório ecumênico*, cuja primeira parte apareceu em 1967 e a segunda em 1970; *Reflexões e sugestões sobre o diálogo ecumênico* (1970); *A colaboração ecumênica em nível regional, nacional e local* (1975); e finalmente o novo *Diretório ecumênico*, aparecido em março de 1993. Publica um boletim que aparece em edições de língua inglesa e francesa.

Contra-reforma

Conjunto de projetos e realizações executados pela Igreja católica para se opor à expansão do protestantismo, a partir do Concílio de Trento. A necessidade da reforma eclesiástica, tantas vezes sentida e anunciada, e nunca levada seriamente a cabo, viu-se impulsionada pelo enorme desafio que significou a tomada de posição dos reformadores do século XVI. Paulo III convenceu-se de que somente uma reforma em profundidade poderia pôr um dique ao cisma que estava difundindo-se por toda a Europa. A convocação e a celebração do concílio de Trento (1545 a 1563), dividido em três longos períodos e com vinte e cinco sessões, teve por fim pôr em prática — além de toda reflexão doutrinal — um programa de reformas eclesiásticas que iriam modelar um tipo de igreja que durante séculos estaria vigente com todo seu monolitismo e impressionante coerência. Três papas iriam levar a termo aquela obra que bem pode ser denominada de "contra-reforma": Pio V, Gregório XIII e Sisto V. Como figuras principais que trabalharam nessa empresa destacam-se: Contarini, São Carlos Borromeu, São Pedro Canísio, São João d'Ávila, São Pedro de Alcântara etc., e como instituição anti-protestante nenhuma outra como a Companhia de Jesus. Ao lado de acertos inegáveis — séria formação sacerdotal, criação de seminários etc. —, desenvolveu-se um espírito de polêmica que impediu ver as autênticas reclamações protestantes. A reforma protestante apareceu como uma falsa religião, cujos princípios dissolviam a verdadeira Igreja e a rompiam em seitas corruptoras das almas. Os próprios reformadores eram apresentados como personagens orgulhosos, sedentos de poder, corrompidos moralmente, e longe do espírito do evangelho.

Mas no espírito da contra-reforma não havia somente ataque, havia também grande dose de defesa diante dos polemistas protestantes que não ficavam atrás nas atitudes agressivas: Roma, a instituição papal, era para eles a "grande prostituta de Babilônia", a vida da Igreja católica era apresentada como anti-bíblica etc. Essa situação perdurou durante séculos, gerando na Igreja católica esse fenômeno que com acerto o Pe. Congar chamou de *tridentinismo*, e que para o teólogo dominicano chegou a seu fim com o Concílio Vaticano II. Precisamente um dos benefícios do concílio foi fazer a Igreja católica sair do *tridentinismo*. "Não se trata aqui do concílio de Trento, mas do *tridentinismo*... O *tridentinismo* é um sistema constituído depois do concílio de Trento sob a influência de papas muito conservadores como Paulo IV, Pio V, Sisto V e outros. Era como um sistema que envolvia absolutamente tudo: a teologia, a ética, o comportamento cristão, a prática religiosa, a liturgia, a organização, o centralismo romano, a constante intervenção das congregações romanas na vida da Igreja etc. Na realidade esse sistema não se confunde com Trento, concílio que o Vaticano II citou numerosas vezes... Mas muito antes de Trento e do Vaticano I, havia uma configuração do catolicismo romano que aparecia como um sistema." Em outro lugar ele disse: "O concílio liquidou isso que eu chamaria de incondicionalidade do sistema. Entendo por 'sistema' todo o conjunto das idéias comunicadas pelo ensinamento das universidades romanas, codificadas pelo direito canônico, protegidas por uma severa vigilância e muito eficaz sob Pio XII, por um ter de dar contas, com chamadas à ordem e submissão de escritos pelas censuras romanas etc. Resumindo, todo um 'sistema'. Com a atuação do concílio, tudo se desintegrou".

Conversão

Termo de profundo enraizamento bíblico que se refere a uma decisão fundamental que abrange toda a pessoa em ordem a uma orientação da existência para Deus. Tendo sua raiz no Antigo Testamento, fundamentalmente com a tradição profética, é um elemento essencial no Novo Testamento, situando-se no centro da pregação de Jesus que chama à conversão antes a aproximação do reino. Mas pode ser interpretada de diversas formas. Cabe numa primeira acepção entendê-la como um aprofundamento na própria fé, sem que isso signifique a passagem de uma religião ou Igreja para outra diferente. Para o movimento ecumênico, porém, interessa aquela acepção do termo que se refere a uma mudança de identidade do crente, provocando uma alteração na situação eclesiástica, a passagem de uma Igreja para outra. Com respeito da pregação referente à conversão, cabe da parte das Igrejas adotar duas atitudes diametralmente opostas: a *evangelização*: oferta livre da fé que diz respeito à consciência e que entra no legítimo direito das Igrejas de proclamar sua própria mensagem; e o *proselitismo*: atitude que atenta contra a liberdade do interlocutor e falta ao respeito para com outras confissões, buscando por qualquer meio conseguir novos adeptos. Muitas vezes as Igrejas cristãs buscaram através de qualquer meio a conversão para o próprio grupo usando o proselitismo. Essa atitude enraizava-se numa concepção eclesiológica que unicamente considerava legítima ou verdadeira a própria comunidade eclesial, negando toda possibilidade de salvação fora dela. O resultado dessa situação, de divisão cristã, com mútuas excomunhões, era a prática generalizada do proselitismo como método de busca de novas conversões. Mas produziu-se um avanço nas concepções eclesiológicas das diferentes Igrejas que torna estéril nesse momento a prática do proselitismo. Assim manifestaram-se diversas Igrejas no documento do grupo misto de trabalho da Igreja católica e do CEI, denominado *Testemunho comum e proselitismo* (1970). Hoje, uma autêntica atitude ecumênica baseia-se na aceitação das conversões de caráter individual (sempre como ato de consciência onde se respeita a liberdade de opção do indivíduo). Não seria legítimo, em absoluto, pregar a conversão indiscriminada a respeito dos irmãos de outras confissões cristãs.

O Decreto sobre ecumenismo do Vaticano II reconhece que as conversões individuais não se opõem ao trabalho ecumênico (UR 4), mas como acertadamente interpreta Rahner, "o trabalho ecumênico dos católicos não deve ter por fim conseguir conversões individuais para a Igreja católica, pois isso desacreditaria tal trabalho, e o tornaria impossível. Mas, por outra parte, ainda na era do ecumenismo, tais conversões particulares são legítimas". Em caso de conflito, porém, a primazia deve outorgar-se ao trabalho ecumênico sobre as conversões individuais. Cabe, por último, falar de outra chamada à conversão: aquela que todas as Igrejas recebem para se converterem numa só comunidade ("que todos sejam um", Jo 17,21). O novo relacionamento entre as Igrejas, devido ao movimento ecumênico, tem repercutido nesta temática. Assim a insistência na conversão para a própria Igreja resultou na chamada à "conversão" interior de cada cristão ao ecumenismo (UR 7), à realidade da comunhão e unidade eclesial, que, junto com a oração pela unidade, constitui a "alma de todo o movimento ecumênico e, com razão, podem ser chamadas de 'ecumenismo espiritual'" (UR 8) (CMB).

Couturier, Paul

Paul Couturier (Lyon, 29.7.1881 - Lyon, 24.3.1953). Ordenado sacerdote em 1906, ensinou no Instituto Chartreux de Lyon até 1951. Durante as décadas dos anos 20 recebeu em sua paróquia numerosos refugiados russos que o introduziram na espiritualidade ortodoxa. Até 1932 levou uma vida muito simples em sua paróquia. A visita que fez nesse ano à abadia de Chevetogne (Amay-sur-Meuse) o introduziu de cheio na obra do cardeal Mercier, e em seguida tomou parte ativa no movimento ecumênico. A grande contribuição de P. Couturier ao ecumenismo deve-se a sua intuição de dedicar um período especial de oração pela unidade, que resultou — em 1934 — no "Oitavário de oração pela unidade dos cristãos" (de 18 a 25 de janeiro). Desde 1939, esse oitavário, que depois mudaria seu nome para *Semana de oração pela unidade*, é observado em todo o mundo cristão. Couturier promoveu numerosos contatos internacionais dentro do mundo francês. Merece destaque o trabalho levado a termo na abadia trapista de Les Dombes, que deixou interessantes acordos ecumênicos sobre o batismo, a eucaristia e a autoridade eclesial. Mas sua influência ultrapassou as fronteiras de sua pátria fazendo com que os contatos da Igreja católica com a comunhão anglicana se consolidasse de maneira notável. O trabalho do fundador do *ecumenismo espiritual* — assim o chamou Couturier — continuou no Centro de Santo Irineu, de Lyon, através da obra do incansável sacerdote Maurice Villain.

Cristologia

A pergunta por Jesus Cristo constitui a cristologia. Mas não qualquer pergunta por Jesus Cristo estabelece uma correta cristologia. Essa baseia-se na pergunta crente. Jesus tem sido sempre objeto de uma atenção privilegiada por parte do povo, que inclusive não se atreveria chamá-lo de Jesus Cristo. Por exemplo, o problema de Jesus chamou poderosamente a atenção ultimamente de pensadores judeus (J. Klausner, Martín Buber, Robert Aron, Shalon ben Chorin, David Flüsser) com o movimento "Jews for Jesus", e de pensadores ateus ou marxistas (Ernst Bloch, L. Kolakowski, Roger Garaudy, Milan Machovec etc.), mas positivamente falando, estes não construiram uma cristologia. A cristologia somente se elabora a partir da fé eclesial que vê em Jesus o profeta de Nazaré, no qual se revela a plenitude da divindade ("cristologia a partir de baixo"), e que no Verbo enviado pelo Pai, e encarnado no homem Jesus, produziu-se a redenção da humanidade ("cristologia a partir de cima"). Ambas as cristologias têm seu apoio nos núcleos centrais do Novo Testamento, nos quais se descobrem diferentes etapas: a pregação do reino e a práxis do Jesus pré-pascal; a fé na pré-existência eterna do Verbo feito carne; a morte como sacrifício expiatório; a ressurreição como obra do Pai. A cristologia tradicional de Calcedônia (451), assumida pela Igreja ocidental e pela Igreja oriental de tradição bizantina — embora rejeitada suas formulações, não sua fé, pelas Igrejas primitivas orientais —, será ratificada de maneira unânime pelos reformadores do século XVI no momento das grandes divisões eclesiásticas. Contudo, o século XIX alemão apresenta com crueza, mas talvez ingenuamente, o problema das relações entre o Jesus da história e o Cristo da fé, nesse vão intento de reconstruir biograficamente a vida de Jesus, libertando os crentes dos dogmas eclesiásticos.

As novas relações ecumênicas entre as Igrejas geraram um intercâmbio cristológico dos quais todos se beneficiarão. Assim o debate suscitado por Rodolf Bultmann a respeito de sua despreocupação pelo homem Jesus — despreocupação nascida para ele pela impossibilidade de conhecê-lo —, e centralizando-se somente no "acontecimento da fé", vai suscitar, tanto na teologia católica como na protestante (D. Sölle, W. Pannenberg, G. Ebeling), um novo interesse que será central no pensamento teológico dos últimos anos, dando lugar a essa categoria chamada "concentração teológica" e que lembra a última etapa da teologia de K. Barth. A partir das últimas pesquisas cristológicas poder-se-ia fazer estas precisões: hoje as cristologias, tanto católicas como protestantes, estão em constante criatividade, explorando novos caminhos, e sem negar as velhas fórmulas de Calcedônia, buscam novas articulações para superar as dificuldades que supõem um excessivo "essencialismo", tão estranho à dinâmica da história da salvação e para fugir da confusão para a qual levam termos como "natureza" e "pessoa", com conotações alheias à cultura grega da qual surgiram. Algumas das cristologias mais recentes como a de Walter Kasper, longe de se contraporem a cristologia ontológica à cristologia funcional, procuram buscar sua mútua interligação, mas dando por suposto que é possível situar historicamente o Jesus pré-pascal, assim como sua pretensão de falar e agir partindo de uma relação única com Deus. Karl Rahner ensina que o Verbo ao assumir a humanidade não faz senão realizar de maneira suprema as virtualidades contidas em germe na própria humanidade. A cristologia está em conformidade com sua antropologia transcendental, na qual há uma orientação do homem para Deus. Os protestantes Wolfhart Pannenberg e Gehrard Ebeling acentuaram, respectivamente, o acontecimento da ressurreição e a cristologia implícita. O primeiro põe toda a ênfase no sentido indeterminado da história que está à espera da revelação definitiva na ressurreição final. Por isso, Jesus, no qual já se cumpriu tudo escatologicamente, é o acontecimento que ilumina a história e o próprio homem. G. Ebeling, afastando-se de Bultmann, crê que de todas as pretensões do Jesus histórico, é sua fé no Pai que implica uma relação tão íntima com Deus que nele se dá o encontro definitivo da criação com o criador. O problema de sua cristologia reside em explicar como se passou da fé *de* Jesus para a fé *em Jesus Cristo*. Hans Urs von Balthasar, por sua vez, insistiu na atitude de Jesus de total obediência e confiança para com o Pai. Essa atitude existencial espera-se de todo seguidor de Jesus.

Num sentido diverso trabalhou Edward Schillebeeckx, com sua trilogia: *Jesus, a história de um vivente* (1974); *Cristo e os cristãos* (1977); e *Os homens, relato de Deus* (1989). Schillebeeckx é talvez hoje o representante da "cristologia a partir de baixo". Como se chegou a confessar que Jesus é o Senhor? Pergunta fundamental que remete à história na qual o encontro dos discípulos com seu mestre é interpretado como salvação, sobretudo a partir da ressurreição, experiência sublime da presença salvífica e que mais tarde se elaborará como doutrina e constituirá a cristologia. Mas aquele acontecimento salvífico acontecido numa pessoa chega a ter caráter universal e portanto extensível a todos os seres humanos de toda a história. Será, pois, no humano onde Deus se revela, mas sempre como ação humana libertadora.

É impensável o movimento ecumênico sem fundamentação cristológica. Talvez o exemplo mais claro seja a segunda redação da base do Conselho Ecumênico das Igrejas, que decidiu explicitar em Nova Delhi (1961) a fé trinitária e cristológica, ficando assim a redação definitiva: o "Conselho Ecumênico das Igrejas é uma associação fraternal de Igrejas que crêem em Nosso Senhor Jesus Cristo como Deus e Salvador conforme as Escrituras e se esforçam por responder conjuntamente a sua vocação comum para a glória de só Deus Pai, Filho e Espírito Santo".

Cullmann, Oscar

Oscar Cullmann (Estrasburgo, 25.2.1902 -). Teólogo luterano, leigo, especialista em teologia bíblica. Em 1920 recebeu o bacharelado em literatura por seus trabalhos sobre filologia clássica, e ensinou grego e alemão numa escola secundária de Paris (1925-1926). Em 1930 doutorou-se em teologia por sua tese sobre os escritos pseudo-clementinos. A partir desse ano até 1938 ensinou Novo Testamento e História da Igreja antiga em Estrasburgo. Foi professor dessas mesmas matérias na universidade de Basiléia (1938), que alternou com suas aulas na Escola de Altos Estudos, e na Sorbona de Paris. Durante anos também ensinou no seminário valdense de Roma. Foi observador no Concílio Vaticano II e com seus trabalhos contribuiu de maneira decisiva para o diálogo teológico entre protestantismo e catolicismo. Nos últimos anos tem dirigido com sua irmã — Cullmann nunca se casou — uma casa de estudantes de teologia em Basiléia. Seus trabalhos sobre história da salvação, categoria de "tempo" e cristologia têm sido muito influentes, tanto na teologia protestante como na católica. Escreveu também sobre o ecumenismo, e sua última obra sobre a categoria da "diversidade" foi decisiva na hora de pensar em modelos de unidade da Igreja. Entre seus escritos devem ser mencionados *Cristo e o tempo* (1946); *São Pedro, discípulo, apóstolo, mártir* (1952); *Cristologia do Novo Testamento* (1957); *A salvação na história* (1965); *Verdadeiro e falso ecumenismo* (1970); *A unidade pela diversidade* (1986).

Culto

Entende-se por culto, comumente, o conjunto de atos rituais e simbólicos através dos quais as comunidades e/ou os indivíduos rendem louvores à divindade. Entre a variedade de cultos que as diferentes religiões expressam em suas liturgias, o cristianismo, seguindo as palavras de Jesus à mulher samaritana, quis que o culto cristão fosse rendido "em espírito e em verdade" (Jo 4,23), que estivesse presidido pela "pureza de coração", sem a qual todos os ritos são vãos (Mt 23,16-17), e centralizado no serviço divino que implicava a nova vítima e o único sacerdote que era a pessoa de Cristo (Carta aos Hebreus). Os cristãos de todos os tempos estão de acordo que o culto inaugurado por Cristo é *espiritual*, mas com manifestações externas e rituais, consistentes na prática de alguns atos que o próprio Senhor mandou expressamente a seus discípulos: a pregação da palavra, o batismo, a ceia; o que são de tradição apostólica: a imposição das mãos sobre os ministros da palavra. Desde o momento das divisões eclesiais, o tema do culto cristão esteve também no coração das controvérsias intereclesiais, cujos capítulos mais debatidos foram o da natureza da celebração eucarística, e o significado sacramental ou não do rito da ordenação dos ministros. O culto cristão sofreu ao longo da história um processo evolutivo manifestado numa diversidade muito notável conforme as diferentes tradições, de tal maneira que se excetuarmos sua ruptura unânime com as prescrições de sacrificar animais que aparecem no Antigo Testamento, seria difícil propor um estereótipo válido para todos os cristãos sobre o que deve ser o culto cristão. Se as tradições católico-romana e ortodoxa oriental deram grande importância à celebração eucarística, dentro de liturgias com elaborados rituais e cheias de simbolismos — e com grande importância para com o sentido do mistério na ortodoxia —, nas diversas tradições protestantes o culto centralizou-se fundamentalmente na palavra, em sua proclamação e em sua pregação, tirando o sentido ritual e sacrifical do culto eucarístico — tão rico nas tradições católicas —, mas enaltecendo e fomentando o canto coral (família luterana), e dos hinos por toda a congregação (família reformada e metodista), ou o sentido rítmico corporal, inclusive a dança e o êxtase (nas famílias das tradições batistas e pentecostal, especialmente nas congregações de pessoas de cor). Outras tradições cristãs coincidem numa rejeição total das mediações rituais — sacramentos, uso de vestes sagradas, imagens, sermões ou cerimônias, inclusive a idéia de um sacerdócio ou ministério especial de alguns —, pondo toda a força na sacralidade da pessoa, em cujo interior, e somente ali, cabe o encontro com o divino. Talvez a tradição dos quakers seja o melhor exemplo em que se dá essa variedade extrema do culto cristão.

O culto cristão entrou logo na agenda ecumênica. As conferências de "Fé e Constituição" trataram do tema já desde seus começos: em Edimburgo (1937) e em Lund (1952) tentaram descrever as diferentes formas cultuais das Igrejas com uma orientação claramente descritiva e comparativa. O seguinte elo seria o estudo da natureza do culto cristão. A isso dedicou-se a conferência de Montreal (1963) de "Fé e Constituição", afirmando que o culto é "o ato central e determinativo da vida da Igreja", cuja análise deve partir de uma base que seja por sua vez trinitária, pneumatológica, cristológica e eclesiológica. Somente a partir desses pressupostos pode-se formular outros aspectos do culto cristão, como é a interdependência da reunião litúrgica e as devoções particulares, relações entre palavra e sacramento, teologia cristã e culto, o culto cristão no mundo da missão e a necessidade da indigenização do culto, a crise do culto no mundo contemporâneo etc. Precisamente essa última problemática iria figurar como uma das seis sessões da assembléia geral de Upsala (1968), do Conselho Ecumênico das Igrejas. Sob o título geral *O culto tributado a Deus numa época secularizada*, mudado posteriormente para o título, mais simples, de *O culto*, o texto proposto de Upsala pareceu um tanto pobre a muitos dos participantes, precisamente por sua excessiva incidência num tema muito preocupante: a secularização da sociedade. O professor ortodoxo John Meyendorff expressou seu protesto contra o texto apontando uma deficiência fundamental: a tendência de abandonar a tradição espiritual cristã para seguir a corrente da secularização; de igual maneira se expressaram os representantes das Igrejas do Terceiro Mundo, onde essa secularização — diziam eles — não havia penetrado, sendo exclusivamente um problema ocidental. O tema do culto voltou a aparecer na perspectiva ecumênica através da chamada *Liturgia de Lima* (1982), texto preparado para a sessão plenária de "Fé e Constituição" que se reuniria em Lima (1982) e que parece oferecer uma adequada expressão litúrgica para possíveis acordos de base de caráter doutrinal.

A contribuição ecumênica da Igreja católica nessa questão soma-se na reforma litúrgica promovida pelo Vaticano II. A constituição *Sacrosanctum concilium*, dedicada à sagrada liturgia, começava com estas palavras: "Este concílio propõe-se... promover tudo aquilo que possa contribuir para a união de todos aqueles que crêem em

Jesus Cristo...". E partindo desse espírito procurou que o culto católico tivesse menos uniformidades, foi menos rubricista, admitindo velhas demandas formuladas pelos reformadores do século XVI: maior importância às leituras bíblicas e à homilia, maior participação dos leigos, emprego da língua vernácula, maior inculturação etc.

Década ecumênica das Igrejas em solidariedade com as mulheres

A década ecumênica é um programa do Conselho Ecumênico das Igrejas, iniciado em 1988 e concluído em 1998, para mentalizar as suas Igrejas-membros a respeito das mulheres. Trata-se de criar redes de organizações em níveis locais, nacionais e regionais para que a presença da mulher na Igreja e na sociedade esteja justamente representada. A década é, pois, uma chamada para as grandes Igrejas a reexaminarem em suas estruturas e contribuírem positivamente para que as mulheres participem e compartilhem o poder na comunidade eclesial, façam o trabalho teológico a partir de suas próprias perspectivas e enriqueçam a espiritualidade das Igrejas. Embora o trabalho do CEI nesse setor determinado remonte-se quase a seus inícios — já em Evanston (1954) havia-se criado o "Departamento de cooperação de mulheres e homens na Igreja" e em 1978 inicia-se o estudo sobre a "Comunidade de mulheres e homens na Igreja", com base numa recomendação da V assembléia de Nairobi (1975) —; a colocada em prática deve-se a uma iniciativa tomada em 1985 pelo mesmo Conselho Ecumênico das Igrejas, ao terminar a década para as mulheres das Nações Unidas (1975-1985), urgindo às Igrejas-membros a eliminar os ensinamentos e práticas antifeministas. Os objetivos da década do CEI ficaram estabelecidos assim: 1) Convidar as mulheres a desafiar as estruturas opressivas da comunidade humana eclesial e local. 2) Afirmar abertamente — através de uma liderança compartilhada e de uma teologia e espiritualidade — as contribuições decisivas das mulheres nas Igrejas e nas comunidades. 3) Dar maior visibilidade às perspectivas e ações no trabalho e na luta pela justiça, paz e integridade da criação. 4) Possibilitar às Igrejas sua libertação do racismo, sexismo e do classismo, e de qualquer ensinamento e prática discriminatória contra as mulheres. 5) Animar as Igrejas a agir em solidariedade com as mulheres. Finalizando já a década, foram avaliadas as ações e os objetivos cumpridos, criando-se "equipes" locais que percorrem diferentes áreas convidando para a criatividade.

Decreto do ecumenismo (*Unitatis redintegratio*)

O decreto do ecumenismo do Concílio Vaticano II é o texto oficial da Igreja católica para os temas referentes às relações com as demais Igrejas cristãs, com as quais não mantém plena comunhão. É reconhecido também como *Unitatis redintegratio* (UR), título tirado das primeiras palavras do texto oficial latino. Na realidade, esse decreto é muito mais que um texto. Significa a incorporação da Igreja ao movimento ecumênico e expressa seu fervente desejo de chegar à comunhão visível com todas as Igrejas cristãs. Trabalhou-se nele durante as três primeiras sessões do Concílio Vaticano II, após a reunificação de três documentos distintos elaborados um pela Comissão teológica, outro pela Comissão das Igrejas Orientais e, finalmente, um terceiro pelo próprio Secretariado romano para a unidade, que não chegaria a tornar-se público. Os três documentos precisaram unificar-se, pois embora se baseiem em eclesiologias algo diferentes, tratam da mesma temática e possuem idêntica finalidade. Durante a segunda sessão do Concílio (outubro a dezembro de 1963), os Padres trabalham sobre um texto de cinco capítulos: os três primeiros estritamente *ecumênicos*, o quarto faz referências aos não-cristãos, e em particular aos judeus, e o quinto está dedicado à liberdade religiosa. Impõe-se a idéia de que os dois últimos capítulos, de inquestionável importância ecumênica, devem constituir documentos distintos. Por isso ao terminar a segunda sessão, o documento possui somente três capítulos. Os membros do Secretariado trabalham durante o intervalo, revisando-o a fundo e o apresentam na aula conciliar ao iniciar-se a terceira sessão, em outubro de 1964. Os bispos analisam-no por sua vez, e propõem algumas emendas, às quais acrescentam 19 mudanças impostas por instâncias superiores na última hora, e no dia 21 de novembro de 1964 o decreto é votado e aprovado por uma imensa maioria de Padres conciliares (2.137 bispos deram seu "placet", somente 11 votaram "non placet"). Paulo VI promulgou solenemente nesse mesmo dia como doutrina oficial da Igreja católica. Desde então, *Unitatis redintegratio* é a "carta magna" do ecumenismo na Igreja católica.

O decreto consta de um proêmio e três capítulos: Proêmio (1); Cap. I. *Princípios católicos sobre o ecumenismo*: Unidade e unicidade da Igreja (2); Relações dos irmãos separados com a Igreja (3); Ecumenismo (4). Cap. II. *A prática do ecumenismo*: A união afeta a todos (5); A reforma da Igreja (6); A conversão do coração (7); A oração unânime (8); O conhecimento mútuo dos irmãos (9); A formação ecumênica (10); A forma de expressar e expor a doutrina da fé (11); A cooperação com os irmãos separados (12). Cap. III. *Igrejas e Comunidades separadas da Sede apostólica romana*: Categorias principais de cisões (13). I. Consideração particular das Igrejas do Oriente. Caráter e história própria dos orientais (14); Tradição litúrgica e espiritual dos orientais (15); Disciplina própria dos orientais (16); Caráter próprio a respeito das questões doutrinais (17); Conclusão (18). II. Igrejas e comunidades eclesiais separadas no Ocidente. Condição própria destas comunidades (19); A confissão de Cristo (20); Estudo da Escritura (21); A vida sacramental (22); A vida em Cristo (23); Conclusão (24).

Denominação

Termo muito genérico empregado no mundo anglo-saxão para designar qualquer família religiosa do cristianismo, seja Igreja, comunhão, sociedade religiosa ou seita. Inclusive às vezes usa-se para se referir a qualquer grupo religioso não-cristão. Para alguns sociólogos da religião o nome de "denominação" aplicaria-se ao grupo sectário que, após um longo processo, foi abandonando aqueles aspectos radicais que definem a seita, transformando-se num respeitável "grupo religioso". Para Congar, num detalhado estudo terminológico intitulado *Notas acerca das palavras "Confissão", "Igreja", e "Comunhão"*, é um termo sem sentido algum. Diz assim: "Nos países anglo-saxões modernos, a categoria 'confissão' tem sido superada pela de 'dominação' que constitui um desafio tanto para o sentido religioso como para a poesia".

Diálogo

O diálogo é a melhor expressão das relações inter-humanas. É o encontro relacional do sujeito com o outro ou com outros sujeitos que lhe permite compreendê-los melhor e, por sua vez, compreender-se melhor a si mesmo. Sem diálogo não há socialização, isto é, humanização. Com base nas obras de Martin Buber, *Sobre o eu e o tu*, e *A Vida em diálogo*, todos nós sabemos que cada indivíduo traz em si mesmo a abertura existencial com referência ao outro, através da qual se realiza uma comunhão verdadeiramente humana. Partindo do ponto de vista cristão, a teologia vislumbrou em Deus a própria razão pela qual o homem e a mulher são seres *em relação com*, porque o destino da pessoa não é a solidão, mas sim a vida. A própria estrutura humana é dialógica, como reflexo e imagem de Deus. O monoteísmo cristão não se fundamenta precisamente na solidão de Deus, mas sim, que encontra sua melhor explicação na comunhão e nas relações das três pessoas, o supremo diálogo divino, base do dogma trinitário. Um reflexo dessas relações divinas se dá na própria vida dos seres humanos. O diálogo tem certo poder criativo, tanto com referência ao próprio homem — através dele o indivíduo converte-se em pessoa —, como com a referência à verdade. No diálogo engendram-se as idéias e no diálogo se comunicam. E assim possibilita-se a verdade. O diálogo é, pois, parte da *estrutura humana*, mas é também *atitude vital*, e é *método*.

O diálogo é *atitude vital*. Esse segundo aspecto traz consigo enormes dificuldades. Há indivíduos que não aceitam essa qualidade que sua própria estrutura humana exige deles. Para assumi-lo como *atitude* são requeridas algumas tomadas de posição nem sempre fáceis, entre as quais poderiam ser destacadas: 1) O diálogo como *atitude* para consigo mesmo, pois para dialogar necessita-se ser e sentir-se alguém mesmo, perceber os próprios valores, mas também inclusive se questionar sobre suas deficiências como parte de sua herança. 2) O diálogo como *atitude para com o outro* acontece quando aquele é reconhecido em sua alteridade, em sua diferença que lhe permite ser um *tu* que pode complementar o próprio *eu*; a aceitação da diferença do outro significa sua acolhida como sujeito com seus direitos e não como um simples objeto. Essa diferenciação de sujeitos é aquela que permite na realidade o diálogo. Trata-se, pois, não de vencer o outro, nem de o anular, inclusive nem de o convencer, mas de o deixar na atitude livre de compreender melhor as razões do interlocutor. 3) O diálogo como *atitude recíproca*. Não há diálogo sem reciprocidade; por ser de certo modo uma troca, o diálogo implica que ambas as partes ou sujeitos se abram ao duplo movimento que gera o dar e o receber; não se trata em última instância de identificar posições encontradas, como evitando que cada um "ceda" parte de sua verdade para chegar a uma verdade que seria o resultado das concessões de ambas as partes. O diálogo possibilita — e esta seria sua riqueza — entender as razões do outro e inclusive descobrir o outro como pessoa.

Finalmente o diálogo é um *método* com leis próprias. Sua consideração metodológica possibilita que aquela atitude vital que definia o diálogo se expresse agora melhor, seja mais eficaz e alcance seus objetivos. Como método não é um fim em si mesmo, dialoga-se para alguma coisa e por alguma coisa. Apesar de ser uma atitude vital soberana e livre, o diálogo possui algumas *condições* que devem ser respeitadas escrupulosamente: deve-se realizar em pé de igualdade, cujo melhor símbolo é pôr-se ao redor de uma mesa redonda com uma linguagem comum; exige a convicção de que os outros possuem um mundo que pode enriquecer ele próprio; e deve excluir qualquer forma de proselitismo (tentativa desleal de ganhar para si o outro) ou de falso irenismo (como se tudo fosse igual desde que se consiga um consenso).

Diálogo ecumênico

O diálogo ecumênico é aquele que, a partir de menos de um século, efetuam as Igrejas cristãs em vista à restauração da unidade visível desejada por Cristo. O movimento ecumênico é o *contexto* no qual se realiza esse diálogo. Deve distinguir-se do chamado *diálogo inter-religioso*, cujos interlocutores são as grandes religiões da humanidade com a finalidade de promover a justiça e a paz, o entendimento entre os povos e uma humanidade respeitosa com a crenças transcendentes.

Os protagonistas, ao contrário, do diálogo ecumênico são as Igrejas cristãs que não abandonaram o *núcleo da fé* trinitária e cristológica, embora entre si mantenham grandes diferenças que afetam as *verdades derivadas.* Eis aqui as famílias cristãs envolvidas no diálogo ecumênico: "Igrejas da tradição ortodoxa", isto é, aquelas cujas raízes estão nos patriarcados do Oriente Próximo, que mantêm perfeita fidelidade à "fé ortodoxa", e do qual o patriarcado de Constantinopla constitui a expressão visível da unidade de toda a ortodoxia. A iniciativa desse patriarcado de impulsionar a união de todas as Igrejas, tomada em 1920, é um dos momentos referenciais do diálogo ecumênico. Desde 1961, quase todas as Igrejas ortodoxas são membros do Conselho Ecumênico das Igrejas. "Igrejas da comunhão anglicana": O anglicanismo tem sido um constante impulsionador do diálogo ecumênico. A "Igreja da Inglaterra", com sua sede de Canterbury, é o laço visível da união de todas as

Igrejas herdeiras daquela reforma inglesa do século XVI. Chegou-se a afirmar que sem o anglicanismo o movimento ecumênico seria outra coisa. Foi um dos impulsores da criação do CEI em 1948. Nomes de anglicanos ilustres estão escritos nos anais da história do ecumenismo: Charles H. Brent, Robert Gardiner, V. S. Azariah, William Temple, J. H. Oldham, G. K. A. Bell, Michael Ramsey. "Igrejas do protestantismo histórico", isto é, aquelas que se derivam das grandes reformas do século XVI do continente europeu, com duas principais tradições: a luterana e a reformada (calvinista). Estas Igrejas estiveram presentes nas origens do movimento ecumênico, tanto na celebração da "Conferência missionária mundial" de Edimburgo (1910), como no nascimento e desenvolvimento dos movimentos de "Vida e Ação", "Fé e Constituição" e do "Conselho Mundial das Igrejas". Poder-se-ia falar do protagonismo menor de algumas tradições evangélicas derivadas daquelas. "Igreja católica romana": Mostrou-se no princípio muito reticente ao diálogo ecumênico, mas aquela primeira desconfiança foi mudando e a partir da celebração do Concílio Vaticano II essa Igreja participa de todas as manifestações do movimento ecumênico. Sem ser membro do CEI, leva a efeito um amplo diálogo doutrinal com outras Igrejas e colabora em níveis regionais, nacionais e locais com outras Igrejas cristãs.

Não participam no diálogo ecumênico todas aquelas comunidades religiosas que perderam ou nunca aceitaram o núcleo da fé cristã professado nos credos da Igreja antiga. Entre elas cabe recordar as "seitas cristãs", as chamadas "Igrejas fundamentalistas" de tradição evangélica que se opõem diretamente a qualquer forma de diálogo, e "algumas comunidades cristãs de regime congregacionista", por sua impossibilidade de ver além da Igreja estritamente local.

Diálogos teológicos

Dentro do movimento ecumênico — no qual cabe um leque de diálogos — sobressai por sua importância o chamado diálogo teológico ou doutrinal, uma vez que afeta a um dos núcleos do problema ecumênico: *a verdade revelada*. A busca da unidade visível de todos os cristãos que caracteriza o problema ecumênico não pode passar por alto a questão da verdade. Por isso qualquer intento de unidade que prescinda do núcleo da verdade revelada estaria condenado ao fracasso. Mas o problema ecumênico apresenta dificuldades maiores quando se procura precisar os limites daquilo que se considera núcleo central da fé — como tal irrenunciável — e as construções doutrinais nas quais a fé aparece revestida. Deslindar esses limites é parte do problema ecumênico. Portanto o trabalho de esclarecer entre a verdade da fé e seus enunciados teológicos é o objetivo fundamental dos diálogos doutrinais que efetuam numerosas Igrejas cristãs. "O tema do diálogo pode ser um amplo leque de questões doutrinais que abrange certo lapso de tempo, ou uma simples questão limitada a uma época bem determinada... Para algumas questões pode revelar-se mais eficaz o *diálogo bilateral* (quando há somente dois interlocutores), enquanto que para outras dá maiores resultados o *diálogo multilateral* (quando dialogam mais de duas Igrejas). A experiência prova que na complexa tarefa de promover a unidade dos cristãos ambas as formas de diálogo complementam-se mutuamente. Os resultados de um diálogo bilateral deveriam comunicar-se em seguida a todas as demais Igrejas e comunidades eclesiais interessadas" (*Diretório ecumênico*, n. 177). Entre *os problemas doutrinais*, nos quais trabalham as Igrejas hoje, encontram-se em primeiro lugar a própria concepção de Igreja e a teologia ministerial, tanto aquela que implica ordenação como aquela que supõe a autoridade, em especial o tema do primado romano; está também o problema do papel de Maria na história da salvação, e finalmente o problema da intercomunhão, que afeta de maneira direta a teologia sacramental.

Os resultados — provisórios até hoje — dos diálogos teológicos encontram-se em diversos *documentos ecumênicos*, que foram objeto de prolongados estudos das comissões mistas entre diferentes Igrejas. Aqui vão alguns levados a efeito pela Igreja católica com outras tradições cristãs.

Com as "Igrejas ortodoxas": *O mistério da Igreja e da eucaristia à luz do mistério da Santíssima Trindade* (Munique, 1982); *Fé, sacramento e unidade da Igreja* (Bari, 1987); *O sacramento da ordem na estrutura sacramental da Igreja* (Valamo, 1988). Com a "Comunhão anglicana": *Doutrina sobre a eucaristia* (Windsor, 1971); *Ministério e ordenação* (Cantuária, 1973); *O matrimônio* (1975); *A autoridade na Igreja I* (Veneza, 1976); *A autoridade na Igreja II* (Windsor, 1981). Com a "Federação luterana mundial": *O Evangelho e a Igreja* (Malta, 1972); *A ceia do Senhor* (1978); *Caminhos para a comunhão* (1980); *O ministério espiritual na Igreja* (1981); *Martinho Lutero, testemunha de Jesus Cristo* (1983); *Diante da unidade* (1985); *A justificação* (Wiesbaden, 1987); *Eclesiologia contextual* (Versalhes, 1988); *A sacramentalidade* (Opole, 1989). Com a "Aliança reformada mundial": *A relação de Cristo com a Igreja* (Roma, 1970); *A autoridade doutrinal na Igreja* (Cartigny, 1971); *A presença de Cristo no mundo* (Bièvres, 1972); *A eucaristia* (Woudschoten-Zeist, 1974); *O ministério* (Roma, 1975); *A presença de Cristo na Igreja e no mundo* (1977). Com o "Conselho Ecumênico das Igrejas": *Liturgia comum nas reuniões ecumênicas* (Roma, 1965); *Testemunho comum e proselitismo* (1970); *Catolicidade e apostolicidade* (1970); *Para uma confissão de fé comum* (1980); *Testemunho comum* (1981). Deve-se ter em conta além disso as diferentes "Relações oficiais" que marcam o trabalho conjunto de ambas as instituições. Caberia assinalar ainda o importante documento: *Batismo, eucaristia, ministério* (Lima, 1982), que está sendo revisado por todas as Igrejas cristãs do mundo, e em cuja redação participaram também teólogos católicos, membros ativos da "Fé e Constituição".

Dietrich, Suzanne de

Suzanne de Dietrich (Niederbronn, França, 29.1.1891 - Estrasburgo, 24.1.1981). Uma das mulheres com maior influência no movimento ecumênico e pioneira da renovação bíblica no século XX. Nascida de uma família alsaciana, diplomou-se em engenharia elétrica pela universidade de Lausana (1913). Durante seus estudos nesta cidade suíça entrou em contato com o Movimento de estudantes cristãos ("Student Christian Movement"), e aí começou suas reuniões e estudos bíblicos. Durante os anos da I Guerra Mundial mantém correspondência com os líderes do SCM no fronte. Depois da guerra, tomou parte na Federação mundial de estudantes cristãos ("World Student Christian Federation"), e desde 1936 é convidada a se integrar na equipe da direção cuja sede encontra-se em Genebra. Membro da equipe fundadora do famoso Instituto Ecumênico em Bossey (Genebra), esteve à frente dele desde 1946 até 1954, organizando ali seminários de estudos bíblicos e infundindo — junto com outro seu diretor, Hendrik Kraemer — um espírito que ainda hoje vigora. Seus anos em Genebra permitiram-lhe tomar parte ativa no processo de formação do Conselho Ecumênico das Igrejas. Em 1939 é a principal artífice do CIMADE, um serviço protestante para os refugiados da guerra. Sua vocação ecumênica permite-lhe estar presente em assembléias e conferências pelo mundo todo. Entre suas amizades encontram-se homens do porte de Marc Boegner, Yves Congar e Paul Evdokimov. Publicou centenas de resumos sobre literatura bíblica e foi editora de orações e liturgias ecumênicas entre as quais sobressaem: *Venite, adoremus I*, e *Venite, adoremus II*. Trabalhou intensamente no departamento sobre o laicato, um programa do Conselho Ecumênico das Igrejas. Quando terminou seu trabalho em Genebra, voltou a Paris e realizou uma atividade intensa na Federação protestante da França, nos campos de treinamento ecumênico, organizado pelo CIMADE, e se comprometeu nas atividades de tipo bíblico na vida da paróquia local. Em 1950 recebeu o doutorado "honoris causa" pela faculdade de teologia da universidade de Montpellier. Os dois últimos anos de sua vida transcorreram num lar de diaconisas, em Estrasburgo, onde morreu em janeiro de 1981. Entre suas publicações cabe destacar, além de centenas de pequenos comentários bíblicos, *O desígnio de Deus* (1945); *A renovação bíblica* (1945); e *A comunidade testemunhal* (1958).

Diretório ecumênico

É o primeiro dos documentos pós-conciliares elaborado pelo então Secretariado romano para a unidade dos cristãos. O Concílio Vaticano II somente pôde oferecer, através do decreto *Unitatis redintegratio*, os princípios católicos que deram à luz um trabalho eclesial inédito na vida da Igreja católica. Era necessário oferecer um instrumento, por sua vez pastoral e jurídico, capaz de canalizar o trabalho ecumênico até em seus pequenos detalhes. Isso iria ser a empreitada do diretório. Consta de duas partes. A primeira trata das *questões urgentes* que necessitam uma resposta imediata diante das questões suscitadas ao entrar a Igreja católica numa nova relação com as demais Igrejas cristãs. Foi publicado no dia 14 de maio de 1967. A segunda parte tem como tema central: *O ecumenismo na formação superior.* Foi publicado no dia 16 de abril de 1970. Paulo VI dá ao diretório caráter de lei universal para toda a Igreja. Dizia: "O diretório ecumênico não é simplesmente uma coleção de documentos que seria lícito acolher ou ignorar. É uma verdadeira instrução, uma exposição da disciplina à qual devem submeter-se aqueles que servem verdadeiramente ao ecumenismo". O esquema do Diretório é o seguinte: I. *Questões urgentes e pastorais*: 1) Instituição das comissões ou delegações do ecumenismo. 2) Validade do batismo conferido pelos ministros de Igrejas e comunidades separadas. 3) O ecumenismo espiritual na Igreja católica. 4) A comunicação no espiritual com os irmãos separados: oração comunitária; "comunicação in sacris". II. *O ecumenismo na formação superior*: 1) Princípios gerais e meios para a formação no ecumenismo. 2) A dimensão ecumênica na formação religiosa e teológica. 3) Normas particulares sobre a formação ecumênica. 4) Cooperação entre católicos e demais cristãos, tanto em nível institucional como pessoal.

Mas o diretório não era um documento fechado. Era parte de um processo necessitado, conforme as circunstâncias, de maiores e novas precisões. Daí a iniciativa tomada, em princípios de 1988, pelo Secretariado romano de enviar a todas as Conferências episcopais do mundo católico um *projeto* de um novo diretório ecumênico que finalmente é aprovado e confirmado por João Paulo II no dia 25 de março de 1993. Seu objetivo era definido deste modo: "A nova edição do diretório está destinada a ser um instrumento a serviço de toda a Igreja, e em especial daqueles que estão diretamente comprometidos numa atividade ecumênica na Igreja católica. O diretório pretende motivá-la, iluminá-la, guiá-la e, em certos casos particulares, também dar diretrizes obrigatórias conforme a competência própria do Pontifício conselho. À luz da experiência da Igreja desde o concílio, e tendo em conta a situação ecumênica atual, o diretório reúne todas as normas já fixadas para aplicar e desenvolver as decisões do concílio e, quando preciso, adapta-as à realidade atual...". O esquema do novo *Diretório para a aplicação dos princípios e normas sobre o ecumenismo* consta de um prefácio e cinco partes: *Prefácio* (n. 1-8); I. *A busca da unidade dos cristãos* (n. 9-36); II. *A organização na Igreja católica do serviço da unidade dos cristãos* (n. 37-54). III. *A formação para o ecumenismo na Igreja católica* (n. 55-91): formação de todos os fiéis; formação daqueles que trabalham no ministério pastoral; formação especializada; formação permanente; IV. *Comunhão de vida e de atividade espiritual sobre os batizados* (n. 91-160): O sacramento do batismo; compartilhar atividades e recursos espirituais; matrimônios mistos; V. *Colaboração ecumênica, diálogo e testemunho comum* (n. 161-217).

Diversidade reconciliada

O conceito de diversidade reconciliada expressa um dos modelos de unidade que hoje se apresentam como mais plausíveis no diálogo interconfessional. Baseia-se na convicção da legitimidade da variedade confessional atualmente existente e que, portanto, a busca da unidade futura não deveria de modo algum anular as identidades das Igrejas atuais. Dá por suposto que na Igreja indivisa caberiam as diferentes denominações históricas, sempre que, num processo dialogado entre as Igrejas, fossem desaparecendo os focos exclusivistas e as tendências um tanto sectárias que mantêm no momento presente. O conceito de "diversidade reconciliada" não somente convida à pacífica coexistência entre as Igrejas hoje divididas, mas também requer um acordo entre elas sobre os elementos fundamentais do cristianismo: uma mesma fé compartilhada, o mútuo reconhecimento do batismo, da eucaristia e o ministério com ordenação, assim como a busca de uma comunhão na vida, no testemunho e evangelização e no serviço à humanidade. Esse conceito deriva de uma conferência das "Comunhões cristãs mundiais" celebrada em Genebra (1974). Contudo será o teólogo Oscar Cullmann quem melhor o desenvolveu em seu livro *L'unité par la diversité*.

Divisão (da Igreja)

A ruptura eclesial entre cristãos — ruptura considerada como *ausência de comunhão* — é um dado inquestionável. O sociólogo da religião pode facilmente apresentar um vasto panorama das Igrejas e comunidades que se dizem cristãs, mas que por diferentes razões vivem marginalizadas uma das outras, quando não abertamente se defrontando. O fato em si tem sido qualificado como escândalo, como pecado e motivo suficiente para que a ação evangelizadora das Igrejas se torne ineficaz. Precisamente o nascimento do moderno movimento ecumênico deve-se ao intento de superar estas rupturas *enquanto divisões*, porque não é a diversidade, mas a falta de comunhão, aquela que provoca o escândalo do cristianismo. A pergunta por que a divisão pode ser feita a partir da história e da sociologia religiosa, mas pode ser formulada também a partir da teologia. Resultará sempre um mistério conhecer as razões profundas através das quais a Igreja — sacramento de unidade e salvação — cristalizou-se ao longo da história em corpos antagônicos, quando poderiam ter dado à luz uma rica diversidade na mútua comunhão. Estava em jogo também o mistério da liberdade humana. Deve-se pensar, além disso, que na origem das grandes cisões — não se considera aqui o tema do sectarismo — produziram-

Divisão (da Igreja) / 113

se sentimentos espirituais autênticos, verdadeiras instituições teológicas, motivos de consciência que levaram, em certas ocasiões, alguns a abandonar o corpo eclesial por considerar que nele havia-se obscurecido a "substância" do evangelho; mas outros, também por motivo de consciência, creram como dever expulsar do corpo eclesial aqueles que foram considerados estarem corrompendo a "substância" do evangelho. Tanto num como noutros casos, os desenvolvimentos unilaterais posteriores fizeram com que se esquecesse a comunhão, sinal da credibilidade da Igreja de Cristo. Superar a divisão das Igrejas para recuperar e manifestar sua unidade é a razão do movimento ecumênico.

Não se trata, contudo, de alcançar qualquer tipo de unidade. Somente a *unidade da verdade* recebe a aceitação unânime por parte das Igrejas. Por isso qualquer intento de unidade que prescindisse do núcleo do depósito revelado estaria condenado ao fracasso. O problema do ecumenismo é, numa palavra, o problema da unidade *na verdade*. Mas isso faz com que na complexidade do ecumenismo — que tem muito de escândalo porque as divisões contradizem a vontade de comunhão expressa por Jesus — apareça também um elemento de seriedade nem sempre levado em conta. Sobre as divisões não é suficiente fazer uma leitura negativa. As divisões aparecem também como resultado do desejo de fidelidade à verdade. Nem sempre são devidas a visões fanáticas, a orgulhos eclesiásticos, a desejos inconfessáveis de hegemonia de uns sobre outros. Jean Guitton expressou isso de maneira taxativa e verdadeira: "Quisera insistir num aspecto que muitas vezes se passa em silêncio: a separação dos cristãos, que é um escândalo, conserva sua honra se nosso primeiro dever de consciência for buscar a verdade. Pois bem, nós, tanto uns como outros, temos preferido a verdade cruel à falsa caridade, e desunirmos visivelmente que unirmos na ambigüidade. Em política ter-se-ia procurado uma 'coexistência pacífica', um 'compromisso histórico', uma 'aliança objetiva'. Com razão dizia Bonhoeffer, pensador reformado: 'O conceito de heresia emerge da fraternidade da Igreja e não de uma falta de amor. Um homem atua fraternalmente com respeito a outro se não lhe oculta a verdade. Se eu não digo a verdade a meu vizinho, trato-o como um pagão. E se digo a verdade a alguém que tem outra opinião, mostro-lhe o amor que lhe devo'".

Dogma

Afirmação doutrinal relativa à fé e aos costumes proposta pela Igreja como verdade revelada vinculante para o cristão, tanto pelo magistério extraordinário (mediante uma definição solene do papa ou de um concílio ecumênico), como pelo magistério ordinário, cuja negação é rejeitada como heresia. Foi no século XIX quando o termo se impôs na teologia católica e adquiriu sua significação atual. Inicialmente era sinônimo de doutrina. Na Idade Média, o termo que mais se aproximava da atual concepção de "dogma" é o de "articulus fidei". Em Trento não há ainda uma noção fixa de "dogma". A própria realidade que hoje se define com esse termo não se encontra ainda na consciência da Igreja. Influiu na configuração do conceito a controvérsia com os reformadores. A formulação por parte dos reformadores do princípio "sola Scriptura" e a rejeição de toda instância eclesiástica, como intérprete autorizado e com poder vinculante da palavra de Deus, levaram a Igreja católica a precisar o papel do magistério na interpretação da Escritura e da tradição e a acentuar sua autoridade. As declarações dogmáticas surgiram freqüentemente como resposta às formulações heréticas e aos desvios da fé. A noção de "dogma" remete à "palavra de Deus escrita ou transmitida, sob a qual e a cujo serviço está o magistério" (DV 10), e ao "depósito da fé", cuja salvaguarda está encomendada à Igreja (DV 2). Lutero e os reformadores aceitaram os dogmas trinitários e cristológicos da Igreja antiga por considerá-los conformes à Escritura, mas criticaram os dogmas enquanto afirmações vinculantes procedentes do magistério eclesiástico que chocavam com o princípio "sola Scriptura".

Assim, enquanto para a posição católica o magistério converte-se em instância autorizada para impor de forma normativa e sem erro a mensagem revelada (embora se trate sempre de uma autoridade submetida à palavra de Deus, DV 10), para os reformadores as Escrituras constituem a única e suprema autoridade doutrinal obrigatória, única fonte de verdade sem que exista nenhuma outra instância infalível. Os dogmas foram substituídos pelas confissões de fé, núcleos doutrinais que determinam a identidade da Igreja. O conceito tem sido recuperado na teologia reformada de K. Barth. As Igrejas da ortodoxia admitem igualmente como dogmas os estabelecidos pelos concílios da Igreja antiga. O dogma é concebido como uma resposta a uma necessidade prática, um "limite" diante de interpretações errôneas. Inscrito dentro do sentido apofático de toda a teologia ortodoxa, sua finalidade não é tanto esclarecer as verdades quanto preservar o mistério da fé. Característica da ortodoxia é a vinculação do dogma com a liturgia, sendo concebido como uma "liturgia pensada" e formulado como cântico de louvor. Rejeitam a evolução dogmática por entender que a verdade está sempre integralmente na consciência da Igreja. Assim, a atualização da pregação evangélica por parte da tradição não significa um progresso no conhecimento da verdade. Corresponde exclusivamente ao episcopado, especialmente reunido em concílio, a formulação do dogma (não se admite a infalibilidade papal), mas é importante o papel dos fiéis, que não se reduz a uma simples recepção passiva, sendo indispensável o *consenso* de toda a Igreja, pois é a ela a quem corresponde a salvaguarda da verdade. Enquanto que a definição da verdade corresponde ao magistério, sua salvaguarda corresponde a todo o povo. Na teologia católica reconhece-se, contudo, a evolução dos dogmas, entendida como novas tomadas de consciência por parte da Igreja da fé. A discussão no campo católico centraliza-se atualmente em torno do problema da historicidade do dogma. No diálogo ecumênico, a teologia católica não deve esquecer que o dogma é um elemento mais a serviço da interpretação da Escritura (DV 24), que deve ser lido não isoladamente, mas dentro do conjunto da fé e interpretado à luz do princípio da hierarquia de verdades que, sem negar a igual obrigatoriedade de todos os dogmas, permite situá-los corretamente, assinalando-lhes um valor diferente conforme sua maior ou menor aproximação ao fundamento cristológico e trinitário (CMB).

Dombes (Grupo de)

É um grupo ecumênico francês de caráter independente, sem mandato de nenhuma Igreja, cujo estatuto privado faz com que os documentos que ele produz não estejam revestidos de autoridade oficial, dependendo da própria força da sua riqueza intrínseca. O Grupo de Dombes nasceu por iniciativa de Paul Couturier, profeta do "ecumenismo espiritual", de reunir durante alguns dias na abadia cisterciense de Les Dombes, nas proximidades de Lyon, um grupo de católicos e protestantes para se conhecer melhor e para orar juntos. Desde 1937, ano do primeiro encontro, o Grupo de Dombes reúne-se anualmente durante três ou quatro dias, nos quais são entremeadas sessões de estudos teológicos, tempos de oração compartilhada com os monges da abadia e celebração eucarística diária. Isso dá um tom teológico-espiritual ao grupo, nascido da convicção de que a reconciliação cristã será fruto da conversão das próprias Igrejas a Cristo, num processo no qual será preciso distinguir, por sua vez, a necessária unanimidade na fé do legítimo pluralismo teológico. Durante os primeiros anos (1937-1955) tratou-se de ir conhecendo-se mutuamente. Daí o emprego do método comparativo (acordos e divergências) aplicado aos temas estudados: justificação, redenção, sacramentos e Igreja.

Nos anos seguintes (1956-1970) foram publicados os resultados de suas conversações em forma de tese. Conhecendo-se já, procuram trabalhar com elementos de uma teologia comum; por isso o método usado é o da colaboração. Os temas publicados são: pecado original, a mediação de Cristo e o ministério da Igreja, a Igreja como corpo de Cristo, a autoridade pastoral, a apostolicidade, o sacerdócio, a doutrina do Espírito Santo, a intercomunhão, a sucessão apostólica e a comunhão dos santos. B. Sesboüé falou de um terceiro momento, iniciado na década dos anos 70, no qual se procurou abrir a todo o povo de Deus os grandes problemas ecumênicos. Desse período — desde 1971 a 1985 — são os documentos: *Para uma mesma fé eucarística?*; *Para uma reconciliação dos ministérios*; *O ministério episcopal*; *O Espírito Santo*; *A Igreja e os sacramentos*; *O ministério da comunhão na Igreja universal*. Hoje o grupo está formado por mais de 40 pessoas, de diferentes confessionalidades. Sua merecida reputação ultrapassou as fronteiras da França. Uma documentação muito completa está publicada no volume *Para a comunhão das Igrejas: a contribuição do Grupo de Dombes* (1937-1987). Posteriormente foi publicado um novo documento: *Para a conversão das Igrejas* (1991), e já se trabalha sobre a figura de Maria.

Duprey, Pierre

Pierre Duprey (Croix, 26.11.1922 -). Estudou na Congregação dos Padres Brancos, foi ordenado sacerdote em 1950, e sagrado bispo em 1990. É talvez uma das figuras da Igreja católica que mais tem contribuído — na segunda metade do século XX — para a relação ecumênica de Roma com as outras Igrejas cristãs, ocupando postos de alta responsabilidade. Doutor em estudos orientais pelo Pontifício Instituto Oriental de Roma (1953), foi mais tarde professor de teologia dogmática no seminário de Santa Ana, de Jerusalém (parte da Jordânia), durante os anos de 1956-1963. Serviu como intérprete para os observadores das Igrejas ortodoxas durante a primeira sessão do Vaticano II, e pouco depois tornou-se membro do comitê executivo do Instituto ecumênico de pesquisas teológicas de Tantur (Jerusalém). Desde 1983 é secretário do Pontifício conselho para a promoção da unidade, mas anos antes desempenhou importantes tarefas no Grupo conjunto de trabalho ("Joint Working Group"), organismo das relações entre a Igreja católica e o Conselho Ecumênico das Igrejas. É membro, além disso, das comissões católicas para o diálogo com a Federação luterana mundial, com a Aliança mundial de Igrejas reformadas e com as Igrejas pentecostais presentes no Conselho Mundial das Igrejas. Desde 1975 vem trabalhando tanto na preparação inicial como no desenvolvimento posterior da comissão para o diálogo teológico entre a Igreja católica e as Igrejas ortodoxas.

Eclesiologia

É a parte da teologia sistemática que analisa tudo o que se refere ao mistério da Igreja. Se é certo que não se pode falar com propriedade do tratado de eclesiologia até o século XX — e tendo em conta que já no século XIV (Tiago de Viterbo) e no século XVI (Roberto Belarmino) iniciaram certo tipo de eclesiologia apologética, jurídica e de controvérsia —, deve-se pensar que a partir da reflexão dos Padres da Igreja e dos melhores teólogos da Idade Média sempre existiu um *contexto eclesiástico*, no qual se estudaram os grandes tratados da teologia: o Deus revelado, o povo eleito, os sacramentos, as virtudes teologais, a graça, a fé, a liturgia etc. A eclesiologia católico-romana teve um feliz desenvolvimento e uma renovação esperançosa através da obra de vários teólogos (Ch. Journet, L. Cerfaux, Y. Congar, M. D. Chenu, H. de Lubac, L. Bouyer, M. Kehl etc.), alguns dos quais foram posteriormente inspiradores do Vaticano II. Desenvolvimento e renovação que permitiram à Igreja católica romana poder participar no movimento ecumênico e manter diálogos com outras Igrejas cristãs. Os elementos que tornaram possível essa renovação afetam tanto à *metodologia* (volta às fontes da Escritura e tradição; concepção histórico-salvífica; consciência da evolução dogmática; abandono do método escolástico e apologético etc.), como aos próprios *conteúdos* (rejeição da identificação da eclesiologia com a hierarcologia; reavaliação dos conceitos de Igreja-mistério, e comunhão sobre os de sociedade perfeita e institucional; abandono da identificação de Igreja com o reino, e inclusive abandono da identificação exclusivista da Igreja católica romana com a Igreja de Cristo; acentuação do aspecto profético e missionário da Igreja em detrimento das tarefas que se havia arrogado de juiz implacável das realidades temporais e profanas etc.).

As eclesiologias desenvolvidas nas diferentes tradições cristãs são, geralmente, tão diversas e complexas que sem dúvida a realidade e a concepção de Igreja constituem hoje um dos problemas mais complexos e difíceis dentro do diálogo doutrinal entre cristãos. Geofrey Wainwright apontou inclusive oito diferentes modelos eclesiológicos: 1) O *modelo de Cipriano de Cartago*, para o qual na única e verdadeira Igreja coincidem perfeitamente as fronteiras institucionais e espirituais. Há um vazio eclesiológico enquanto se cai na heresia ou no cisma. A volta de hereges ou cismáticos à Igreja significará receber o batismo, pois em seus grupos de origem não existia na realidade sacramento algum. Nessa categoria estariam enquadradas as Igrejas ortodoxas e as mais estritas denominações batistas. Para as primeiras, o movimento ecumênico não *busca a unidade*, pois já existe nelas mesmas. 2) O *modelo de Santo Agostinho* coloca a Igreja numa posição que afirma, por uma parte, que fora dela é válido o batismo, mas, por outra parte, reconhece que até que não se ingresse na verdadeira Igreja não se alcançam seus melhores frutos. Essa posição representa a Igreja romana, que ensina a soberania de Cristo sobre seus sacramentos (visão positiva e ampla) e distingue claramente entre validade e eficácia (visão jurídica e canônica). 3) O modelo eclesiológico dos *vestigia ecclesiae* foi reconhecido desde o princípio pelas Igrejas reformadas presbiterianas (doutrinalmente calvinista) como parte de sua melhor herança. Estas Igrejas protestantes ensinaram que os cristãos não pertencentes as suas próprias comunidades reformadas não estavam excluídos inteiramente dos meios da graça, ensinamento bem diferente daquele proclamado por Bonifácio VIII em sua encíclica *Unam sanctam* (1302), quando declarava ser "necessário para a salvação de cada criatura humana sujeitar-se ao Romano Pontífice". Contudo a Igreja católica manteve sempre um diálogo com as Igrejas ortodoxas, as quais tem chegado ultimamente a definir como "Igrejas irmãs", assim como, a partir do Vaticano II tem chamado os protestantes de "irmãos separados". É evidente que hoje a Igreja católica admite também o modelo dos *vestigia ecclesiae*. 4) O modelo eclesiológico da *Igreja como evento* tem sido característico das Igrejas luteranas. Embora nem Lutero nem sua tradição cristã nunca negaram os aspectos institucionais, a ênfase se colocou mais na celebração atual da palavra e dos sacramentos que na própria realidade concreta da congregação reunida. Essa eclesiologia goza das vantagens do dinamismo — a Igreja sempre à escuta da palavra que vem de cima — e da chamada para a correção e penitência que recebe de Deus. 5) O modelo eclesiológico da *teoria dos ramos* tem sido característico da comunhão anglicana. Toda a história anglicana está modelada por essa visão. De Lancelot Andrewes, um dos maiores espiritualistas anglicanos das origens, até aos homens do Movimento de Oxford e de boa parte do século XX pensam que a Igreja católica de Cristo está composta por três ramos: a oriental (grega), a ocidental (latina) e a britânica (anglicana). 6) A tradição pietista do protestantismo dos séculos XVII e XVIII ofereceu um *modelo eclesiológico do tipo subjetivo* que ressaltava a religião do coração, e os laços pessoais e amistosos com Cristo e com os irmãos e irmãs. Na realidade, a Igreja consistia mais na "comunhão dos verdadeiros crentes", ali onde estivessem e formassem as suas comunidades, do que na união externa e institucional. Essa velha visão pietista renasceu faz muito tempo entre cristãos chamados "evangélicos", que demonstram grande desinteresse pelo ecumenismo institucional, ao qual acusam de buscar denodadamente uniões institucionais que são puras fachadas. Esquece-se nessa eclesiologia, contudo, que o movimento ecumênico deseja manifestar a unidade da Igreja de Cristo, não criá-la, e que a vontade e a oração de Cristo pela unidade de seus discípulos, manifestadas nas Escrituras, não consistiram certamente numa "unidade meramente invisível". 7) Um tipo especial de missões protestantes do século XIX suscitou um modelo eclesiológico chamado de *comunhão aberta*. O missionólogo holandês J. C. Hoekendijk, em meados do século XX, ensinou que o banquete sacramental da Igreja deve estar aberto ao mundo, pois a comunhão como sacramento escatológico é a representação do reino no mundo, e da mesma maneira que não se pode encerrar o reino na Igreja, igualmente é impossível fazer desse sacramento do reino um acontecimento meramente eclesiástico. Se esse modelo acerta em descobrir o caráter de convite do evangelho e da abertura que deveria manifestar sempre a comunidade eclesial, é indubitável que a incorporação na Igreja de novos membros comungantes, sem um entendimento (compreensão adequada) e compromisso do que significa o batismo e a profissão de fé, levaria amplamente a uma desidentificação da própria Igreja. 8) Uma última *visão eclesiológica* seria aquela que está subentendida no movimento "Fé e Ação" ("Life and Work"), chamado às vezes cristianismo prático. A idéia básica é o mote que foi usado muito na Conferência missionária mundial de Edimburgo em 1910: "A doutrina separa, a ação une". Por isso a unidade e a missão da Igreja consistem primordialmente no serviço e no ministério diaconal que a Igreja exerce no mundo. As implicações éticas e sociais da fé cristã são sinais de uma verdadeira comunidade continuadora de Cristo. A celebração dos sacramentos, neste sentido, ajudaria a manter a inspiração cristã que comporta todo um trabalho pela justiça e pela paz em que estão implicados todos os cristãos. Logicamente, o problema dessa eclesiologia está radicada no fato de minimizar os componentes doutrinais e institucionais da Igreja de Cristo.

Ecologia

A relação do homem com o meio ambiente — tema que analisa a ecologia — não é algo alheio ao problema ecumênico. Já o próprio termo "ecumenismo" apresenta ressonâncias ecológicas, pois a raiz da qual provém — *Oikoumene* — designa a terra habitada, a casa comum. A relação entre os homens e esse espaço habitado, assim como a tarefa de fazê-lo habitável, tem portanto muito que ver com o ecumenismo. Contudo, somente a partir da assembléia de Nairobi (1975) o Conselho Ecumênico das Igrejas incluiu a questão ecológica como um dos temas de estudo e debate, cujo tratamento deve situá-lo num ponto do interesse que o movimento ecumênico demonstrou, desde seus inícios, pelos temas sociais, como um dos problemas que afetam a sociedade contemporânea e que exige uma resposta conjunta a partir de todas as Igrejas cristãs. Nairobi, que tratou da ecologia ao abordar o tema do desenvolvimento humano, refere-se à "qualidade de vida" como problema teológico e faz um apelo para "se sentir em casa" dentro da própria criação. Realiza-se também um urgente chamamento para modificar os hábitos de consumo e um convite a abrir um diálogo com outros grupos que também buscam "novos estilos de vida". A seguinte assembléia do Conselho Ecumênico (Vancouver, 1984) tratou sobre a técnica ecológica num dos grupos de trabalho, ao analisar a ciência, a tecnologia e o futuro do homem. Em Vancouver aponta-se como uma urgência a necessidade de diálogo entre tecnologia e ciência e se pede às Igrejas que entrem num "processo conciliar de mútuo compromisso em favor da justiça, da paz e da integridade da criação". Esse convite foi aceito e desenvolvido na Assembléia ecumênica européia de Basiléia, cujo documento final, *Justiça e paz para toda a criação*, constitui um fato importante dessa preocupação do ecumenismo pela ecologia. A assembléia, organizada pela "Conferência de Igrejas européias" e o "Conselho de conferências episcopais da Europa" da Igreja católica, deve ser entendida como uma contribuição a esse processo conciliar de mútuo compromisso em favor da justiça, da paz e da integridade da criação, que procura coordenar respostas por parte de todas as Igrejas cristãs aos desafios de nosso tempo.

Em Basiléia falar-se-á da necessidade do diálogo com os membros de outras religiões ou convicções que compartilhem as mesmas preocupações no que deve ser um esforço comum. O documento informa sobre uma situação de crise global, cujos diferentes aspectos encontram-se em relação de interdependência e da necessidade de uma resposta também global a essa situação. Como esperança aponta o aparecimento de uma "sociedade civil, que procura participar ativamente na construção de seu próprio futuro". O passo seguinte desse processo foi constituído pela assembléia de Seul (1990), celebrada em nível mundial, e onde a presença da Igreja católica limitou-se a vinte observadores. A assembléia procurou uma resposta comum às ameaças da injustiça, da violência e da degradação do meio ambiente humano. Estabelecer-se-ia por parte dos delegados assistentes um quádruplo ato de compromissos para serem transmitidos às suas respectivas Igrejas, entre os quais se inclui o compromisso de combater a destruição meio ambiental e trabalhar por criar uma cultura que possa viver em harmonia com a integridade da criação. A II assembléia ecumênica européia, celebrada em Graz (junho de 1997), voltou a ter bem presente o tema da ecologia. Um fato importante em ordem para conhecer a posição oficial da Igreja católica nesse tema foi a mensagem do papa João Paulo II, com motivo da celebração da Jornada mundial da paz em 1990, com o título de *Justiça e paz com toda a criação*. A crise ecológica é considerada como problema moral, mas a tarefa ecológica pode ser um campo de cooperação ecumênica e inter-religiosa aberto já de frente para o futuro. Outro dos organismos ecumênicos que incluem em sua agenda o problema ecológico é o "Fórum ecumênico de mulheres cristãs da Europa", uma de cujas comissões se dedica ao tema "Ecologia e bioética" (CMB).

Economia (*oikonomia*)

Do grego *oikonomia* (*oikos* = casa, *nomos* = lei, regra), significa a gestão ou planejamento da casa. Em algumas passagens do grego bíblico refere-se à providência divina, que dirige e salva a humanidade e a Igreja (1Cor 9,17; Ef 1,10; Cl 1,25 etc.), ou ao desígnio de salvação, que em

Cristo encontra sua plenitude. Na linguagem teológica emprega-se para designar a flexibilidade no cumprimento das leis ou disciplinas eclesiásticas. Daí ter sido definido esse conceito como a atitude benévola e inteligente, não rígida, na hora de aplicar algumas normas canônicas sempre que resulte em bem da Igreja. O intérprete dos cânones, geralmente pessoa revestida de autoridade eclesiástica, tem usado com freqüência no mundo ortodoxo a *oikonomia* para salvar situações que pareciam sem saída. Certamente a *oikonomia* tem certos limites que fundamentalmente se referem às questões de fé nas quais estão implicadas as doutrinas cristológicas e trinitárias, ou muito básicas da sacramentologia. Duas finalidades justificaram sempre a *oikonomia*: o bem comum da Igreja e razões pastorais. As Igrejas do Oriente têm empregado com maior freqüência que as latinas a *oikonomia*, e isso pela diferente concepção que se tem da aplicação do direito canônico. Peter L'Huilier recordou o caso do Concílio de Trullo (691), que tratou do matrimônio irregular dos clérigos. Enquanto que a Igreja de Roma manteve a regra estritamente, a Igreja de Constantinopla introduziu no caso "humanidade e compaixão" recorrendo ao princípio da *oikonomia*, ressaltando por sua vez que a não aplicação de uma regra num caso determinado e visto como excepcional não implica que essa regra seja considerada inválida ou obsoleta. O uso da *oikonomia* tem sido criticado com freqüência pelos rigoristas incapazes da flexibilidade compassiva.

O recurso à *oikonomia* tem um futuro ecumênico cheio de esperança. Tratar-se-ia hoje de que as Igrejas separadas, mas em diálogo ecumênico, não insistissem em manter certos termos técnicos próprios de suas tradições, mas que dificultam e são motivos de rejeição pelas outras. Estabelecida a coincidência fundamental no núcleo da fé, as Igrejas deveriam prescindir — em razão do recurso à *oikonomia* — de tudo aquilo que não é estritamente nuclear para alcançar um bem maior como é a reconciliação cristã. Paulo VI aprovou a validade do recurso a esse princípio num discurso memorável dirigido ao patriarca Atenágoras, em 1967: "A caridade deve ajudar-nos, como ajudou a Hilário e a Atanásio, a reconhecer a identidade da fé mais além das diferenças do vocabulário, em momentos em que graves divergências dividiam o episcopado cristão. O próprio Basílio, em sua qualidade de pastor, defende a fé autêntica no Espírito Santo evitando o emprego de certas palavras que, por exatas que fossem, teriam podido ser ocasião de escândalo para uma parte do povo cristão. Por acaso Cirilo de Alexandria não aceitou, no ano 433, deixar de lado sua teologia para fazer a paz com João de Antioquia, depois de se certificar de que, apesar de suas diferentes expressões, era idêntica a fé?"

Ecumenismo

Termo que vem do grego (*oikos* = casa, *oikoumene* = terra habitada) e que significa o intento de reconciliação das Igrejas cristãs divididas secularmente "para que o mundo creia". Embora o termo originariamente pertencesse à literatura profana ("mundo habitado pelos helenos", "territórios aonde chega a 'pax romana'"), entrou muito cedo a fazer parte da literatura bíblica (At 11,28; Lc 2,1; Hb 2,5 etc.) e eclesiástica. Nesta mantém o significado geográfico ("universalidade da Igreja"), mas se aplica também ao conjunto de doutrinas, credos e usos eclesiais aceitos como "universais" e aos concílios que falam em nome de toda a Igreja e para toda a Igreja. Essa concepção de universalidade que engloba o termo "ecumenismo" sofre uma transformação a partir do século XIX, quando a referência é uma qualidade anímica, a boa disposição de ânimo e a acolhida fraternal de alguns cristãos para com outros (assim se diz que alguém tem "espírito ecumênico"). Em nossos dias, "ecumenismo" equivale ao relacionamento amistoso das Igrejas divididas no passado em vista a refazer a unidade visível de todos os cristãos. O Conselho Ecumênico das Igrejas é talvez — junto com o Conselho pontifício para a promoção da unidade — a melhor expressão da vontade cristã de chegar à unidade querida por

Cristo. Mas o termo aplica-se também tanto ao *movimento* iniciado em Edimburgo (1910), e que caracteriza a boa parte do cristianismo do século XX, como ao *espírito* dos cristãos que demonstram em seus comportamentos abertura, autocrítica e desejos de reconciliação.

Edimburgo (Conferência de)

Conferência missionária mundial, celebrada em Edimburgo (1910), que iria provocar um despertar ecumênico sem precedentes na consciência missionária das Igrejas. A maioria dos autores coincide em atribuir a Edimburgo um lugar especialíssimo na origem do movimento ecumênico moderno. Essa conferência missionária é a continuação de algumas anteriores, convocadas por protestantes e anglicanos do mundo de língua inglesa, e celebradas em Nova York e Londres (1854), Liverpool (1860), Londres (1878 e 1888) e Nova York (1900). O comitê preparatório havia apresentado informes e comunicados que se desenvolveram sob o título geral: *Problemas que surgem ao confrontar-se as missões cristãs com as religiões não-cristãs*. Oito comissões trabalharam sobre o tema geral: 1) O oferecimento do Evangelho para um mundo não-cristão. 2) A Igreja no campo da missão. 3) A educação em relação com a cristianização da vida nacional. 4) A mensagem missionária em suas relações com as religiões não-cristãs. 5) A preparação dos missionários. 6) O fundamento das missões. 7) Missões e governos. 8) A cooperação e a promoção da unidade.

A influência da Conferência de Edimburgo foi maior nas sociedades missionárias anglo-saxônicas que nas do continente europeu. As "Igrejas jovens" estiveram numericamente pouco representadas, mas o entusiasmo de alguns de seus líderes foi determinante para o nascimento do movimento ecumênico. Participaram 159 sociedades missionárias, com 1.200 delegados, e entre as figuras mais representativas encontram-se homens como John R. Mott, presidente, Joseph H. Oldham, William Temple, John Baillie, Charles H. Brent, Randall Davidson, C. Gordon Lang, Alfred Boegner, V. S.

Azariah etc., todos eles futuros promotores do movimento ecumênico, seja na linha de "Fé e Constituição", seja na de "Vida e Ação". As Igrejas ortodoxas e a católica romana não estiveram presentes em Edimburgo.

Edimburgo ("Fé e Constituição")

O movimento de "Fé e Constituição" celebrou, em agosto de 1937, sua segunda grande conferência na cidade de Edimburgo, continuação daquela celebrada em Lausana, dez anos antes. Durante o tempo intermediário, William Temple, que seria nomeado pouco tempo depois arcebispo de Cantuária, sucede a Charles Brent na direção de "Fé e Constituição". Estavam presentes mais de 400 delegados representando 122 Igrejas, entre as quais não se encontrava a Igreja católica. Os cinco temas estudados são: 1. *A graça de Jesus Cristo.* 2. *A Igreja de Cristo e a palavra de Deus.* 3. *A comunhão dos santos.* 4. *A Igreja: ministério e sacramentos.* 5. *A unidade da Igreja na vida e no culto.* Em Edimburgo comprova-se de maneira evidente a dificuldade do trabalho ecumênico de tipo doutrinal quando, por exemplo, devem trabalhar juntos delegados de tradições tão diferentes como a ortodoxa, a quaker ou a batista. Por isso viram-se obrigados, às vezes, a anexar nas redações finais notas esclarecedoras ou precisões para explicar as próprias precisões dogmáticas. Todavia trabalhou-se com o método comparativo, usado já em Lausana, dos acordos e divergências. O acordo máximo chega no tema da graça. Os delegados reunidos em Edimburgo põem-se de acordo a respeito da necessidade de unir suas forças com o movimento de "Vida e Ação", com o fim de formar no futuro um "Conselho de Igrejas" que finalmente chegaria a expressar-se em 1948, quando se cria o Conselho Ecumênico das Igrejas.

Enchiridion oecumenicum

Coleção documental de textos do diálogo teológico interconfessional publicado pela Universidade Pontifícia de Salamanca, sob a direção de Adolfo González Montes, em dois tomos. O primeiro, publicado em 1986 com 1.009 páginas, contém as *Relações e documentos dos Diálogos Interconfessionais da Igreja católica e outras Igrejas cristãs e Declarações de suas autoridades*, desde 1964 até 1984. Contém anexos de grupos não-oficiais do diálogo teológico interconfessional. O segundo, publicado em 1993, e com 809 páginas, contém igualmente *Relações e documentos dos Diálogos Interconfessionais da Igreja católica e outras Igrejas e Declarações de suas autoridades*, desde o ano de 1984 até 1991. Inserem-se também anexos de diálogos locais e documentação complementar. Eis aqui os diálogos teológicos interconfessionais do Primeiro tomo: I) *Diálogo Anglicano-Católico*; II) *Diálogo do Conselho Ecumênico das Igrejas-Igreja católica*; III) *Diálogo Discípulos de Cristo-Igreja católica*; IV) *Diálogo Luterano-Católico*; V) *Diálogo Metodista-Igreja católica*; VI) *Diálogo Ortodoxo-Católico*; VII) *Diálogo Pentecopalismo-Igreja católica*; VIII) *Diálogo Reformado-Igreja católica*; IX) *Diálogo Luterano-Reformado-Católico*. Anexos: I. Grupo dos Dombes; II. Grupo USA de luteranos e católicos em diálogo; III. Memorandum dos Institutos Ecumênicos Alemães; IV. Fé e Constituição; V. Igreja católica. Os diálogos do segundo tomo são: I) *Diálogo Anglicano-Católico* (Segunda comissão Internacional Anglicano-Católico-Romana (ARCIC II); II) *Diálogo Batista-Católico*; III) *Diálogo entre o Conselho Ecumênico das Igrejas e a Igreja Católica*; IV) *Diálogo Luterano-Católico*; V) *Diálogo Metodista-Católico*; VI) *Diálogo Ortodoxo-Católico*; VII) *Diálogo Pentecostal-Católico*; VIII) *Diálogo Reformado-Católico*; IX) *Diálogo Multilateral Evangélico-Católico*. Anexos: I. Diálogo Luterano-Católico, na República Federal alemã; II. Grupo dos Dombes, na França; III. Diálogos teológicos nos Estados Unidos; IV. Diálogo Internacional Anglicano-Católico, Roma e Cantuária, e Congregação para a Doutrina da Fé e Pontifício Conselho para a Unidade.

Episcopado

Do grego *episkopos*: superintendente, aquele que cuida e vigia a boa marcha de uma empresa. No vocabulário cristão significa o bispo, ministro revestido da máxima autoridade e dignidade dentro da hierarquia eclesiástica; na teologia católico-romana e ortodoxa, supremo grau da ordem, sacramento que implica o tríplice grau do diaconado, presbiterado e espiscopado. O termo refere-se também à estrutura eclesial das Igrejas que reconhecem no bispo, dentro da sucessão apostólica, a figura do sucessor dos apóstolos (estrutura *episcopal*), e que se contrapõe à estrutura *presbiteriana* (ensina a igualdade radical dos ministérios do presbítero e do bispo no Novo Testamento), e a *congregacionista* (para a qual não há ministério acima da congregação local). Precisamente estas diferentes estruturas eclesiais supõem um dos problemas ecumênicos mais complexos nas relações interconfessionais. Embora as Igrejas que admitem o episcopado como parte essencial do ministério cristão estejam de acordo nos pontos essenciais: sucessão apostólica, necessidade de que os ministros da palavra e dos sacramentos recebam a ordenação das mãos do bispo, que este tenha sido sagrado pelo menos por três bispos na linha apostólica, que a sucessão dos bispos não é somente um fato sacramental e jurídico, mas que implica também uma sucessão no ensinamento e no testemunho apostólico, e que, finalmente, é a plenitude do sacerdócio cristão, é evidente que cada uma das comunidades com estrutura episcopal sofreu ao longo da história momentos críticos e inclusive rupturas entre si. No que diz respeito ao catolicismo e à ortodoxia, poderia se pensar nas tensas relações que durante séculos marcaram suas diferentes concepções sobre o primado romano e os patriarcados e episcopados orientais que acabaram num cisma. Dentro da própria Igreja latina surgiram também diferentes visões sobre a concepção do episcopado: prova disso são os tristes conflitos do cativeiro de Avinhão, a eleição de antipapas com bispos em diferentes obediências, o fenômeno do conciliarismo e galicanismo, o surgimento das Igrejas veterocatólicas por causa do Vaticano I, finalmente o assunto da invalidade das ordenações anglicanas por Leão XIII. A esse conflito dever-se-ia acrescentar o assunto da colegialidade dos bispos, tema claramente ensinado no Vaticano

II, mas que não encontrou ainda na ordem prática — assim é sentida em algumas conferências episcopais — a necessária clareza na hora de se relacionar com a poderosa cúria romana.

O tema do episcopado, dentro dos atuais diálogos ecumênicos, adquiriu grande importância e são vários os capítulos presentes na agenda ecumênica: em primeiro lugar, sua necessidade, isto é, se pertence à própria estrutura da Igreja, e se é algo absolutamente essencial, cuja ausência suporia uma perda de algo que Cristo quis positivamente para sua Igreja; conectado com esse problema está o de sua instituição e origem, divina para algumas tradições, para outras uma instituição de origem pós-apostólica; também a de sua diversidade de forma e possíveis modos de exercício, que equivale à questão da possibilidade de manter o episcopado monárquico no estilo de Inácio de Antioquia, ou o de um episcopado colegiado como se praticava em Alexandria; por último estaria a questão da necessidade ou não de introduzir o episcopado numa eventual *Igreja unida*, resultado da fusão de Igrejas, algumas das quais já teriam o episcopado e outras seriam de tradição não-episcopal. Problema este que deverão defrontar as diversas Igrejas que durante anos prepararam num longo e meticuloso processo a criação da "Igreja da Índia do Sul" (1947) e da "Igreja da Índia do Norte" (1971). Alguns textos do *Documento de Lima* (1982) são muito significativos: "As Igrejas que possuem a sucessão pelo episcopado reconhecem cada vez mais que uma continuidade na fé apostólica, no culto e na missão tem sido conservada nas Igrejas que não guardaram a forma do episcopado histórico. Esse reconhecimento se vê facilitado também pelo fato de que a realidade e a função do ministério episcopal terem sido mantidas em muitas dessas Igrejas, com ou sem o título de bispo. A ordenação, por exemplo, efetua-se sempre por pessoas nas quais a Igreja reconhece a autoridade de transmitir o mandato ministerial" (M 37). "Essas considerações não diminuem a importância do ministério episcopal. Ao contrário, ajudam as Igrejas que não tenham guardado o episcopado a considerar a sucessão episcopal como um sinal, embora não uma garantia, de continuidade e de unidade da Igreja.

Há Igrejas atualmente, as comprometidas nas negociações tendentes à união, que expressam sua vontade de aceitar a sucessão episcopal como um sinal da apostolicidade de toda a Igreja. Contudo, não podem aceitar nenhuma imposição segundo a qual o ministério exercido em sua própria tradição tenha sido inválido até o momento de entrar numa linha da sucessão episcopal. Sua aceitação da sucessão episcopal contribuiria para a unidade de toda a Igreja do modo mais positivo se fizer parte de um processo mais amplo, no qual as Igrejas episcopais encontrem, também elas, a unidade perdida" (M 38).

Episcopaliano

Termo que designa os fiéis da Igreja episcopaliana dos Estados Unidos, uma das Igrejas da comunhão anglicana. Por extensão designa os membros da mesma comunhão anglicana, pela aceitação do episcopado histórico, contrária à decisão dos reformadores do século XVI de eliminar o episcopado em sua teologia e práxis ministerial. A implantação dos anglicanos no atual território dos Estados Unidos aconteceu em princípios do século XVII (Jamestown, Virgínia, 1607), e sua influência naquele país iria ser decisiva, pois boa parte dos signatários da Declaração da Independência era anglicana. As manifestações que acontecem nas Igrejas da Inglaterra — Igreja-mãe da comunhão anglicana — dão-se na Igreja episcopaliana dos Estados Unidos. Nos últimos anos tem sido a impulsora das ordenações de mulheres para a ordem do presbiterado e do episcopado. No mundo episcopaliano os leigos sempre tiveram um papel muito importante e, neste sentido, são um exemplo para as outras Igrejas cristãs, muito mais clericais e reticentes em conceder-lhes o lugar que, pelo fato de serem batizados — povo de Deus —, lhes é devido.

Erastiano

Termo que designa a doutrina que defende a supremacia dos direitos do Estado sobre os das Igrejas, possibilitando que aquele intervenha diretamente nos assuntos eclesiásticos. O nome vem do teólogo Erastus (1524-1583), que ensinou que a responsabilidade de castigar os pecados dos cristãos recai sobre os magistrados do poder civil e não sobre os pastores, como se vinha fazendo em Genebra e outras cidades puritanas.

Escatologia

Vem dos termos gregos *eskaton* (final), e *logos* (discurso), e significa a doutrina que analisa os acontecimentos finais (morte, juízo, fim do mundo) que dizem respeito ao ser humano e ao cosmos. Os velhos textos teológicos colocavam a escatologia como um apêndice final da dogmática, quase sem conexão alguma com ela e como algo periférico da verdadeira teologia. A teologia protestante dos fins do século XIX deu um giro de 180º nesta perspectiva que, também, beneficiou as relações ecumênicas entre as Igrejas cristãs. Tanto Johannes Weiss como Albert Schweitzer trabalharam sobre a concepção neotestamentária do reino de Deus pregado por Jesus, concluindo que sua mensagem sobre a iminente chegada do reino era obra do Deus que intervém na história; mensagem que devia ser entendida no contexto mais amplo da apocalíptica judaica de seu tempo. Teólogos mais recentes seguiram a direção marcada por aqueles exegetas (Barth, Moltmann, Rahner, C. H, Dodd, J. Jeremias) e colocaram a escatologia no centro de suas reflexões, porque no dizer de Moltmann "o escatológico não é algo situado ao lado do cristianismo, mas que é, simplesmente, o centro da fé cristã". E se para Dodd a escatologia "já se realizou", pois o reino se realizou no próprio ensinamento e mistério de Jesus, J. Jeremias somente se permitirá falar de uma escatologia inaugurada, mas ainda não realizada.

Hoje há um consenso entre os teólogos a respeito do fato de que a perspectiva escatológica é básica para a compreensão da fé cristã, para um melhor entendimento da natureza da Igreja e para a inteligibilidade do futuro como categoria teológica. Talvez o aspecto que mais se beneficiou, do ponto de vista ecumênico, tenha sido a consideração da Igreja como comunidade dinâmica e escatológica, com estruturas moldáveis, e em cuja marcha para o futuro preparando o reino encontra seu cumprimento definitivo. A escatologia esteve desde o princípio na agenda ecumênica. Nas duas primeiras conferências de "Fé e Constituição" (Lausana, 1927) e (Edimburgo, 1937) surgiu a idéia de que a unidade eclesial somente se poderia conseguir no futuro com a chegada do reino de Deus, mas imediatamente deixou-se em suspenso, já que essa concepção de Igreja marginalizava sua realidade cristológica e pneumatológica já presente, e, por outra parte, aquela primeira idéia parecia identificar a Igreja com o reino. A reflexão escatológica entrará de cheio no movimento ecumênico a partir da assembléia de Evanston (1954), ao convidar as Igrejas, através de seu tema geral: *Cristo, esperança do mundo*, para uma séria reflexão sobre a relação entre reino, mundo e Igreja. A Igreja como instrumento de Deus na história é já a realização primeira, incipiente, original semente — dizem alguns — do reino futuro. Isso impede as Igrejas de se despreocuparem dos problemas do mundo (a escatologia já começou), e convida as mesmas a trabalhar para fazer cada vez mais visível a unidade que já existe entre elas, fundada no desejo de Cristo. O problema surgido, às vezes dentro dos ambientes do Conselho Ecumênico das Igrejas, tem muito que ver com as diferentes concepções escatológicas. Teólogos reformados sugerem com muita facilidade mudanças eclesiológicas, já que consideram que as estruturas eclesiais são por definição fluidas e mutáveis, pois no processo para o futuro escatológico nada é permanente; a posição dos ortodoxos opõe-se frontalmente a essa flexibilidade porque consideram que a estrutura sacramental da Igreja é um dado divino e inamovível.

Espiritualidade ecumênica

A espiritualidade é o domínio do Espírito na vida do crente ou, se se preferir olhar duma outra perspectiva, é a maneira de abordar e canalizar a própria vida na relação com a divindade. Toda espiritualidade supõe, antes que um estudo ordenado e sistemático da vida interior, uma experiência do transcendente. A espiritualidade por definição está aberta à ação do Espírito que, como "o vento que sopra de onde quer" (Jo 3,8), suscita a surpresa, a liberdade e a diversidade nos cristãos e nas Igrejas. Diante da ação livre do Espírito que suscita na história multidão de obras, os cristãos e as Igrejas estão convidados a se colocarem à escuta dos sinais dos tempos para poder perceber o que em determinado momento ele quer. Os cristãos sabem que no fundo da problemática ecumênica há como um acordo implícito e uma consciência muito viva de que as divisões são humanamente insuperáveis (passado polêmico e mútuas excomunhões, problemas doutrinais, barreiras psicológicas) e que a unidade terá de ser obra de Deus. A partir dessa convicção, surge espontaneamente uma atitude orante, e desde aí cabe entender o chamado *ecumenismo espiritual* ou a *emulação espiritual*, que seria como a consciência que existe a respeito da eficácia da oração em ordem para a reconciliação cristã.

Não é de se estranhar que o próprio Vaticano II tenha afirmado que a oração é a *alma* do ecumenismo (UR 8). Paul Couturier foi um dos grandes inspiradores dessas idéias, e através do que chamou o *mosteiro invisível* foi-se forjando nas Igrejas cristãs um tipo de espiritualidade que bem poderia chamar-se *ecumênica*. O *mosteiro invisível* é "o conjunto de almas às quais o Espírito Santo pode conhecer intimamente, porque elas procuraram abrir-se à sua chama, à sua luz, ao doloroso estado da separação entre os cristãos, e nas quais esse conhecimento gerou um sofrimento permanente, gerador de uma habitual oração e penitência". As características da espiritualidade ecumênica seriam: *totalidade de intenção*, isto é, consciência de que a causa da unidade é de uma urgência extrema: *sofrimento* diante do espetáculo do "Cristo roto"; *alegria*, ao saber-se que se está nas mãos de um Deus que deseja a reconciliação; e *fraternidade*, pois aqueles que rezam sentem-se mais próximos, embora ainda não tenham alcançado a plenitude que buscam. O *mosteiro invisível*, explicado às vezes como a "oração silenciosa através do mundo que se eleva ao Pai pela mediação de Jesus", implica uma vida teologal, isto é, uma vida de fé e de amor que faz o cristão viver num clima espiritual como se já se tivesse adiantado o tempo definitivo do reino, embora na realidade ainda não tenha chegado a sua plenitude. Viver essa dialética é aquilo que dá sentido teologal à experiência ecumênica. A tradição ecumênica do tipo espiritual tem sua origem em Spencer Jones, Paul Wattson, cardeal Mercier, Lambert Beauduin, Antoine Martel, Paul Couturier, Maurice Villain, Gabriella de la Unidad.

Espírito Santo

Terceira pessoa da Trindade, expressão da comunhão do Pai e do Filho no amor; personalização desse amor enquanto entregue pelo Pai e acolhido pelo Filho, criador de comunhão. Doutrinalmente, entre a teologia católica e a teologia reformada trata-se simplesmente de diferenças de acentos, enquanto que entre a teologia latina e a oriental deveria falar-se de diferentes concepções da pneumatologia, e da diversidade de enfoques teológicos. O problema da processão do Espírito Santo está na origem do cisma entre Oriente e Ocidente (o "Filioque"), contudo é esta uma controvérsia que está sendo superada graças a alguns diálogos que têm lugar ultimamente (*Declaração comum sobre o Espírito Santo*, da comissão mista da Igreja católica e o Conselho metodista mundial — "Relação de Honolulu, 1981", e o *Comunicado* do VI Encontro da comissão mista internacional da Igreja católica e a Igreja copta ortodoxa, 1990).

A teologia católica, fundamentalmente latina, desenvolveu sobretudo o aspecto cristológico. Assim, a missão do Espírito Santo aparece em estrita dependência do Verbo, seu papel consiste principalmente em atualizar no cristão a obra de Cristo. Pode-se falar que na teologia católica há certa pobreza pneumatológica, faltando um tratado sobre o Espírito Santo como pessoa enviada e operante. Muito diferente se apresenta a situação nas Igrejas ortodoxas, nas quais a pneumatologia ocupa um papel fundamental. Por uma parte, souberam manter o equilíbrio entre a geração do Filho e a processão do Espírito Santo, aparecendo ambas como condicionadas e permanecendo o Pai como única fonte das pessoas (assim, é o Espírito Santo quem manifesta Cristo nos sacramentos, fazendo-nos participantes dele, mas, paralelamente, a obra de Cristo prepara a vinda do Espírito, dando-se uma reciprocidade de serviço entre o Filho e o Espírito Santo). Com isso evitou-se que a pneumatologia se desenvolvesse na dependência da cristologia, dando-se assim um maior equilíbrio entre elas. A insistência um tanto unilateral no "Filioque" implicou uma pobreza pneumatológica na Igreja latina (já que supõe vincular unilateralmente o Espírito no Filho). Nas Igrejas orientais pode-se dizer que ao período cristológico dos concílios ecumênicos, nos quais a pneumatologia se desenvolve na dependência da cristologia, acontece um período pneumatológico no qual se precisa a doutrina do Espírito Santo em relação com a Trindade e com o homem, determinando-se que o Espírito Santo procede "somente do Pai" (rejeição portanto do "Filioque"), embora sua manifestação eterna se faz pelo Filho. A pneumatologia impregna todos os aspectos da vida cristã: a própria vida, cuja finalidade é a aquisição do Espírito (é o Espírito quem concede ao cristão a evidência interior da Escritura fazendo de todo o povo cristão guardião da verdade); a Igreja, que é entendida como uma instituição carismática, corpo espiritual impregnado do Espírito, destacando-se o aspecto carismático da Igreja; a sacramentologia; a cristologia; a liturgia etc.

Os reformadores aceitaram os desenvolvimentos dogmáticos da Igreja antiga e assumiram a formulação ocidental do símbolo da fé, incluindo o "Filioque") (afirmando a procedência do Espírito do Pai e do Filho). Com respeito à doutrina da Igreja católica, não teria mais que um deslocamento de acentos, centralizando-se a atenção na obra do Espírito Santo, em sua ação mais do que em sua essência, e acentuando a vinculação no Espírito com a fé e a palavra. O Espírito é considerado fundamentalmente como criador da fé, tendo a ação de Deus no Espírito prioridade a respeito dos atos do homem e sendo essa fé, fruto do Espírito, aquela que possibilita as boas obras por parte do homem. Dessa prioridade do Espírito deriva a importância da palavra e dos sacramentos, enquanto meios que o próprio Espírito doa (embora posteriormente algumas correntes "espiritualistas" dentro do mundo reformado tenham negado a necessidade de tais meios externos, como será posteriormente em algumas correntes da reforma, a emancipação do indivíduo com respeito à Igreja e os meios exteriores da salvação). Com respeito às obras do Espírito, é ele quem aplica ao crente a obra de Cristo atribuindo-lhe seus benefícios, iluminando o homem, permitindo-lhe a acolhida da palavra, e santifica. A propósito da relação entre o Espírito Santo e a Igreja, os reformadores afirmam que a Igreja é o lugar onde o Espírito opera, mas trata-se de uma Igreja invisível, que não se identifica com esta, embora tampouco está mais além.

Duma perspectiva ecumênica, a doutrina do Espírito Santo não apresenta motivos sérios de controvérsia. A existência de tradições diferentes no Oriente e no Ocidente não tem por que implicar divisão ou ruptura, podendo-se ver, partindo de um modelo de unidade na pluralidade, como teologias e fórmulas legítimas e complementares, que poderiam ser uma ajuda para resolver os problemas apresentados em ambas as partes. Assim a pneumatologia, longe de ser um obstáculo, apresenta-se como uma das bases mais promessedoras do diálogo ecumênico. O Espírito Santo é também um elemento decisivo no movimento ecumênico, que se reconhece a si mesmo como fruto do Espírito (UR 4) (CMB).

Ética

Termo que procede do grego *ethos*: costume, caráter, e que em linguagem filosófica e teológica aplica-se ao estudo dos comportamentos humanos e a seus critérios valorativos para avaliar o bem ou o mal. Partindo do cristianismo espera-se que a ética responda às grandes interrogações humanas com perspectivas surgidas da fé e da mensagem evangélica, e é o que a boa notícia de

Jesus implica não somente um falar sobre Deus, mas uma práxis e um estilo novo de vida. Contudo, a complexidade do mundo moderno, a diversidade de situações e contextos geográficos e culturais, nos quais se encontram as Igrejas cristãs, colocaram na agenda ecumênica uma série de problemas éticos que nem sempre são respondidos da mesma maneira, apesar de proclamar cada uma delas que sua inspiração é fundamentalmente evangélica. Essa tomada de consciência da importância de encontrar respostas comuns aos grandes problemas éticos é certamente recente nos diálogos bilaterais entre Igrejas, já que a imensa maioria está dedicada aos problemas estritamente doutrinais. Isso não quer dizer que o movimento ecumênico como tal tenha deixado de lado as questões éticas. Inclusive pode-se descobrir um longínquo passado no qual os pioneiros comprometidos na tarefa ecumênica preocuparam-se em dar respostas cristãs aos problemas relacionados à concepção cristã da vida. É evidente que a própria existência de "Vida e Ação" e suas duas primeiras conferências quiseram responder à reconstrução européia após o caos da guerra européia (Estocolmo, 1925), e fazer frente ao enorme desafio que significava o surgimento dos nacionalismos fascistas e totalitários (Oxford, 1937). As perguntas de tipo ético centraram-se naqueles anos na análise das relações entre o reino de Deus e a sociedade, no sentido de que se haveria continuidade entre ambos e portanto, um convite à sua realização (opção do "Social Gospel"), ou se, pelo contrário, a descontinuidade era tão radical que resultaria ilusória toda tentativa de implantar na terra as primícias do reino (opção da *Teologia dialética*).

Depois da segunda guerra européia, as preocupações éticas centraram-se na manutenção de uma paz internacional, na interrogação de qual das sociedades ou blocos — o democrático liberal ou o socialista soviético — responde melhor ao espírito evangélico e aos ideais de justiça e eqüidade, nas lutas de descolonização e nascimento de novas nacionalidades na África e na Ásia, e no esforço de definir uma "sociedade mais justa, participativa e sustentável" (Nairobi, 1975), na busca ecumênica dos ideais de justiça, paz e integridade da criação (Vancouver, 1983; Basiléia, 1989; Graz, 1997), no apoio às lutas revolucionárias e em especial contra o racismo. Merecem especial menção dois acontecimentos ecumênicos promovidos pelo Conselho Ecumênico das Igrejas, também com participação católica. O primeiro celebrado em Genebra (1966), sobre *Igreja e sociedade*, constituiria conforme alguns analistas "o primeiro exame verdadeiramente ecumênico em nível mundial que tratou temas sociais e de responsabilidade humana". A conferência estudou quatro questões principais: 1) o desenvolvimento econômico na perspectiva mundial; 2) a natureza e a função do Estado numa era revolucionária; 3) as estruturas da cooperação internacional; e 4) o homem e a comunidade na sociedade em mutação. Análise que provocará anos depois abundância de estudos nos ambientes eclesiais, alguns de caráter econômico, por exemplo, sobre o capitalismo e socialismo, as inversões, o papel dos sindicatos, as corporações transnacionais etc.; outros de tipo mais políticos, como as questões do militarismo e dos direitos humanos, a doutrina da "segurança nacional", o tratamento dos refugiados etc.; e finalmente, outros de questões científicas vinculadas com a ética: relações de ciência e tecnologia, cuidado do meio ambiente e educação ecológica, problemas de bioética, fontes e uso racional da energia etc.

O segundo grande acontecimento foi celebrado em Boston (1979), nas dependências do "Massachusetts Institute of Technology" (MIT), que abordou o tema *Fé, ciência e o futuro*, mas partindo de um contexto muito mais complexo que o da conferência de Genebra, uma vez que os recentes avanços da ciência moderna e a tecnologia supunham novos desafios ao pensamento tradicional das Igrejas. Aqui são apresentadas as dez seções que foram abordadas na conferência ecumênica do MIT: 1) A natureza da ciência e a natureza da fé; 2) A humanidade, a natureza e Deus; 3) A ciência e a educação; 4) Questões éticas na manipulação biológica da vida; 5) Tecnologia, recursos, meio ambiente e população; 6) Energia para o futuro; 7) Reestruturando o ambiente industrial e o urbano; 8) A economia numa sociedade justa, participativa e sustentável; 9) Ciência e tecnologia, poder político numa ordem mundial mais justa; 10) Rumo a uma nova ética social cristã e novas políticas sociais para as Igrejas. A partir de 1979, unem-se à reflexão ecumênica sobre problemas éticos de tipo mais personalista que já se vinham estudando (significado da vocação cristã, do trabalho, da família, do laicato, do matrimônio, da saúde e da enfermidade etc.) alguns outros mais debatidos que não conseguiram total acordo: divórcio, eutanásia, controle de natalidade, homossexualidade, ordenação ministerial de homossexuais etc.

Alguns princípios ajudaram a que o velho ditado "a doutrina divide, a ação une", que tanto correu na conferência de Edimburgo (1910) e que provocaria o nascimento de "Vida e Ação", perdesse força em ambientes ecumênicos. Há hoje sobre alguns desses princípios um acordo muito amplo: a natureza social do indivíduo, a impossibilidade de separar a ética individual da ética social, a convicção de que qualquer decisão ética implica sempre convicções mais profundas de caráter teológico, a responsabilidade que as Igrejas têm não somente nas clássicas questões de moralidade privada e pública (educação, matrimônio, sexualidade), mas também em questões que pareciam fora de sua esfera de influência (economia, política etc.). E, contudo, é um fato que todas essas questões ainda não foram assumidas de maneira formal nos diálogos teológicos bilaterais entre Igrejas.

Eucaristia

É o ritual que os cristãos celebram, obedientes ao mandato de Jesus, recordando e atualizando a última ceia que comeu com seus discípulos pouco antes de padecer a morte de cruz.

O termo "eucaristia" provém do grego *eucharistia*, *eukharistein*, que significa dar graças, ação de graças, e embora nas diferentes tradições cristãs tenham sido mantidos diferentes nomes: "Ceia do Senhor", "Fração do Pão", "Sagrada Liturgia", "Santa comunhão", "Missa" etc., seu ritual foi sempre considerado como ponto central da vida cristã por provir da vontade expressa do Senhor: "Fazei isto em memória de mim", e recordado em vários textos bíblicos: 1Cor 11,23-25; Mt 26,26-29; Mc 14,22-25; Lc 22,14-20. Todas as tradições cristãs estão de acordo, além disso, que Jesus — fosse aquela ceia a celebração da páscoa judaica ou não — estava dando um novo sentido à bênção e à fração do pão, que se distribuía durante a própria ceia, e à bênção e distribuição do cálice com vinho no final dela. Esse novo sentido fazia referência à sua própria vida e à sua própria morte, que "era em proveito de muitos". As diferentes Igrejas — mantendo a celebração da eucaristia como parte central do culto cristão — diferem em sua própria concepção, na explicação de seu significado e inclusive em sua celebração. É preciso advertir desde o começo que as diferenças nesta matéria não afetam somente católicos e protestantes, mas que no próprio seio das reformas do século XVI surgiram grandes discrepâncias na hora de explicar questões eucarísticas enfrentadas por luteranos, zwinglianos e calvinistas entre si.

Mas as grandes diferenças não correspondem somente ao *modo da presença* de Cristo durante o rito eucarístico — para o catolicismo, a ortodoxia e grande parte do anglicanismo e o luteranismo pode-se falar de uma *presença real*, embora explicada diferentemente, enquanto que para a maioria das outras Igrejas surgidas no século XVI seria uma presença antes de tipo simbólico. As diferenças afetam também a *concepção sacrifical* da mesma, problema que corresponde fundamentalmente a católicos e protestantes em geral; a *causalidade* da presença, sejam já as próprias palavras de Cristo durante a consagração (católicos), seja já a invocação do Espírito Santo (ortodoxos); para a *presidência* da assembléia eucarística, para as Igrejas de tradição católica sempre é necessário um ministro validamente ordenado dentro da sucessão apostólica, para outras Igrejas não é esse um requisito necessário; como finalmente para a *freqüência* de sua própria celebração para a comunidade cristã, pois enquanto algumas tradições eclesiais a celebram diariamente, outras optaram pela celebração somente no dia do Senhor (o domingo), e outras seguem o costume de praticá-la entre espaços maiores de tempo, mensalmente ou trimestralmente.

Desde a perspectiva ecumênica o tema da eucaristia passou a ser prioritário. Por exemplo, o movimento "Fé e Constituição" trabalhou neste tema ao longo de toda sua história. Já na conferência de Lausana (1927), na seção VI, afirma-se que "concordamos que o sacramento da ceia do Senhor é o ato de culto mais sagrado da Igreja, no qual se comemora e se proclama a morte expiatória do Senhor e que é um sacrifício de louvor e ação de graças e um ato de solene auto-oblação (n. 54), embora em seguida enumeram-se os conceitos divergentes: modo e maneira da presença do Senhor, concepção da comemoração e sacrifício, relação dos elementos com a graça comunicada, relação entre o ministro desse sacramento e a validade e eficácia do rito etc. (n. 55). Uma longa trajetória de "Fé e Constituição" conduzirá nesse tema a um último texto de muita importância intitulado: *Batismo, eucaristia, ministério*, geralmente conhecido como o BEM (Lima, 1982). Mas além do estudo levado a termo por esse programa teológico do Conselho Ecumênico das Igrejas, a eucaristia vem sendo objeto de conceituadas análises nos diálogos bilaterais entre Igrejas cristãs e nos grupos ecumênicos. Cabe assinalar entre outros *a Concórdia de Leunberg* (1970-1973); o *Acordo de Windsor* (Comissão internacional anglicano-católico-romana, 1971); *O mistério da Igreja e da eucaristia à luz do mistério da Trindade* (Munique, 1982); texto do diálogo católico-ortodoxo: *Para uma mesma fé eucarística?*, do Grupo de Dombes. Mas, sem dúvida, o trabalho melhor elaborado até hoje, continua sendo o documento BEM, e a publicação em língua inglesa das respostas que deram as Igrejas aos três temas estudados. No que diz ao tema da eucaristia, o BEM o estudou do seguinte modo: 1) *A instituição da eucaristia* (n. 1). 2) *Significação da eucaristia* (n. 2): como ação de graças ao Pai (n. 3-4), como anamnese ou memorial de Cristo (n. 5-13), como invocação do Espírito Santo (n. 14-

18), como comunhão dos fiéis (n. 19-21), convite do reino (n. 22-26). 3) *A celebração da eucaristia* (n. 27-33).

Evangélico

Termo muito amplo que designa, às vezes, o membro de qualquer Igreja protestante. Mas normalmente, contudo, *evangélico* não se deve identificar com *protestante*, sobretudo em países anglo-saxões, onde aquele termo se emprega para se referir a crentes protestantes de uma tendência espiritual muito determinada, e com uma série de características de tipo teológico que os singularizam definitivamente dentro do amplo mundo das reformas protestantes. Os movimentos evangélicos nutrem-se especialmente em meio de algumas Igrejas batistas, pentecostais, de Irmãos de Plymouth, quakers, e, às vezes, inclusive em espaços metodistas. As características que definem o *evangelical* — esse é o termo que se emprega em inglês, tanto faz ser um indivíduo como um movimento — são, em primeiro lugar, o conhecido componente *pietista* que reafirma a necessidade da conversão adulta e pessoal, a profissão de que Cristo, o Salvador, quis dar ao crente a passagem para uma "nova criatura", através do batismo de adultos, e que por ele se torna um "novo renascido" (*new born*). A concepção individualista da fé cristã tão característica entre os evangélicos provém, sem dúvida, desse elemento pietista, assim como suas arraigadas convicções da moral em geral e da ética sexual em particular. Unido também a esse elemento deve-se acrescentar além disso o componente *carismático* com tanta ênfase em certos carismas neotestamentários, descritos na narrativa de Pentecostes, como o falar em línguas (glossolalia), ou a cura pela fé. E partindo do *plano doutrinal*, talvez o que dá o tom a todos os *evangelicals*, pode-se afirmar que são muito rígidos em salvaguardar uma ortodoxia que se deduz da leitura literal da Bíblia, e por isso em numerosas ocasiões aparecem como fundamentalistas, acentuam a doutrina do pecado e a necessidade da conversão, e por sua vez são muito rigoristas com aqueles que voltam a cair no pecado. As convicções doutrinais influem também em fugir do mundo como pecaminoso, e com suas posturas indiferentes ou neutras diante das realidades sociopolíticas.

Contudo, a influência dos evangélicos norte-americanos nos últimos anos tem sido muito militante na hora de ajudar campanhas políticas e programas cívicos que estavam em plena comunhão com a ideologia evangélica; assim, ajudaram políticos conservadores — Reagan entre eles —, através dos famosos tele-pregadores evangélicos, e ao movimento da "Moral Mayority". Os evangélicos não são de criação recente: já em 1846 criou-se em Londres a "Aliança evangélica" contra os cristãos liberais. Em geral relativizam muito a instrução eclesiástica e tudo o que signifique um ministério clerical e institucionalizado. Inclusive são muito reticentes com o movimento ecumênico em geral e com o que se pratica no Conselho Ecumênico das Igrejas, instituição a qual acusam de uma preocupação excessiva na unidade das Igrejas, partindo de perspectivas meramente humanas, ou por seus interesses políticos e sociais em detrimento da verdadeira evangelização. Nos últimos anos, a influência dos movimentos evangélicos na América Latina preocupa não somente a Igreja católica romana que vê diminuir notavelmente o número de seus filhos, mas também as Igrejas protestantes históricas, incapazes de levar adiante um diálogo sério e construtivo com os pregadores evangélicos.

Evanston (Assembléia de)

Foi a II assembléia do Conselho Ecumênico das Igrejas. Foi celebrada do dia 15 a 31 de agosto de 1954 em Evanston-Chicago (Northwestern University). Tema geral: *Cristo, única esperança do mundo.* Participaram 161 Igrejas-membros com 502 delegados. Houve seis seções nas quais desenvolveram-se estes temas: 1) Nossa unidade em Cristo e nossa desunião como Igrejas. 2) A missão das Igrejas diante dos de fora. 3) A sociedade e suas responsabilidades no plano mundial. 4) Os cristãos nas lutas em favor da comunidade mundial. 5) As Igrejas em meio às tensões raciais e étnicas. 6) A vocação do cristão em sua vida profissional. Evanston centralizou-se antes de tudo na esperança diante dos grandes problemas da humanidade; "somente secundariamente foi doutrinal". Se em Amsterdã (1948) as Igrejas propuseram-se "permanecer juntas", em Evanston propõem-se "avançar juntas". Nessa assembléia há certos desequilíbrios: compareçam majoritariamente representantes das Igrejas do Ocidente que naquele clima de "guerra fria" fazem com que os cristãos do Este experimentem certo desconforto; na eclesiologia prevalece a linha "protestante" sobre a "católica" — representada esta última por anglicanos e ortodoxos —, o que provoca que estes últimos julguem necessário formular uma declaração própria no informe de "Fé e Constituição"; inclusive dentro do protestantismo aparecem duas tendências: uma primeira representada pelo maior rigor doutrinal e pela ênfase nas dimensões escatológicas da esperança que aparece nos europeus, a outra pelo esforço realista de melhora da "cidade cristã" deste mundo, propugnada pelos teólogos norte-americanos. O arcebispo católico de Chicago proibiu a participação dos sacerdotes jornalistas na assembléia; foi um ambiente tenso, produzido pela imprensa americana diante das intervenções dos delegados de países do Este, pelo auge do macarthismo, e pelas suspeitas bem fundadas do despotismo stalinista da União Soviética. Num mundo incerto — ambas as potências possuem a bomba de hidrogênio — Evanston proclama Cristo como única esperança do mundo.

Evdokimov, Paul

Paul Evdokimov (São Petersburgo, 2.8.1901 - Meudon, França, 16.9.1970). Teólogo ortodoxo russo, radicado na França e com enorme influência ecumênica no Ocidente. Em 1921, quando deixa sua pátria depois da revolução bolchevista, já havia estudado em Kiev. A partir de 192, inicia seus estudos em San Sergio (Paris); consegue seu doutorado em filosofia em 1942 e colabora no trabalho interconfessional na ajuda aos refugiados durante a Segunda Guerra Mundial na obra

CIMADE. A partir de 1950 trabalha ativamente em obras do Conselho Ecumênico das Igrejas, especialmente no Instituto ecumênico de Bossey e no programa de "Fé e Constituição". Foi um dos grandes professores da faculdade de Teologia de San Sergio. Entre suas obras merecem ser mencionadas: *A ortodoxia* (1959); *O Espírito Santo na tradição ortodoxa* (1969); *Cristo no pensamento russo* (1970).

Excomunhão

Do verbo grego *aphorizein*: excluir, deriva-se na língua latina o termo *excomungar*, que significa afastar da comunhão eclesiástica aqueles que se tornaram merecedores de sua exclusão em razão da apostasia, heresia ou cisma. Apesar da dureza que possa sugerir a excomunhão eclesial, o Novo Testamento ensina e testemunha essa prática em várias ocasiões (Mt 18,15-17; 1Cor 5,2-3 etc.). Na tradição da Igreja indivisa foi prática habitual excomungar aqueles que negavam a fé professada nos concílios ecumênicos. Para a Igreja católica, por exemplo, aqueles que caem sob pena de excomunhão estão impossibilitados de participar como ministros em qualquer ato litúrgico de caráter público, celebrar ou receber os sacramentos e exercer os ministérios ou cargos eclesiásticos (CIC 1331). Há, contudo, conforme as diferentes tradições cristãs, vários tipos de excomunhão: algumas não implicam numa exclusão definitiva da Igreja, mas numa privação temporal de se aproximar da comunhão eucarística, ou de exercer, presidir ou participar em qualquer ato público eclesiástico; no entanto, quando há desacordo formal ou explícito em matéria de fé, a excomunhão pode implicar ruptura definitiva com a Igreja universal. Neste caso deve ser publicamente ratificada pela autoridade eclesiástica competente. É um problema ainda muito complexo nas atuais relações ecumênicas o saber até que ponto as excomunhões que algumas Igrejas pronunciaram sobre outras têm ainda hoje uma justificação. Um passo importante nesse sentido foi o solene levantamento de excomunhões mútuas que Roma e Constantinopla realizaram ao terminar o Concílio Vaticano II. Há anos vem-se falando também do possível levantamento da excomunhão que o Papa Leão X lançou sobre Martinho Lutero. Sobre esse tema é necessário ter em conta a *Relação final* da comissão mista católico-evangélico-luterana *Sobre a revisão das condenações do século XVI,* publicada em 1985.

Exército de salvação

Comunidade cristã — embora às vezes tem se apresentado como organização não-confessional — fundada pelo pastor metodista Willian Booth (1829-1912) que declarou "guerra à pobreza, ao vício e ao pecado nos bairros miseráveis de Londres". A finalidade de W. Booth esteve desde o princípio em unir estreitamente a ação evangelizadora entre os mais humildes da sociedade com uma ação social eficaz. "É difícil salvar um homem que tem os pés molhados", dizia o fundador. Junto com sua esposa dedica-se como pregador livre no bairro londrino a socorrer os mais necessitados, separando-se definitivamente em 1865 de sua Igreja-mãe. Nesse ano funda uma associação de caráter interconfessional, a "East London Mission" ("Christian Mission"), que mais tarde, em 1878, constitui-se numa nova denominação com o título de Exército de Salvação ("Salvation Army"). Booth organizou seu movimento conforme o modelo militar vigente então em sua pátria. Em 1880 implantou-se nos Estados Unidos, e seu responsável, Thomas E. Moore, em desacordo com W. Booth, funda um movimento similar chamado "American Rescue Workers", e anos mais tarde cria-se "Voluntteers of America" com estruturas mais democráticas e com a aceitação do batismo e da ceia do Senhor. Os membros do Exército de Salvação aceitam os credos primitivos da tradição protestante, Trindade, divindade de Cristo, imortalidade da alma, ressurreição e juízo final, e a Bíblia como única regra de fé. O *Manual de doutrinas* considera os sacramentos como cerimônias não necessárias para a salvação, daí que não sejam sempre observados em suas reuniões de culto. O *Manual* ressalta também outros princípios: a pregação, o engajamento de soldados — quando as pessoas afirmam os artigos de fé do Exército de Salvação e se aderem ao mesmo — e o banco de penitentes, aos quais se exorta a confessar a Deus os pecados e a procurar a santificação pela fé e o bom comportamento para com os outros. O Exército de Salvação está estruturado muito hierarquicamente, a própria nomenclatura substitui a dos títulos eclesiásticos: general, coronel, oficiais e soldados, agrupados em batalhões, divisões e territórios que cobrem determinado país. A pregação nas ruas e praças costuma ser muito vistosa: apresentam-se vestidos de uniformes, precedidos de banda de música e cantos de hinos religiosos. São dados testemunhos públicos de arrependimento e convites para a conversão. Seus membros são pacifistas, com grande espírito ecumênico, muito rígidos em sua vida pessoal e aboliram a discriminação por razão de sexo nos cargos públicos e responsabilidades. A evangelização e a ação social no mundo dos marginalizados e nos bairros mais populares das grandes cidades — fundamentalmente do mundo anglo-saxão — têm dado a imagem do Exército de Salvação como a de uma instituição benéfica a serviço dos mais pobres e marginalizados. Os cerca de quatro milhões de membros do Exército de Salvação levam adiante sua obra na América do Norte, Inglaterra e na Índia.

Fé

O termo "fé" vem do latim *fides*, que está próximo do termo *fiducia*: confiança. Na tradição cristã teve muitos significados: adesão da mente e da vontade às coisas reveladas divinamente; o dom sobrenatural de Deus que oferece ao crente a possibilidade de um, embora obscuro, conhecimento; a resposta livre e voluntária à palavra reveladora que exige conversão e seguimento; a abertura e entrega pessoal de todo o ser a Deus; a confiança absoluta que a criatura põe no Criador; a busca existencial do sentido último da vida que coincide com o próprio Deus; o conjunto de verdades que devem ser admitidas por meio da virtude da fé, a primeira das virtudes teologais... Elementos todos que, analisados pelas diferentes tradições cristãs ao longo da história, levaram à conclusão de que fundamentalmente a fé é um dom de Deus e interrogação e pergunta livre do crente. Dom e interrogação que não se contrapõem, mas que se tornam necessários como protagonistas para o diálogo e a comunhão amorosa entre Criador e criatura. Por isso qualquer análise teológica da fé conclui que embora em sua estrutura entra a *razão* — que deve dar conta das motivações últimas para crer —, são elementos essenciais da mesma, tanto a *graça* — dom gratuito de Deus que se revela —, como certo tipo de *autoridade*, pois o crente admite uma mensagem que não nasce dele mesmo, mas de uma oferta que lhe vem de fora. Por isso o elemento *vontade* deve ser apontado com grande ênfase. Na fé concorrem, pois, a ordem do conhecimento e a mudança operada na vida do crente, verdadeiro sinal de uma fé autêntica.

Do ponto de vista ecumênico, superados os velhos debates entre *fé* e *obras meritórias*, são alentadores os acordos entre as Igrejas sobre a compreensão da fé cristã. Em primeiro lugar já não cabe uma contraposição radical entre a fé como atitude crente ("fides qua creditur") e a fé como conjunto de crenças e convicções ("fides quae creditur"). A atitude existencial do crente não pode separar-se do conteúdo da própria fé, do contrário o ato livre de fé se basearia num vazio ou numa projeção meramente individualista sem referências objetivas. Essa é a linha mestra da consulta de "Fé e Constituição", as *raízes bíblicas dos credos antigos* (Roma, 1983). Em segundo lugar há um consenso total sobre as implicações práticas da fé cristã. Talvez o melhor símbolo disso é a conjunção a que chegaram os movimentos de "Fé e Constituição" e

"Vida e Ação", em 1948, quando se uniram para formar o Conselho Ecumênico das Igrejas. Não seria possível uma concepção da fé separada da ação cristã. Por último, todas as Igrejas cristãs comungam no conteúdo cristológico e trinitário básico da fé. A fé cristã não consiste numa simples crença de um Deus que se deu a conhecer a Israel, e que na plenitude dos tempos enviou seu Filho, e que na comunidade dos eleitos, dirigida pelo Espírito Santo, mostra o amor e salvação de Deus a toda a humanidade. Essa fé trinitária impregna a vida toda do cristão e da Igreja. Não é causalidade que a *base* do Conselho Ecumênico das Igrejas afirme sem paliativos uma fé trinitária e cristológica.

Federação Mundial de Estudantes Cristãos

É uma federação ecumênica de movimentos estudantis cristãos (em inglês: "World Student Christian Federation", WSCF), fundada em 1895 em Vadstena Castle, que está nas origens do movimento ecumênico moderno. Seus líderes, quase todos leigos, partiam da filosofia de que o cristianismo deve fazer-se presente na universidade se deseja realmente influir na sociedade contemporânea. Entre seus líderes, a maioria norte-americanos e europeus de tradições reformadas e anglicanas, achavam-se John R. Mott e Karl Fries, ambos também relacionados com o movimento da Associação Cristã de Jovens ("Youth Men Christian Association"). Seus membros celebraram em 1898 uma conferência em Birmingham na qual participaram delegados de muitas procedências teológicas, pois aí houve representantes do anglo-catolicismo e membros das chamadas "Igrejas livres". Muitos deles estariam pouco depois presentes na conferência de Edimburgo de 1910. O espírito expancionista e utópico dessa federação manifesta-se na assembléia que se celebrou em Constantinopla (1911), convidando os estudantes ortodoxos para sua participação ativa. Não é causalidade que a ortodoxia fosse introduzindo-se pouco a pouco no movimento ecumênico desde aquela grande assembléia. John R. Mott e Ruth Rouse fundaram a partir de então sedes da federação na Romênia, Sérvia, Bulgária, Grécia... Alguns anos mais tarde, essa federação manterá laços estreitos com a organização estudantil católica "Pax Romana". Seu trabalho de tipo ecumênico, em íntima colaboração com o YMCA, deu resultados apreciáveis: atuou ativamente na formação do Conselho missionário internacional (1921) e na formação do Conselho Ecumênico das Igrejas (1948); durante as duas guerras européias tomou importantes iniciativas: no tema dos refugiados e emigrantes com a criação do CIMADE, nos estudos bíblicos e na promoção da mulher com nomes de mulheres célebres como Suzanne de Dietrich, Madeleine Barot e Sarah Chakko; e finalmente ofereceu para diferentes organismos ecumênicos líderes de primeira grandeza: W. A. Visser't Hooft, William Temple, D. T. Niles, Dietrich Bonhoeffer, Philip Potter, que foram em sua juventude membros ativos da federação. A sede central e a equipe diretiva até aos fins dos anos 60 estavam em Genebra, e isso correspondia ao eurocentrismo vigente; a partir do ano de 1972, uma progressiva descentralização de suas estruturas concorreu para a criação de seis regiões: África, Ásia/Pacífico, Europa, América Latina, Oriente Médio e América do Norte.

Embora o ecumenismo e a missão continuem marcando a identidade dessa federação mundial, contudo diferentes áreas de preocupações no decorrer dos últimos anos deram-lhe uma nova fisionomia: antes e depois das duas últimas guerras, a tarefa com os desalojados e refugiados foi prioritária, e durante os anos 60 e 70 muitos de seus membros tomaram parte ativa em movimentos políticos radicais; é igualmente importante o compromisso pela justiça e pela paz, assim como um crescente interesse pelas teologias contextuais e pelo feminismo em geral. Embora seus membros em sua maioria pertencessem às Igrejas protestantes, anglicanas e ortodoxas, também estudantes católicos pertencem à federação, especialmente na América Latina e África. Agora mesmo está estendida por 61 países dos cinco continentes.

Feminista (Teologia)

Originou-se basicamente nos Estados Unidos. Ali, nos anos 50, começa a ser abordada a questão da mulher como tema teológico. Será na década seguinte quando surge a teologia feminista propriamente dita, das mãos de algumas mulheres que começam a escrever e a ensinar nos centros universitários temas teológicos. A teologia feminista não busca simplesmente a inclusão da mulher como um tema teológico a mais. Tampouco tem como fim a simples incorporação da mulher como sujeito do trabalho teológico (trabalho elaborado a partir de paradigmas androcêntricos). Não se trata somente do acesso da mulher como sujeito ou objeto teológico. Seu objetivo é a incorporação do ponto de vista da mulher no pensamento teológico, a possibilidade de uma reflexão teológica feita a partir da perspectiva da mulher. Como condição da possibilidade dessa incorporação consideram necessária uma transformação das estruturas patriarcais vigentes. Junto ao questionamento do patriarcalismo, criticam a suposta objetividade atribuída ao paradigma androcêntrico, que elevou o masculino à categoria universal, impedindo com isso a integração da experiência das mulheres e a elaboração de um discurso teológico a partir de tais experiências.

Assim, colocam em questão a presumida objetividade e universalidade da linguagem teológica vigente e propõem a aplicação de uma *hermenêutica suspeitosa* a respeito da interpretação tradicional da Escritura e de seu desenvolvimento dogmático e doutrinal, de uma tradição cristã que foi elaborada sem levar em conta as mulheres e que está baseada unicamente na experiência masculina. Propõe-se uma hermenêutica nova que levaria em seu bojo uma reformulação de todo o pensamento teológico. Os maiores avanços foram conseguidos no campo bíblico. Essa busca, que é comum entre as mulheres das diferentes Igrejas cristãs, impulsionou o trabalho conjunto entre as mesmas, podendo-se falar com toda a propriedade de uma dimensão ecumênica da teologia feminista. Em nível europeu, é nos anos 80 quando se inicia a criação de redes interconfessionais de mulheres dedicadas à tarefa teológica. Entre as associações mais importantes devem-se destacar o "Fórum ecumênico de mulheres cristãs européias" que, abrangendo um campo mais amplo, dedica numa de suas comissões permanentes o tema "Teologia e espiritualidade", buscando "entender de maneira nova a teologia do ponto de vista das mulheres e dedicar-se às tarefas teológicas, políticas e sociais, e capacitar as mulheres para que assumam tarefas diretivas na Igreja e na sociedade". Outro organismo a destacar é a "Sociedade européia para a investigação teológica" realizada por mulheres que, desde 1986, trabalha para impulsionar a investigação e elaboração de teologia feminista. Em agosto de 1996 celebrou-se em Gmunden (Áustria) o primeiro Sínodo europeu de mulheres, que reuniu mais de mil mulheres de diferentes Igrejas cristãs, entre elas numerosas teólogas. A situação da teologia feminista difere notavelmente de umas para outras Igrejas e de uns para outros países. Hoje pode-se dizer que nos Estados Unidos — lugar onde nasceu — é onde se acha mais avançada. Com respeito à denominação, mais do que "teologia feminista" no singular poder-se-ia falar de "teologias feministas", reconhecendo com isso a existência de diversas correntes diferentes de interesses e formulações. Deve-se afirmar além disso que a designação "teologia feminista" não goza de uma aceitação unânime. É uma denominação contestada por teólogos do Terceiro Mundo que a associam com uma teologia de caráter burguês feita no Primeiro Mundo, com cujos interesses não se identificam. Nesse contexto, prefere-se falar de "teologia mulherista" ("Womanist theology"), tratando-se de uma teologia muito ligada às teologias da libertação. Outras características da teologia feminista são os interesses pela experiência libertadora, comunitária e o uso do método indutivo (CMB).

FEREDE

A FEREDE é a sigla da "Federação das Entidades Religiosas Evangélicas da Espanha". Na realidade é o agrupamento ou aliança de Igrejas destinada a cuidar dos assuntos jurídicos de interesse comum ou particular de cada uma das Igrejas federadas. O objetivo principal é a proclamação pública e livre do Evangelho de Jesus Cristo na nação espanhola e o serviço às Igrejas no campo dos direitos respaldado pela lei da liberdade religiosa (julho de 1980). Mas tudo isso concretiza-se de modo especial na representação jurídica diante do Estado espanhol das Igrejas-membros nas negociações, assinatura, seguimento e cumprimento dos acordos de cooperação estabelecidos com o Estado. A FEREDE tem sido até hoje um instrumento válido para procurar um clima de entendimento e respeito mútuo entre as próprias Igrejas, para animá-las a trabalhar conjuntamente na evangelização e para torná-las coesas na hora de dar respostas comuns evangélicas aos desafios, que supõem a violação dos direitos humanos e os problemas de justiça e paz. Juridicamente falando é uma entidade religiosa inscrita no Ministério da Justiça com o número 3034-SE/D, firmado com acordos de cooperação com o Estado espanhol em novembro de 1992. As denominações evangélicas integradas na FEREDE são: Agrupamento evangélico, Assembléias de Deus da Espanha, Assembléias dos Irmãos, Comunhão de Igrejas e missões evangélicas, Exército da Salvação, Federação de Igrejas evangélicas independentes da Espanha, Igreja espanhola reformada episcopal, Igreja evangélica espanhola, Igrejas boas notícias, Igrejas de Cristo, Igrejas evangélicas pentecostais, União evangélica batista espanhola, União de Igrejas cristãs, Adventistas do sétimo dia da Espanha.

"Fé e Constituição"

Movimento (em inglês "Faith and Order"), nascido na base da celebração da Conferência missionária mundial de Edimburgo (1910), que tenta servir às Igrejas cristãs, partindo do diálogo doutrinal, com o fim de superar os difíceis obstáculos teológicos que ainda as separam. Muitos cristãos presentes em Edimburgo chegaram à convicção de que a "ação conjunta" entre cristãos não bastava para superar as divisões e que era necessário, conseqüentemente, abordar conjuntamente os problemas de fé e de doutrina. Foi o bispo episcopalino Charles H. Brent (1862-1929) a figura-mestra para levar adiante essa idéia. Sua vida foi consagrada na busca da unidade na fé. Junto com Robert H. Gardiner, empenharam-se na obra visitando a hierarquia e líderes de diferentes Igrejas, entre elas a ortodoxa e a católica. O movimento "Fé e Constituição" é criado verdadeiramente em várias reuniões celebradas em Genebra, em 1920, como preparação para as grandes conferências que irão ter lugar em Lausana (1927) e Edimburgo (1937). O método usado nos primeiros anos de "Fé e Constituição" é chamado de "acordos e divergências", imprescindível então depois de tantos séculos de separação. Depois dessas duas primeiras conferências, unirá seus esforços ao movimento "Vida e Ação" na assembléia constituinte de Amsterdã (1948), quando se cria o Conselho Ecumênico das Igrejas. Desde então seus trabalhos estão sendo realizados pela comissão de "Fé e Constituição", incorporada já ao Conselho Ecumênico e que celebrou grandes conferências: Lund (1952); Montreal (1963); Lovaina (1971); Salamanca (1973); Accra (1974); Lima (1982); Stavanger (1985). A estrutura atual de "Fé e Constituição", muito mais dinâmica que no passado, abandonou o método das convergências e divergências e adotou o do diálogo aberto, partindo sempre das bases cristológicas comuns. A busca da unidade visível das Igrejas é um dos fins não negociáveis de "Fé e Constituição". Atualmente a comissão está formada por 120 membros que se reúnem três ou quatro vezes por ano e representam uma grande variedade de perspectivas teológicas. Desde o ano de 1968 pertencem também 12 membros da Igreja católica. Embora a temática abordada por "Fé e Constituição" seja muito extensa, faz anos que trabalha fundamentalmente nestes três projetos: *Rumo a uma comum expressão da fé apostólica para hoje*; *A unidade da Igreja e a renovação da comunidade humana*; e o documento sobre o *batismo, a eucaristia e o ministério*. Este último, às vezes chamado BEM, é um documento elaborado em Lima (1982) e enviado a todas as Igrejas para um atento estudo e cujas respostas oficiais, cerca de 200, significaram um novo estudo por parte de "Fé e Constituição" para elaborar um documento preciso que poderá significar um acordo substancial entre as Igrejas cristãs sobre pontos que afetam a própria essência da Igreja.

"Filioque"

A frase inserida no credo niceno-constantinopolitano "que procede do Pai e do Filho", referida à procedência do Espírito Santo, foi a causa de grandes controvérsias entre a ortodoxia e o cristianismo ocidental. A frase aparece pela primeira vez nas Atas do IV Concílio de Toledo (638), e chegará a ter uma aceitação universal nas Igrejas do Ocidente a partir do século XI. O fato de os latinos acrescentarem a expressão "e do Filho" ("Filioque") ao credo ecumênico não se deve a um erro doutrinal, como tantas vezes se pensou, mas antes a uma decisão de precisar teologicamente cada uma das afirmações da fé cristã. No fundo era dar um passo adiante no desenvolvimento dogmático. Que se desse no Ocidente e não no Oriente prova simplesmente a diversa maneira de se fazer teologia. Se os bizantinos conformaram-se com a terminologia empregada no credo ecumênico, os latinos desejavam precisar com maior exatidão terminológica a fé professada no concílio ecumênico. Parece que durante algum tempo foi melhor considerada como questão lingüística, ou como mera discussão entre teólogos de umas ou outras Igrejas, embora seja evidente que esse desenvolvimento do "Filioque" se deve a que a pneumatologia no Ocidente esteve sempre em dependência da cristologia. Terá de aguardar até à desastrada intervenção do cardeal Humberto decretando a excomunhão contra o patriarca Miguel Cerulário, em Santa Sofia (1054), para que a questão do "Filioque" aparecesse aos olhos da ortodoxia como produto da heresia romana. A posição ortodoxa baseia sua argumentação em que nenhuma Igreja tem o direito de acrescentar, por sua conta e risco, nada ao credo que pertence à Igreja uni-

Florença

versal. Algumas Igrejas condenaram como heréticas as Igrejas que incluíram em sua liturgia a recitação do credo com o acréscimo do "Filioque". Essa questão tão espinhosa no passado foi esclarecida graças ao diálogo doutrinal entre ortodoxos e católicos nos últimos decênios.

Florovsky, Georges

Georges Florovsky (Odessa, 1893-†1979). Sacerdote ortodoxo, grande teólogo, professor em San Sergio (Paris) e San Vladimiro (Nova York), e porta-voz durante muitos anos da fé ortodoxa em meios ocidentais. Foi muito crítico com os excessos do racionalismo ocidental, contra a exclusividade protestante e o legalismo romano. Graduou-se em filosofia na Criméia, e depois da revolução russa emigrou para a Bulgária. Ensinou filosofia do direito em Praga (1921-1926) e mais tarde é nomeado professor de patrologia no Instituto San Sergio de Paris. São anos em que entra em contato com ecumenistas católicos e protestantes, oferecendo ele a riqueza da tradição ortodoxa e apontando a necessidade do estudo da tradição. A partir de 1948, abandona a Europa e passa a ser professor de teologia no seminário de San Vladimiro em Nova York. Ensina também em várias universidades americanas: Colúmbia, Boston, Harvard e Princeton. Florovsky foi muito crítico com certa tradição ortodoxa, originada em Vladimir Soloviev, e continuada por Sergei Bulgakov e Nicolás Berdiaev, que procurava certa associação do cristianismo, o platonismo e elementos agnósticos, cujo resultado era mais uma versão russa do idealismo alemão que um pensamento genuinamente ortodoxo. Sua síntese procura conjugar os melhores elementos da cultura e da filosofia grega com a herança dos Padres da Igreja. Esteve presente na Assembléia de Amsterdã (1948), em várias sessões do Concílio Vaticano II como observador, e trabalhou durante anos na comissão de "Fé e Constituição". Entre suas obras destacam-se: *A Bíblia, a Igreja e a tradição: um ponto de vista ortodoxo*; *O Cristianismo e a cultura*; *A criação e a redenção*; *Os caminhos da teologia russa*.

Formação ecumênica

Cada vez fica mais claro que sem a formação ecumênica dos clérigos e dos leigos de todas as Igrejas o movimento ecumênico caminha por estradas perigosas que poderão convertê-lo numa especialização somente de peritos. Por isso as Igrejas comprometidas seriamente estão dando passos nesse sentido. O Conselho Ecumênico das Igrejas tem avisado repetidamente suas Igrejas-membros sobre a necessidade dessa formação, e o Concílio Vaticano II afirmou taxativamente: "O empenho pelo restabelecimento da união abrange a Igreja toda, tanto aos fiéis como aos pastores, a cada um conforme sua capacidade, tanto na vida cristã, como nas investigações teológicas e históricas..." (UR 5), e pouco mais adiante acrescenta: "Convém conhecer a disposição de ânimo dos irmãos separados. Para isso precisa-se do estudo que se deve realizar com alma benévola guiada pela verdade. É preciso que os católicos, devidamente preparados, adquiram melhor conhecimento da doutrina e da história da vida espiritual e cultural, da psicologia religiosa e da cultura peculiares dos irmãos..." (UR 9). Nos últimos anos, a necessidade de uma formação ecumênica viu-se incrementada diante do estancamento real das relações ecumênicas, apesar dos grandes tratados favorecedores do trabalho pela unidade cristã. Merecem ser destacados dois documentos que tratam diretamente o tema. O primeiro deve-se à Comissão conjunta de trabalho entre a Igreja católica romana e o Conselho Ecumênico das Igrejas. Intitula-se *Formação ecumênica. Reflexões e sugestões.* É um documento de estudo decidido pela comissão conjunta em 1985 e publicado em espanhol em 1993. Consta de três partes: 1) *O imperativo ecumênico.* 2) *Formação ecumênica: o que significa?* A formação implica um processo que se define como de exploração de aprendizagem, dirigido a todos como expressão da espiritualidade ecumênica. 3) *Formação ecumênica: como levá-la a efeito?* Nessa terceira parte expõem-se alguns elementos que tornariam viável a formação: uma pedagogia assentada na idéia de comunhão, de saída ao encontro do outro, o compromisso de aprender em comunidade, a abertura a outras religiões, e o melhor uso dos meios de comunicação.

O outro grande texto sobre a formação ecumênica acha-se no *Diretório para a aplicação dos princípios e normas sobre o ecumenismo*, elaborado pelo Pontifício conselho para a promoção da unidade dos cristãos e publicado em março de 1993. O capítulo III é dedicado *À formação para o ecumenismo na Igreja católica.* Depois de uma pequena introdução na qual fala da necessidade e finalidade da formação ecumênica e sua adaptação às situações concretas (n. 55-57), são expostas quatro partes que tratam respectivamente da "formação de todos os fiéis" (n. 58-59); da "formação dos que trabalham no ministério pastoral" (n. 70-86); da "formação especializada" (n. 87-90); e da necessária "formação permanente" (n. 91) em questões ecumênicas. É de interesse especial todo o texto apresentado nos números de 72 a 82 que relaciona a formação doutrinal em seminários, faculdades de teologias e universidades católicas: "As conferências episcopais cuidarão que os planos de estudos dêem a dimensão ecumênica em cada matéria e prevejam um estudo específico do ecumenismo..." (n. 72). Ali fala-se da dimensão ecumênica das disciplinas teológicas em geral e em particular e do curso especial de ecumenismo. Todo um tratado que, se levado à prática nas Igrejas locais da Igreja católica, mudaria substancialmente o clima ecumênico.

Fries, Heinrich

Henrich Fries (Manhein, 1911 -). Teólogo católico alemão, autoridade em questões ecumênicas. Estudou no seminário de Wilhelmstife e na universidade de Tubinga com Karl Adam. Ordenado sacerdote em 1936, e depois de um breve período nos trabalhos pastorais em Stuttgart, voltou para a universidade de Tubinga onde começou a trabalhar em sua tese de doutorado sobre a filosofia da religião de Newman com o professor J. R. Geiselmann. Em 1946 é nomeado professor de teologia fundamental e filosofia. Em 1958 passa para a universidade de Munique, onde preside uma cátedra de teologia ecumênica até sua aposentadoria. Havia seguido com muita atenção o trabalho conciliar e quando terminou o Vaticano II, faz parte dos secretariados romanos para a unidade e para os não-crentes. Junto com Karl Rahner e J. B. Metz, trabalha intensamente no Sínodo dos bispos da República Federal Alemã (1971-1975) para a aplicação do concílio na Igreja católica da Alemanha. Seus dois grandes mestres foram J. H. Newman, pelo qual tinha verdadeira veneração e cujo pensamento o ajudou a difundir pela Alemanha, e Karl Rahner, mestre e companheiro. Seus centros de interesses teológicos foram: a filosofia da religião, o tratado da fé, a eclesiologia e as questões ecumênicas. Sua vasta cultura teológica abrange em profundidade homens como Santo Agostinho, Santo Tomás de Aquino, e Lutero até Newman, Döllinger, Romano Guardini, K. Adam, A. Bea, ou Karl Rahner. Sua produção literária, resultado de uma vida integrada ao estudo, é imensa. Cabe destacar de suas obras traduzidas para o espanhol: *Teologia fun-*

damental (1987); *A União das Igrejas: Uma probabilidade real* (1987), em colaboração com K. Rahner, e *Ainda é possível a esperança* (1995).

Fundamentalismo

É o fenômeno sempre presente que ameaça aqueles que desejam a todo custo interpretar literalmente a Bíblia. Embora popularmente se atribua à religião muçulmana, o fundamentalismo está presente também no cristianismo e judaísmo. Dum ponto de vista cristão tem sido definido como a interpretação do cristianismo na qual um líder de tipo carismático ensina com absoluta certeza, através de suas palavras, doutrinas e práticas, as ações milagrosas de um Deus severo e justo que salva somente os eleitos do meio de um mundo perverso. Na realidade, o termo procede de um grupo de escritores protestantes que editam nos Estados Unidos, durante os quinze primeiros anos do século XX, uma série de textos sob o título geral de *The Fundamentals*, como resposta à crítica bíblica que os teólogos liberais executam. É a posição mais conservadora do protestantismo norte-americano. Algumas caraterísticas do fundamentalismo protestante de hoje coincidem perfeitamente com aquelas que anunciam nos princípios do século a salvação de tipo individualista, literalismo bíblico, repulsa do recurso à exegese crítica, concepção da Bíblia como recurso e resposta a todos os problemas, visão marcadamente pessimista do homem e do mundo.

Talvez a expressão mais evidente do fundamentalismo moderno dentro da área cristã seja a representada pelos telespectadores dos Estados Unidos e por esse fenômeno chamado "Igreja eletrônica". A Pontifícia Comissão Bíblica publicou um documento importante intitulado *A interpretação da Bíblia na Igreja*. Numa passagem diz assim: "Embora o fundamentalismo tenha razão em insistir sobre a inspiração divina da Bíblia, a inerrância da palavra de Deus, e as outras verdades bíblicas incluídas nos cinco pontos fundamentais, seu modo em apresentar essas verdades fundamenta-se numa ideologia que não é bíblica, apesar de tudo quanto dizem seus representantes.

Ela exige uma adesão incondicional às atitudes doutrinais rígidas e impõe, como fonte única do ensino sobre a vida cristã e a salvação, uma leitura da Bíblia que recusa qualquer questionamento e toda investigação crítica. O problema principal dessa leitura fundamentalista é que, rejeitando levar em conta o caráter histórico da revelação bíblica, torna-se incapaz de aceitar plenamente a verdade da própria encarnação. O fundamentalismo exclui a união estreita do divino e do humano nas relações com Deus. Rejeita admitir que a palavra de Deus inspirada se tenha expressado em linguagem humana e que tenha sido escrita, sob a inspiração divina, por autores humanos, cujas capacidades e possibilidades eram limitadas. Por isso procura tratar o texto bíblico como se fosse ditado palavra por palavra pelo Espírito, e não chega a reconhecer que a palavra de Deus foi formulada numa linguagem e numa fraseologia condicionadas conforme a época. Não concede nenhuma atenção às formas literárias e aos modos humanos de repensar, presentes nos textos bíblicos...". O fundamentalismo é hoje um dos grandes obstáculos para o entendimento ecumênico entre as Igrejas cristãs.

García Hernando, Julián

Julián García Hernando (Campaspero, Valladolid, 16.3.1920 -). Sacerdote da Fraternidade dos Sacerdotes Operários Diocesanos e um dos mais eficientes ecumenistas espanhóis. Estudou no seminário de Segóvia (1929-1943) e foi ordenado sacerdote no dia 20 de março de 1943. Desde muito jovem entregou-se ao trabalho unionista. Em 1950 é reitor do seminário de Segóvia, onde exerce um trabalho pedagógico e pastoral muito rico. Fundador do Instituto Missionárias da Unidade

(Segóvia, 1962), é transferido para Madri em 1966 para ser diretor do Secretariado Nacional do Ecumenismo, recentemente fundado pela Conferência Episcopal Espanhola. Alma dos congressos anuais interconfessionais e internacionais de religiosas, foi diretor do Centro Ecumênico "Missionárias da Unidade", de Madri, e fundador e diretor da revista "Pastoral ecumênica". Exerce o ensino do ecumenismo na Faculdade de teologia do norte da Espanha e no seminário de Toledo. Desde 1966 — exceto durante o decênio de 1975-1985 — é diretor do Secretariado da comissão episcopal de relações interconfessionais e organizador das Jornadas nacionais do ecumenismo. Assistiu às Assembléias gerais do Conselho Ecumênico das Igrejas de Upsala, Nairobi, Vancouver e Camberra. Conferencista sobre temas ecumênicos por todo o território espanhol, escreveu numerosos artigos e vários livros importantes: *Concílio da juventude de Taizé* (1971); *Os matrimônios mistos na Espanha* (1975); *A unidade é a meta, a oração, o caminho* (1996); e é editor de *Pluralismo religioso na Espanha* (2 vls. em 1992-1993).

Glossolalia

Termo que vem do grego bíblico para designar um fenômeno extático referente ao falar línguas estranhas, desenvolvido nas primitivas comunidades cristãs de tipo carismático. São Paulo escreve profusamente sobre esse falar misterioso em sua 1ª Carta aos coríntios (12,10.28-30; 13,1; 14,2s.), embora também nos Atos descreva-se o fenômeno da glossolalia. A glossolalia é hoje um sinal de grande importância nas comunidades pentecostais de origem protestante, e no conjunto do movimento carismático em geral.

Graz
(Assembléia ecumênica européia)

Segunda assembléia ecumênica européia celebrada na cidade austríaca de Graz de 23 a 29 de junho de 1997. Organizada conjuntamente pela KEK (Conferência de Igrejas Européias) e a CCEE (Conselho de conferências episcopais européias) em torno do tema *Reconciliação, dom de Deus e fonte de nova vida*, congregou 700 delegados oficiais das diferentes Igrejas e mais de 10.000 participantes. As profundas e inesperadas mudanças acontecidas na Europa desde a celebração da anterior assembléia, que acarretou novos problemas e tensões, motivaram a convocação dessa segunda assembléia, que se apresentou como continuação da primeira celebrada em Basiléia em maio de 1989. Reunida sob o tema da reconciliação, a assembléia procurou ser um esforço conjunto das Igrejas cristãs com o fim de promover a reconciliação em diferentes níveis — reconciliação com Deus, reconciliação entre os homens e reconciliação com a criação.

O programa de trabalho dos delegados girou em torno de seis subtemas escolhidos, correspondentes a seis âmbitos nos quais se apresentava a necessidade de reconciliação: a unidade visível entre as Igrejas; o diálogo entre religiões e culturas; o compromisso contra a exclusão e a favor da justiça; a reconciliação entre os povos e a promoção de métodos não-violentos na resolução dos conflitos; as relações de equilíbrio entre Europa e outras regiões do mundo; e a responsabilidade ecológica.

A isso tudo acrescentaram um programa especial sobre mulheres e dois fóruns paralelos sobre cristianismo e judaísmo e sobre novos movimentos religiosos, além de um fórum de iniciativas em torno da reconciliação com numerosos seminários e propostas práticas. Fruto do encontro foi a publicação de um documento final estruturado em duas partes (um documento base e algumas propostas para a ação) e uma mensagem final. Neles realizam-se propostas de reconciliação social e econômica para a Europa, ficando menos abordada a reconciliação entre as próprias Igrejas. Uma das conquistas principais da assembléia foi o fortalecimento de um *ecumenismo popular*, manifestado no elevado número de participantes, que se apresenta como um novo caminho do avanço ecumênico num momento de estancamento do ecumenismo em nível institucional, aspecto que também foi possível apreciar na mesma assembléia nas tensões surgidas com as Igrejas ortodoxas (CMB).

Grupo de trabalho conjunto ("Joint Working Group")

É o organismo oficial — de tipo consultivo — da Igreja católica e do Conselho Ecumênico das Igrejas, cujo objetivo é a estreita colaboração e avaliação entre os programas de ambas as entidades. Embora exista uma evidente disparidade entre as estruturas das duas — o Conselho ecumênico é uma família de Igrejas não submetidas às resoluções do próprio organismo ecumênico, enquanto que a Igreja católica é uma só Igreja, cujas doutrinas e forma de governo pertencem à sua própria identidade —, contudo o trabalho levado a termo desde sua fundação (1965), por parte das autoridades de ambos os organismos, provou-se de maneira satisfatória que essa colaboração é sumamente rica com o fim de conseguir a unidade cristã. Entre os trabalhos realizados até hoje pelo Grupo de trabalho conjunto merecem ser citados os seguintes: o fato de que teólogos da Igreja católica sejam membros com pleno direito na comissão "Fé e Constituição"; a formação do programa SODEPAX, organismo conjunto que trabalhou desde 1968 a 1980 em assuntos sobre problemas sociais, do desenvolvimento e da paz; a preparação anual de materiais para a Semana de oração pela unidade etc. Mas a valiosa contribuição de tipo teológico que esse Grupo de trabalho conjunto levou adiante concretizou-se nestes estudos: *Catolicidade e apostolicidade* (1968); *Testemunho comum e proselitismo* (1970); *Testemunho comum* (1980); *A hierarquia da verdade* (1990); e *A Igreja local e universal* (1990). Entre os interesses comuns que hoje definem esse grupo acham-se aqueles relacionados com os de tipos de diálogos que mantêm as Igrejas (bilaterais e multilaterais), o lugar das mulheres na Igreja e na sociedade, os matrimônios mistos, os problemas éticos como novos agentes de divisão cristã, os direitos humanos e a liberdade religiosa. Uma questão sempre latente no meio do Grupo de trabalho conjunto — embora também em outros fóruns ecumênicos — é a possibilidade e conveniência do ingresso da Igreja católica como membro do Conselho Ecumênico das Igrejas.

Questão pendente ainda, depois da resposta oficial que o Pe. Roberto Tucci deu, em Upsala, durante a IV assembléia do Conselho Ecumênico das Igrejas (1968).

Gutiérrez, Gustavo

Gustavo Gutiérrez (Lima, 8.6.1928 -), teólogo peruano conhecido como o "pai da teologia da libertação". Em sua cidade natal cursou alguns anos de medicina; em 1951 estudou filosofia e psicologia em Lovaina, e em 1955 vai a Lyon onde recebe sua licenciatura em teologia. Em 1975 funda o "Centro Bartolomé de las Casas". Anos mais tarde, quando já é conhecido teólogo, obtém o doutorado em teologia pela faculdade de Lyon. Gustavo Gutiérrez foi quem empregou pela primeira vez o termo "teologia da libertação", consagrado em sua obra *Teologia da libertação. Perspectivas* (1971), obra pioneira, traduzida para muitas línguas e expressão de uma nova maneira de fazer teologia a partir da realidade dos pobres, na qual a práxis da libertação é o horizonte de onde se deve pensar a fé cristã. Talvez a questão fundamental de sua teologia refere-se à relação que há entre salvação de Deus e processo histórico da libertação. G. Gutiérrez introduziu na área teológica o componente das ciências sociais, a crítica da realidade e a opção pelos pobres e com os pobres. Com um sentimento muito eclesial de seu trabalho teológico respondeu aos juízos emitidos nas duas *Instruções* sobre a teologia da libertação emanadas da Congregação para a doutrina da fé (1984 e 1986) com estimulante autocrítica e procurando perfilar melhor sua própria teologia. Tem sido muito criticado pelos conservadores políticos e religiosos latino-americanos, mas obteve notável reconhecimento em amplos setores eclesiais e no mundo comprometido pela justiça e paz. Recebeu o título de doutor "honoris causa" pela Universidade de Nimega. Além de sua *Teologia da libertação* (1971), merecem destaque: *Teologia desde o reverso da história* (1977); *O Deus da vida* (1982); *Beber em seu próprio poço* (1984); *Falar de Deus a partir do sofrimento do inocente* (1986). Atualmente trabalha numa paróquia pobre dos arrabaldes de Lima, trabalho que conjuga com suas aulas na universidade católica de Lima. É também membro do comitê diretivo da revista "Concilium".

Halifax, Lord

Charles Kindley Wood (1839 - 19.1.1934), visconde de Halifax, conhecido mais popularmente como Lord Halifax, é uma das figuras mais interessantes, do ponto de vista ecumênico, da Inglaterra vitoriana e do primeiro quarto do século europeu. Filho dum ministro da rainha Vitória, foi discípulo do velho Pusey, um dos pioneiros do Movimento de Oxford, e um irmão seu fora íntimo amigo de Newman. Suas amizades tinham grande ressonância na política britânica: muito jovem, foi apresentado ao duque de Wellington, foi amigo de Gladstone, mas fundamentalmente uniu-se numa grande amizade com Eduardo VII, inclusive por desejo expresso da rainha Vitória. Aí por 1870, depois de uma experiência com a Cruz Vermelha para ajudar os feridos franceses de guerra, muda de rumo, deixa de lado a vida palaciana e começa a se preocupar com a política eclesiástica. Acredita profundamente que a unidade cristã européia poderá fazer pela paz aquilo que não podem os homens fazer com a política. Desde esse momento dirigirá o movimento "English Church Union". Entregue à oração e ao conhecimento da vida de sua Igreja da Inglaterra, apresentam-se-lhe — duas ocasiões em sua vida ligadas com dois homens da Igreja católica romana: o Padre Portal, um lazarista francês; e o cardeal Mercier, arcebispo de Malinas. Com efeito, em outubro-dezembro de 1889 encontra-se com o Padre Portal na Ilha da Madeira, lugar para onde se dirige com sua esposa e com seu filho enfermo buscando melhor clima. Nasce entre ambos uma profunda amizade que eles desenvolverão em vista da unidade de suas respectivas Igrejas. Lord Halifax, um puro anglo-católico, faz o Padre Portal tomar conhecimento de três grandes idéias sobre as quais se baseará todo seu projeto de trabalho unionista: 1) A Igreja da Inglaterra não é uma Igreja protestante, é uma Igreja separada da Igreja católica com a qual compartilha todas as raízes e com a qual deve voltar a se reunir. 2) A reunião deve ser *reunião corporativa*, não pode tratar-se de conversões individuais. 3) O método apropriado para a reunião corporativa seria encontrar uma personalidade com força moral, dentro de toda a cristandade, que conseguisse formar equipes de diálogo das Igrejas para chegar a concluir com a reunião dos diferentes corpos. No pensamento de Halifax estava, sem dúvida, a figura de um papa de Roma que pudesse despertar o interesse por esse projeto. A questão da validade ou invalidade das ordenações anglicanas seria a prova de fogo. Depois da carta *Apostolicae curae* (13 de setembro de 1898) de Leão XIII, tudo pareceu cair por terra. Lord Halifax e o Padre Portal continuarão seu trabalho silencioso e, depois da guerra de 1914, retomam o projeto de celebrar alguns diálogos semi-oficiais entre católicos e anglicanos. O encontro com o cardeal Mercier, em outubro de 1921, é providencial. Logo começaram as Conversações de Malinas (1922-1926), um dos momentos verdadeiramente pioneiros de encontro cordial entre Cantuária e Roma desde a separação de ambas as Igrejas. As Conversações de Malinas não ofereceram os resultados desejados. Lord Halifax morreu em janeiro de 1934, sem ver os frutos. Não era o tempo apropriado. Fora a obra de três insignes ecumenistas: o Padre Portal, o cardeal Mercier e Lord Halifax.

Heresia

Termo empregado na história da Igreja e em teologia para designar a recusa a uma verdade revelada e definida nos concílios ecumênicos da Igreja. A raiz dessa palavra vem do grego *haireseis*, que significa opção, preferência. Originariamente não teve o sentido pejorativo que adquiriu ao longo da história dos dogmas; referia-se à preferência por um caminho doutrinal determinado, deixando à margem outros possíveis. Em o Novo Testamento aparece várias vezes com sentidos algo semelhantes. Em ocasiões para designar grupos ou seitas (At 5,17; 15,5); outras para considerá-la como fruto do pecado (Gl 5,20); também como o erro que conduz à perversão da fé (2Pd 2,1). A elaboração doutrinal da fé cristã, as opiniões contrárias e a defesa daquela por parte dos escritores eclesiásticos — sobretudo os Padres da Igreja — ajudaram a precisar a idéia da heresia que se tornou clássica. Assim a *heresia* se distinguirá como uma rejeição aberta ou interpretação errônea de algumas verdades da doutrina em relação direta com o fundamento da fé, que é cristológica e trinitária. A heresia supõe a excomunhão. Isso a distinguirá do *cisma*, conceito que implica a separação ou ruptura de comunhão de um grupo determinado com a Igreja por motivos disciplinares, rituais ou de organização, não estritamente doutrinais. Ambos os conceitos — heresia e cisma — diferenciam-se da *apostasia*, porque esta supõe a saída da Igreja e o abandono não somente da fé cristã, mas de qualquer sinal do nome de Cristo. O problema da heresia, em sua acepção clássica, supõe hoje para o movimento ecumênico uma série de problemas de difícil solução. Já na antigüidade, a questão da volta dos hereges e sua recepção na Igreja não teve respostas unânimes. Deveriam ser rebatizados? Se eram clérigos ordenados, seria válida sua ordenação ou deviam efetuar-se novas ordenações? Mas em alguns lugares da ortodoxia oriental realizam-se batismos para qualquer cristão que deseja ingressar em determinada Igreja autocéfala. Inclusive em certos ambientes eclesiais do Ocidente, e depois das excomunhões que Roma lançou contra Lutero e à Igreja da Inglaterra, a questão — além dos honrosos títulos de "irmãos separados" e "irmãos em Cristo" — sobre o significado e sentido daquelas excomunhões torna-se urgente. Foram julgados *cismas* ou eram antes *heresias* no sentido estrito? É evidente que partindo dos meios ecumênicos o clássico e tradicional sentido de heresia não cabe ser aplicado à reforma protestante ou anglicana do século XVI.

Hermenêutica

A hermenêutica (*interpretação*) dá por suposto que um texto literário pode-se interpretar porque tem um sentido profundo que deve vir à luz. A função hermenêutica consiste na atualização do sentido de um texto. Se a exegese bíblica afirma que a verdade do cristianismo está contida no texto bíblico, a hermenêutica bíblica dirá que não é possível a recuperação da verdade bíblica sem uma interpretação viva e condicionada pela situação presente. A hermenêutica trouxe à luz do julgamento certas pretensões que se supunham, sem mais, acomodadas. Em primeiro lugar, é uma reação contra a concepção positivista da história que parece chegar — através de métodos histórico-críticos — ao conhecimento exato do passado. A hermenêutica, contudo, e respeitando a alteridade histórica do texto, apresenta um conhecimento interpretativo que é inseparável da autocompreensão do próprio sujeito. É além disso uma reação contra a teologia fundamentalista que pretende alcançar diretamente a palavra de Deus na escuta literal das palavras das Escrituras Sagradas. Logicamente rejeita qualquer tipo de teologia que admita o divórcio entre a fé cristã e a autoridade da razão. O problema surge precisamente porque a Bíblia é a palavra de Deus e a palavra dos homens. Por isso o intérprete recorre às ciências que o ajudem a situar melhor o texto bíblico em sua historicidade, isto é, em sua contextualidade, mas o texto bíblico por "revelar" também a palavra de Deus deve-se ler (e interpretar também) dentro de uma harmonia eclesial que o faz ser fiel a mais viva tradição da Igreja. São normais as tensões entre o magistério eclesiástico e os exegetas, pois o terreno próprio de cada um acentua um dos dois pólos da questão hermenêutica bíblica. É óbvia a importância da hermenêutica nas questões estritamente ecumênicas.

Hierarquia de verdades

Princípio hermenêutico que se refere ao critério da ordenação dos conteúdos da fé por sua maior ou menor conexão com o fundamento do mistério cristão. Acha-se enunciado no decreto *Unitatis redintegratio* do Vaticano II (UR 11). É dirigido aos teólogos católicos e deve ser levado em conta no confronto de doutrinas, que ocorre no diálogo ecumênico. Esse princípio parte da distinção entre alguns centros nucleares da revelação — o dogma trinitário e cristológico — e as demais verdades conectadas com aquele núcleo, pois embora todas as declarações de fé sejam verdadeiras, sua importância difere de acordo com sua maior ou menor aproximação desse fundamento. Assim, por ser diferente a relação de cada uma delas com o fundamento, é distinta também sua importância dentro da fé cristã. Essa distinção outorga uma chave no diálogo ecumênico com a incumbência de assinalar aquelas verdades de fé, sobre as quais convém fazer uma maior insistência, e distingui-las daquelas outras que devem passar para um segundo plano ou não devem ser exigidas para outras confissões cristãs (sem que com isso suponha negá-las para a própria confissão).

A esse respeito, questiona-se em que medida pode-se exigir para outras Igrejas ou confissões cristãs tudo o que se exige para a própria, e se é necessário que todos os desenvolvimentos da revelação sejam afirmados por todas as Igrejas cristãs da mesma maneira. O texto conciliar diz assim: "Em caso algum deve ser obstáculo para o diálogo com os irmãos o sistema de exposição da fé católica. É totalmente necessário que se exponha com clareza toda a doutrina. Nada é tão alheio ao ecumenismo como o falso irenismo, que pretendesse desvirtuar a pureza da doutrina católica e obscurecer seu genuíno e verdadeiro sentido. A fé católica deve ser exposta ao mesmo tempo com mais profundidade e com mais retidão, para que tanto pela forma como pela palavra possa ser cabalmente compreendida também pelos irmãos separados.

Finalmente, no diálogo ecumênico os teólogos católicos bem imbuídos da doutrina da Igreja, ao tratar com os irmãos separados de investigar os divinos mistérios, devem proceder com amor à verdade, com caridade e com humildade. Ao confrontar as doutrinas, não esqueçam que há uma ordem ou *hierarquia* das verdades na doutrina católica, por ser diversa sua conexão com o fundamento da fé cristã. Dessa forma se preparará o caminho por onde todos se estimulem a prosseguir com essa fraterna emulação para um conhecimento mais profundo e uma exposição mais clara das incalculáveis riquezas de Cristo (Ef 3,8)" (UR 11). O grupo misto de trabalho da Igreja católica e o Conselho Ecumênico das Igrejas elaboraram um interessante documento intitulado *A noção de hierarquia de verdades. Interpretação ecumênica* (1990), cujo desenvolvimento implica estes capítulos: a declaração conciliar e seu conteúdo; a "hierarquia de verdades" na história cristã; a interpretação do texto conciliar e as implicações ecumênicas e teológicas da noção. Sendo a hierarquia das verdades algo que, de uma ou outra maneira, é observado por todas as Igrejas na hora de contemplar as verdades da fé cristã, esse conceito pode, conforme se afirma no documento, "ajudar a tornar mais profunda a compreensão recíproca e a subministrar um critério que contribua para distinguir entre as diferenças na compreensão das verdades da fé, que são pontos de conflitos e de outras diferenças que não deveriam se dar". Igualmente, esse comum reconhecimento do fundamento deve levar os cristãos separados a uma consideração mais positiva e construtiva de suas diferenças na forma de ordenar as verdades. A "hierarquia das verdades" ajuda igualmente a distinguir entre aquelas diferenças, que correspondem a uma legítima diversidade de exposição da fé comum, e aquelas diferenças categóricas que os cristãos devem superar antes de poder manifestar uma comunhão plena numa vida ordenada e sacramental comum" (CMB).

História da salvação

Categoria teológica derivada da convicção cristã de que Deus atua na história da humanidade. Mas o próprio atuar de Deus na história tem sua própria história, que na tradição judeu-cristã se estende desde a escolha do povo de Israel e o acontecimento salvífico de Jesus, o Cristo, na plenitude dos tempos, até à segunda e definitiva vinda do Senhor que, enquanto não chega, tem lugar o tempo da Igreja. A visão cristã da História da salvação realiza-se mediante a fé num Deus providente que se aproximou de sua criação e que dá sentido à história dos homens, redimindo-a, conduzindo-a, mas sem anular a liberdade dos povos, das culturas e dos indivíduos. Na História da salvação, a fé exerce um papel hermenêutico dos fatos e acontecimentos que, partindo de outras ideologias não-transcendentes (fechadas), carecem de sentido. Por isso a fé cristã é instrumento interpretativo dos acontecimentos, do tempo e das contradições da própria história. Sabe, na obscuridade que carrega consigo, que a história está aberta e caminha para a salvação de todas as coisas em Cristo, pois pensa a história numa direção linear e não circular. A categoria da História da salvação inclui em si mesma a noção cristã do tempo, cuja reflexão é devedora em grande parte ao teólogo Oscar Cullmann, e que entrou na agenda ecumênica graças aos teólogos luteranos depois da celebração do Concílio Vaticano II. Fruto dessa reflexão e para o aprofundamento nessa categoria teológica criou-se o Instituto ecumênico de Tantur (Jerusalém). Importa recordar que a História da salvação não somente é uma categoria teórica para "entender" a história, é também uma chave hermenêutica para "mudar" a história. Desde o momento que Deus salva na história seus filhos dentro da Igreja, são chamados não só para interpretá-la, mas para atuar nela e mudá-la com a finalidade do aparecimento do reino de Deus na terra.

Histórico (Método)

É o método da interpretação bíblica que procura reconstruir a história das camadas mais primitivas e dos textos em suas primeiras redações e que posteriormente constituem os livros do Antigo e Novo Testamentos. Para isso serve-se das formas literárias do ambiente cultural, dos achados arqueológicos etc., com o fim de reconstruir esse processo pelo qual se chegou a fixar o texto definitivo. Embora esse método nasça da intuição renascentista da "volta às origens" e do estudo das línguas originais, propriamente falando, suas origens remontam-se à Ilustração e ao historicismo germânico do século XIX. Nomes como os de H. S. Reimarus, F. C. Baur, H. E. G. Paulus, D. F. Straus, B. Bauer, E. Renan etc. estão nas origens e primeiros desenvolvimentos da aplicação da crítica literária e histórica, empregada na filosofia clássica aos textos bíblicos e em especial na investigação sobre a vida de Jesus. O uso do método histórico não é questionado hoje por nenhum exegeta moderno nem por nenhuma Igreja, exceto pelas formas fundamentalistas de ler a Bíblia; contudo admite-se comumente que os primeiros usos desse método estiveram impregnados de um racionalismo antidogmático próprio de alguns ambientes historicistas alemães do século XIX. Um uso muito diferente, embora nem sempre bem interpretado por seus detratores, tem sido o realizado por homens da altura intelectual de Martín Dibelius ou Rudolf Bultmann no intento de desmitologização. A Pontifícia Comissão Bíblica em seu documento *A Interpretação da Bíblia na Igreja* diz assim: "O método histórico-crítico é o método indispensável para o estudo científico do sentido dos textos antigos. Uma vez que a Sagrada Escritura, enquanto 'palavra de Deus em linguagem humana', tem sido composta por autores humanos em todas as suas partes e todas as suas fontes, sua justa compreensão, não somente admite como legítima, mas requer a utilização desse método".

O movimento ecumênico atual beneficiou-se das investigações bíblicas que empregaram o método histórico, usado indistintamente por exegetas católicos, protestantes, anglicanos, e em muito menor medida pelos ortodoxos. A leitura bíblica que hoje se faz nos meios ecumênicos não nega, contudo, os modos de interpretar a Bíblia que se acham em melhor tradição cristã e que impregnaram uma multissecular literatura na qual se conjugam liturgias, escritores, santos, documentos do magistério etc. O intento dos Padres da Igreja de harmonizar textos bíblicos; os ensinos medievais dos vários sentidos da Escritura, entre eles o alegórico; a ênfase que os reformadores puseram no sentido literal (não-fundamentalista) das Escrituras, em caso algum deveriam opor-se ao método histórico-crítico da atualidade, mas que seriam como os caminhos naturais de um processo que levou o cristão a uma leitura mais profunda da palavra de Deus, sendo consciente de que essa palavra é também palavra do homem.

Huguenote

Nome que designa os protestantes franceses, objeto de hostilidades e perseguições durante boa parte do século XVII, principalmente por parte do rei Luís XIV. A vida e a ação desses protestantes dependeu do famoso *Edito de Nantes*, publicado pelo rei Henrique IV em maio de 1598. O *Edito de Nantes*, embora afirmasse a confessionalidade católica do reino, devendo-se guardar em todos os lugares as festas católicas e exigindo-se o pagamento do dízimo etc., permitia que os súditos protestantes ocupassem a totalidade dos empregos, tivessem lugares de culto reconhecidos e 150 "lugares de refúgio", embora anos mais tarde essa última cláusula fosse anulada. Desde esse momento dependeriam da boa ou má vontade dos reis. Com a chegada de Luís XIV ao trono, os huguenotes receberam toda espécie de violências, desde a perseguição física até ao intento do inconfessável proselitismo com o objetivo de convertê-los ao catolicismo. Na realidade estavam marginalizados da vida pública francesa. A quase totalidade de seus templos foram destruídos entre 1680 e 1684. As contínuas perseguições provocaram conversões em massa. No ano seguinte, Luís XIV — no dia 17 de outubro de 1685 — revogou o *Edito de Nantes*. A intolerância religiosa havia chegado ao auge. Fala-se da marcha clandestina de mais de 250.000 protestantes, porque inclusive foram proibidos de emigrar legalmente para outros países. A maioria fugiu para a Prússia, para a Holanda e daí para o que seria a República Sul-Africana. Os huguenotes que haviam permanecido em território francês levaram adiante uma vida de recolhimento, praticando o culto em segredo e sofrendo às vezes as mais terríveis perseguições. Tudo se abrandaria um século depois, graças ao *Edito de tolerância de 1787*. A história dos huguenotes é a história do sofrimento por causa das próprias convicções religiosas, mas é também a triste história da intolerância religiosa por parte do Estado confessional.

Ícone

O ícone é uma específica forma de pintura sagrada sobre madeira conforme os cânones da tradição bizantina. Desde os primeiros tempos foi costume cristão apresentar Cristo em imagens de tipo simbólico como as do Bom Pastor, Cordeiro, Peixe etc. Mais tarde representam-se também imagens da *Theotokos*, dos mártires e santos, de personagens do Antigo e Novo Testamentos, que chegaram a ser objeto de veneração. Seu desenvolvimento apresentou problemas de tipo teológico tendo em conta que o divino, sendo inefável, invisível e desconhecido, não poderia de modo algum ser representado. Existia além disso a proibição do Antigo Testamento de representar imagens sagradas por temor a se cair na idolatria.

A controvérsia iconoclasta perdurou durante os séculos oitavo e nono. A resposta aos ataques iconoclastas afirmava que se o Verbo invisível se fez carne e se tornou visível, muito bem também podia ser visivelmente representado, e que a honra rendida às imagens são ao protótipo, isto é, para o Cristo, à sua mãe e a qualquer um dos santos representados no ícone, nunca ao próprio ícone. Toda uma teologia de *veneração* (ao ícone) e da *adoração* (ao Senhor) foram desenvolvidas naquelas controvérsias. Talvez o maior teólogo defensor dos ícones foi São João Damasceno. De-

Ícone

pois da controvérsia, e rejeitada a posição iconoclasta como heterodoxa (Concílio II de Nicéia, 787), surge um esplendoroso renascimento de ícones que tem seu auge nas escolas de Constantinopla, de Creta e de Veneza, e no mundo eslavo nas escolas de Kiev, Novgorod e Rostov, com um de seus melhores representantes: Andrés Rublev. Estética, teologia e espiritualidade cercam o mundo dos ícones. Chegou-se a falar do ícone como "janela para a eternidade", e da "teologia colorida". Do ponto de vista ecumênico, o tema iconográfico deveria ser visto como uma prova de que a fé cristã apóia-se numa real e verdadeira, não fictícia, *encarnação* do Verbo na realidade de nosso mundo com todas as suas conseqüências. A literatura sobre os ícones é imensa. As obras de Paul Evdokimov e V. Lossky são a melhor prova do equilíbrio e da riqueza espiritual que se encontram no ícone.

Igreja "confessante"

Movimento de cristãos, de tradição protestante, alemães opostos frontalmente às exigências do regime nazista e que se constituíram em grupo à parte, até 1933, mas sem romper com a comunhão da Igreja evangélica alemã. O propósito foi manter a integridade do evangelho pregado pelos reformadores do século XVI, ameaçada pelos esforços dos chamados "Cristãos alemães" ("Christian Deutschen"), do bispo Müller, e pela legislação eclesiástica que chegará a dizer que a "a Igreja evangélica do Reich é a verdadeira Igreja dos cristãos alemães, isto é, dos cristãos da raça ariana". E entre as diretrizes de 1932 afirma-se categoricamente: "Vemos na raça, o povo e a nação, algumas disposições da vida que Deus nos entregou e confiou. O cuidado de sua conservação é para nós lei de Deus. Por isso deve-se opor à mistura de raças... Mantém tua raça pura". Serão contudo as leis arianas, emanadas da Igreja da Prússia (4-5 de setembro de 1933), as que culminam num macabro processo de germanização das Igrejas. O famoso *parágrafo ariano* diz: "Quem não for de ascendência ariana, ou esteja casado com uma pessoa de ascendência não ariana, não pode ser chamado como clérigo e funcionário da administração geral eclesiástica. Clérigos e funcionários de ascendência ariana que contraiam matrimônio com uma pessoa de ascendência não ariana, serão afastados do cargo. Quem deve ser tido como pessoa de ascendência não ariana seja julgada segundo os regulamentos das leis do Reich... Clérigos ou funcionários que forem de ascendência não ariana ou que estejam casados com uma pessoa de ascendência não ariana devem ser aposentados".

Este é o pano de fundo que provocou a criação da "federação de emergência de pastores", um de cujos líderes foi Martín Niemöller, e do movimento da "Igreja confessante" ("Bekkenende Kirche") que celebrou vários sínodos, um dos quais de capital importância, o de Barmen (31 de maio de 1934), que adotou uma confissão de fé contida em seis teses. A primeira tese que dá o tom para todo o texto dizia assim: "Jesus Cristo, segundo o testemunho da Escritura, é a única palavra de Deus que devemos escutar e a qual, na vida e na morte, devemos confessar e obedecer. Condenamos a falsa doutrina segundo a qual a Igreja poderia e deveria reconhecer como fonte de sua pregação, fora e junto dessa única palavra de Deus, também outros acontecimentos e poderes, figuras e verdades, como revelação de Deus". O sínodo de Barmen iria significar uma forte revolução às posições do III Reich. A Igreja "confessante" foi um movimento que agrupou cristãos de diferentes tradições, por isso seu caráter ecumênico. A crítica de Karl Barth ao parágrafo ariano foi duríssima. Os nomes de Martín Niemöller e Dietrich Bonhoeffer estarão sempre juntos como bastiões contra a força destruidora do nazismo.

Igreja "eletrônica"

É a expressão que se usa nos Estados Unidos para designar esse fenômeno, cada vez com maior incidência na América Latina, que utiliza com todo poder os meios de comunicação social para levar o evangelho às multidões com uma carga ideológica muito determinada e com um componente de tipo econômico que desvirtua os conteúdos evangélicos. Suas equivalentes "corporações religiosas", "multinacionais da fé", "marketing da fé", e "transnacionais da fé", "religião eletrônica", fazem referências sempre a mais completa mercantilização do fato cristão, através dos *meios* que utilizam: a televisão, o rádio; das *características organizadoras e estruturais*: empresas que produzem e comercializam bens e serviços, vendem seus produtos (programas religiosos) ao mundo todo, sem pensar jamais em sua contextualização, e se esforçam por servir seus clientes e mercados ali onde se encontram; e da *mensagem organizada*: pregação emotiva levada a cabo pela "estrela" do programa, com profusão de milagres, curas divinas, fatos prodigiosos, testemunhos de sofrimentos superados pela fé dos espectadores. A maioria dos grandes telepregadores norte-americanos conta com abundante financiamento, tem à sua disposição grandes recursos tecnológicos, compartilha uma comum tendência ultraconservadora e são militantes de ideologia que tem muito que ver com o *Informe Rockefeller*, os documentos de Santa Fé (1980-1989), e com programas como a "Noiva direita", "Maioria Moral" e similares. Entre os pregadores mais famosos encontram-se: Oral Roberts, Jerry Falwell, Pat Roberston, Robert Schuller, Jim Baker, Jimmy Swaggart. São conhecidos os escândalos de todo tipo nos quais se viram envolvidos alguns desses telepregadores, que fizeram um mal imenso à credibilidade das Igrejas e da própria mensagem evangélica. A dimensão ecumênica foi sempre atacada pelos espantalhos desses telepregadores.

Igreja Espanhola Reformada Episcopal (IERE)

A "Igreja Espanhola Reformada Episcopal" define-se a si mesma "como um ramo da Igreja universal de Cristo que segue os ensinamentos das Sagradas Escrituras e quer ser fiel custódia e propagadora das mesmas Escrituras, rejeitando toda doutrina e prática que lhe são contrárias e sustentando a fé e a ordem dos primeiros séculos". A IERE deve ter sua origem da estrutura do anglicanismo e está integrada plenamente na comunhão anglicana. Suas origens históricas devem-se fixar em 1869, ponto de partida da chamada "segunda reforma espanhola". Nesse ano, pequenos grupos luteranos, metodistas, presbiterianos, congregacionalistas unem-se para formar a "Igreja cristã da Espanha". Aquelas comunidades locais, muito separadas geograficamente e com origens confessionais tão diversas, tiveram grandes dificuldades na hora de aglutinar regimes e organizações eclesiais tão díspares. Isso explica que a primeira "Igreja cristã da Espanha" se dividisse em dois ramos principais: "A Igreja evangélica espanhola", de tendência presbiteriana, e a "Igreja espanhola reformada episcopal", de estrutura episcopal e espírito anglicano. O homem que tornou possível a IERE foi João Batista Cabrera (1837-1916), nascido em Benisa (Alicante), médico, ordenado sacerdote em 1862 e que em Gibraltar entra em contato com o pensamento anglicano. Estudou teologia na Inglaterra e em 1869 é nomeado presidente da "Igreja cristã da Espanha". Problemas suscitados no interior da Igreja levam Cabrera a optar decididamente pela tradição episcopal em 1880. É nomeado bispo e recebe a sagração episcopal em 1894 pela imposição de bispos irlandeses.

A vida da IERE passou por momentos difíceis ocasionados pela intransigência de influentes grupos espanhóis por causa do protestantismo em geral, e pelo fato de ser uma Igreja em extremo minoritária e com poucos recursos pessoais e econômicos. Em 1950 foi eleito bispo Fernando Cabrera, filho do iniciador; Santos Martín Molina em 1956, seu sucessor, dera à IERE um grande impulso, manifestado principalmente na intercomunhão com numerosas Igrejas anglicanas e veterocatólicas. Os últimos três bispos: Ramón Taibo (1967), Arturo Sánchez (1979) e Carlos López Lozano (1996) conseguiram que essa Igreja minoritária participasse como nenhuma outra no movimento ecumênico da Espanha. A IERE não elaborou nenhuma teologia e nenhum pensamento próprio. Considera-se anglicana e seu pensamento é plenamente anglicano. Nas *22 bases e 39 cânones* de sua constituição; na *Liturgia*, trabalhada e publicada em 1881 pelo bispo Cabrera e retocada ainda por ele em 1889, com adições em 1954, e com ricos elementos de rito mosarábico; e no *Manual de doutrina e controvérsia* (1900) do mesmo bispo é onde aparece o genuinamente anglicano dessa Igreja episcopal. Admite, como todo cristianismo tradicional, a revelação de Deus em Jesus Cristo contida nas Sagradas Escrituras, aceita os credos antigos da Igreja indivisa, admite como estrutura hierárquica o tríplice ministério do bispo, do presbítero e do diácono, devidamente ordenados. O órgão legislativo máximo da Igreja é o sínodo, presidido sempre pelo bispo e ao qual assistem como representantes de cada paróquia um pastor e um leigo. A IERE, embora mencione somente dois sacramentos: o batismo e a santa ceia, possui outros ritos eclesiásticos, como a confirmação, a ordenação — reservada ao bispo —, o matrimônio, a unção dos enfermos. Os aspirantes ao presbiterado são formados em seminários de Madri. É membro associado do Conselho Ecumênico das Igrejas, e desde o dia 2 de novembro de 1980 está integrada plenamente na comunhão anglicana. Publica um boletim bimensal, "A Luz", de longa história, e seus pastores sempre têm trabalhado com grande entrega pela causa ecumênica. Conforme recentes estatísticas a IERE tem uns 1.000 membros.

Igreja Evangélica Espanhola (IEE)

A "Igreja Evangélica Espanhola" (IEE), "constituída na atualidade por uma fusão de presbiterianos e metodistas com alguns elementos luteranos e congregacionistas, é na Espanha a mais genuína representante da tradição reformada européia, tanto por sua doutrina — basicamente calvinista — como por sua estrutura orgânica". Na Espanha, ao contrário do que acontecera em quase todos os países europeus, os movimentos reformadores de tipo protestante do século XVI foram reprimidos, pelo que dificilmente se poderia falar de *uma continuação* do protestantismo moderno espanhol com respeito ao do século XVI. Em 1869, ano em que se aprova uma constituição que iria ser tolerante no sistema religioso, nasce essa "segunda reforma" promovida por homens bem posicionados: Francesc de Paula Ruet, Manuel Matamoros, José Alhama, Miguel Trigo, Juan Bautista Cabrera, Antonio Carrasco e Antonio Villaespinosa. Todos eles ex-católicos que tendo passado por diferentes experiências religiosas, haviam-se exilado. Seu regresso à Espanha, amparados pela nova constituição, e o envio imediato de ajuda e colaboração por parte das Igrejas presbiterianas, luteranas e metodistas, dariam como resultado a formação da "Igreja cristã da Espanha".

Não foi fácil que tão diversificadas tradições pudessem permanecer numa só denominação. Juan Bautista Cabrera optava em 1880 por uma estrutura anglicana. Houve aqueles que preferiram perseverar na tradição calvinista e davam nesse ano a sua comunidade o nome de "Igreja evangélica espanhola". A dispersão geográfica de suas congregações, pouco numerosas, forçou a organização em uniões regionais para melhor coordenar seus esforços. Depois da guerra civil, com toda a série de dificuldades imagináveis, a IEE foi reencontrando seu lugar dentro do heterogêneo, embora minoritário, protestantismo espanhol. O núcleo da IEE é a congregação local, nela se baseia sua estrutura presbiteriana. A Igreja local está regida por um *conselho de anciãos*, entre os quais destaca-se o pastor, como ministro da palavra e dos sacramentos, mas no qual *diáconos e membros leigos* têm seu peso nos assuntos eclesiásticos. As congregações locais não estão, contudo, isoladas. Com regular periodicidade (cada dois anos) reúnem em sínodo ou assembléia geral, que é a autoridade máxima da IEE. Ao Sínodo geral compareсem pastores e delegados leigos, escolhidos entre as diferentes congregações locais. Suas recomendações, aprovadas por maioria, são apresentadas às comunidades da Igreja para sua ajuda e melhoria, mas nunca têm caráter impositivo e vinculante. Na IEE coexistem diferentes tendências doutrinais de tipo teológico, dependendo das comunidades originais nas quais tiveram preeminência pastores severos calvinistas, luteranos ou metodistas. Contudo, pode-se afirmar que nela se aceitam todas as verdades cristãs confessadas nos credos e símbolos dos quatro primeiros séculos, através da leitura que deles fizeram os reformadores do século XVI.

Na IEE dá-se muita ênfase à pregação da palavra, dentro da celebração dominical da santa ceia ou comunhão, embora haja grande liberdade na hora de realizar liturgicamente a eucaristia. A confissão de fé da IEE diz expressamente: "Cremos e testificamos que no sacramento da santa ceia, celebrado conforme o mandamento do Senhor, com ambas as espécies de pão e de vinho e pronunciando as palavras da instituição, os crentes que dele participam gozam da comunhão com a pessoa de Cristo e sua obra redentora. Essa comunhão é de caráter espiritual, como espiritual é também a presença de Cristo ressuscitado entre os comungantes, e em virtude dessa comunhão, por obra do Espírito Santo, realiza-se na santa ceia também a comunhão com o Pai e a comunhão entre todos os participantes. Em nenhum momento da celebração do sacramento sofrem os elementos do pão e do vinho nenhuma alteração nem transformação, mas que continuam sendo pão e vinho e, não obstante isto, o crente nutre-se espiritualmente de Cristo e dos benefícios de sua morte. Na santa ceia, Cristo não é oferecido nem se oferece ao Pai, o que já aconteceu uma vez por todas, nem tampouco se faz nela sacrifício algum para remissão de pecados, seja de vivos ou de mortos. Não se pode celebrar o sacrifício da santa ceia senão em memória do sacrifício único e sem repetição de Cristo na cruz... A Igreja tem autoridade para excluir da santa ceia aqueles que se obstinam a arrepender-se ou manifestam-se abertamente indignos, evitando assim que caia sobre eles o juízo divino..." A IEE é Igreja-membro fundador do Conselho Ecumênico das Igrejas, embora nem sempre suas congregações locais destacam-se por sua participação em atos ecumênicos, e em sua "Carta circular", órgão oficial, às vezes têm aparecido artigos muito críticos com a Igreja católica espanhola. Possui um centro ecumênico em Los Rubios (Málaga). A IEE tem estado presente na fundação da "Comissão da defesa evangélica" e do "Comitê cristão interconfessional" e da FEREDE. Dirige, conjuntamente com a IERE, o seminário teológico unido de Madri. A preocupação social da IEE manifesta-se fundamentalmente na direção de vários colégios, orfanatos, asilos e hospital evangélico de Barcelona, e publicou vários informes em apoio aos direitos humanos com eco internacional. Conforme estatísticas recentes a IEE tem uns 8.000 membros e 55 lugares de culto.

Igreja local

É sabido que a questão eclesiológica é fundamental no movimento ecumênico. Aponta-se a "eclesiologia" como um dos problemas mais complexos para a divisão das Igrejas. Essa divisão nasce justamente da diversidade de concepções eclesiológicas das distintas comunidades cristãs separadas. Essa divergência tange à própria maneira de encarar a essência da Igreja a partir do Novo Testamento. "Igreja" é um termo com sentido analógico que encerra vários conteúdos. Pode-se falar de "Igreja local"; pode-se definir seus conteúdos, a partir de elementos institucionais ou a partir da realidade concreta e visível dos discípulos ao redor da palavra e sacramento; pode-se e deve-se falar de "Igreja universal" etc. O problema ecumênico surge quando a ruptura de comunhão entre as comunidades cristãs afeta os núcleos que parecem estar originalmente dado. Aí é quando a Igreja católica encontra dificuldade ao se referir às denominações surgidas da reforma do século XVI, pois crê ver na eclesiologia protestante — ao definir a Igreja como lugar onde a palavra é pregada puramente e os sacramentos são administrados conforme o evangelho — um empobrecimento, já que pondo toda a ênfase no dinamismo do "acontecimento", que tem lugar num momento determinado de uma congregação local, esquece aspectos fundamentais dados por Jesus e os apóstolos nas origens.

Por isso a eclesiologia católica insiste na estrutura sacramental e nos meios de salvação, não somente na aplicação concreta desses meios. A crítica protestante à noção católica de "Igreja" baseia-se finalmente na concepção substancialista da Igreja que descobre no catolicismo. Concepção substancialista que na palavra de R. Mehl "tem como conseqüência fazer da Igreja uma realidade divina posta na história, uma espécie de encarnação, praticamente de igualá-la a Cristo". Outros problemas eclesiológicos dizem respeito ao sentido de instrumentalização da salvação que possui a própria Igreja; a ênfase ou — pelo contrário — o vazio nos aspectos institucionais e jurídicos em menosprezo dos valores carismáticos; a primazia concedida ao "centro da unidade", diminuindo a colegialidade das Igrejas locais ou, por outro lado, a anarquia que aparece quando dando demasiada ênfase à Igreja local — aí reside o perigo do *congregacionismo* — a universalidade da Igreja fica um puro nome.

Estudos neotestamentários, teologia bíblica e ecumênica, diálogos interconfessionais sobre eclesiologia estão desenvolvendo um equilíbrio que parece aproximar posições até agora irreconciliáveis. Uma das mais ricas recuperações da Igreja católica no Vaticano II foi precisamente o sentido profundo da Igreja local, que não é uma simples parte da Igreja de Deus, mas que nela — quando não perdeu a comunhão com as outras —

faz-se presente a única Igreja de Deus, a Igreja universal. A universalidade da Igreja manifesta-se na comunhão de cada Igreja com todas as outras pela mesma fé, pelos mesmos sacramentos, pela comunhão entre si, pela ministerialidade de seus ministros e pela caridade e diaconia mútuas. Esse sentido de localidade aberta à comunhão universal é sinal de aproximação ecumênica. Num documento conjunto de estudo do Conselho Ecumênico das Igrejas e da Igreja católica, intitulado *Catolicidade e apostolicidade* (1970), há um anexo que trata da *Igreja local e a Igreja universal*. Nele reconhecem-se vários fatores que acentuam a aproximação das eclesiologias. "Por parte das Igrejas, que no curso da história estiveram fortemente centralizadas, parece haver um redescobrimento da significação da Igreja local considerando-a como a mais alta manifestação da Igreja de Deus, enquanto que as Igrejas, que reconheceram uma espécie de esfacelamento confessional, parecem redescobrir a necessidade de certa manifestação da catolicidade como antecipação da plenitude escatológica."

Infalibilidade

É a qualidade pela qual a Igreja em sua totalidade, o corpo episcopal e/ou o Primado Romano permanecem livres do erro na manutenção e nas afirmações da verdade da fé, graças à presença do Espírito Santo prometida pelo Senhor Jesus. Neste sentido, a "infalibilidade" deve ser entendida como um dom do Espírito Santo que faz a Igreja perseverar na verdade recebida que a revelação constitui. O tema da infalibilidade chegou a constituir hoje um tema ecumênico de primeira importância, devido às afirmações do Concílio Vaticano I (*Pastor aeternus*) sobre o papel atribuído ao bispo de Roma a respeito da possibilidade de poder pronunciar um juízo infalível à margem do concílio. As grandes famílias cristãs aceitam unanimemente a assistência do Espírito Santo para preservar a Igreja de todo erro no que diz respeito à revelação, mas são unânimes também em rejeitar a posição católico-romana por crer que a infalibilidade atribuída à pessoa do bispo de Roma é um atentado contra a tradição cristã de sempre, atenta além disso ao próprio fato da revelação bíblica, e desvincula, finalmente, a pessoa do papa de seu lugar natural, que é o colégio apostólico e a própria Igreja.

A doutrina católica é muito mais matizada ao tratar a questão. 1) A fiel transmissão e a perseverança na substância da revelação estão asseguradas pela unânime concórdia do ministério ordenado (tradição apostólica), cujos pronunciamentos oficiais — tanto através do concílio em comunhão com o papa (este promulga os textos conciliares), ou do próprio bispo de Roma (em comunhão com o episcopado universal) — têm caráter infalível assim quando o expressa aberta e publicamente. 2) Nunca a infalibilidade procurou introduzir novas afirmações (verdades) à revelação bíblica dada uma vez por todas, mas pronunciar um juízo definitivo e esclarecedor sobre pontos essenciais (matérias de fé e costumes), declarando o que se considera verdadeiro ou falso. Para que assim o conteúdo da fé permaneça inalterado e que nada de novo seja acrescentado à revelação bíblica. O que se propõe é uma explicitação do significado da revelação, através de algumas fórmulas que põem fim a uma controvérsia ou afirmam de maneira mais clara verdades que estavam obscuras. Nestes casos, o juízo é infalível e, portanto, livre de erro. 3) O fato de que as afirmações infalíveis da fé sejam válidas para sempre não impede que possam ser aperfeiçoadas em fórmulas mais precisas. 4) O fato da recepção da verdade infalível — momento necessário para que a fé seja algo vivido — não cria a própria verdade nem é fonte dela. Sua fonte está e se firma somente na revelação divina, explicitada pelo magistério infalível da Igreja (através do concílio ou do papa).

Nos diálogos doutrinais de tipo ecumênico, o tema da infalibilidade aparece explicitamente no Informe final da Comissão internacional anglicano-católico-romana (ARCIC), com um notável grau de *consensus*, embora exista desacordo no ponto como essa qualidade deve ser exercida através da solene definição. A ortodoxia rejeita a definição da Igreja católica e os desenvolvimentos da infalibilidade papal, estando divididas já desde muitos séculos entre as Igrejas do Oriente e do Ocidente.

Intercomunhão

É a possibilidade de compartilhar a celebração eucarística por cristãos que pertencem a tradições cristãs mas ainda separadas. Essa definição um tanto genérica comporta situações concretas nas quais se empregam diferentes termos, como *communicatio in sacris*, que corresponderia à participação ativa, em casos excepcionais e regulamentados, nos sacramentos de outras Igrejas, *hospitalidade eucarística*, que é a admissão por parte de uma Igreja de cristãos de outras comunidades, a fim de se aproximar para participar livremente na própria eucaristia. Talvez o sinal mais evidente da divisão dos cristãos seja a impossibilidade de poder compartilhar o mesmo pão e beber do mesmo cálice do memorial de Jesus Cristo. O tema da intercomunhão afeta um dos núcleos do problema ecumênico. A leitura que fazem dele as diferentes tradições cristãs é muito distinta, dependendo sempre das eclesiologias subjacentes e das doutrinas eucarísticas tanto de umas como de outras. Para a Igreja católica e para as Igrejas ortodoxas, acentuando a necessidade de ter plena comunhão na fé antes de poder compartilhar a eucaristia, torna-se extremamente complexo dar o sinal verde à intercomunhão, precisamente pelo respeito à verdade e à coerência que exige a fé. As Igrejas surgidas das reformas do século XVI, ao pôr toda ênfase no batismo que une radicalmente todos os cristãos, concedem com maior facilidade a prática da hospitalidade ecumênica e da intercomunhão. O *Acordo de Leuenberg* (1970-1972) entre luteranos e reformados é o exemplo do acordo para a intercomunhão aberta entre ambas as tradições eclesiais. Na realidade, tudo depende da consideração que se tenha da eucaristia. Para uma primeira consideração, a eucaristia é antes de tudo a expressão e a manifestação visível da comunhão eclesial, da comunhão na mesma fé e no mesmo Senhor. Comungar significará compartilhar um mesmo pensamento, algumas mesmas crenças e uma mesma fé. Mas se não existem, então comungar juntos deixa de ser sinal coerente e manifesta o que não se possui na realidade, somente no desejo.

Cabe outra consideração para a qual, pelo contrário, a eucaristia não é somente sinal e expressão de uma realidade dada, mas que também é meio e causa da graça que anuncia. Então sim seria possível a participação na mesma eucaristia para cristãos divididos como *caminho* para recompor a comunhão eclesial rompida pelas divisões. Essa problemática que implica problemas pastorais imensos — matrimônios mistos, impossibilidade de encontrar algum ministro da própria tradição eclesial num território determinado etc. — tem sido abordada no *Decreto do ecumenismo* (UR 8), no novo *Diretório ecumênico* (n. 122-136), e no livro *A união das Igrejas* (tese VIII), de K. Rahner-H. Fries. Deve-se recordar, contudo, que o *Diretório ecumênico* de 1967 (n. 39-45) oferece a possibilidade duma recíproca hospitalidade eucarística com os ortodoxos em circunstâncias de emergência. Com respeito aos protestantes, concede-se a mesma hospitalidade, mas considerados como cristãos individuais, e esperando-se que os católicos não comunguem nos templos protestantes se houver invalidade de ordenação de seus ministros (UR 22). Deve-se notar, por último, a existência de grupos de cristãos que, ultrapassando toda proibição emanada das hierarquias, praticam a intercomunhão como ato profético e como expressão da impaciência ante aos fracassos das autoridades para pôr em prática o que já parece possível.

Irenismo

Termo vindo do grego *eirene*, que significa paz. No contexto do movimento ecumênico quer designar a atitude da grande maioria de Igrejas cristãs que optou pela obediência ao mandato de Jesus de permanecer unidas, fazendo sobressair tudo o que elas têm em comum e passando para um segundo plano aquelas diferenças que impedem a plena comunhão. Quando essa atitude é levada ao extremo, fala-se de um "falso irenismo". O decreto do ecumenismo da Igreja católica falando das formas de expressar e expor a doutrina da fé diz expressamente: "Em caso algum deve ser obstáculo para o diálogo com os irmãos o sistema de exposição da fé católica. É totalmente necessário que se exponha com clareza toda a doutrina. Nada é tão alheio ao ecumenismo como o falso irenismo, que pretendesse desvirtuar a pureza da doutrina católica e obscurecer seu genuíno e verdadeiro sentido..." (UR 11).

Jesus Cristo

A afirmação "Jesus é o Senhor" está no centro de todo acordo ecumênico entre as Igrejas cristãs. O núcleo da fé cristã encontra-se na sua pessoa; por isso qualquer negação de algumas das dimensões da revelação bíblica concernentes a Jesus, ou das grandes afirmações dos concílios ecumênicos cristológicos e trinitários sempre foi considerada como posição heterodoxa e auto-marginalizadora do cristianismo. Não é casualidade que todas as Igrejas das tradições ortodoxas, protestantes, anglicanas, católicas e veterocatólica unanimemente afirmem e confessem os mesmos símbolos da fé, isto é, o credo dos apóstolos e o niceno-constantinopolitano. As formulações de Nicéia e Calcedônia afirmam que ele é verdadeiro Deus e verdadeiro Homem, que possui uma pessoa divina subsistente em duas naturezas, divina e humana. Formulações aceitas sempre em todas as tradições cristãs menos nas chamadas "antigas Igrejas orientais" que, sem se separarem da verdadeira fé, rejeitaram tais fórmulas. E aquela tem sido uma tradição unânime na grande corrente cristã da qual se separaram algumas velhas heresias negadoras ou da divindade (arianismo) ou da humanidade (docetismo), mais tarde pelo unitarismo, e depois por algumas seitas de origem cristã, como a dos Testemunhas de Jeová. Atualmente todas as Igrejas cristãs membros do Conselho Ecumênico das Igrejas devem subscrever uma *base doutrinal* que, embora propriamente não seja uma confissão de fé, faz as suas vezes. A base teve duas redações. A primeira foi apresentada naquela assembléia constituinte de Amsterdã (1948), cujo texto rezava assim: "O CEI é uma associação fraternal de Igrejas que aceitam Nosso Senhor Jesus Cristo como Deus e Salvador". As 147 Igrejas presentes na assembléia subscreveram-na. Mas suscitou diversas reações. Para as Igrejas ortodoxas era uma fórmula insuficiente. Deveriam transcorrer treze anos para que uma nova formulação viesse substituir a de Amsterdã. Na III assembléia geral, celebrada em Nova Delhi (1961), foi proposto e aprovado o seguinte texto: "O CEI é uma associação fraternal de Igrejas que crêem em Nosso Senhor Jesus Cristo como Deus e Salvador, segundo as Escrituras, e se esforçam por responder conjuntamente a sua comum vocação para a glória de só Deus Pai, Filho e Espírito Santo". Essa nova formulação, mais explícita em sua fé cristológica e trinitária, foi para a maioria das Igrejas um esclarecimento digno de elogio.

João Paulo II

Karol Wojtyla (Wadowice, 18.5.1920 -). Bispo de Roma e papa da Igreja católica desde 16 de outubro de 1978. Estudante de literatura na Universidade de Cracóvia, escreveu poesias e obras de teatro, e no início da ocupação nazista trabalhou numa fábrica de química. A partir de 1942 estudou num seminário clandestino, sendo ordenado sacerdote em 1946. Os estudos de doutorado realizou-os no Angelicum de Roma. A partir de 1953 ensinou teologia moral em Cracóvia, cidade da qual foi bispo auxiliar em 1958. Arcebispo em 1964 e nomeado cardeal em 1967. Participou de todas as sessões conciliares e nos sínodos dos bispos. O papado de João Paulo II tem sido muito discutido. Alguns afirmam que suas claras afirmações em defesa da liberdade religiosa e dos direitos humanos em geral não são respaldadas na mesma linha dentro da própria Igreja católica. E é um fato que as posições mais que discutíveis e sempre restritivas da Cúria romana (especialmente as Congregações para a doutrina da fé e a dos seminários e universidades), com referências a certos teólogos críticos, têm sido sustentadas pela própria sede pontifícia. João Paulo II tem querido indiscutivelmente imprimir uma dimensão ecumênica em cada uma de suas viagens pastorais, saudando em seus encontros as hierarquias de outras Igrejas cristãs, e inclusive líderes de grandes religiões. Em seus discursos e ensinamentos, João Paulo II defende abertamente, como uma de suas prioridades pastorais, a reconciliação cristã. Para ele, o movimento ecumênico é irreversível. Merece ressaltar a Jornada mundial pela paz que presidiu em Assis (26 de outubro de 1986), e a encíclica *Ut unum sint* (2 de maio de 1995). Sua carta apostólica *Tertio millenio adveniente* (10 de novembro de 1994) tem um grande conteúdo ecumênico, ao mesmo tempo que é um cordial convite a todos os cristãos a ultrapassar os umbrais do ano 2000 de maneira mais reconciliável possível.

João XXIII

Angelo Giuseppe Roncalli (Sotto il Monte, 1881 - Roma, 1963). Um dos papas mais importante do século XX, convocou o Concílio Vaticano II e trabalhou incansavelmente pela unidade dos cristãos. Ordenado sacerdote em 1904. Extraordinariamente simples, campesino, contudo ocupou cargos de grande responsabilidade. Delegado e Núncio apostólico na Bulgária (1931), Turquia e Grécia (1934) — tempo em que sua experiência com a ortodoxia se enriqueceu muito —, e Paris (1944). Em 1953 é nomeado cardeal e patriarca de Veneza. Sucede na sede pontifícia ao papa Pio XII, em 28 de outubro de 1958. No ano seguinte — no último dia da Semana da unidade: 25 de janeiro de 1959 —, surpreendeu o mundo católico convocando um Concílio ecumênico. Publicou duas grandes encíclicas: uma sobre a problemática social, *Mater et magistra* (1961), e outra sobre assuntos internacionais, *Pacem in*

Justiça, paz e integridade da criação / 193

João XXIII

terris (1963). No dia 11 de outubro de 1962 inaugura solenemente o Concílio Vaticano II, com um discurso que faria história. Não somente marcou a marcha do concílio por seu interesse em renovar a Igreja — o termo "aggiornamento" teria ressonância mundial graças a João XXIII — e em promover a união dos cristãos, mas que esse papa inicia uma nova era na história da Igreja católica, na qual o diálogo entra na própria vida da comunidade eclesial: o diálogo ecumênico (em 1960 criou o "Secretariado romano para a unidade dos cristãos") e o diálogo inter-religioso (pondo especial empenho em que o concílio trate do povo judeu). Seu *Diário de uma alma* reflete toda a simplicidade e humanidade que esse homem pôs a serviço de Deus e do mundo.

Justiça, paz e integridade da criação

Expressão que tem sua origem na assembléia do Conselho ecumênico das Igrejas, celebrada em Vancouver (1984), onde se pediu às Igrejas-membros entrar "num processo conciliar de compromisso mútuo em favor da justiça, da paz e da integridade da criação". A partir desse momento, diversos encontros ecumênicos incluíram esse tema em suas agendas, aparecendo freqüentemente essa expressão em vários importantes documentos. Três assembléias foram expressamente convocadas para tratar esse tema: a assembléia de Basiléia, em nível europeu, que teve lugar em 1989; a assembléia de Seul, convocada em nível mundial, celebrada em 1991; e a segunda assembléia européia de Graz (na Áustria) no verão de 1997. O objetivo desse processo em favor da *justiça, da paz e da integridade da criação* é a adoção de medidas e posições comuns com caráter vinculante para as diferentes Igrejas. O fato de aparecerem associados esses três temas deve-se a que são partes inseparáveis de uma única realidade, constituindo a resposta aos três principais problemas que afetam o futuro e a sobrevivência da humanidade: a injustiça, a guerra e a degradação ambiental, que não são senão três aspectos em relação de interdependência de uma mesma crise, três manifestações de uma crise global que requer respostas também globais. Por isso sua formulação conjunta (CMB).

Justificação pela fé

É o núcleo da doutrina bíblica sobre a salvação, exposta principalmente nas cartas de Paulo aos Romanos e aos Gálatas, apresentada como característica fundamental por Martinho Lutero em sua oposição à Igreja católica romana. O reformador alemão via na prática e na doutrina da Igreja de Roma uma rejeição frontal ao princípio paulino, por excelência, ao considerar que o próprio homem, através de suas penitências, orações, esforços e méritos, era capaz de conseguir a salvação. A melhor tradição católica, contudo, estava longe daquela visão que Lutero observava em seus dias na prática de muitos cristãos, no ensino e na pregação das indulgências e numa espiritualidade que havia degenerado em certas formas de semipelagianismo. O ensino bíblico era claro, e clara sempre foi a tradição cristã sobre a justificação pela fé dentro do amplo limite doutrinal e existencial da salvação de Deus. Esta era um dom, não um mérito; era pura graça, e não obra humana; era gratuita, e não ganha pelo esforço humano. A vida, paixão e ressurreição de Cristo é o princípio da salvação e sua obra redentora em nós é o que propriamente se chama justificação, que chega através da resposta da fé.

Não se opõe a essa dinâmica a doutrina — também bíblica — da carta de São Tiago quando fala das boas obras e da fé morta. Escreveu-se com acerto que as "obras de que fala São Tiago são precisamente aquelas que procedem da fé, e fala delas como um testemunho de uma fé verdadeiramente viva, oposta a uma fé morta, que seria somente uma crença abstrata e da boca para fora". Houve também consenso na tradição cristã a respeito da resposta que provoca a graça gratuita de Deus por parte do ser humano: a fé somente. Durante o período da reforma, e depois ao longo de uma tradição polêmica entre católicos e protestantes, as dificuldades não se referem nem à gratuidade da justificação — para os reformadores e para o concílio de Trento tudo é obra da graça divina — nem ao fato de que o homem possa conseguir para si a salvação por seus próprios méritos, pois o pelagianismo estava condenado desde muitos séculos antes; a problemática surge a propósito de certas explicações na hora de relacionar a graça divina — que sempre tem a iniciativa — com a resposta humana, e entre essas dificuldades acha-se, por exemplo, a transformação ou a pura extrinsidade que ocorre na pessoa justificada; a relação das boas obras com a salvação, a compreensão da fé como aceitação e como confiança, a justiça de Deus e a justiça humana, o papel da Igreja na salvação etc.

Da perspectiva católica, a justificação é a obra amorosa de Deus que torna "justos" o homem e a mulher, numa progressiva transformação interior, que os faz amigos, herdeiros e participantes de sua vida divina. Ao contrário, para Lutero nenhuma mudança interior se produz no justificado, e embora realmente justificado, permanece por sua vez, em si mesmo, pecador ("simul iustus et peccator"). Falou-se da paradoxal simultaneidade no cristão de sua justificação extrínseca e de sua extrínseca pecaminosidade. Do ponto de vista dos diálogos ecumênicos, o tema da justificação pela fé tem estado presente em vários dos mais importantes e acabados documentos; assim, por exemplo no *O Evangelho e a Igreja* (Relação de Malta, 1972), da Comissão luterano-católica, que também produziu um texto sobre a *Justificação* (Wiesbaden, 1987). A partir do diálogo nacional católico-luterano dos Estados Unidos foi produzido, entre muitos outros estudos, um sobre a *justificação pela fé*, que apareceu em 1984. Do ponto de vista luterano está questionando-se cada vez mais aquela doutrina da justificação que parecia enfim ser simplesmente uma declaração jurídica, externa, extrínseca da justificação do pecador. Mas se pergunta ao catolicismo se acaso não deveria revisar e reinterpretar certos dados eclesiológicos a fim de que aparecessem todos eles claramente subordinados ao único princípio pelo qual a salvação e a justificação chegam aos homens e mulheres: o evangelho de Jesus Cristo. Em julho de 1997, durante a celebração da IX assembléia da Federação luterana mundial (Hong-Kong) foi apresentado o trabalho de luteranos e católicos, através da *Declaração comum sobre a doutrina da justificação*, que atualmente se está examinando por parte luterana e católica e que no final do presente decênio suporá seguramente o fim de um conflito doutrinal que dura algo mais que 400 anos.

Kairós (Documento)

O *Documento Kairós* é um texto teológico sul-africano, sumamente crítico e profético, de caráter interconfessional, que procura dar uma resposta à situação de extrema gravidade pela qual atravessa o povo da África do Sul, no meio da década de 80. No coração de Soweto reúne-se, em princípios de abril de 1985, um número de teólogos de diferentes Igrejas para fazer uma reflexão sobre o contexto de morte que assola o país. Diante das respostas recebidas das Igrejas previamente consultadas, um pequeno grupo encarrega-se de ordenar o material que passará por novas consultas nas bases das Igrejas. Finalmente, o material recolhido recebe uma última redação que ainda seria submetida a ulteriores críticas das comunidades cristãs.

O *Documento Kairós* foi qualificado como o exemplo típico do que seja um texto teológico contextual e ecumênico, no qual intervêm fiéis e teólogos num processo que lê a realidade do sofrimento à luz da palavra de Deus e que dá a partir de seu contexto determinado uma resposta que quer ser luz para os cristãos.

O texto consta de um prefácio, cinco capítulos e uma conclusão. O *Prefácio* define a natureza do texto e as circunstâncias de sua publicação. O cap. 1: *O momento da verdade* dá a chave para interpretar todo o texto. O momento (o kairós bíblico) chega em forma de crise e de desafio, mas é momento de graça se se souber aceitar o desafio. O cap. 2: *A Teologia do Estado* é uma crítica duríssima à teologia das Igrejas reformadas holandesas que, baseando-se em alguns textos bíblicos, justifica teologicamente o Estado sul-africano sustentador do sistema perverso do *apartheid*. O cap. 3: *A Teologia da Igreja*. O texto reconhece que as autoridades eclesiásticas das Igrejas não holandesas criticam o *apartheid*, mas com irritante superficialidade, pois retomam certos princípios (*reconciliação, justiça, não-violência*) que sem o devido sentido crítico tornam-se ineficazes. O problema dessa teologia é a falta de uma séria análise social da situação sul-africana. O cap. 4: *A teologia profética* — pela qual optam esses teólogos e a única válida a partir da África do Sul — realiza uma análise social, volta-se para as Escrituras para ler as situações de opressão em perspectiva bíblica e analisa a tirania à luz da melhor tradição cristã. A "Teologia profética" naquela situação não usa meios-termos: diante de duas causas irreconciliáveis opta por aqueles que sofrem as desumanidades do apartheid. O cap. 5: *Desafio para a ação*: Se Deus está a favor das maiorias oprimidas, então não se pode mais tomar ações decididas que o texto enumera detalhadamente. A *conclusão* é um convite para pensar que a crise do kairós é uma visita divina que se deve aproveitar. Os 151 signatários do *Documento kairós* pertenciam a 26 Igrejas cristãs das tradições morava, pentecostal, batista, luterana, anglicana, presbiteriana, metodista, congregacionalista e católica. Igualmente pertenciam a todas as etnias que hoje habitam a África do Sul. Seu caráter teológico contextual e ecumênico fazem desse documento uma referência para entender a crise sul-africana.

King, Martin Luther

Martin Luther King (Atlanta, 15.1.1929 - Memphis, 4.4.1968). Pastor batista, expoente máximo na luta não-violenta e no movimento pelos direitos civis dos negros norte-americanos. Estudou no Morehouse College, no Crozer Theological Seminary e na universidade de Boston. Nessa universidade recebeu o doutorado em teologia por sua tese sobre o pensamento de Paul Tillich. Em 1954 é pastor da Igreja batista de Drexler Ave de Montgomery (Alabama), e pouco depois em Ebenezer Baptist Church em Atlanta. Em Montgomery inicia, por um acaso, o boicote contra os ônibus da cidade. Em 1957 cria a "Conferência de líderes cristãos do sul" (SCLC). Soube unir admiravelmente a luta pelos direitos civis com a metodologia da não-violência. Sua presença em demonstrações ativas não-violentas contra a brutalidade policial, a favor de presos negros, ou campanhas para o uso do voto negro o levaria várias vezes ao cárcere. Foi ativo na Flórida, Alabama, Mississipi, Harlen (NY). No verão de 1963 pronuncia o célebre discurso *Tive um sonho* diante de mais de 250.000 pessoas na marcha sobre Washington. Resultado de sua luta são a aprovação da lei dos direitos civis, em 1964 — ano em que é premiado com o Nobel da Paz —, e a lei do direito ao voto (1965). Promoveu grandes manifestações contra a injusta guerra do Vietnã. Em todas as suas obras pulsa um notável sentido ecumênico. Em 1968 é assassinado em Memphis quando participava de uma marcha reinvindicatória. Suas obras mais importantes são: *Stride toward Freedom* (1958); *Strenght to Love* (1963); *Where Do We Go from Here?* (1967).

Koinonia

Termo grego que significa comunhão. As raízes teológicas acham-se no Novo Testamento e na patrística, embora desde uns decênios para cá é um termo muito valorizado na eclesiologia e na teologia ecumênica. O conceito neotestamentário de *koinonia* é sinônimo de palavras como convênio, aliança, compartilhar, participar em, manter a unidade etc. A teologia paulina descreve a *koinonia* às vezes como a relação íntima com Deus em Cristo (Rm 8,15-17), que é obra e dom de Deus (Gl 47), ou o estado de associação daqueles que compartilham a mesma fé (Fl 1,5-6). Outros escritos do Novo Testamento empregam o termo para significar a união dos cristãos com o Pai e o Filho e entre eles mesmos (1Jo 13,6-7), ou afirmam que a comunhão com Cristo necessariamente implica comunhão com os irmãos (Hb 2,14), com expressões visíveis narradas no livro dos Atos que descrevem a realidade de permanecer juntos, tendo um só coração e uma só alma, todas as coisas em comum, fazendo cada um participante conforme suas necessidades, participando do mesmo pão e da oração etc. (At 2,42-45). É evidente que tais ensinos não somente descrevem a reunião de um grupo unido como mais uma sociedade, mas uma *comunhão* que nasce do Espírito. *Koinonia* expressa uma realidade profunda que definirá o mistério da Igreja conforme os primeiros escritores e os Padres da Igreja. Participar da mesma eucaristia é participar da comunhão eclesial. Por isso a *excomunhão* é a perda da participação eclesial e perda, logicamente, de poder aproximar-se da comunhão eucarística. Uma autêntica comunhão implicará relações novas não somente na fé, nos sacramentos e na eucaristia, com os ministros da Igreja, mas também com o compartilhar diário e na comunhão de bens com todos, em especial com os deserdados.

O movimento ecumênico — especialmente a comissão de "Fé e Constituição" — vem empregando o termo *koinonia* faz alguns anos. E na hora de descrever a natureza profunda da Igreja, numerosos documentos ecumênicos, resultado dos diálogos bilaterais entre Igrejas, preferem o termo *koinonia* a qualquer outro, pois está na base para entender justamente realidades sobre as quais ainda pesam desacordos importantes: a eucaristia, o episcopado, a autoridade na Igreja etc. A própria renovação teológica que o Vaticano II supõe tem como um pressuposto, que por sua vez será um de seus melhores resultados, uma *eclesiologia de comunhão*.

Küng, Hans

Hans Küng (Sursee-Suíça, 19.3.1928 -). Teólogo católico suíço, muito controvertido por suas posições doutrinais e atitudes frente à cúria romana. Estudou na universidade Gregoriana, na Sorbona e no Instituto católico de Paris. Ordenado sacerdote em 1954, foi nomeado professor de teologia dogmática e ecumênica na faculdade de teologia da universidade de Tubinga. Desde 1963 até 1980 foi diretor do Instituto para investigação ecumênica dessa mesma universidade. Em 1979 é censurado pelo Vaticano, mas o Estado alemão o admite como professor de teologia dogmática. Sua tese de doutorado versou sobre o teólogo Karl Barth, amigo pessoal de Küng: *A justificação: a doutrina de Karl Barth e uma reflexão católica* (1957). Muitas de suas obras têm especial interesse ecumênico: *O concílio e a união das Igrejas*; *A Igreja*; *O cristianismo e as grandes religiões*; *Infalível? Uma questão*; *Teologia para a pós-modernidade*; *Fundamentação ecumênica*; *Manter a esperança*; *O judaísmo*; *Credo*; *Grandes pensadores cristãos*.

Laicato

Do grego *laos*, povo, que por sua vez formará o *laikos*, pertencente ao povo. No vocabulário eclesiástico refere-se à pessoa batizada que não é ministro ordenado. Essa definição claramente negativa, foi-se corrigindo à medida que em certas tradições eclesiais muito clericais foi se descobrindo e recuperando toda uma teologia do batismo que faz do batizado — exceto seu estado ministerial — um membro da "linhagem eleita, sacerdócio real, nação santa, povo adquirido" (1Pd 2,9-10). A partir dessa nova visão, claramente bíblica e recuperada para a tradição ocidental em primeiro lugar pelos reformadores do século XVI, superou-se para sempre aquela concepção que definia o leigo por sua falta de ordenação ministerial e por sua incompetência nas coisas da Igreja. O próprio Congar, pioneiro nessa matéria dentro da Igreja católica — *Balizas para uma teologia do laicato* (1953) —, autocriticaria-se alguns anos depois quando reconhecia que em seu livro havia definido o leigo em relação ao clérigo, quando na realidade é o clérigo quem deve-se definir com respeito ao leigo. É muito complexo o processo pelo qual o laicato foi despojado de sua responsabilidade eclesial. Sem dúvida está em relação direta com o crescente processo de clericalização e sacerdotalização da ministerialidade da Igreja. Na luta por não se verem despojados de seus direitos eclesiásticos devem ser entendidos certos movimentos leigos — ordens terceiras, movimentos de inspiração franciscana fiéis à Igreja —, mas também toda uma plêiade de grupos anti-hierárquicos, muitos de cunho sectário: cátaros, valdenses, beguinas, anabatistas, menonistas etc., que sonham com uma comunidade fundada no sacerdócio dos fiéis e desprovida do fausto e escândalo de uma Igreja pervertida. Justamente a análise teológica dos sacramentos que Martinho Lutero faz, partindo de perspectivas polêmicas, levá-lo-á à negação do sacerdócio ministerial e à recuperação do sacerdócio de todo o povo de Deus. Logo tudo já seria a teologia do confronto e, portanto, da polêmica empobrecedora.

O movimento ecumênico foi recuperando, partindo de uma harmonia exemplar, a consciência de complementaridade que há entre o sacerdócio dos fiéis e o sacerdócio ministerial. Inclusive pode-se afirmar que o descobrimento do laicato por parte de todas as Igrejas — também as herdeiras da reforma tenham passado por certo processo de clericalização — tem sido uma das grandes conquistas da renovação que se experimentou no século XX, e isso em boa parte graças ao moderno movimento ecumênico. As raízes do moderno movimento ecumênico acham-se envoltas e marcadas de sinal leigo: YMCA, YWCA, Federação mundial de estudantes cristãos etc. E prestigiosos leigos: John R. Mott, J. H. Oldham, Suzanne de Diétrich, Hendrik Kraemer — autor de *Teologia do laicato* (1958) —, Jean Guitton etc. são pioneiros no empreendimento ecumênico. A fundação do Instituto ecumênico de Bossey (1946) esteve presidida pela idéia de formar leigos e leigas que pudessem exercer uma liderança ecumênica em suas respectivas Igrejas locais. E desde a criação do Conselho Ecumênico das Igrejas existiu um departamento especial dedicado à incorporação ativa do laicato na vida das Igrejas. A assembléia de Nova Delhi (1961) estudou de maneira específica o tema *O laicato: a Igreja no mundo*. É curiosamente positivo que desde a assembléia de Upsala (1968) a análise e auto-compreensão do laicato enquanto este tenha perdido o protagonismo que teve no passado. A razão é que, assumido com naturalidade, todos os departamentos do Conselho Ecumênico tenham incorporado em suas tarefas leigos e leigas em proporções razoáveis, que trabalham em programas de desenvolvimento, justiça e paz, luta contra o racismo, campo econômico e político e de educação, e teologia na comissão de "Fé e Constituição". A Igreja católica incorporou em seu ensino oficial uma teologia do laicato (especialmente os capítulos 2 e 4 da *Lumen gentium*), que inclui a tarefa apostólica (*Apostolicam actuositatem*, o decreto do apostolado dos leigos). Os temas tratados hoje referentes ao laicato no diálogo ecumênico afetam fundamentalmente à centralização do sacerdócio de todo o povo de Deus, à teologia e exercício dos ministérios leigos e sua complementaridade com os ministérios ordenados.

Lambeth (Conferências de)

É a reunião oficial dos bispos da comunhão anglicana, convocados pelo arcebispo de Cantuária, com a finalidade de manter a identidade anglicana e estreitar os vínculos de paz e caridade fraterna entre todas as Igrejas irmãs. Essas conferências não têm competência para fazer declarações vinculantes e menos ainda para estabelecer definições em questões doutrinais. Não são propriamente um sínodo no sentido católico-romano do termo, nem um concílio geral. Sua existência tem pouco mais de um século e se deve ao famoso caso "Colenso", bispo anglicano de Natal que por suas opiniões liberais e pressupostamente heréticas havia sido deposto por Gray, bispo da Cidade do Cabo, em começos de 1860. Colenso apelou da sentença para Cantuária, e em 1865 a sede londrinense o confirmou no episcopado. Essa última decisão causou sensação em todas as Igrejas anglicanas do mundo. Inesperadamente, a Igreja do Canadá propôs ao arcebispo de Cantuária, C. T. Longley, a convocação de uma assembléia "que permitisse a todos os membros de nossa comunhão anglicana, de todas as partes do mundo, participar nas deliberações para seu bom governo..." E se sugeria que "para impedir, enquanto possível, a suspeita, pela qual tantos se escandalizam, de que a Igreja é uma criação do Parlamento, humildemente suplicamos a V. Graça que... convoque um sínodo nacional dos bispos da Igreja anglicana na pátria e fora dela que, compreendendo também um ou mais presbíteros ou leigos versados em direito canônico na qualidade de conselheiros, possa reunir-se, e com a guia do Espírito Santo, tome as decisões e adote as medidas mais adequadas para remediar a aflição atual, num sínodo presidido por V. Graça".

No dia 15 de fevereiro de 1867, o arcebispo C. T. Longley convocava para setembro desse mesmo ano a primeira das assembléias de Lambeth, deixando bem claro em sua carta de convocação a todos os bispos anglicanos que "nesta reunião não se fará nenhuma declaração de fé e não se tomará nenhuma decisão que afete em geral os interessados da Igreja, mas que nos reuniremos para conselho e alento fraternos... Recusarei convocar qualquer assembléia que pretenda ditar cânones ou pretenda tomar decisões que liguem toda Igreja". Desde então, as conferências de Lambeth são celebradas mais ou menos a cada dez anos. As principais têm sido as que em seguida se realizaram junto ao arcebispo de Cantuária; 1867 (Longley); 1878 (Tait); 1888 (Benson); 1897 (Temple); 1908 (Davidson); 1920 (Davidson); 1930 (Lang); 1948 (Fisher); 1958 (Fisher); 1968 (Ramsey); 1978 (Coggan); 1988 (Runcie).

Lambeth (Quadrilátero de)

O chamado *Quadrilátero de Lambeth* é a reflexão que os bispos anglicanos, reunidos na conferência de Lambeth de 1888, ofereceram sobre em que deveria consistir a unidade cristã do futuro. Aquela contribuição era o resultado de uma análise prévia feita pela Igreja episcopaliana dos Estados Unidos. Mais tarde, na conferência de Lambeth de 1920, o quadrilátero toma já as proporções de uma verdadeira contribuição anglicana ao ecumenismo mundial. O nome de *Quadrilátero* vem dos quatro elementos afirmados em Lambeth: 1) *As Sagradas Escrituras* do Antigo e Novo Testamentos, embora contenham tudo o que é necessário para a salvação, e enquanto norma e critério último da fé; 2) O *Símbolo dos apóstolos*, enquanto símbolo batismal, e o *Símbolo de Nicéia*, enquanto expressão suficiente de fé; 3) Os dois Sacramentos instituídos pelo próprio Cristo: o *Batismo* e a *ceia do Senhor*, celebrados utilizando as palavras de sua instituição por parte de Cristo e os elementos que ele mesmo escolheu; 4) e o *Episcopado histórico*, adaptado em nível local, nas formas de organizá-lo, às necessidades mutantes dos povos, chamados por Deus à unidade de sua Igreja. A grande riqueza do *Quadrilátero de Lambeth* consistiu em trazer à memória constante do movimento ecumênico aquele elemento "católico" que significa a sucessão apostólica através do episcopado, como parte essencial do ministério de toda a Igreja, sem esquecer por sua vez aqueles outros aspectos tão fortemente apontados pela reforma protestante: As Sagradas Escrituras, os símbolos primitivos da fé, e os dois sacramentos instituídos pelo próprio Cristo: o batismo e a ceia do Senhor.

Lausana

A primeira conferência do movimento de "Fé e Constituição" foi celebrada na cidade suíça de Lausana, em agosto de 1927, sob a presidência do bispo episcopaliano Charles H. Brent. Em Lausana estiveram presentes uns 400 delegados pertencentes a 108 Igrejas de tradições anglicanas, ortodoxas, protestantes e de diferentes Igrejas livres. Os sete temas tratados, usando o método de convergências e divergências, foram: 1) *Chamamento à unidade*; 2) *A mensagem da Igreja ao mundo: o evangelho*; 3) *Natureza da Igreja*; 4) *A confissão da fé*; 5) *O santo ministério*; 6) *Os sacramentos*; 7) *A unidade da cristandade e as Igrejas atuais*. Tratava-se de comprovar os níveis de acordos existentes, assim como os pontos de desacordos que se deveriam superar no futuro. No decorrer das sessões apareceram duas correntes de pensamento teológico: uma "católica", defendida por ortodoxos e anglicanos; e outra, "protestante", representada por todos os "evangélicos". A grandeza de Lausana residia no fato de que aí se iniciava propriamente falando o diálogo de tipo doutrinal partindo das perspectivas, que implica lealdade confessional e escuta das posições dos interlocutores expressadas por eles mesmos.

Leuenberg (Acordo de)

O *Acordo de Leuenberg* é a mais rica e elaborada exposição de comunhão entre as Igrejas luteranas, reformadas e unidas da Europa que, depois de três séculos de separação, reafirmaram seu desejo de permanecer numa nova fraternidade, que não afeta contudo suas identidades. Foi adotada em março de 1973, em Leuenberg (Suíça), como resultado de um processo que se havia iniciado anos antes. Em 1967, algumas Igrejas européias luteranas e reformadas haviam chegado a acordos doutrinais de interesse através das *Teses de Schauenberg*, o que impulsionou a celebrar algumas "Conversações de Leuenberg" durante os anos de 1969 e 1970. Nelas recomenda-se a redação de um texto de concórdia como base de uma nova fraternidade eclesial. Delegados dessas Igrejas reúnem-se em setembro de 1971 e redigem um esquema que enviam a todas as Igrejas para seu estudo e cujas respostas constituiriam uma versão revisada do antigo texto, embora ainda se incorporem novas propostas que formam o documento definitivo. O *Acordo de Leuenberg* consta de 4 partes e 49 artigos: I) *O caminho para a fraternidade* (1-5): Aspectos comuns no princípio da reforma, elementos mutantes na situação contemporânea; II) *O comum entendimento do evangelho* (6-16): A mensagem da justificação como mensagem da livre graça de Deus; a pregação, o batismo e a ceia do Senhor; III) *Acordo a respeito das condenações doutrinais do tempo da reforma* (17-28): Sobre a ceia do Senhor, a cristologia, a predestinação, conclusões; IV) *A declaração e realização de nossa fraternidade eclesial* (29-49): A declaração; a realização. Esse acordo histórico, assinado pelas principais Igrejas européias de confissão luterana, reformada (calvinista), e "unidas" (nascidas daquelas duas famílias, valdenses e a dos irmãos tchecos, cujas origens são de tempos anteriores às reformas do século XVI) comprometeram-se oficialmente trocar entre si ministros na pregação, e a compartilhar a comunhão e a administração dos sacramentos. É um passo ecumênico e um desafio de conseqüências consideráveis para todas as Igrejas cristãs ainda divididas.

Liberdade religiosa

A liberdade religiosa como a capacidade do ser humano para tomar decisões com responsabilidade, está enraizada no mais profundo da pes-

Liberdade religiosa / 207

soa, já que somente nela se constitui como tal a pessoa. Essa capacidade foi descobrindo-se e explicitando-se através de um longo processo de reflexão no qual tomaram parte filósofos, teólogos, pensadores independentes de todos os tempos, mas que até à Ilustração européia — a Revolução francesa será um momento decisivo — não alcançará uma formulação nas constituições e corpos legislativos dos países mais adiantados. Conseqüentemente, a liberdade religiosa fundamenta-se na própria natureza da pessoa, chamada a abraçar livremente e sem coação aquela verdade que considera de um nível transcendente. A história de algumas religiões, e de maneira especial a história das Igrejas cristãs, mostra que durante séculos a reflexão sobre os chamados direitos da verdade levaram a uma prática marginalizadora daqueles que advogavam o direito de discordar em matéria religiosa. Não deixa de ser irônico que — excetuando alguns grupos religiosos que lutaram por uma convivência respeitosa com outras formas de conceber e celebrar a religião — tenham tido de ser tribunais seculares os quais regulamentam em níveis internacionais o direito à liberdade religiosa e o respeito escrupuloso para as minorias religiosas. A *Declaração universal dos direitos humanos* (1948), das Nações Unidas, afirmava sem paliativos: "Cada pessoa goza do direito da liberdade de pensamento, de consciência e de religião. Esse direito inclui a liberdade de mudar de religião ou de crenças, tanto de maneira pessoal como comunitária com outros, em público ou em particular, e de manifestar sua religião e crenças no ensino, na prática, e no culto e na observância". Anos mais tarde, e diante da pressão constante desse direito em muitos dos Estados-membros da ONU, esse organismo voltará a adotar uma *Declaração para a eliminação de todas as formas de intolerância e discriminação baseadas na religião e crenças* (1981). Se no passado quase todas as Igrejas — onde dominavam ou tinham o reconhecimento por parte do Estado de serem Igrejas oficiais — haviam sofrido a enfermidade da intolerância com referência aos grupos religiosos minoritários, no começo do século XX ainda algumas, a Igreja católica em especial, manifestaram-se atrozmente intolerantes. E em ocasiões com enorme incoerência onde eram minoritárias, clamavam pelo direito à liberdade religiosa; onde eram Igrejas estatais e/ou com concordatas com a Santa Sé eram sumamente intolerantes. O caso do nacional-catolicismo espanhol depois da guerra civil (1936-1939) é um dos mais claros e próximos.

A problemática do direito à liberdade religiosa incide de maneira direta no movimento ecumênico desde suas origens com duas questões fundamentais: a intolerância e o proselitismo. De maneira especial o Conselho Ecumênico das Igrejas tratou o tema nas assembléias de Amsterdã (1948), Nova Delhi (1961) e Nairobi (1975), afirmando explicitamente que a liberdade religiosa é elemento essencial para a boa ordem internacional. As assembléias de Nova Delhi e Nairobi, celebradas em contextos com um passado religioso-milenário não-cristão, acentuaram que o direito à liberdade religiosa não era um privilégio das Igrejas cristãs, mas que afetava qualquer ser humano e qualquer religião majoritária ou minoritária, inseparável além disso dos outros direitos fundamentais humanos. Nessa questão não somente deviam-se acentuar os aspectos internos da pessoa: a inviolabilidade da mente e da consciência, mas que esse direito atinge também as manifestações externas, excluindo portanto todo tipo de coação ou limitação que impeça a manifestação pública do ensino, ou do culto de outros credos. O tema do proselitismo, uma forma de atentado contra a liberdade religiosa, tem sido desde anos analisado com profundidade nos ambientes ecumênicos. O Conselho Ecumênico das Igrejas definiu-o como a "corrupção do testemunho por sutis ou abertas formas de lisonja, suborno, ou sob pressão ou intimidação" para conseguir novos adeptos ao próprio grupo religioso. Quando o diálogo ecumênico e inter-religioso fazia pressagiar o desaparecimento de toda forma de intolerância, quando a Igreja católica através da declaração conciliar *Dignitatis humanae* (1965) apostava com toda certeza pelo direito básico da liberdade religiosa, novas nuvens negras de fundamentalismos e fanatismos de tipo religioso ameaçam a convivência pacífica entre crentes de todos os credos. Hoje mesmo, inclusive, as relações ecumênicas entre católicos e ortodoxos acham-se prejudicadas pela acusação ortodoxa de que a Igreja católica pratica um sutil proselitismo nos antigos países da União Soviética, de tradição ortodoxa, e por sua vez a Igreja ortodoxa russa patrocina e apóia leis estatais com clara discriminação contra católicos e protestantes.

Libertação (Teologias da)

Sob essa denominação agrupam-se diversas teologias surgidas em diferentes contextos da opressão do Terceiro e Primeiro Mundos: teologia latino-americana, teologia negra, teologia feminista, teologia asiática. Trata-se de uma nova forma de fazer teologia que transcende as fronteiras confessionais da própria Igreja, pois a experiência da opressão e marginalização está presente nos diferentes contextos. Diante das teologias do Primeiro Mundo, mais dogmáticas e personalistas, as teologias da libertação caracterizam-se por: 1) *as teologias contextuais*, nas quais se dá uma parcialidade conscientemente assumida, diante da teologia elaborada no Primeiro Mundo, que não reconhece sua parcialidade. Conscientes de que toda teologia é necessariamente histórica, que toda teologia se faz partindo de determinado lugar social, as teologias da libertação são teologias feitas a partir das diferentes experiências de opressão (seja da mulher, do pobre, do negro etc.). Neste sentido, não se trata de teologia do genitivo, que simplesmente incorpora a libertação como tema de reflexão teológica; trata-se de teologias fundamentais que procuram repensar o conteúdo da revelação partindo dos diferentes contextos históricos nos quais se situam. A importância reside portanto no lugar "desde" onde se elabora a reflexão teológica, que supõe uma perspectiva nova (a práxis libertadora); 2) *o emprego do método indutivo*, que parte da experiência histórica, de uma realidade que se manifesta como de opressão e dependência. Isso traduz-se na linguagem, que deixa de ser racional e dedutiva para passar a ser indutiva. Assim, o ato primeiro é constituído pela experiência da marginalização e do sofrimento, sendo a reflexão teológica um ato segundo; 3) propõe-se *fazer uma releitura bíblica* partindo de diferentes óticas nas quais se situam (a mulher, os pobres, os negros...) e uma leitura global da teologia partindo do caráter libertador de Jesus Cristo; 4) trata-se de *teologias que nascem do compromisso*, portanto críticas, sociais, que dão a primazia à ortopráxis sobre a ortodoxia. O surgimento desse tipo de teologia não é algo exclusivo de uma única Igreja. Trata-se antes de uma corrente, de uma nova forma de fazer teologia que, com suas diversas peculiaridades, agrupa teólogos de diferentes confissões.

Assim, por exemplo, enquanto a teologia latino-americana está formada fundamentalmente por teólogos católicos, a teologia negra surge de comunidades metodistas e batistas; a teologia feminista nasce com um acentuado caráter ecumênico. Subentende-se aqui, além disso, uma chamada para se fazer uma leitura de tais teologias, partindo duma perspectiva ecumênica, aceitando a singularidade e particularidade próprias da teologia elaborada em regiões diferentes ou partindo de experiências diversas. A criação da "Associação ecumênica de teólogos do Terceiro Mundo" (EATWOT) em 1975 supôs um passo decisivo, tanto na coordenação das teologias da libertação da África, da Ásia e da América Latina, como na aproximação ecumênica, ao permitir que fossem aflorando elementos comuns entre elas. Cinco foram os encontros de teólogos da teologia da libertação celebrados até agora e convocados por essa Associação: em 1976, em Dar-es-Salam (Tanzânia); em Accra (Gana, 1977), onde teólogos protestantes, católicos e ortodoxos do mundo negro se reuniram em torno do tema da África; em Wennappuwa (Sri Lanka) em 1979, sobre como fazer teologia cristã na Ásia; em São Paulo em 1980, onde se refletiu sobre a "eclesiologia das comunidades de base". E o quinto encontro em Nova Delhi, em 1981. Mérito dessa associação é também a celebração do primeiro encontro com teólogos do Primeiro Mundo celebrado em Genebra em 1983 (CMB).

Lima (Liturgia de)

É uma liturgia eucarística preparada para as sessões de "Fé e Constituição", celebradas em Lima (Peru) em 1982. Desde então tem sido recebida com grande entusiasmo nos ambientes ecumênicos, embora tenha sido também objeto de sérias críticas em outros ambientes. Seu autor, o teólogo reformado Max Thurian, grande conhecedor do documento *Batismo, eucaristia, ministério* (BEM) e editor das respostas das Igrejas para esse documento, passaria anos depois para a Igreja católica. A *Liturgia de Lima* segue, fundamentalmente, modelos ocidentais de celebrações eucarísticas e, embora seu padrão permaneça inalterável, tem sido readaptável em ocasiões às situações diversas. Consta de quatro partes: *Liturgia de entrada* (saudação, confissão e absolvição, ladainhas e glória); *Liturgia da palavra* (oração inicial, três leituras bíblicas, homilia, proclamação do credo niceno e orações de intercessão); *Liturgia eucarística* (prefácio, epíclese e resposta comunitária, palavras da instituição eucarística, epíclese e diferentes comemorações, oração do Senhor, abraço da paz, canto do "Agnus Dei", e comunhão); *Liturgia da despedida* (oração de ação de graças e bênção final). A *Liturgia de Lima* foi utilizada pela primeira vez no dia 15 de janeiro de 1982, durante a reunião de "Fé e Constituição", na capital peruana, na qual participaram também católicos e ortodoxos, embora não recebessem a comunhão. Foi usada também durante a reunião do comitê central do Conselho Ecumênico das Igrejas (julho de 1982) e durante a sexta assembléia geral do mesmo organismo em Vancouver (1983), a qual foi presidida por Robert Runcie, arcebispo de Cantuária.

Local (Ecumenismo)

A expressão *ecumenismo local* possui certa complexidade. Não somente porque alguns autores a identificam com o *ecumenismo secular* — como contraposto ao das Igrejas —, mas porque aquela expressão leva facilmente a vários tipos da prática do ecumenismo. Assim, por exemplo, cabe um *ecumenismo local* que por sua vez seja um ecumenismo verdadeiramente *institucional* (como é o caso das delegações diocesanas do ecumenismo), igualmente compatível com a prática do *ecumenismo espiritual* em níveis locais, e inclusive partindo do *ecumenismo local* contribuem ricamente para com o *ecumenismo doutrinal*. Na realidade os equívocos provêm da terminologia. Por *ecumenismo local* deve-se entender a entrada no espaço ecumênico das gentes que formam os grandes espaços do povo de Deus. Se o ecumenismo no passado pode ter dado a impressão de ser assunto de especialistas, de clérigos, de teólogos, de hierarquia — um assunto, numa palavra "eclesiástico" —, o *ecumenismo local* vem desmentir essa idéia e recupera aquele legado dos primeiros ecumenistas, no qual os leigos deram os primeiros empurrões para a ação ecumênica. As expressões do *ecumenismo local* são múltiplas: desde aquelas com certa oficialidade, como as delegações diocesanas do ecumenismo e os centros ecumênicos, até os pequenos grupos informais, reuniões de orações, discussões em grupos bíblicos interconfessionais, reuniões de matrimônios mistos ou de preparação para as semanas da unidade etc. Sem dúvida alguma, o *ecumenismo local* ou *de base* deu com freqüência esse caráter de audácia, de "imprudência" e de espontaneidade, de que o movimento ecumênico está sempre tão necessitado.

Lund (Conferência de)

Lund (Suécia) foi, do dia 15 a 28 de agosto de 1952, a sede da 3ª conferência de "Fé e Constituição", uma vez integrado esse organismo teológico no Conselho Ecumênico das Igrejas (1948), seguindo o mesmo espírito que havia caracterizado as duas primeiras: Lausana (1927) e Edimburgo (1937). Em Lund estudaram-se quatro temas fundamentais: *Cristo e sua Igreja*; *Unidade*; *Modos do culto religioso*; *e Intercomunhão*, três dos quais vinham sendo trabalhado desde a conferência de Edimburgo. Em meios ecumênicos falou-se do "princípio de Lund", tirado da mensagem final da conferência para as Igrejas-membros quando afirmava: "Deveríamos solicitar encarecidamente às nossas Igrejas que considerem se elas estão fazendo o que deveriam para manifestar a unidade do povo de Deus. Não deveriam nossas Igrejas se perguntar se estão mostrando suficientemente disposição para entrar em diálogo com outras Igrejas, e se acaso não deveriam atuar juntas em todos os assuntos, exceto naqueles nos quais profundas diferenças de convicção as obrigam a atuar separadamente?..."

Pela primeira vez estiveram presentes dois observadores católicos numa conferência de "Fé e Constituição". Embora a presença de tipo "protestante" fosse maior que a representada por ortodoxos e anglicanos, "conseguiu-se que a eclesiologia fosse examinada em relação com a cristologia, com a escatologia e inclusive com o dogma trinitário" (G. Thils), e que se analisassem os fatores não-teológicos das divisões cristãs.

Luterana (Federação... mundial)

Desde o ano de 1947, a imensa maioria das Igrejas luteranas do mundo — com exceção das que compõem o sínodo de Missouri — está unida à "Federação luterana mundial" ("Lutheran World Federation"), com sede em Genebra, que canaliza os esforços da evangelização e testemunho do luteranismo mundial. A FLM congrega 55 milhões de luteranos dos 68 que existem no mundo. Os objetivos da FLM são a promoção de um testemunho unido do evangelho de Jesus Cristo como poder de Deus para a salvação, o cultivo da unidade da fé e da confissão entre as Igrejas luteranas do mundo, o desenvolvimento da solidariedade e a cooperação nos estudos entre os luteranos, o cultivo do interesse luterano pelo movimento ecumênico, e a ajuda às Igrejas luteranas para satisfazer suas necessidades espirituais. As assembléias gerais da FLM são celebradas de seis em seis anos, sob a presidência da figura do secretário geral. Destacam-se os nomes de André Appel, Carl H. Mau, Ishmael Noko etc.

As *características comuns* dessas Igrejas

luteranas são as seguintes: 1) Total soberania da *revelação bíblica* sobre qualquer outro tipo de autoridade ou de fontes religiosas ("Sola Scriptura"), que constitui como o princípio formal, e a justificação pela fé, como núcleo central do evangelho, e que seria o princípio material; 2) *Somente Cristo* obteve o perdão total, gratuito, incondicional, imerecido pelo ser humano, pois por si mesmo está incapacitado (somente por suas obras) de alcançar o perdão ou a graça; 3) *Somente a fé justifica*, mas a fé como resposta à palavra estabelece uma relação pessoal entre Cristo e o crente, que é de obediência e de confiança (fé fiducial); 4) *A Igreja* é a "assembléia dos crentes, na qual o evangelho é pregado fielmente e os sacramentos são administrados corretamente", e seus ministérios, cuja raiz é o batismo, não têm caráter sacramental; 5) A *espiritualidade luterana* é fundamentalmente bíblica; Maria ocupa um lugar especial, mas não tem a relevância que ocupa nas tradições católica e ortodoxa; as devoções aos santos estão praticamente esquecidas; 6) O *culto* consiste na pregação da palavra e na celebração da ceia, mas o culto litúrgico não isenta da piedade individual e familiar, e da freqüência da leitura bíblica. A FLM mantém uma intensa atividade ecumênica graças a seu "Centro de investigação ecumênica" (Estrasburgo) que lhe permite estar em permanente diálogo com outras Igrejas protestantes, assim como com a Igreja católica e ortodoxa.

Luteranismo

Nome que se dá à grande família de Igrejas, herdeira das instituições teológicas de Martinho Lutero (1483-1546), que adotam os "livros simbólicos" luteranos como base de sua organização, liturgia e confissão de fé. O nome de Martinho Lutero está na origem das reformas eclesiásticas que tiveram lugar na Europa no século XVI. Escreveu-se muito sobre o significado de sua obra reformadora e sobre sua própria personalidade. Certamente foi uma personalidade muito complexa. O que com toda certeza se pode afirmar sobre Lutero é que nunca tivesse querido a "criação" de Igrejas Luteranas. Seu intento foi sempre a reforma da única Igreja de Cristo. Sua prodigiosa produção bíblica e teológica — expressada numa linguagem nunca fácil e revestida de tons muito duros contra Roma — foi apresentada depois de sua morte, através de "confissões de fé" e formulações diversas, inclusive de seus discípulos, como Filipe Melanchton, com a *Confissão de Augsburgo* (1530) e o *Livro da concórdia* (1580). Tudo isso significaria para o luteranismo o necessário ponto de referência para manter uma unidade doutrinalmente coerente com as grandes afirmações do reformador alemão. As comunidades que se aliaram à reforma de Lutero receberam inesperadamente o apoio de numerosos príncipes alemães que ajudaram a estabilizar e dar apoio institucional à idéia religiosa luterana.

A expansão luterana não foi, contudo, nada fácil naquele emaranhado mundo no qual se entremeavam interesses políticos, humanistas e religiosos. Em fins do século XVI, o luteranismo estava estendido pela Alemanha e em parte da Suíça e chegou a ser a religião oficial nos países escandinavos. Mais tarde é introduzido nos Estados Unidos através dos imigrantes alemães. A história do luteranismo, durante o século XVII, representa um grande esforço de formulação teológica, mas sem originalidade e traindo às vezes o espírito de Lutero. É o século da *ortodoxia luterana*. Sua secura provoca reação no século XVIII, um tipo de espiritualidade pietista destinada ao cultivo do sentimento religioso, conectando às vezes inclusive com certo misticismo (Ph. J. Spener, A. H. Francke e G. Arnold). O centro desse movimento acha-se em Hale. O pietismo luterano tem um de seus melhores representantes no conde Nicolás Luis von Zinzerdorf, e nas comunidades dos irmãos moravos. Nessa corrente espiritual acha-se a autêntica expressão artística do coral luterano, cuja mais alta expressão artística é personificada na piedade artística e na fé profunda de Johann Sebastian Bach. O luteranismo posterior está marcado pelas contradições que encerram a convivência numa mesma Igreja de círculos pietistas e do espírito da Ilustração. O desenvolvimento de um racionalismo radical em muitas cátedras de teologia do século XIX esvazia de conteúdos cristãos as fórmulas daquele que havia inspirado a reforma protestante e que chega a ser o grande esquecido. Será o século XX o que marca uma volta a Lutero. Seu redescobrimento se deve, parece até paradoxal, à reação que provoca em meios luteranos alguns livros católicos sobre o reformador alemão, sobretudo os de H. Denifle (1904) e de Grisar (1911). Há aspectos menos limpos na volta a Lutero levada a cabo pelos "cristãos alemães" obedientes às teses do nacional — socialismo do III Reich, ao ver no reformador a reencarnação das virtudes da raça ariana. Mas o descobrimento, em grandes áreas das Igrejas luteranas, significou um retorno às verdadeiras instituições religiosas de Lutero.

Lutero, Martinho

Martinho Lutero (Eisleben, 10.11.1483 - Eisleben, 18.2.1546). O reformador por excelência do século XVI. Homem profundamente religioso, apaixonado pela causa de Deus, polemista, e extremamente duro contra a Igreja de Roma. Nasceu num ambiente rural da Alta Saxônia, quando ainda a Idade Média não havia dado passagem para o Renascimento. Depois de seus estudos na universidade de Erfurt, ingressou no convento dos agostinianos daquela cidade em 1505. Parece que viajou para Roma, no inverno de 1510, sem que transpareça nenhuma animosidade contra a cidade dos papas. Em 1512 doutora-se em teologia e começa seu magistério na universidade de Wittenberg como professor de Sagrada Escritura. Suas aulas sobre as cartas aos Romanos (1515-1516) e aos Gálatas vão ser decisivas na hora de explicar as relações entre a obra justificadora de Deus e a pecaminosidade do homem. O tema da pregação das indulgências vem complicar o problema. Seguindo um costume universitário, no dia 31 de outubro de 1517 desafia, através de suas 95 teses, outros doutores para defenderem a validade daquelas indulgências romanas aparentemente salvíficas. A difusão de suas teses por toda a Alemanha e as subseqüentes controvérsias e polêmicas com Cayetano (outubro de 1518) e J. Eck (julho de 1519) o fa-

Martinho Lutero

zem radicalizar em suas posições e provocam, por parte de Leão X, a publicação da bula *Exsurge, Domine* (15 de junho de 1520), que significará sua excomunhão. O ano de 1520 é decisivo na vida de Lutero. Publica três grandes obras, decisivas no início da reforma luterana: *A nobreza cristã da nação alemã* (agosto); *O cativeiro babilônico da Igreja* (outubro); e *Tratado da liberdade do cristão* (novembro). Na primeira obra fala do sacerdócio universal de todos os cristãos, e da inteligibilidade imediata da Escritura; a segunda é uma crítica à teoria sacramental de Roma, atribuindo somente a dois sacramentos sua verdadeira natureza: batismo e ceia, e na última fala do cristão como o homem mais livre com respeito a Deus e mais escravo com respeito a seus semelhantes.

A partir dessas obras sua vida é um turbilhão. Depois da dieta de Worms (abril de 1521), e exilado do império, mas protegido por príncipes alemães, recolhe-se no castelo de Wartburgo, onde traduz o Novo Testamento para o alemão. No inverno de 1521 publica seu famoso *De votis monasticis*. As primeiras simpatias entre Lutero e Erasmo de Roterdam cessam logo por causa das disputas sobre a liberdade e servidão do homem

(1525). Nas revoltas dos camponeses, e depois dos titubeios iniciais, Lutero toma posição contra eles. É também o ano de seu casamento com Catarina de Bora, com a qual teria seis filhos. Seu ensino em Wittenberg entremeia-se com sua atividade de escritor, de polemista e de reformador. Em 1529 publicou o *Grande catecismo* (abril) e o *Pequeno catecismo* (julho), e embora não pudesse participar da dieta de Augsburgo — em seu lugar está sempre Felipe Melanchton —, dá sua aprovação à *Confissão augustana,* com 21 artigos de fé comuns e 7 de abusos a emendar (junho de 1530).

Os inumeráveis esforços para a comunhão entre as facções luteranas e católicas não atingiram seus objetivos. Mas nesse meio de tempo surgiram conflitos internos dentro da Reforma: primeiro foram os anabatistas, depois as posições de Zwinglio sobre a eucaristia, mais tarde Bruce. Certa unidade dentro do protestantismo aparece na concordata de Wittenberg (maio de 1536). Em fevereiro de 1537 estão preparados os artigos de Smalkalda para apresentar ao concílio, redigidos por Lutero mesmo, embora no fim se decida pela sua não apresentação. Em março de 1545, o reformador alemão ainda escreve um tratado *Contra o papado de Roma*; nesse mesmo ano faz a última revisão da tradução da Bíblia e dá algumas aulas sobre o livro do Gênesis. Durante a viagem a Eisleben, cai enfermo e morre em sua cidade natal no dia 18 de fevereiro de 1546.

Foi um dos personagens mais influentes da história do cristianismo. A bibliografia sobre ele é enorme. A imagem católica mudou muito desde os primeiros tratados condenatórios sobre sua figura, principalmente os de Johannes Cochlaeus e J. Eck, os mais recentes, — já em nosso século — de Heinrich Denifle e Hartmann Grisar, até o descobrimento de uma nova imagem através dos estudos de J. Paquier, A. Herte, M. Pribilia, Joseph Lortz, Yves Congar. Este último chegará a dizer: "Este homem é um dos maiores gênios de toda a história. A esse respeito colocou-o no mesmo nível que Santo Agostinho, Santo Tomás de Aquino ou Pascal. De certa maneira, ainda é maior. Repensou todo o cristianismo. Construiu uma nova síntese, uma nova interpretação. Esse homem em meio a Idade Média, sobrepassou o mundo medieval... Lutero foi um homem da Igreja; teve uma formação teológica; conheceu uma experiência espiritual católica muito profunda. E tudo isso traspassado e animado por uma imensa energia criadora". Nos meios ecumênicos apresenta-se hoje a possibilidade de se levantar a excomunhão que recaiu sobre o monge agostiniano alemão. A partir de agora torna-se necessário conhecer os estudos de tipo ecumênico que foram realizados já sobre a pessoa do reformador. De grande interesse é o documento produzido pela Comissão mista católico-luterana intitulado *Martinho Lutero, testemunha de Jesus Cristo* (1983).

Malinas (Conversações de)

Encontros entre teólogos católicos e anglicanos que, sob a presidência do cardeal Mercier, são celebrados no arcebispado de Malinas (Bélgica) desde 1921 a 1926. A iniciativa fora tomada, contudo, por Lord Halifax e o Padre Portal, com a aprovação do papa Pio XI e do arcebispo Davidson de Cantuária. As cinco conversações foram celebradas: 1ª) em 1921 (6 a 8 de setembro); 2ª) em 1923 (14-15 de março) 3ª) em 1923 (7-8 de novembro) 4ª) em 1925 (de 19-20 de maio); 5ª) como um esforço para um resumo de todo o trabalho, em 1926 (11-12 de outubro). Os protagonistas foram por parte católica: cardeal Mercier, Van Roy, Portal, Batiffol e Hemmer; e do lado dos anglicanos: Halifax, Armitage Robinson, Walter Frere, Gore, e B. J. Kidd. O programa tratou sobre os seguintes temas: *Diversidade dentro da unidade*; *Os 39 artigos da fé anglicana*; *Concílio Vaticano I*; *Jurisdição do papa e dos bispos*; *Posição de Pedro na Igreja apostólica*; *Validade das ordens an-*

glicanas; *Relação do papado e os bispos ao longo da história*; *Os últimos dogmas definidos, necessariamente impostos aos anglicanos?*; *Que tipo de união?, incorporação ou absorção?* É claro que na mente dos protagonistas das conversações se propusesse como fim imediato a reconciliação da Igreja da Inglaterra com Roma. Contudo, é óbvio que a intenção era se aproximar e reforçar a posição anglo-católica no seio do anglicanismo. Malinas significou um resumo e a colocação em prática dos ideais do Movimento de Oxford, que quase um século antes havia visto surgir com força o senso "católico" que o anglicanismo encerra. Contudo, dois anos depois, em janeiro de 1928, o papa Pio XI publicava uma encíclica intitulada *Mortalium animos*, da qual se disse ter sido uma condenação — sem mencionar o nome das "conversações" de Malinas, impressão corroborada semanas depois quando o "L'Osservatore Romano" anunciava o fim daqueles encontros privados, embora com certa oficialidade concedida por ambas as Igrejas.

Maria (no diálogo ecumênico)

A consideração do papel de Maria na história da salvação constitui um dos problemas que, ao lado do papado e dos ministérios, dificultam enormemente o diálogo entre as Igrejas cristãs e impedem o caminho para a unidade. A doutrina e o culto marianos são um dos pontos em que se percebem claras diferenças entre a Igreja católica e as Igrejas da reforma. A estas divergências tradicionais entre católicos e protestantes soma-se o distanciamento entre católicos e ortodoxos, conseqüência da proclamação dos últimos dogmas marianos, que suscitam a questão da possibilidade de elevar à categoria dogmática uma doutrina sem base direta na Bíblia e a possibilidade de o exercício por parte do papa, ele sozinho, do magistério com caráter infalível.

As divergências com o mundo protestante têm sua origem no momento mesmo da reforma, embora deva-se afirmar, ao contrário de uma errônea imagem, muito difundida do protestantismo, que a reforma protestante não foi antimariana. Prova disso é que todas as afirmações sobre Maria dos primeiros concílios foram aceitas pelos reformadores. A posição de Lutero não foi de rejeição de Maria (de fato Lutero nunca suprimiu o culto a Maria, e é excelente seu *Comentário ao Magnificat*). Sua reação foi ante um tipo de devoção mariana imperante na Igreja em fins da Idade Média, na qual se via o perigo de que pudesse obscurecer o caráter único mediador de Cristo. Assim, na Igreja católica apareceu uma corrente de grande aumento de piedade mariana que, passando pelos excessos do barroco, teve sua culminância na definição dos últimos dogmas marianos e trouxe consigo exageros no culto mariano e uma alteração da hierarquia das verdades. Mas também é verdade que no luteranismo e no calvinismo a veneração a Maria não teve o relevo que teve em outras Igrejas. Sua figura ficou relegada a um segundo plano, chegando na prática quase ao esquecimento. O diálogo vem sendo dificultado pelo fato de que entram aqui as grandes questões teológicas: a relação entre a revelação e tradição, o magistério da Igreja e a infalibilidade do primado romano, a graça e o mérito, a redenção e a possibilidade do homem no plano da salvação. Encontramo-nos diante de duas estruturas de pensamento teológico — a católica e a protestante —, diante de dois métodos teológicos diferentes (o dos "sola principia" protestante, e do católico, com um maior peso da tradição e o magistério) que, aplicados à mariologia, levam a conclusões diferentes. Podem ser sintetizadas em duas as principais questões que, em nível teológico, existem entre a Igreja católica e as Igrejas da reforma. Em primeiro lugar, as divergências a propósito da doutrina da mediação de Maria. Essa doutrina, afirmada com matizes pelos católicos, choca com o princípio reformado "solus Christus" que considera Cristo como único mediador, excluindo qualquer outra função mediadora. A importância que na Igreja católica se deu em certas ocasiões ao papel mediador de Maria levou os protestantes a acusar os católicos e ortodoxos de haver esquecido o princípio de hierarquia de verdades. Em segundo lugar, a fundamentação católica e ortodoxa, não somente na Bíblia, mas também na tradição, choca com o princípio reformado da "sola

Scriptura", que faz da Sagrada Escritura o único princípio de conhecimento.

Outro dos pontos tradicionais de conflito, já não doutrinal, é aquele que se refere ao culto: certas práticas de devoção mariana do catolicismo e da ortodoxia são negadas pelos protestantes por considerar que se produz um deslocamento de Cristo. Por isso os protestantes rejeitam as práticas de piedade mariana católica e ortodoxa, assim como certas aproximações doutrinais à figura de Maria por sua escassa fundamentação bíblica, mesmo chegando em certas ocasiões em sua rejeição a esquecer o papel de Maria na história da salvação. Deve-se dizer que, embora as diferentes sensibilidades e atmosferas espirituais de ambas as Igrejas tenham levado as duas Igrejas a uma falta de conhecimento e compreensão mútuas, hoje podemos falar de uma mudança na situação e inclusive de uma aproximação mútua.

Na teologia católica produziu-se uma evolução. O Concílio Vaticano II introduziu uma mudança de perspectiva com respeito a uma época anterior na qual ainda se buscava a definição de novos dogmas marianos (Maria co-redentora e Maria medianeira de todos as graças). A colocação do tema, não num documento à parte, mas dentro da Constituição sobre a Igreja (*LG*, cap. VIII), procurou situar a figura de Maria na mediação única de Cristo, contemplando sempre sua figura em relação com Cristo e com a Igreja, abrindo com isso uma via de superação daquilo que era um dos pontos de conflito: a doutrina sobre a mediação de Maria. Prestou-se uma maior atenção ao princípio da hierarquia de verdades, que supõe uma melhor integração da mariologia com as doutrinas trinitária, cristológica e eclesiológica. Realizou-se também uma fundamentação bíblica mais rigorosa do discurso teológico sobre Maria e uma purificação dos excessos do culto mariano. Por sua parte, a teologia protestante está levando a cabo uma aproximação à figura de Maria.

Tudo isso tornou possível a existência nos últimos anos de diferentes diálogos ecumênicos sobre Maria. Cabe mencionar especialmente o intitulado *Maria no Novo Testamento (Uma avaliação conjunta de estudiosos católicos e protes-*

tantes) patrocinada pelo "Diálogo luterano-católico dos Estados Unidos" (1978); e o último trabalho do Grupo de Dombes intitulado *Marie dans les dessein de Dieu et la communion des saints* (1997-1998). Atualmente encontramo-nos numa perspectiva de diálogo, embora reconhecendo as diferenças e problemas existentes. Pensando além disso num modelo de unidade que não exija como necessário um acordo pleno, mas que considere suficiente um acordo nas verdades centrais da fé, admitindo um pluralismo no resto da doutrina professada pelas diferentes Igrejas, a mariologia deixaria de ser um empecilho no diálogo ecumênico. Não se deve tampouco esquecer que, atendendo ao princípio da hierarquia das verdades, nem todos os enunciados sobre Maria têm o mesmo valor nem se situam no mesmo nível, já que nem todos fazem igual referência a Cristo. Assim, a consideração de Maria como Mãe de Deus é o enunciado mariológico mais importante por estar referido mais diretamente a Cristo enquanto faz parte do mistério da encarnação. E aqui está uma consideração sobre a qual poderá haver mais facilmente o acordo (CMB).

Mártires ecumênicos

A expressão "mártires ecumênicos" aparece na carta apostólica de João Paulo II, com o título de *Tertio millenio adveniente*, de 10 de novembro de 1994. Com ela o papa queria indicar que uma forma crível do ecumenismo é o testemunho que deram os mártires de diferentes Igrejas derramando seu sangue por Cristo. É sabido que essa carta apostólica possui afirmações e dimensões ecumênicas muito notáveis. E entre as iniciativas ecumênicas que se desenvolvem na *Tertio millenio adveniente* enumeram-se o diálogo doutrinal e a oração ecumênica (n. 34), a reflexão sobre o batismo, com nítido perfil ecumênico (n. 41), o diálogo com as grandes religiões a propósito do ano de 1999, dedicado à reflexão sobre o Pai (n. 53), a celebração do grande jubileu do ano 2000 propondo lugares de grandes reuniões de massas de cristãos: Jerusalém, Roma etc. Contudo a iniciativa talvez mais original seja a referente ao martírio como lugar ecumênico. Intuição que poderá ter grandes conseqüências. O texto diz assim: "A Igreja do primeiro milênio nasceu do sangue dos mártires. ... No término do segundo milênio, a Igreja voltou de novo a ser a Igreja de mártires. As perseguições de crentes — sacerdotes, religiosos e leigos — causaram uma grande sementeira de mártires em várias partes do mundo. O testemunho oferecido por Cristo até o derramamento de sangue tornou-se patrimônio comum de católicos, ortodoxos, anglicanos e protestantes, como revelava já Paulo VI na homilia de canonização dos mártires ugandeses (AAS 56 [1964] 906). É um testemunho que não se pode esquecer... Em nosso século voltaram os mártires, com freqüência desconhecidos, quase 'militi ignoti' pela grande causa de Deus. Na medida do possível não devem-se perder na Igreja seus testemunhos. Como foi sugerido no consistório, é preciso que as Igrejas locais façam todo o possível para não perder a lembrança daqueles que sofreram o martírio, recolhendo para isso a documentação necessária. Isso deve ter um sentido e uma eloqüência ecumênicos. O ecumenismo dos santos, dos mártires, é talvez o mais convincente. A *communio sanctorum* fala com uma voz mais forte que os elementos da divisão..." (n. 37).

Matrimônios mistos

Entende-se por matrimônio misto o celebrado entre duas pessoas batizadas, cada uma das quais pertence por seu batismo a uma Igreja que não está em comunhão com a de seu cônjuge. Embora não seja recomendado por algumas Igrejas por causa das dificuldades que poderiam surgir no próprio matrimônio, por razão de visões e ensinos diferentes herdados das próprias comunidades, permite-se não obstante porque contrair matrimônio livremente com a pessoa amada é um direito natural anterior às dispensas eclesiásticas.

O matrimônio misto constitui, sem dúvida, um problema ecumênico por duas razões principais: pela diferente concepção que há sobre o matrimônio enquanto tal entre as Igrejas, e pelo próprio fato de seu caráter misto. Embora sobre vários aspectos referentes ao matrimônio todas as Igrejas cristãs coincidam, é um fato, contudo, que a teologia e a prática matrimoniais são divergentes também em pontos decisivos: a origem do matrimônio, a sacramentalidade, a aceitação de sua forma civil, a indissolubilidade etc. É evidente que a problemática implicada no matrimônio misto constitui na prática, ao lado do tema da intercomunhão, um dos sinais mais visíveis da divisão existente entre as Igrejas, já que dois cristãos unidos para compartilhar uma vida em todas as suas manifestações estão separados — se realmente forem praticantes — na dimensão eclesial.

Os especialistas na questão ressaltaram duas posturas principais diante da problemática dos matrimônios mistos: 1) A *atitude de rejeição*. Essa postura viria somar-se a daqueles que observando as dificuldades em matrimônios com notáveis diferenças entre os cônjuges — matrimônios de raças diferentes, níveis econômicos, sociais ou culturais etc — opõem-se a eles, e inclusive vislumbram ainda maior problematicidade quando se trata de diferenças nas crenças, já que podem levar inclusive à conversão de um cônjuge à confissão do outro, ao indiferentismo e finalmente ao abandono total da prática religiosa de ambos os cônjuges. 2) *Atitude de aceitação positiva*. Partindo das perspectivas estritamente ecumênicas, alguns autores acreditam que os matrimônios mistos seriam como um sinal constante e uma antecipação simbólica da unidade — embora não alcançada em plenitude — a qual as Igrejas aspiram. Seria além disso ocasião de conhecer e apreciar as riquezas da Igreja do outro cônjuge, fator estimulante e recordador da necessidade do ecumenismo, possibilitando o encontro ecumênico entre membros das duas famílias e dos pastores de ambas as comunidades eclesiais. Não é casualidade que justamente o movimento ecumênico tenha sido determinante na hora de se pôr em dia as normas vigentes sobre os matrimônios mistos. O moto próprio *Matrimonia mixta*, de 31 de março de 1970, propunha uma revisão da legislação anterior da Igreja católica, na qual podem destacar-se os seguintes elementos: ainda desaconselham-se tais matrimônios; contudo, aceitam-se, embora para sua celebração faz-se necessária uma dispensa chamada impediente (sem a qual o matrimônio celebrado seria ilícito); obrigação para o cônjuge católico de conservar a própria fé e de procurar enquanto for possível que a prole seja batizada e educada na fé católica, mas reconhecendo por sua vez os direitos e obrigações de consciência que incumbem também ao cônjuge da outra Igreja; por isso que na atual legislação o cônjuge católico não tenha já nada que prometer como se pedia antes do concílio; descentralização eclesiástica, pois compete aos bispos, não à Santa Sé, dispensar dos impedimentos, e às conferências episcopais determinar as declarações, os modos e efeitos das mesmas que devem fazer-se; e finalmente a necessidade de que o matrimônio misto seja celebrado segundo a forma canônica (indispensável para a validade), embora no caso de graves dificuldades cabe dispensa da mesma — que o bispo pode conceder — pelo que poderá ser celebrado o matrimônio diante de um ministro de outra Igreja.

As penas de excomunhão que recaiam sobre o cônjuge católico que contraia matrimônio diante de um ministro acatólico, ou que educasse os filhos na Igreja doutro cônjuge, não vigoram mais, concedendo também a essa norma efeitos retroativos, de tal maneira que aqueles que tivessem incorrido na excomunhão no passado, hoje estão livres da mesma.

Menonistas

Nome derivado do ex-sacerdote católico holandês Meno Simonis (1496-1561), organizador de um movimento com características semelhantes ao dos anabatistas suíços e alemães, que perseguidos cruelmente haviam chegado à Holanda. A expansão menonista, devida mais às perseguições que ao interesse missionário, desenvolveu-se principalmente nos países bálticos (1530); mais tarde difundiu-se na Prússia e na Rússia e finalmente chegou aos Estados Unidos. As últimas estatísticas falam de uns 800.000 menonistas, com um crescimento relativamente importante em países latino-americanos, mas sendo as comunidades na América do Norte as mais numerosas. As posições doutrinais estão dentro das do protestantismo clássico, dando muita ênfase à centralização de Jesus Cristo como Senhor e Salvador, mas também como modelo de vida a ser imitado. Com uma eclesiologia de tipo congregacionalista, acentuam a Igreja como "a comunidade de crentes" adultos que receberam o batismo como sinal de sua pessoal adesão ao Senhor. Levam uma vida muito simples, na qual a Bíblia regula o comportamento do discípulo. A busca da paz e a rejeição de qualquer tipo de violência são características menonistas. As diferentes comunidades estão representadas na Conferência mundial menonista, que mantém boas relações com as Igrejas protestantes, especialmente com as de tendências evangélicas. Recentemente entrou em diálogo com a Aliança batista mundial e com a Aliança mundial de Igrejas reformadas. Somente a Igreja menonista da Holanda e do norte da Alemanha são membros do Conselho Ecumênico das Igrejas. Há ainda em alguns Estados da América do Norte pequenas comunidades de *Amish*, grupos radicais que romperam com suas raízes menonistas por questões de disciplina e que se mantêm em regime congregacionista puro, habitam exclusivamente em zonas rurais, e vivem totalmente separados da sociedade que os rodeia, rejeitando inclusive qualquer progresso que se afaste do ideal de vida simples.

Mercier, Désiré

Désiré-Joseph Mercier (Braine l'Allend, Bélgica, 21.11.1851 - Bruxelas, 23.1.1926), um dos pioneiros no século XX do diálogo teológico católico-anglicano. Foi ordenado sacerdote em 1874, sendo logo em breve nomeado professor de filosofia em Malinas (1877), e mais tarde professor de filosofia tomista na universidade de Lovaina. Sagrado arcebispo de Malinas no ano de 1906, recebeu a púrpura cardinalícia no ano seguinte. Gozou de grande prestígio como teólogo e animador de um sério tomismo, mas adquiriu fama mundial por seu patriotismo diante da invasão alemã. Infatigável batalhador pela causa do ecumenismo, lutou em duas frentes: anima a fundação em Amay — mais tarde Chevetogne — de um mosteiro beneditino para ajudar a restaurar a unidade entre as Igrejas ortodoxas e o catolicismo romano, e fomentou e presidiu além disso as famosas "Conversações de Malinas" (1921-1926), entre católicos e anglicanos, iniciadas por homens do porte de Lord Halifax e o Padre Portal.

Metodismo

O metodismo é o resultado do "despertar religioso" levado a termo pelos seguidores do clérigo anglicano John Wesley (1703-1791) em meados do século XVIII. Wesley nunca pretendeu fundar comunidades separadas da "Igreja da Inglaterra", mas as circunstâncias fizeram com que depois de sua morte surgissem igrejas autônomas sem comunhão com o anglicanismo. John Wesley, estudante em Oxford, fomentou um modo de vida entre seus companheiros no qual as práticas piedosas e certos comportamentos — leitura metódica do Novo Testamento, jejuns em certos dias, exame diário de consciência, austeridade no vestir, visitas a enfermos — valeram-lhe o apelido de "metodista".

Depois de sua ordenação como presbítero, viaja aí pelo ano de 1735 para as colônias inglesas da América. O contato com os irmãos moravos convence-o da necessidade de experimentar a conversão e de aspirar à santidade. Convertido em pregador itinerante, passará o resto da vida levando a mensagem evangélica às classes populares, redigindo comentários bíblicos e compondo, junto com seu irmão Charles, hinos religiosos que ainda hoje se cantam em quase todas as Igrejas do protestantismo. As ordenações realizadas em 1784, sem presença episcopal, levam a uma cisão que dará origem ao que hoje se chama metodismo. A estrutura simples, mas muito organizada (o "class meeting", a "sociedade", o "circuito", o "sínodo"), ajuda a sua extraordinária expansão em territórios dos Estados Unidos.

As Igrejas metodistas sofreram numerosas cisões ao longo de sua história, devidas à influência do calvinismo rígido e à tomada de posições com respeito ao problema da escravidão dos negros. As crenças básicas do metodismo são as dos reformadores do século XVI, partindo das leituras e espiritualidade de John Wesley. Embora em suas origens as Igrejas metodistas fossem de tendência "revivalística", hoje constituem Igrejas protestantes no sentido mais clássico da palavra. Há uma ampla coincidência em doutrinas trinitárias e cristológicas, insistem na queda total da natureza humana por causa do pecado, do qual acentuam os aspectos psicológicos e experimentais. Precisamente por causa disso, o perdão e a justiça trazidos por Jesus Cristo devem-se experimentar também sensivelmente. Distinguem perfeitamente os diferentes passos do agir divino no ser humano. A conversão e a justificação constituem o primeiro momento do desenvolvimento da vida cristã. A santificação é o segundo momento e opera uma mudança radical no ser da pessoa. O metodismo, diferente do protestantismo clássico, admite de bom grado a cooperação crente à graça divina em vista de sua santificação e contemplação. Sempre existiu em meios metodistas uma séria literatura espiritual devida, sem dúvida, às influências dos irmãos moravos e aos pietistas alemães. Hoje são aproximadamente 50 milhões de fiéis, membros de 65 Igrejas estendidas por 90 países.

Meyendorff, John

John Meyendorff (Neuilly-sur-Seine, 1926 - Nova York, 1992). Nascido de uma família aristocrata russa de emigrantes, educou-se teologicamente no Instituto de San Sergio de Paris, onde se graduou em 1949 e fez seu doutorado em letras na Sorbona em 1958 sobre o pensamento de São Gregório Palamas. Ordenado sacerdote, foi para os Estados Unidos (1959) como professor de patrística e história da Igreja no seminário teológico de São Vladimir (Nova York), do qual seria decano desde 1984 até sua morte em 1992. A docência no seminário nova-iorquino foi alternada com seus trabalhos no Centro de investigações bizantinas (Dumbarton Oaks, Washington, D.C.) e com as aulas de história ortodoxa em Fordham University, desde 1967 até 1992. Editor da Revista "St Vladimir's Theological Quarterly" e diretor do jornal oficial da Igreja ortodoxa russa na América, "The Orthodox Church". Foi muito ativo na questão ecumênica. Muito jovem ainda foi membro fundador e primeiro presidente de "Syndesmos", a organização internacional dos movimentos ortodoxos juvenis. Presente em várias assembléias gerais do Conselho Ecumênico das Igrejas, na de Upsala (1968) esteve como delegado do patriarcado ecumênico de Constantinopla. Muito ativo também na comissão de "Fé e Constituição". Conforme Thomas Hopko, Meyendorff dirigiu suas preocupações ecumênicas num duplo sentido: por uma parte, testemunhou dentro das Igrejas ortodoxas a necessidade de se envolver e participar mais ativamente no movimento ecumênico, e por outra parte, dentro do próprio movimento ecumênico, trabalhou incansavelmente por meio de seus artigos, livros, conferências e atividades de diversas índoles. Entre seus livros destacam-se: *A Igreja ortodoxa: seu passado e seu papel no mundo presente* (1962); *Cristo, no pensamento cristão oriental* (1969); *Teologia bizantina* (1974); *São Gregório Palamas e a espiritualidade ortodoxa* (1974); *A tradição viva* (1978) etc.

Milenarismo

O termo milenarismo vem, na terminologia cristã, dos "mil anos" que aparecem no livro do Apocalipse (20,1-10) e que sugerem um tempo de felicidade depois da apocalíptica queda do mundo presente. Contudo, o milenarismo é um fenômeno de alcance universal que afeta a imaginação coletiva, tanto das sociedades oprimidas como das sociedades opulentas, tanto das sociedades de velha tradição cristã como daquelas onde não criou raízes o cristianismo. O clima milenarista desenrola-se de maneira decisiva nos ambientes onde, diante da inquietação de cataclismos naturais, de comportamentos sociais deteriorados — terrorismo, violência étnica etc. —, ou diante da proximidade do final do milênio, surgem medos irracionais, ansiedades e esperanças. O estado de ansiedade religiosa, mistura de pânico visceral e exaltação messiânica, traz a aparição de grupos religiosos que proclamam a chegada de um messias capaz de fulminar este mundo corrupto e fazer aparecer uma nova criação, mas isso exige conversão, seguimento, separação e ruptura com a sociedade. O milenarismo como fenômeno cristão aprofunda suas raízes na interpretação de alguns livros sagrados, especialmente de Daniel e do Apocalipse, e tem seus primeiros expoentes em certos escritos de Santo Irineu, Tertuliano e Lactâncio. As obras que exerceram, contudo, maior influência no posterior desenvolvimento do milenarismo são as *Profecias sobre os Papas*, do irlandês São Malaquias (1094-1132), e as *Sete Centúrias*, de Nostradamus (1503-1566). A Idade Média foi uma época especialmente atormentada pela espera da catástrofe final. O movimento dos autoflagelantes, que percorriam a Europa medieval, parece que foi causado pela crença na iminente chegada do fim do mundo. Algo semelhante encontra-se nas fraternidades místicas do Espírito Livre, no movimento dos shakers de Ann Lee, nas primeiras correntes propriamente adventistas, de Willian Miller e de Ellen White, assim como na sociedade religiosa dos Testemunhas de Jeová, de Charles Taze Russell.

Ministérios cristãos

Não se pode pensar uma Igreja cristã sem ministérios — serviços no sentido amplo da palavra —, que a partir do Novo Testamento configuram a estrutura eclesial. O ministério eclesial é parte da estrutura, não somente da organização da Igreja. Por isso se disse com acerto que a Igreja é ministerial, não simplesmente tem ministérios. Embora haja várias convicções compartilhadas por todas as tradições cristãs: 1) a grande diversidade de ministérios que aparecem no Novo Testamento é uma riqueza; 2) do texto bíblico pode-se deduzir uma dupla ordem ministerial: ministérios com ordenação (cartas pastorais) e ministérios de todo o povo de Deus; 3) o ministério tem um componente de caráter divino enquanto *dom* que requer um chamamento e por isso não é simplesmente uma tarefa burocrática e funcional; 4) implica por parte da comunidade cristã grande criatividade conhecendo as necessidades da Igreja e do mundo etc.; contudo a questão ministerial é hoje talvez um dos maiores obstáculos que se encontram no caminho da reconciliação cristã. Por uma parte, implica problemas de ordem teórica: para algumas comunidades o ministerial está na própria entranha da sacramentalidade eclesial; outras negam-lhe essa valoração, mas também de ordem prática, pois exigem o reconhecimento mútuo dos ministérios de cada Igreja, sem o qual não cabe plena comunhão. A dificuldade aumenta quando na análise dos ministérios "com ordenações" considera-se o problema da autoridade pessoal num ministério que se reclama seja universal e infalível, quando se procura estudar e levar à prática o ministério ordenado da mulher, ou quando se analisa o tema do ministério aos homossexuais.

Entre as igrejas ortodoxas e a Igreja católica romana não há grandes discrepância na questão ministerial, excetuado o tema do ministério do primado romano. As divergências mais graves apresentam-se ao considerar o ministério nas Igrejas surgidas no século XVI. Para a Igreja católica, as ordenações efetuadas nessas comunidades não possuem elas a sacramentalidade requerida para a existência de um autêntico ministério ordenado e, portanto, para a celebração eucarística. No que diz respeito à comunhão anglicana, a dificuldade surgiu a propósito da publicação da *Apostolicae curae*, de Leão XIII, em 1896, declarando inválidas as sagrações dos bispos anglicanos pela ausência de "intenção" requerida para a validade do sacramento da ordem. Mas o fato de que os últimos papas, especialmente Paulo VI e João Paulo II, terem tido "gestos" com forte simbolismo eclesiológico com referência aos arcebispos anglicanos, faz pensar atualmente que a tese de Leão XIII é pelo menos de maneira implícita posta em questão. De qualquer forma se disse com acerto que a *Apostolicae curae* é hoje mais um problema de interpretação para Roma que um problema teológico para Cantuária.

A dificuldade maior no tema dos ministérios é, obviamente, a diferente concepção que têm as Igrejas de regime não-episcopal e as de regime episcopal, sejam elas ortodoxas, veterocatólicas, anglicanas ou católico-romanas. O problema básico apresenta-se nestes termos: que garantia de validade podem ter alguns ministérios que não foram instituídos desde o princípio pela imposição das mãos e pela oração do bispo, dentro da sucessão apostólica? A temática ministerial enquanto problema ecumênico está sendo abordada nos diálogos doutrinais, por exemplo: *Para uma reconciliação dos ministérios (Elementos de acordo entre católicos e protestantes)*, do Grupo de Dombes; *Memorandum dos Institutos ecumênicos universitários alemães: Batismo, eucaristia, ministério (Documento de Lima)* etc. O *Documento de Lima* diz em seu n. 53: "A fim de chegar ao mútuo reconhecimento dos ministérios, as diversas Igrejas têm de franquear diferentes etapas. Por exemplo: a) As Igrejas que conservaram a sucessão episcopal devem reconhecer o conteúdo apostólico do ministério ordenado existente nas Igrejas que não conservaram essa sucessão, e igualmente a existência nessas Igrejas de um ministério da *episcopé* sob suas formas variadas; b) As Igrejas sem a sucessão episcopal e que vivem na continuidade fiel com a fé e a missão apostólica têm um ministério da palavra e dos sacramentos como o mostram a fé, a prática e a vida de tais Igrejas. A elas corresponde fazer que a continuidade com a Igreja dos apóstolos encontre uma expressão profunda na sucessão da imposição das mãos pelos bispos, e inclusive se não estiverem privadas da continuidade na tradição apostólica, esse sinal fortalecerá e aprofundará essa continuidade. Deveriam redescobrir o sinal da sucessão episcopal".

Moravos (Irmãos)

Nome que designa os membros da Igreja morava, chamados às vezes irmãos boêmios. As raízes chegam mesmo até ao reformador Juan Hus

(1369-1415), eclesiástico tcheco, professor na universidade de Praga, que atraiu numerosos grupos de discípulos por seus ensinos sobre a Bíblia e liturgia na língua vernácula, e por suas críticas a uma hierarquia eclesiástica corrupta. Apesar do salvo-conduto que apresentou no concílio de Constança (1415), é condenado como herege e queimado na fogueira. Suas aspirações encontram um eco surpreendente no nacionalismo boêmio, povo que se separou maioritariamente da Igreja de Roma. Alguns dos grupos seguidores de Juan Hus organizaram-se e redigiram *Quatro artigos de Praga* (1420), em que apresentam alguns dos princípios do husismo e do que será mais tarde a Igreja morava: a comunhão sob as duas espécies, limitação do poder coercitivo do clero, rejeição das riquezas dos eclesiásticos, e liberdade cristã na pregação bíblica. Questiúnculas internas entre duas facções, os *utraquistas* (partidários da comunhão sob as duas espécies de pão e do vinho) e os *taboritas* ou radicais diminuíram sua influência sobre o povo tcheco. Aí pelo ano de 1457 criam a chamada Unidade dos irmãos (*Unitas fratrum*), de tendência comunitária e não-violenta, e que no tempo das reformas do século XVI passarão em massa ao luteranismo. Alguns grupos de irmãos moravos, perseguidos, entram em contato (1722) com o conde alemão Nicolás Luis von Zinzendorf (1700-1760), de tendência pietista, que lhes ofereceu sua possessão em Herrnut. Começam ali um tipo de vida parecido com as irmandades ou congregações religiosas, que fomenta a piedade, a vida de silêncio e oração comum, e um espírito missionário muito notável. A experiência dos irmãos moravos chega a constituir um "modo de vida" de tipo místico e ecumênico formando como que "uma igrejinha dentro da Igreja", um núcleo espiritual compacto muito próximo da Igreja luterana da Saxônia. A partir de 1737, empreendem viagens missionárias até à Inglaterra e suas colônias americanas, sendo os primeiros evangelizadores dos índios. Em 1741 criaram já postos importantes por toda a Pensilvânia.

A herança que os irmãos moravos receberam tem duas marcas muito claras: a bíblica por parte de Juan Hus e a mística, ecumênica e missionária, que lhes chega através do conde Nicolás Luis Von Zinzendorf. Dentro da grande tradição protestante, aceitam os credos da Igreja indivisa, os princípios da "sola Scriptura" e a "sola fide", e mantêm os dois sacramentos fundamentais: batismo e a santa ceia, com uma liturgia sempre em língua vernácula. A celebração pascal tem entre os moravos particular relevo, com a recitação da famosa *Litania da páscoa.* O regime é episcopal, no qual somente os bispos têm faculdade de ordenar novos ministros. Os cerca de meio milhão de irmãos moravos estão distribuídos em 18 províncias autônomas, governadas por sínodos. Estão presentes na Europa e Estados Unidos principalmente, embora haja comunidades grandes na Tanzânia, República Sul-Africana, Nicarágua e vários países da América do Sul. Deve-se ressaltar o espírito ecumênico próprio da Igreja morava, presente na fundação do Conselho Ecumênico das Igrejas (1948). Hoje, 9 de suas 18 províncias são membros ativos do mesmo Conselho.

Mott, John Raleigh

John Raleigh Mott (Purvis, Nova York, 25.5.1865 - Evanston, 31.1.1955). Leigo metodista norte-americano, um dos pioneiros e maiores promotores da causa ecumênica de todos os tempos. Estudante em Cornell University, passou do agnosticismo à fé evangélica e logo se afiliou à YMCA (Associação cristã de jovens), da qual chegou a ser presidente anos mais tarde. Em 1895 participou da criação da "Federação universal de estudantes cristãos" (WSCF), celebrada em Vadstena (Suécia). Sua vocação missionária levou-o à já iniciada Conferência missionária mundial de Edimburgo (1910), berço do movimento ecumênico. Daquela conferência nasceu logo o "Conselho internacional das missões", ao qual sempre sentiu-se vinculado. Infatigável viajante, percorreu numerosos países despertando a idéia missionária e ecumênica. Participou ativamente nas duas conferências de "Fé e Constituição", primeiro em Lausana (1927), depois em Edimburgo (1937), assim como nas de "Vida e Ação" em Estocolmo (1925) e Oxford (1937). Na assembléia constituinte do Conselho Ecumênico das Igrejas (Amsterdã, 1948), John Mott pregou no serviço inaugural. Teve entre seus melhores amigos homens como Charles Brent e Nathan Söderblom, pioneiros também do ecumenismo moderno.

Nairobi (Assembléia de)

É a V Assembléia Geral do Conselho Ecumênico das Igrejas, que foi celebrada nos dias 25 de novembro a 10 de dezembro de 1975, em Nairobi, capital do Quênia. Estavam presentes 676 delegados de 286 Igrejas-membros. O tema geral: *Jesus Cristo liberta e une*. Seis seções trabalharam estes temas: 1) Confessando a Cristo hoje; 2) O que requer a unidade; 3) A busca da unidade; 4) A educação para a libertação e para a comunidade; 5) Estruturas de injustiças e lutas para a libertação; 6) Desenvolvimento humano e suas ambigüidades. Em Nairobi foi consagrado o termo *comunidade conciliar*, tomado de uma reunião de "Fé e Constituição" (Salamanca) sobre os *Conceitos de unidade e modelos de união*. O conceito de *unidade conciliar* é um desenvolvimento daquele expressado em Nova Delhi. Procura descrever aspectos da vida da Igreja indivisa para todos os níveis: é uma comunidade de diálogo entre confissões diferentes nas quais se podem examinar questões doutrinais ainda não resolvidas: eucaristia, ministério, autoridade, confissões de fé. Em Nairobi, as diferenças entre homens e mulheres, jovens e adultos, clérigos e leigos, Primeiro e Terceiro Mundo estão mais nivelados que nunca. A Igreja católica fez-se presente através de 16 observadores oficiais. É a segunda vez que uma assembléia da CEI celebra-se num país não ocidental, num momento em que a corrida armamentista, a violação dos direitos humanos em muitos países e uma enorme crise energética sacodem o planeta. De algumas Igrejas muito tradicionalistas partem críticas duras à política do Conselho Ecumênico, fundamentalmente por causa das atividades do *Programa de luta contra o racismo.*

Neill, Stephen Charles

Stephen Charles Neill (Edimburgo, 31.12.1900 - Oxford, 20.7.1984). Bispo anglicano, historiador e teólogo ecumênico. Tomou parte ativa na conferência do Conselho missionário internacional, celebrado em Tambarán em 1938, e no ano seguinte foi sagrado bispo de uma diocese na Índia, onde trabalhou incansavelmente no processo de formação da "Igreja da Índia do Sul", um dos exemplos mais admiráveis do que se poderia denominar de "Igrejas unidas" ("United Churches"). Anos mais tarde exerce seu magistério na universidade de Hamburgo (1962-1969), ensinando missionologia e ecumenismo; e na de Nairobi (1970-1973), ensinando filosofia da religião. Esteve muito ligado ao Conselho Ecumênico das Igrejas, no qual exerceu cargos de responsabilidade. Autor muito fecundo, escreveu várias obras importantes sobre o tema ecumênico: *Men of Unity* (1960); *The Church and Christian Union* (1968); e editou uma obra imprescindível para o ecumenismo: *The History of the Ecumenical Movement, 1517-1948* (1967). Tem além disso algumas obras sobre missionologia e um livro, traduzido para o espanhol, com o título *Anglicanismo* (edição original de 1958).

Newbigin, Lesslie

Lesslie J. E. Newbigin (Newcastle, 8.12.1909 -). Uma das figuras mais representativas no campo da missionologia e do ecumenismo. Estudou em Cambridge, e foi ordenado em 1936 como ministro da Igreja presbiteriana escocesa. Destinado às missões em Madrás (Índia), Newbigin foi um dos promotores mais entusiastas da criação da "Igreja da Índia do Sul", da qual seria nomeado bispo em 1947. Assistiu no ano seguinte à assembléia inaugural do CEI, celebrada em Amsterdã. Como secretário geral do Conselho missionário internacional, trabalhou afanosamente para que esse organismo se integrasse no Conselho Ecumênico das Igrejas. Foi bispo de Madrás até 1974, ano de sua aposentadoria. Desde então deu aulas de missionologia em diferentes universidades e escreveu livros para contrapor certa teologia liberal muito difundida em países anglófonos. Do ponto de vista ecumênico é preciso anotar a sua obra *A reunião da Igreja* (1948), e sobre a missionologia em sentido amplo: *Religião sincera para o homem secular* (1966) e *O Evangelho numa sociedade pluralista* (1989).

Newman, John Henry

John Henry Newman (Londres, 21.2.1801 - Birmingham, 11.8.1890), iniciador do movimento de Oxford e uma das maiores figuras do anglicanismo e do catolicismo do século XIX. Ingressou no Trinity College de Oxford em 1817, em cuja universidade foi preceptor do Oriel College (1822) e reitor de Santa Maria (1828), a capela universitária. Havia sido ordenado presbítero da Igreja da Inglaterra em maio de 1825. Seus estudos sobre o arianismo e a teologia dos Padres, sua convicção de que o anglicanismo é a "via média" entre catolicismo romano e protestantismo levaram-no, junto com outros professores, John Keble e Hurrell Froude, à publicação de alguns folhetos, *Tracts for the Times*, que estarão no início do chamado Movimento de Oxford (1833). O significado daquele estudo teológico e histórico reside no redescobrimento do passado da Igreja inglesa e portanto do elemento católico que nela se esconde. O *Tract 90*, do qual foi o autor, foi decisivo. Dá aos *39 artigos anglicanos* uma interpretação muito católica. Suas investigações levam-no progressivamente à convicção de que a Igreja de Roma é a herdeira no Ocidente da Igreja apostólica. Em 1842 abandona sua querida Oxford e se retira para

John Henry Newman

Littlemore, e três anos depois, em 1845, passa para a Igreja católica. Em Birmingham estabelece o oratório de São Filipe Neri, e trabalha denodadamente para fundar em Dublin uma universidade católica. Durante anos esteve na mira dos anglicanos que viam nele o desertor, e de católicos que o consideravam demasiado liberal. Sua *Apologia pro vita sua* (1864) causou um impacto decisivo para demonstrar a sinceridade de sua conversão. Seu ecumenismo, quando disso ainda não se falava, demonstrou em 1870 quando expressou sua oposição à oportunidade da definição da infalibilidade do papa, tendo em conta as outras Igrejas cristãs. Somente ao fim de uma longa vida de estudo, de controvérsias, e objeto de más interpretações, o papa Leão XIII nomeou-o cardeal em maio de 1879.

Autor de numerosas obras, Newman sobressai por seu amor à busca da verdade, onde quer que ela estivesse, sua capacidade de intuir grandes problemas teológicos, entre eles o do desenvolvimento das doutrinas cristãs, sua figura espiritual, seu respeito à sua antiga Igreja da Inglaterra, e seu sentido pastoral. Foi considerado por muitos como um precursor do Vaticano II. Entre suas obras merecem menção especial, além das já citadas: *Conferências sobre o ofício profético da Igreja* (1837); *Sermões da Universidade* (1843); *Ensaios sobre o desenvolvimento da doutrina cristã* (1845); *Idéia de uma universidade* (1852); e *A gramática do assentimento* (1870).

Niebuhr, Reinhold

Reinhold Niebuhr (Wright City, Missouri, 21.6.1892 - Stockbridge, 1.6.1971). Teólogo protestante com grande prestígio nos Estados Unidos e no movimento ecumênico em geral. Estudou na universidade de Yale e foi ordenado pastor em 1915, dirigindo uma paróquia dos subúrbios de Detroit desde sua ordenação até 1928, militando no partido socialista, tomando opções radicais pacifistas e conhecendo os graves problemas trabalhistas de uma incipiente sociedade industrializada. Tudo isso levou-o a seu compromisso com o movimento do "Social Gospel", e sua luta por uma ordem social mais justa, mas sabendo que o reino não pode realizar-se na história. A maior parte de sua vida esteve dedicada à docência na "Union Theological Seminary" (1928-1960), de Nova York, um dos mais prestigiosos centros teológicos dos Estados Unidos. A linha teológica de Niebuhr foi qualificada de "realismo cristão", sendo muito crítico com certo protestantismo liberal, mas separando-se de Barth e Brunner em seu interesse por desvelar abertamente as relações entre cristianismo e cultura. Aquele é apresentado por Niebuhr como "religião profética". Porém, dedicado à teologia sistemática, trabalhou aspectos da ética a partir de seu clássico *Moral Man and Inmoral Society* (1932), no qual defende que valores morais individuais que se põem em prática coletivamente produzem comportamentos imorais, isto é, de interesses de grupos que buscam poder, e que revelam as fraquezas da ética social do protestantismo liberal e do liberalismo político. Sua influência no movimento ecumênico foi muito relevante, tanto nos movimentos cristãos juvenis como nas assembléias de Oxford ("Vida e Ação", 1937) e Amsterdã (Conselho Ecumênico das Igrejas, 1948). Durante a Segunda Guerra Mundial, sua voz se fez ouvir em muitos meios influentes do governo de seu país. Mas posteriormente opôs-se ao imperialismo norte-americano. Destacam-se suas obras: *O homem moral e a sociedade imoral* (1932); *A natureza e o destino do homem* (1943-1944); *Os filhos da luz e o filhos das trevas* (1944); *Fé e história* (1949); e *A América secular e piedosa* (1958).

Niemöller, Martín

Martín Niemöller (Lippstadt, Westfalia, 14.1.1892 - Wiesbaden, 6.3.1984). Pastor luterano, máximo representante da oposição ao regime nazista e presidente do Conselho Ecumênico das Igrejas. Filho de uma família de pastores luteranos, fez seus estudos universitários, é cadete da marinha imperial (1910), e comandante de submarino durante a Primeira Guerra Mundial. Terminada a guerra, estuda teologia em Munique, desde 1924 até 1930 é secretário executivo da Missão interna luterana da Westfalia e em 1931 é nomeado pastor na paróquia de St. Annen de Berlim. Funda a "Aliança de emergência de pastores" (1933), que seria precursora da "Igreja confessante", oposta radicalmente às teses racistas do III Reich. A partir de uma famosa reunião de vários líderes religiosos com A. Hitler, no dia 25 de janeiro de 1934, proíbe-se a Niemöller pregar, e desde 1938 até 1945 é prisioneiro no campo de concentração de Sachenhausen e Dachau. Depois da guerra, Niemöller é nomeado encarregado de assuntos externos da Igreja evangélica alemã.

Suas numerosas viagens por todo o mundo e suas intervenções nos fóruns ecumênicos dão a conhecer no estrangeiro que havia existido — nos momentos mais críticos da guerra — uma séria crítica na Alemanha ao regime nazista. Niemöller foi, além disso, propulsor da Declaração da culpabilidade da Igreja alemã feita em Stuttgart (outubro de 1945). Desde 1947 até 1964, é nomeado presidente da Igreja evangélica em Hesse e Nassau. Demonstrou com freqüência sua radical conversão de um patriotismo e nacionalismo, em seus anos de militar, a um apaixonado pacifista e reconciliador que o levou, em primeiro lugar, a convidar sua própria Igreja a pedir perdão e se acusar publicamente pela falta de coragem durante o nazismo e, em segundo lugar, a levar a reconciliação ecumênica ali onde atuava. H. Hafenbrack escreveu que "para o movimento ecumênico Niemöller representou uma nova Igreja alemã". Recebeu vários títulos "doctor honoris causa" em universidades estrangeiras e a medalha de ouro de Lenin, assim como a medalha de ouro pela paz da República Democrática Alemã. Seu serviço ecumênico alcançou também a sede de Genebra. Foi membro do Comitê central do Conselho Ecumênico das Igrejas, e um de seus presidentes no período de 1961 a 1968. Entre suas obras merecem destaque: *Sermões em Dahlem* (1936-1937); *Cartas da prisão em Moabit* (1975).

Nostra aetate

É o documento mais breve do Concílio Vaticano II, mas seguramente um dos mais cheios de novidade e que abriu mais perspectivas para a Igreja católica romana na hora de se situar novamente no mundo moderno. Pertence ao terceiro grupo de textos conciliares, isto é, às declarações. Nenhum concílio da Igreja havia estudado o tema inter-religioso, e menos ainda com o senso de abertura que assoma a declaração de *Nostra aetate*. Mas se hoje torna-se de uma simplicidade assombrosa, sua gênese e desenvolvimento passaram por momentos muito difíceis nos seis anos (1959-1965) de sua elaboração. Dois personagens estão no fundo do texto conciliar: João XXIII e Agostinho Bea. Quando a comissão ante-preparatória do concílio dirigiu-se, em julho de 1959, às universidades e faculdades teológicas do mundo para pedir colaboração com respeito ao anunciado concílio, o Pontifício Instituto Bíblico de Roma respondeu, enviando, em abril de 1960, algumas propostas com o título *Votum de antisemitismo vitando*. João XXIII que já no ano anterior modificara a famosa oração *Pro perfidis iudaeis*, encarrega o cardeal Bea da redação de uma *Declaração a respeito do povo ju-*

deu. Em maio de 1961 está já preparado um esquema intitulado *Appendix de iudaeis* que a comissão preparatória do concílio estudará e que retirará em junho de 1962, pouco antes de começar o concílio, não por causa das idéias ou doutrinas expostas, mas pelas difíceis relações palestino-israelitas daquele instante. Dessa forma a partir do momento em que os três projetos sobre ecumenismo são refundidos num só documento, no final da primeira sessão conciliar, o tema das religiões não-cristãs parece que está descartado da aula conciliar. Mas João XXIII reafirmaria ao cardeal Bea seu interesse pelo tema judeu. Por isso, quando se inicia a segunda sessão do concílio, está já incorporado ao novo esquema do ecumenismo o capítulo quarto intitulado *De catholicorum habitudine ad non-christianos et maxime ad iudeos*. Três longos debates durante a terceira sessão (1964), o esquema sobre as religiões não-cristãs se separará definitivamente do decreto sobre o ecumenismo, devido às razões aduzidas por muitos Padres, insistindo que num texto sobre o movimento ecumênico propriamente falando, não deviam ser consideradas as religiões não-cristãs; alguns chegaram a dizer que poderia ser ofensivo para os irmãos cristãos colocá-los no mesmo decreto que aos judeus.

Mais dura e injusta foi a campanha orquestrada por organizações anti-judias, que a todo custo pretenderam que o concílio não aprovasse um texto sobre o judaísmo, inclusive acusaram certos Padres de serem judeus convertidos com a idéia de reabilitar o povo judeu perante a humanidade. Agostinho Bea apresenta em outubro de 1965 o texto com o título: *Declaratio de ecclesiae habitudine ad religiones non-christianas*, à qual — uma vez debatido e analisado minuciosamente, no dia 15 de outubro de 1965 — davam sua aprovação 1.763 Padres conciliares, 250 votaram negativamente e 10 votos foram considerados nulos. Dias depois, no dia 28 de outubro de 1965, Paulo VI promulgou solenemente a declaração *Nostra aetate* como parte da doutrina e da herança católica. A declaração não pretendeu ser um tratado de sociologia religiosa nem uma exposição de história das religiões; é um convite a uma abertura de caminhos para o entendimento e respeito mútuos dos crentes de todas as religiões. Seus conteúdos, distribuídos em cinco pontos, abordam temas importantes: a necessidade de considerar aquilo que é comum aos homens em ordem à solidariedade humana (n. 1); recorda em seguida algumas das grandes intuições do hinduísmo e budismo para afirmar que "a Igreja católica nada rejeita do que há de verdade e santo nestas religiões..., (porque) não raro, contudo, refletem lampejos daquela Verdade que ilumina a todos os homens" (n. 2); em seguida aborda alguns dos elementos valiosos do islã e exorta a esquecer o passado e a promover juntos os bens morais, a paz e a liberdade em prol da humanidade (n. 3); no seguinte tratado trata do judaísmo recordando os vínculos comuns que unem o povo do Novo Testamento com a raça de Abraão, reconhecendo que os começos de sua fé encontram-se nos patriarcas e nos profetas, e que a Israel pertencem a adoção filial, a aliança, a legislação, o culto, as promessas, e que por tudo isso os judeus, "ainda são amados por causa de seus pais, porque Deus não se arrepende dos dons e da sua vocação". Sendo o patrimônio espiritual comum tão grande, deseja-se fomentar o conhecimento e a estima entre ambos os povos mediante uma aproximação cada vez maior. Finalmente afirma-se que "aquilo contudo que se perpetrou na sua paixão (de Cristo) não pode indistintamente ser imputado a todos os judeus que então viviam, nem aos de hoje"; por isso exorta-se que haja "cuidado, da parte de todos, para que, tanto na catequese como na pregação da Palavra de Deus, não se ensine algo que não se coadune com a verdade evangélica e com o espírito de Cristo. Além disso, a Igreja (...) lamenta os ódios, as perseguições, as manifestações anti-semíticas, em qualquer tempo e por qualquer pessoa, dirigidas contra os judeus" (n. 4). O último ponto consiste numa inteligente admoestação a respeito de "qualquer discriminação ou vexame contra homens por causa de raça ou cor, classe ou religião, como algo incompatível com o espírito de Cristo" (n. 5).

Através de *Nostra aetate*, a Igreja católica entrou definitivamente no movimento ecumênico inter-religioso, no qual a categoria de diálogo veio substituir aquelas velhas categorias do etnocentrismo religioso, do isolamento sectário ou do fanatismo militante.

Nova Delhi (Assembléia de)

É a III Assembléia Geral do Conselho Ecumênico das Igrejas. Foi celebrada em Nova Delhi (Palácio das Ciências, Vigyan Bavan), do dia 18 de novembro a 6 de dezembro de 1961. Tema geral: *Cristo, luz do mundo*. O trabalho desenvolveu-se em três seções: 1) *Unidade*; 2) *Testemunho*; 3) *Serviço*. A 1ª seção é de grande importância para a trajetória posterior do CEI. Sua *Declaração sobre a unidade* fala pela primeira vez da vinculação que há entre batismo e eucaristia, celebrados num mesmo lugar pelos cristãos ali presentes, com a unidade cristã. Era o mesmo que dizer que não há unidade cristã que não seja visível. Aí a importância das Igrejas locais no movimento ecumênico. Em Nova Delhi amplia-se a *base doutrinal* do CEI no sentido trinitário, fazem-se presentes cinco observadores católicos pela primeira vez, de maneira oficial, e se encontra, além disso, um equilíbrio nunca antes conhecido: equilíbrio entre "Igrejas jovens" e Igrejas do Ocidente; equilíbrio entre representantes do Primeiro e do Terceiro Mundo; equilíbrio entre o pensamento "protestante" e o pensamento "católico", ao se ver este enriquecido pela entrada de várias e importantes Igrejas ortodoxas no CEI (Rússia, Romênia, Bulgária, Polônia). Merece destaque o informe sobre *O testemunho cristão, o proselitismo e a liberdade religiosa*, a resolução sobre o *anti-semitismo* e a mensagem que se envia aos cristãos da África do Sul, quando duas Igrejas reformadas holandesas daquele país retiram-se do CEI por sua tomada de posição com respeito ao sistema racista do *apartheid*. A III Assembléia é celebrada pela primeira vez num país fora do Ocidente, no qual o cristianismo é minoritário e na maioria das vezes importado junto ao colonizadores. Isso fez com que fossem muito humildes os organizadores. Estavam conscientes além disso de que se encontravam num mundo que tinha experiência bimilenária de Deus e de que o contexto mundial e eclesial estava mudando de maneira notável: havia começado o degelo entre o Este e o Oeste; os países da África e da Ásia haviam iniciado um processo de libertação; e em Roma, perpassavam novos ares desde que João XXIII anunciou a celebração de um concílio ecumênico. A assembléia de Nova Delhi era o umbral de um novo caminhar ecumênico.

Novos Movimentos Religiosos

Dentro do amplo e complexo mundo sectário, emprega-se hoje o termo "Novos Movimentos Religiosos" (NMR) para designar os grupos nascidos há uns trinta ou quarenta anos, de origens e orientações normalmente orientais, que lançaram raízes no Ocidente principalmente nos Estados Unidos, com grande incidência na juventude, e geralmente muito conflitivos. Essa conflitividade significou que em certas ocasiões esse termo tenha sido substituído pelos de "Novos cultos", "Seitas juvenis", "Movimentos totalitários", e inclusive "Seitas destruidoras", todos eles pejorativos. O termo NMR goza da vantagem — a diferença dos anteriores — de ser ideologicamente neutro. Tem sido utilizado em vários documentos eclesiais. Seus sinônimos usuais são: "Novos grupos religiosos" e "Grupos religiosos contemporâneos". Alguns autores reparam que a expressão NMR tem falta de precisão e exatidão desejáveis. Foram muito questionadas as palavras "novos" e "religiosos". A "novidade" não deveria ser tomada em caso algum literalmente, isto é, com referência à data do nascimento de determinado movimento religioso, mas antes à data de sua penetração ou difusão numa zona geográfica, política e cultural determinada. Somente assim pode-se pensar, por exemplo, em Hare Krishna ou Soka Gakkai como NMR, porque na realidade suas fontes de inspiração remontam-se a seculares crenças hinduístas e japonesas, embora tenham aparecido recentemente no Ocidente. Há também dificuldades para alguns autores na hora de lhes aplicar o qualificativo de "religiosos". Nem sempre é adequada essa expressão, porque alguns dos grupos aos quais são aplicados, como "Meditação transcendental" ou "Nova acrópole", explicitamente negam eles mesmos essa qualificação. Há autores inclusive que crêem que antes deveriam ser qualificados como "pseudo-religiosos".

De qualquer modo parece impróprio procurar agrupar esses movimentos numa categoria única, já que a variedade de suas fontes culturais e religiosas é enorme, pois como disse J. E. Mayer, "algumas de suas raízes remontam a antigas tradições (os devotos de Krishna, por exemplo), enquanto que outros constituem fenômenos de recente inovação religiosa (os grupos de indivíduos que crêem na existência de discos voadores são desse gênero). A complexidade aumenta quando outros autores chegaram a incluir dentro dos NMR grupos pertencentes ao "Movimento potencial humano", à "Nova Era" ("New Age"), ou inclusive os adeptos da antiga espiritualidade como a germânica ou celta. Pela inculpação que às vezes se lhes deu de usar métodos como o controle da mente e a "lavagem cerebral", muitos destes grupos têm sido anatematizados pelas Igrejas, que não desejam nenhuma aproximação com tais agrupamentos, nem sequer com as que se autodenominam de origem cristã. Uma aproximação digna de se ter em conta é o texto do encontro levado a termo pelo Conselho Ecumênico das Igrejas e a Federação luterana mundial em Amsterdã (1986), com o título de: *Consulta de Amsterdã sobre Novos Movimentos religiosos e as Igrejas.* Outro Documento importante é o publicado conjuntamente pelo então Secretariado romano para a unidade e outros organismos romanos com o nome de *Seitas ou novos movimentos religiosos* (1986). Alguns dos NMR, depois de alguns anos de conflitividade radical, estão dando tímidos passos para uma adaptação à sociedade e inclusive iniciaram contatos com as Igrejas cristãs com o fim de estabelecer diálogos inter-religiosos. Neste sentido cabe ressaltar o congresso sobre "Novas ofertas religiosas", que a conferência episcopal colombiana celebrou em julho de 1997, no qual participaram também numerosos membros de diferentes NMR, num clima de respeito mútuo e diálogo.

Novo Testamento

Conjunto de 27 escritos que apresentam os acontecimentos relativos a Jesus e a sua mensagem, e contêm o testemunho de fé sobre Jesus Cristo da comunidade cristã primitiva. Estes escritos são reconhecidos por todas as Igrejas como inspirados, sendo por isso normativos para todos os cristãos, e constituindo, ao lado dos do Antigo Testamento, e em unidade com eles, o cânon da Escritura. Com respeito à formação do cânon do Novo Testamento, deve-se falar de um processo através do qual a Igreja apostólica considera como Escritura normativa unicamente a escritura judia ainda lida e interpretada à luz de Cristo, para reconhecer e situar determinados escritos das primeiras comunidades com o mesmo critério que os livros recebidos do judaísmo. A seleção de tais escritos (evangelhos, cartas apostólicas) foi feita mediante um processo seletivo que pôde ser concluído em fins do século IV, embora já em meados do II século existisse uma grande unanimidade acerca do cânon, apesar de ainda durante dois séculos continuar a discussão acerca da canonicidade de determinados escritos (Carta aos Hebreus, Tiago, 2ª Pedro, 2ª e 3ª João, Apocalipse). Estes escritos discutidos, que entraram mais tarde a fazer parte do cânon (denominados deuterocanônicos pelos católicos e apócrifos pelos protestantes), tornariam a ser contravertidos no momento da reforma em conseqüência da distinção estabelecida por Lutero dentro do cânon. Embora o conteúdo do Novo Testamento seja o mesmo para todas as Igrejas — todas reconhecem como canônicos os 27 livros —, sua avaliação difere de uma Igreja para outra. Assim as Igrejas de origem protestante e as Igrejas anglicanas aceitam o mesmo cânon que a Igreja católica, mas atribuem uma importância menor aos deuterocanônicos. No mundo cristão do Oriente, a maioria das Igrejas aceita o cânon de 27 livros, salvo a Igreja síria, que não aceita os deuterocanônicos, e a Igreja etiópica, que acrescenta oito livros aos 27.

A Igreja católica fixou definitivamente o cânon no concílio de Trento, incluindo os deuterocanônicos, distanciando-se com isso da postura protestante, que se mostrava reticente a respeito de tais livros. A postura de Lutero não supunha um questionamento sobre o cânon, mas estabelecia uma diferenciação dentro do cânon entre os diferentes livros, afirmando que nem todos os livros conduzem igualmente a Cristo. Assim fazia distinção entre livros privilegiados, livros comuns e livros postergados (Carta aos Hebreus, Judas, Tiago, 1ª Pedro, Apocalipse), que nas edições protestantes habitualmente aparecem colocados no fim da Bíblia. Isso fez com que nos meios protestantes tenha existido sempre uma controvérsia a respeito do valor dos deuterocanônicos. Na hora de estabelecer o critério sobre em que se fundamenta o cânon há também diferenças entre as Igrejas, uma vez que essa questão fica condicionada pelas diferentes concepções da relação entre Escritura e tradição e pela maior ou menor importância atribuída ao papel do magistério. A teologia protestante, conseqüente com o princípio "sola Scriptura", busca a fundamentação na própria Escritura, rejeitando como critério tanto a tradição como qualquer decisão magisterial. Com isso, a teologia protestante evita todo risco de submissão da Escritura à Igreja, mas suscita a questão da possibilidade de uma fundamentação objetiva do cânon e a dúvida de se tudo fica reduzido à subjetividade daquele que se defronta com a Escritura. Diversas correntes dentro do mundo protestante chegaram a considerar o cânon como uma construção artificial por parte do magistério. Outros procuraram o critério da canonicidade no recurso para o conteúdo evangélico do Novo Testamento (considerando que um escrito é normativo na medida em que conduz a Cristo). A teologia ortodoxa, sem chegar ao grau de desenvolvimento como o da teologia protestante, oferece uma contribuição importante: a reconciliação entre a Escritura e a Tradição, ajudando a superar a contradição que o mundo protestante sempre viu entre ambas. Assim, a Escritura Neotestamentária é compreendida como a Tradição apostólica primitiva, recolhida por escrito e reconhecida graças à ação do Espírito Santo. Tomando em consideração o processo de formação do cânon, que surgiu primeiramente como tradição oral, pode tornar-se de interesse com a finalidade de estabelecer uma correta relação entre Escritura e Tradição.

Na mesma linha situa-se a postura atual da Igreja católica que, longe de considerar a tradição e o magistério como elementos puramente humanos na hora de determinar o cânon neotestamentário, descobre neles a ação do Espírito Santo, colocando o magistério não acima da palavra de Deus, mas a seu serviço. A doutrina católica acerca do Novo Testamento está exposta no capítulo quinto da Constituição sobre a revelação (*Dei verbum*) do Vaticano II (CMB).

Oikoumene

O termo *oikoumene* pertence a uma família de palavras do grego clássico relacionadas com termos correspondentes à moradia, assentamento, pertença. Estes são alguns termos-raiz dessa família lingüística: *oikos*= casa, vivenda, habitação, povo; *oikeiotês*= relação, parentesco, amizade; *oikeiow*= habitar, coabitar, reconciliar-se, estar familiarizado; *oikonomeo*= administração, encargo, responsabilidade da casa; *oikoumene*= terra habitada, mundo conhecido e civilizado, universo. A raiz primeira da qual provieram os outros termos é, pois, *oikos*: "casa, lugar onde se mora, espaço habitável e habitado". *Oikoumene*, de onde procede diretamente "ecumenismo", será conseqüentemente o "mundo habitado", no qual coexistem diversos povos, com diversidade de línguas e culturas. Mas em seu primeiro sentido e mais óbvio será a "terra habitada pelos helenos", quer dizer, por um povo civilizado que oferece uma cultura aberta a todos, dando essa unidade básica de cosmovisão que uma civilização autên-

Oikoumene

tica exige. Por isso que *oikoumene* chegou a ser entendido como "o mundo habitado" até onde se estendia a influência grega, porque mais além era o "mundo dos bárbaros..." As perspectivas geográfica e cultural entrelaçadas aparecem como o significado primeiro da palavra "ecumenismo". Roma contribuirá depois com uma perspectiva política e a "pax romana" será o símbolo da *oikoumene*, isto é, de todos os povos que aceitam viver sob a influência do "mundo civilizado", que vem a se identificar com o império romano.

O termo *oikoumene* aparece também na literatura bíblica. No Novo Testamento é empregado em quinze ocasiões, em algumas das quais recupera o velho sentido de "mundo" (At 11,28), ou "de império romano" (Lc 2,1). Na carta aos Hebreus (2,5) põe-se especial ênfase no caráter transitório da presente *oikoumene*, para afirmar com força a iminente chegada de uma nova e transformada *oikoumene*, regida diretamente por Jesus Cristo.

No cristianismo primitivo, o termo *oikoumene* — seguindo a trajetória bíblica — é usado nos sentidos já conhecidos: "mundo, império romano, mundo civilizado" etc. Assim, por exemplo, o autor do *Martírio de São Policarpo* (um escrito do século II) refere-se várias vezes em seu escrito "à Igreja católica estendida pela *Oikoumene*". A palavra introduz-se na linguagem eclesiástica oficial quando o concílio de Constantinopla (381) denomina o concílio de Nicéia, celebrado em 325, como "concílio ecumênico". Desde esse momento, o termo "ecumênico" começa a designar aquelas doutrinas e usos eclesiásticos que são aceitos como norma autoritativa e com validade universal em "toda a Igreja católica". Com a queda do império romano, o termo deixa de ter obviamente conotação política e passa a ter, já com exclusividade, um sentido unicamente eclesiástico: a *Oikoumene* é a Igreja universal. Três grandes homens da Igreja serão designados "doutores ecumênicos": Basílio Magno, Gregório Nazianzeno e João Crisóstomo. A partir de então, emprega-se para designar os concílios que "falam em nome de toda a Igreja".

Mais tarde a palavra é aplicada também aos grandes credos da antiga Igreja, e assim são chamados "credos ecumênicos" os dos apóstolos, o de Nicéia e o de Santo Atanásio.

Durante o século XIX aparece um novo significado que com o tempo terá a aceitação técnica moderna. Em 1846 constitui-se em Londres uma "Aliança evangélica", com o fim de preparar um "Concílio ecumênico evangélico universal". Seus participantes pertencem a diferentes denominações. No encerramento daquele encontro, o pastor calvinista francês Adolphe Monod agradecia aos organizadores britânicos "o fervor de sua piedade" e o "espírito verdadeiramente ecumênico" que haviam demonstrado. Visser't Hooft recordou que aquela expressão do pastor francês "parece ter sido a primeira citação consignada a respeito do uso da palavra para indicar uma atitude mais que um fato..."

Mas o uso do termo no sentido recordado não goza ainda de uma aceitação universal. Assim, por exemplo, em 1900 celebra-se na cidade de Nova York uma "Conferência ecumênica missionária". Os organizadores deixam muito claro que aceitaram essa qualificação porque foi proposto um plano de expansão missionária que "abranja a terra toda". O significado comum continua sendo o do primitivo sentido geográfico universal. Pouco depois, na famosa "Conferência missionária mundial" de Edimburgo (1910), o título de "ecumênica" é eliminado, pois a ausência das Igrejas ortodoxa e católica — conforme seus organizadores — havia tornado inapropriado seu uso.

Os movimentos "Fé e Constituição" e "Vida e Ação" irão supor uma drástica mudança no significado do termo "ecumenismo". O arcebispo luterano Nathan Söderblom durante a primeira Guerra Mundial sugere a criação de uma "reunião internacional de Igrejas" com o título de "ecumênica" para tentar resolver o problema da paz. E propõe para que se execute uma espécie de "Conselho Ecumênico das Igrejas". Sua idéia, não obstante, somente tomará corpo vários decênios mais tarde. Mas a palavra adquire já uma nova conotação: o relacionamento amistoso entre Igrejas com a finalidade de promover a paz internacional, de tratar da união de várias Igrejas, ou inclusive de gerar o espírito de aproximação entre cristãos de diferentes confissões. A conferência de Estocolmo (1925) universaliza ainda mais o novo uso do termo "ecumenismo". O vocábulo é aceito sem reticências por parte dos alemães, suecos e franceses. Mais dificuldades encontram os cristãos de língua inglesa que preferem empregar os termos "mundial" ou "universal". A razão é óbvia: na tradição inglesa "ecumênico" associa-se fortemente aos "concílios ecumênicos", o que dificulta seu emprego para designar qualquer outro significado. A partir da conferência de Oxford (1937), o termo "ecumênico" designa já com toda a clareza as relações amistosas entre as diferentes Igrejas com o expresso desejo de realizar a "Una sancta" e de estreitar a comunhão entre todos os crentes em Cristo Jesus. Depois da fundação do Conselho Ecumênico das Igrejas — no mundo anglo-saxão, preferem referir-se a ele como Conselho Mundial das Igrejas —, em Amsterdã (1948), o termo "ecumênico" expressa já sem dúvida alguma o intento de reconciliação das Igrejas cristãs como expressão visível da "universalidade do cristianismo" e como sinal "para que o mundo creia".

Aos primeiros sentidos de tipo geográfico, cultural e político, acrescenta-se depois a referência à Igreja, tanto à Igreja universal espalhada pelo mundo todo, como mais tarde ao interesse pela empreitada missionária e ao desejo inequívoco de unidade cristã que se estende por todas as diferentes Igrejas separadas durante séculos.

Oldham, Joseph Houldsworth

Joseph Houldsworth Oldham (Bombay, 20.10.1874 - St. Leonards on Sea, 16.5.1969). Leigo, de origem escocesa, embora nascido na Índia, estudou teologia em Edimburgo, e no Trinity College de Oxford. Sua vida mudou radicalmente depois de escutar o evangelista americano Dwight L. Moody. Homem muito prático e com grandes iniciativas no terreno das relações intereclesiais, colaborou estreitamente na preparação e celebração da "Conferência missionária mundial" de Edimburgo (1910). A partir de 1912, cria e edita a "International Review of Missions". A temática missionária da qual será um perito e a problemática do imperialismo na África levaram-no a uma luta constante contra o racismo e um trabalho muito digno no cuidado das culturas africanas. Em 1924 publica *Christianity and the Race Problem.* Desde 1934 trabalha no movimento "Vida e Ação" ("Life and Work"), preparando a conferência que se celebrará em Oxford (1937). No ano seguinte, está presente em Utrecht onde se fazem os planos para a formação do Conselho Ecumênico das Igrejas, embora esse não virá à luz até a assembléia de Amsterdã em 1948. Joseph H. Oldham foi considerado como um dos maiores pioneiros do movimento ecumênico. Com toda justiça foi um dos presidentes do Conselho Ecumênico das Igrejas, na primeira assembléia de 1948.

Oração pela unidade

O Decreto do ecumenismo do Concílio Vaticano II afirma: "Esta conversão do coração e santidade de vida, juntamente com as preces particulares e públicas pela unidade dos cristãos, devem ser tidas como a alma de todo o movimento ecumênico e, com razão, podem ser chamadas de ecumenismo espiritual" (UR 8). A oração como "alma do movimento ecumênico", tão explicitamente declarada no concílio, é companheira, contudo, de toda a atividade ecumênica desde as origens. Inclusive antes da celebração da "Conferência missionária mundial de Edimburgo" (1910), os movimentos juvenis e leigos de YMCA, YWCA e a "Associação mundial de estudantes cristãos", cujos membros pertenciam a diferentes denominações, coincidiram numa prática comum a todos eles: a leitura bíblica e a oração em comum para as necessidades de suas Igrejas. As raízes de se consagrar um tempo especial de oração em favor da unidade das Igrejas remontam-se igualmente ao século XIX. Depois de várias tentativas para achar uma unânime convocatória por parte de todas as Igrejas, envoltas muitas vezes em incompreensões e suspeitas, aceita-se aquela que será conhecida como "Semana de oração pela unidade dos cristãos", que se celebra habitualmente de 18 a 25 de janeiro, embora às vezes se prefira a festividade de Pentecostes. A semana é celebrada em todas as comunidades locais e paroquiais que têm espírito ecumênico, e em sua elaboração participam Igrejas particulares escolhidas pelos organismos coordenadores: a comissão "Fé e Constituição", do Conselho Ecumênico das Igrejas, e o Pontifício conselho para a unidade, do Vaticano. Esse tempo especial de oração ecumênica não abrange, logicamente, toda a riqueza das expressões da oração pela unidade. Há outra forma especial de oração, o "Dia de oração mundial", que teve seu início em 1887, no qual as mulheres são as protagonistas não somente pela criação da jornada, mas porque desde então a programação e realização em cada cidade do mundo corre por conta de mulheres com espírito ecumênico.

As assembléias do Conselho Ecumênico das Igrejas, desde a de Amsterdã (1948), são manifestações da universalidade e diversidade eclesiais, assim como da riqueza litúrgica que cada Igreja manifesta no culto a Deus. As celebrações da oração comum dão a cada jornada da assembléia o espírito que impregna os diversos atos e tempos de estudo e debates. A assembléia de Nairobi (1975) convidou a aprofundar os vínculos espirituais entre as Igrejas-membros do Conselho Ecumênico. Seu informe sobre a unidade declarava expressamente: "Recomendamos que todas as Igrejas estimulem seus membros e os ajudem numa intercessão regular e informada das demais Igrejas". Daquela recomendação nasceria uma experiência que teve grande acolhida em muitos espaços e contextos ecumênicos. Trata-se do "Ciclo ecumênico de oração". O Conselho Ecumênico publicou um livro com esse título que oferece às Igrejas a oportunidade de avaliar sua relação com as outras através da oração de intercessão e de um melhor conhecimento mútuo. Sua estrutura é muito simples: foram selecionadas as Igrejas de um país ou de um grupo de países para cada semana do ano, sugerindo que nessa semana se ore por elas em todas as Igrejas do mundo. Desse modo, cada Igreja particular visitará através de sua oração todas as demais ao menos uma vez por ano. No livro *Ciclo ecumênico de oração*, cada semana contém 4 páginas: a primeira oferece uma breve descrição do grupo de Igrejas e do país onde estão situadas, com breves indicações de sua história e características especiais; a segunda página consiste num mapa e numa lista das Igrejas situadas nessa região; a terceira intitula-se "Para a oração", com intenções especiais e motivos de gratidão e intercessão, seguida por uma oração própria desse país; e a quarta página, em branco, reserva-se para as próprias anotações e comentários.

Além dessas manifestações regulares de oração ecumênica que fomentam o espírito de louvor e intercessão, os cristãos separados sabem que a oração proporciona a força que os mantém obedientes ao mandato do Senhor. Porque é na oração sacerdotal de Jesus, pouco antes de sofrer, que aparece a razão de ser do movimento ecumênico e da própria oração pela unidade. "Não rogo apenas por eles, mas por todos que crerem em mim por sua palavra. Que todos sejam um como tu, Pai, estás em mim e eu em ti, para que eles estejam em nós e o mundo creia que tu me enviaste" (Jo 17,20-21). John R. Mott dissera, pouco depois da celebração da "Conferência mundial missionária de Edimburgo" (1910), "O coração de Edimburgo não esteve em seus discursos, mas em seus períodos de oração". E nessa mesma linha poderia se pensar na infinidade de orações silenciosas que os cristãos elevam ao Senhor pela unidade e pela paz, como também nas grandes celebrações que reúnem os crentes do mundo, uma das mais notáveis expressões foi a "Jornada de oração pela paz", celebrada no dia 26 de outubro de 1986, na cidade de Assis.

Ordenação

É o ato ritual pelo qual a Igreja dá acesso a um de seus membros à "ordem", isto é, a determinado grau do ministério eclesial, seja o diaconado, o presbiterado ou o episcopal. O sinal que a Igreja de todos os tempos empregou na "ordenação" — seja esta considerada ou não como sacramento — tem sido sempre a imposição das mãos acompanhada de uma invocação do Espírito Santo. A tradição católica, a partir da Idade Média, considerou esse ato ritual como verdadeiro sacramento, e a seus recebedores denominaria "sacerdotes". Por sua vez, tais considerações seriam redondamente negadas pelas reformas protestantes do século XVI.

O Vaticano II, num clima ecumênico, restituiu a ordem aos três graus mais antigos: bispo, presbítero e diácono, e reduziu o que se havia chamado de "ordens menores" aos ministérios — que não são ordens — do leitorado e do acolitado. Estes são recebidos através da "Instituição", não da ordenação propriamente dita. Pela ordenação, o ministro da palavra e do sacramento — estas são as funções principais do "ordenado", junto à presidência da comunidade cristã — entra a fazer parte de um colégio — episcopal ou presbiteral — e está destinado *para algo* ou *para alguém*. Isso significa que quando alguém recebe a ordenação não é para seu próprio proveito espiritual, mas para exercer a *missão apostólica* da Igreja. O termo "sacerdote" foi substituído pelo de "presbítero", mas de acordo com a terminologia bíblica e com a realidade das coisas: somente Cristo é sacerdote e só a comunidade é sacerdotal, conforme a carta aos Hebreus. Quando se chama "sacerdote" a um ministro ordenado é porque seu ministério torna possível o exercício do sacerdócio dos fiéis e porque atua em nome de Cristo, cabeça do povo sacerdotal (LG 28). O *Documento de Lima* em seus números 42-44 diz explicitamente: "42. (a) A ordenação é uma invocação dirigida a Deus, a fim de que o novo ministro receba o poder do Espírito Santo, na nova relação estabelecida entre esse ministro e a comunidade cristã local, esse ministro e a Igreja universal, conforme a intenção expressa. A alteridade da iniciativa divina, da qual é sinal o ministério ordenado, está reconhecida aqui no mesmo ato da ordenação: 'O Espírito Santo sopra onde quer (Jo 3,8): a invocação do Espírito implica que a acolhida da oração da Igreja depende de modo absoluto de Deus. Isso significa que o Espírito pode pôr em movimento novas forças e abrir novas possibilidades acima de tudo o que pedimos e o que pensamos' (Ef 3,20).

43. (b) A ordenação é um sinal da acolhida dessa oração pelo Senhor, que concede o dom do ministério. Embora a acolhida da epiclese da Igreja dependa da liberdade de Deus, a Igreja ordena convencida de que Deus, fiel a suas promessas em Cristo, entra sacramentalmente nas formas contingentes das relações humanas e as utiliza para seus fins. A ordenação é um sinal realizado na confiança de que o relacionamento espiritual significado está presente em, com e através das palavras expressas dos gestos realizados e das fórmulas empregadas.

44 (c). A ordenação é um reconhecimento pela Igreja dos dons do Espírito naquele que é ordenado, e ao mesmo tempo um compromisso da Igreja e daquele que recebe a ordenação em sua nova relação. Acolhendo o novo ministro, pelo ato da ordenação, a comunidade reconhece os dons desse ministro e se compromete a tomar a responsabilidade de uma atitude de abertura em relação a esses dons. Igualmente aquele que recebeu a ordenação oferece seus dons à Igreja e compromete-se a aceitar os encargos e as possibilidades que lhe confe-

rem uma nova autoridade e uma nova responsabilidade. Ao mesmo tempo, entram em uma nova relação com os demais ministros ordenados".

Ordenação de mulheres

A ordenação de mulheres para o ministério da palavra e do sacramento passou a ser um tema de conflito entre as Igrejas cristãs, e inclusive afetou as Igrejas que já permitem tais ordenações. Tema que, sem dúvida, poderia ter coroado uma longa trajetória do exercício feminino do ministério da Igreja se nele não estivessem implicadas dimensões bíblicas e teológicas. A mulher exerceu ao longo dos séculos numerosos ministérios e trabalhou arduamente no ensino catequético, na teologia, como abadessa, como diaconisa, na música religiosa etc. À margem da polêmica, sua ordenação teria significado um enriquecimento para todas as Igrejas ao incorporar os valores femininos ao ministério ordenado. As Igrejas da tradição radical do protestantismo (anabatistas, menonistas etc.) incluíram logo em seu trabalho ministerial qualquer batizado sem considerações de sexo ou condição social.

Séculos depois, as Igrejas que se haviam afastado da concepção "católica" foram incluindo a mulher no ministério eclesial sem restrição alguma. Pioneiras neste modo de agir foram as Igrejas congregacionistas (na Inglaterra e País de Gales ordenam mulheres desde 1917), metodistas (nos Estados Unidos, e em 1974 na Inglaterra), a Igreja reformada da França (1965). E na década dos anos 60, as Igrejas luteranas da Alemanha, Suécia, Noruega, Dinamarca e Estados Unidos ordenam mulheres para o ministério luterano. Será na década dos anos 70 quando a comunhão anglicana decide enfrentar a questão do ministério feminino ordenado. O fato de seu planejamento, por algumas Igrejas que admitem o tríplice grau do sacerdócio (diaconado, presbiterado e episcopado), torna especialmente delicado esse assunto. A diocese anglicana de Hong Kong (28 de novembro de 1871) iniciou uma longa e polêmica marcha que chegou até nossos dias, ordenando Jane Hwang e Joyce Bennett como primeiras sacerdotisas da comunhão anglicana. Depois seguiram essa prática a Igreja episcopaliana dos Estados Unidos (em julho de 1974 acontece a ordenação das "onze de Filadélfia", contrariando as leis do sínodo de Lousiville que em 1973 havia rejeitado a possibilidade de ordenação feminina), e as do Canadá, Nova Zelândia, Brasil, Quênia etc. As conferências de Lambeth de 1978 e 1988 aceitaram entre seus trabalhos mais delicados o assunto da ordenação de mulheres ao sacerdócio. Em 1978 permite-se às Igrejas da comunhão anglicana, que o desejem, a possibilidade de admitir a ordenação de mulheres que se tenham preparado para esse ministério, mas convidando porém as Igrejas a permanecer em comunhão apesar de suas diferentes práticas.

Em 1988, Lambeth dá luz verde à consagração episcopal da mulher. No ano seguinte, Bárbara Harris era sagrada como bispo sufragâneo de Massachusetts, e Penélope Jamieson, bispo de Dunedin (Nova Zelândia), em 1990. O problema, contudo, adquire proporções gigantescas quando a Igreja da Inglaterra apresenta a possibilidade de mulheres sacerdotes em suas dioceses. Depois de duas décadas de duros debates, demonstrações "em favor" e "contra", de ameaças de cismas, o sínodo geral da Igreja da Inglaterra reúne-se no dia 11 de novembro de 1992 e legisla, depois da votação das três câmaras (bispos, clérigos e leigos), a aprovação da medida pela qual a Igreja da Inglaterra permite a ordenação da mulher para o sacerdócio. Se muito antes de 1992 a questão da ordenação da mulher para o ministério ordenado era um problema com dimensões ecumênicas, hoje se levanta como uma das maiores dificuldades no caminho para a reconciliação cristã, ao menos entre as Igrejas anglicanas, por uma parte, e as Igrejas católicas romanas e ortodoxas, por outra.

Essas duas Igrejas, as mais antigas e as maiores numericamente, opõem-se radicalmente a tais ordenações. A posição da Igreja católica está claramente definida na Declaração da Sagrada Congregação para a Doutrina de Fé, *Inter insigniores* (15 de outubro de 1976), e na carta apostólica do papa João Paulo II *Ordinatio sacerdotalis* (22 de maio de 1994), na qual se lê: "Portanto, com o fim de afastar toda dúvida sobre uma questão de grande importância, que diz respeito à própria constituição divina da Igreja, em virtude de meu ministério de confirmar na fé os irmãos (Lc 22,32), declaro que a Igreja não tem de modo algum a faculdade de conferir a ordenação sacerdotal às mulheres, e que esse juízo deve ser considerado como definitivo por todos os fiéis da Igreja".

Doutrina confirmada numa resposta da Sagrada Congregação para a Doutrina da Fé, em outubro de 1995, diante da dúvida de "se deve considerar-se definitiva e pertencente ao depósito da fé". O texto da resposta diz: "Esta doutrina exige um assentimento definitivo... Portanto nas presentes circunstâncias, o Sumo Pontífice, no exercício de seu próprio ministério de confirmar os irmãos na fé, propôs a mesma doutrina com uma declaração formal, afirmando explicitamente aquilo que se deve considerar sempre, em todas as partes e por todos os fiéis, como pertencente ao depósito da fé".

Doutrina e práxis que estão muito longe de ter recebido o consentimento de todos os fiéis católicos. Os aspectos teológicos que se incluem no debate sobre a ordenação afetam três áreas principais: A primeira é estritamente cristológica e antropológica. Poderia Cristo, como cabeça da Igreja, estar representado por alguém que não seja varão? A virilidade de Cristo afeta fundamentalmente o mistério da encarnação, ou a incidência fundamental deve buscar-se no fato de que é *pessoa humana*, antes de ser pessoa sexuada? A consideração bíblica, em segundo lugar, afeta os ensinamentos e práticas neotestamentários que foram interpretados muito diferentemente. Quando São Paulo fala da subordinação da mulher ao homem pela criação ou quando a convida ao silêncio na Igreja, faz isso partindo de considerações dogmáticas ou simplesmente de práticas válidas para uma situação determinada? O fato de que na última ceia de Jesus não houvesse mulher alguma significaria uma exclusão radical desta para o ministério ordenado e para a Igreja de todos os tempos? A terceira área da reflexão afeta a eclesiologia. O fato de que durante dezenove séculos nenhuma Igreja tenha ordenado a mulher, seria por acaso um argumento decisivo para não abrir seu acesso à ordenação? A Igreja deve sentir-se amarrada por uma tradição cuja raiz não está explícita e expressada verbalmente na Sagrada Escritura, ou, pelo contrário, esse tema não seria simplesmente uma tradição eclesiástica a mais, como uma fonte da grande tradição da Igreja? Cada Igreja é livre para tomar suas próprias decisões nesta matéria ou teria de buscar um fórum universal — talvez um concílio verdadeiramente ecumênico — em que se teria uma doutrina universal para todas as Igrejas num assunto de tanta importância e que afeta as relações de umas Igrejas com as outras?

O futuro da busca visível da unidade cristã passa irremediavelmente por um novo tropeço. O ministério como ordenação não é uma simples questão periférica. Afeta a concepção eclesiológica e a natureza das relações do homem com Deus através de Jesus Cristo. Por isso está já presente na agenda de alguns diálogos bilaterais entre várias comunidades cristãs. As Igrejas que optaram pela ordenação estão conscientes de que com isso contribuíram para apresentar a um mundo dividido por razões sociais, étnicas e de sexo a possibilidade de vislumbrar uma comunidade na qual os valores de igualdade e de justiça são críveis; as Igrejas que rejeitam a ordenação feminina acreditam com isso serem obedientes ao Senhor da Igreja. O *Documento de Lima* (BEM, 1982), uma das expressões mais interessantes da busca visível da unidade cristã, toca no problema num pequeno comentário que mais que uma análise doutrinal consiste numa descrição da situação atual. Diz entre outras coisas: "Por mais que estejam de acordo sobre esta necessária reflexão, as Igrejas tiram diferentes conclusões no que concerne à admissão das mulheres no ministério ordenado. Um número crescente de Igrejas chegou à conclusão de que não há uma razão bíblica ou teológica contra a ordenação de mulheres, e muitas delas a praticam. Contudo, outras muitas Igrejas afirmam que a tradição da Igreja a esse respeito não deve ser modificada" (Mt 18).

Ordenações anglicanas

Um dos pontos de maiores conflitos entre as Igrejas da comunhão anglicana e a Igreja católica é o juízo negativo sobre as ordenações anglicanas emitido pelo papa Leão XIII na carta apostólica *Apostolicae curae*, em 1896. Talvez este foi um dos últimos atos pelo qual ambas as Igrejas perdiam a fraternidade que existiu sempre entre as sedes de Roma e de Cantuária. Alguns dos acontecimentos dessa triste ruptura haviam começado em 1534, quando o parlamento inglês e Henrique VIII, através da *Ata da supremacia*, confirmavam ao rei (e a seus sucessores) "como a única cabeça suprema na terra da Igreja da Inglaterra, chamada *Anglicana Ecclesia*". Contudo as formas de culto da Igreja medieval continuavam sendo observadas escrupulosamente, e conferindo-se as ordens sagradas conforme o pontifical romano.

Com Eduardo VI (1547-1553), entretanto, são introduzidas algumas inovações litúrgicas e dogmáticas, sobretudo a partir do segundo *Prayer Book* de 1552, que contém o famoso *Ordinal* inglês, para o uso da consagração de bispos, presbíteros e diáconos, com certa tendência de sabor protestante, suprimindo-se tudo quanto pudesse lembrar a doutrina tradicional do sacerdócio sacrificial. No *Ordinal* apresentam-se três ritos diferentes para os três graus do episcopado, presbiterado e diaconado, com uma fórmula de tom imperativo, unido à imposição das mãos, e tudo isso com claro sabor escriturístico. É certo que a menção da ordem que se confere em cada caso está ausente, ausência que será corrigida na edição do *Prayer Book* de 1662. Com Isabel I volta-se a confirmar a mesma legislação de 1559, pela qual o papa de Roma perde toda jurisdição sobre a Igreja da Inglaterra. O seguinte passo por parte de Roma será a promulgação da bula *Regnans in excelsis* de Pio V, pela qual é excomungada a rainha Isabel, como cabeça da Igreja. As relações de estranhamento entre ambas as Igrejas adquirem, pois, sua máxima tensão quando, séculos depois, *Apostolicae curae*, continuando uma inveterada prática, declara "absolutamente nulas e inválidas" as ordenações realizadas nas Igrejas da Inglaterra, baseando-se que no *Ordinal* de 1551 contém uma compreensão do ministério ordenado em claro conflito com os ensinamentos da Igreja ao excluir deliberadamente toda referência à natureza sacrifical do sacerdócio e da eucaristia. Por isso o defeito fundamental das ordenações gerais pelo *Ordinal* inglês — conforme a *Apostolicae curae* — consiste no defeito da fórmula e na intenção. Não se pode aqui recordar toda a história dos fatos ocorridos na origem das ordenações anglicanas. Basta recordar que o clero ordenado sob Henrique VIII o foi conforme o pontifical romano, mas desde 1550 a 1552 (anos de Eduardo VI) foram ordenados já conforme o *Ordinal* 6 bispos e uns 110 sacerdotes e diáconos.

Tudo mudará em julho de 1553, quando chega ao trono a católica rainha Maria Tudor. Então a prática comum será reordenar aqueles que quiseram aceitar de novo o catolicismo, não permitindo de modo algum que qualquer clérigo ordenado nos anos antes segundo o *Ordinal* exercesse o ministério sem a prévia reordenação. Transformações da história inglesa possibilitaram que em 1558, com a chegada da rainha Isabel ao trono, volte de novo o regime eclesiástico dos tempos de Eduardo VI. Encontrando-se a sede de Cantuária vacante pela morte do cardeal Pole, o novo arcebispo Parker é consagrado no dia 17 de dezembro de 1559 por quatro bispos: dois deles, Barlow e Hodgkin, haviam sido consagrados segundo o pontifical romano; os outros dois, Scory e Coverdale, conforme o *Ordinal* inglês. Essa cerimônia, como fonte original da hierarquia anglicana, é causa de várias controvérsias em torno das ordenações durante os séculos XVII e XVIII. O Santo Ofício havia realizado uma pesquisa dirigida pelo cardeal Casanata entre os anos de 1684 e 1865, chegando à conclusão de que os sacerdotes anglicanos não estavam validamente ordenados porque aqueles que os ordenavam, isto é, os bispos da Igreja da Inglaterra, desde os tempos da rainha Isabel I, na realidade não estavam eles mesmos consagrados, tendo-se rompido a sucessão apostólica, e a modificação acrescentada em 1662 — no caso de constituir já uma fórmula válida — não podia ter caráter retroativo.

Deve-se ter em conta que nessa pesquisa não se considerou em absoluto o tema da intenção. Mais tarde, o bispo escocês Gordon (1704), convertido à Igreja católica, pedia ele mesmo que seu episcopado fosse declarado inválido, fato que um decreto de Clemente XI confirmaria. Mas é em fins do século XIX quando a propósito das cordiais relações entre o Padre F. Portal e o Lord Halifax, num clima de aproximação, deseja-se reestudar o tema das ordenações anglicanas. Leão XIII nomeia uma comissão, cujos membros podem ser classificados em dois grupos: o primeiro constituído por três personalidades inglesas: o canônico Moyes, dom Guasquet e o Padre Fleming. Os três autores já se haviam definido num tratado intitulado *Ordens anglicanas*, no qual manifestam sua oposição à validade de tais ordenações pela insuficiência formal do *Ordinal* de Eduardo VI, que exclui o sentido católico do sacerdócio. A análise do ritual anglicano realiza-se dentro do contexto doutrinal da reforma inglesa que consideram suficientemente influenciada pelos princípios protestantes continentais. Com respeito ao tema da *intenção*, crêem esses autores que se deve falar de uma intenção dirigida pelo "princípio de exclusão positiva", que invalidaria a intenção de querer fazer o que a Igreja faz. Por isso dificilmente pode-se pensar que as ordens anglicanas possam ser consideradas como ações sacramentais da Igreja. O outro grupo, muito menos uniforme, estava composto por três homens eminentes não ingleses: um teólogo, um jurista e um historiador; o jurista Monsenhor P. Gasparri, professor no Instituto Católico de Paris, o grande historiador Duchesne, e o Padre De Augustinis, célebre professor da Gregoriana. Gasparri, futuro cardeal, pensou na probabilidade da validade das ordenações anglicanas, Duchesne e De Augustinis inclinavam-se claramente pela validade. Pensavam estes autores, estudando as fórmulas do *Ordinal* em si mesmas, e à margem do contexto da reforma inglesa e de suas prováveis influências protestantes, que as fórmulas do *Ordinal* são suficientemente claras para concluir que com elas se havia querido ordenar dentro da tradição da Igreja de todos os tempos. A *intenção de querer fazer o que a Igreja quer fazer* (a *intentio faciendi* ministerial) pode subsistir inclusive no caso do emprego de uma fórmula errônea (na inteligência), sempre que não haja vontade positiva de excluir elementos essenciais do sacramento. Mas quem poderia provar que os prelados anglicanos, uma vez que não há textos explícitos de sua vontade positiva de excluir elementos essenciais, tiveram tais restrições em seus espíritos?

Outros autores católicos iriam nessa mesma linha de pensamento: M. Portal, J. B. Scanell, Boudinhon, Franzelin. Esse teólogo alemão não insistia, pois, na falta de intenção, mas em se realmente a fórmula da ordenação havia sido mudada essencialmente noutro rito e com outra significação. Para Franzelin, aqui está radicada a rivalidade das ordenações anglicanas. Aqueles debates livres e públicos finalizavam, pelo lado católico, em setembro de 1896, com a publicação da carta *Apostolicae curae*. Texto breve, dividido em duas partes muito desiguais: a primeira trata do defeito da fórmula, insuficiente sob todas os prismas, afirmando por sua vez que os acréscimos de 1662 não podem emendar, pois, redigidos um século depois, não podem ter efeitos retroativos. Além da insuficiência material, há uma insuficiência formal de princípio, pelo caráter anti-sacerdotal e anti-sacrifical que domina o conjunto do rito inglês. A parte consagrada ao defeito da intenção, muito mais breve, aparece estreitamente ligada ao defeito da fórmula. A carta conclui, de modo taxativo e autoritário, declarando a invalidade das ordenações anglicanas. Juízo que deverá pesar sobre as gerações futuras e para sempre.

Numerosos comentários foram feitos após a publicação da *Apostolicae curae*. Imediatamente os arcebispos de Cantuária (E. W. Benson) e York (W. D. McLagan) publicaram um documento em fevereiro de 1897, sumamente respeitoso, no qual afirmam, em vinte pontos, que a intenção da Igreja da Inglaterra em suas ordenações foi sempre conferir o ministério instituído por Cristo. Dignos de se ter em conta, pela parte católica, são os trabalhos de Salvatore Brandi (1898), que considera como principal defeito a insuficiência material, isto é, a ausência, na fórmula, da intenção da ordem; e muitos anos mais tarde e noutro contexto os de A. A. Stephenson (1956), Francis Clark (1956) e John J. Hughes. F. Clark (1968) procura, por uma parte, analisar a validade do formulário inglês fora do contexto anti-sacrifical que se atribui à reforma inglesa e, por outra parte, distinguir adequadamente entre os diferentes sentidos do termo *intenção*, e que oferece muita luz na hora da análise da suposta "falta de intenção". Num contexto ecumênico importa mais como se poderia chegar a uma aceitação mútua dos ministérios entre as diferentes Igrejas que voltar a uma análise nova — sumamente complexa — da carta *Apostolicae curae*. Alguém com muito realismo disse que essa carta supõe hoje muito mais um problema de interpretação para a Igreja católica que para a própria Igreja da Inglaterra. Entre os estudiosos católicos do nosso tema, sem dúvida, George Tavard (1990) sugeriu recentemente novas pistas para a solução do problema das ordenações anglicanas, insistindo nas diferentes formas de oferecer a fé, que nem sempre são estritamente doutrinais e teológicas, como às vezes as formas litúrgicas — como as expresssadas em *Prayer Book* — são o melhor modo de expressar a fé; o exemplo de Pio XII, mudando a matéria da ordenação (30 de novembro de 1947); o emprego da categoria "igreja irmã" referida por Paulo VI à Igreja da Inglaterra (25 de outubro de 1970), a eclesiologia da *koinonia*, tão distante da teologia que aparece na *Apostolicae curae*; o tratamento oferecido pelos últimos papas aos arcebispos de Cantuária; a aplicação dos princípios da "economia" da teologia ortodoxa (presunção da validade), e da teologia sacramental do "supplet Ecclesia". Deverá ser consultado com proveito o texto *As ordens anglicanas. Relação sobre o contexto do desenvolvimento de sua avaliação na Igreja católica* (1990), resultado da consulta anglicano-católico-romana dos Estados Unidos.

Orientais (Igrejas ortodoxas)

Comunidade de Igrejas — chamadas às vezes antigas Igrejas orientais — ou "não-calcedonianas — cujas raízes remontam-se ao tempo das controvérsias doutrinais, que durante os séculos IV e V mantiveram as diferentes cristandades do Oriente. Seus representantes no concílio de Calcedônia (451) rejeitaram a formulação das duas naturezas do Filho. Foram condenados por seu monofisismo. Desde então têm levado uma existência muito isolada, tanto das Igrejas ortodoxas (bizantinas), como do catolicismo romano e do protestantismo. Na realidade, essas Igrejas possuem a mesma fé em Cristo — verdadeiro Deus e verdadeiro homem —, embora rejeitem a formulação empregada naquele concílio ecumênico. Várias declarações comuns entre Roma e os patriarcados sírio e copto afirmam manter a mesma fé. Todavia sem plena comunhão com as Igrejas ortodoxas, é cada vez maior a convergência mútua na doutrina cristológica entre ambas as comunidades do Oriente. Cinco grandes Igrejas são as denominadas "Igrejas ortodoxas orientais": síria, copta, armênia, etíope e malabar. Conservam comunhão entre elas e aceitaram os três primeiros concílios ecumênicos (Nicéia, Constantinopla e Éfeso).

— A *Igreja síria ortodoxa* (às vezes chamada *Igreja jacobita*), conforme a tradição, está enraizada na obra do apóstolo Pedro. Desde suas origens tem sido uma comunidade muito perseguida, tanto pela influência helenista, como mais tarde pelas invasões mongólicas e muçulmanas (turcas). Até a Idade Média, a Igreja síria teve um importante florescimento litúrgico, teológico e monástico, que foi decaindo com o tempo. Suas relações com a Igreja de São Tomé, da Índia, permitiu que sua liturgia fosse conhecida mais além de suas fronteiras. O patriarcado sírio está situado em Damasco. Essa Igreja pertence ao Conselho Ecumênico das Igrejas desde a assembléia de Nova Delhi (1961).

— A *Igreja copta ortodoxa* tem sua origem pela pregação do evangelista São Marcos no Egito. A liturgia copta manteve-se em sua pureza original ao longo dos séculos apesar das perseguições dos bizantinos e, mais tarde, dos muçulmanos. Uma de suas grandes riquezas foi o monacato, nascido nos desertos egípcios, mas merece destacar-se igualmente o trabalho missionário levado a efeito pelo continente africano. O patriarcado de Alexandria foi um dos mais importantes da antigüidade cristã. Pertence ao Conselho Ecumênico das Igrejas desde sua fundação, em Amsterdã (1948).

— A *Igreja apostólica armênia* nasceu conforme a tradição pela pregação de São Judas Tadeu e São Bartolomeu. Foi uma das Igrejas mais perseguidas ao longo da história, dando origem a numerosos mártires. Vários centros eclesiásticos regem os cristãos armenos que se estenderam por todo o Oriente médio e por vários países do mundo. O centro dos "católicos de todos os armenos" acha-se em Etchmiadzin (antiga União Soviética); além disso encontram-se o "catolicato" da Cilícia (Antelias, Líbano), o patriarcado de Jerusalém e o patriarcado de Constantinopla. A Igreja apostólica armênia pertence ao Conselho Ecumênico das Igrejas desde 1962.

— A *Igreja etíope ortodoxa* começou nos tempos apostólicos. Esteve sempre sob a presidência da Igreja copta, mas desde 1950 alcançou sua própria autonomia e fundou seu patriarcado em Abdis-Abeba. Sua liturgia é muito rica, usando nela tanto a velha escritura de Geez como o moderno Ambaric. São muito ricas nessa Igreja tanto a tradição monástica como a iconografia. Pertence ao Conselho Ecumênico das Igrejas desde sua fundação (Amsterdã, 1948).

— A *Igreja malabar ortodoxa* é uma das que surgiram da evangelização efetuada pelo apóstolo São Tomé na Índia. Parte do cristianismo indiano teve contato com o patriarcado sírio de Antioquia herdando sua tradição litúrgica e espiritual. Em 1912 consegue sua autocefalia. O "católico" dessa Igreja reside em Kotayam (Kerala). Pertence ao Conselho Ecumênico das Igrejas desde sua fundação (Amsterdã, 1948).

Ortodoxas (Igrejas)

Por esse termo entende-se o conjunto de Igrejas de tradição bizantina que se formaram nos primeiros séculos dentro do império romano do Oriente. Suas sedes, algumas delas de origem apostólica, estão constituídas por *oito patriarcados*: Alexandria, Antioquia, Constantinopla, Jerusalém, Romênia, Bulgária, Sérvia e Moscou, e o catolicato de Tiflis (Geórgia). A presidência de honra pertence ao patriarcado de Constantinopla como "primus inter pares" (o primeiro entre os iguais). Além dos patriarcados, há cinco grandes *Igrejas autocéfalas*: Grécia, Chipre, Polônia, Tchecoslováquia e Albânia, além do mosteiro de Santa Catarina, no Sinai — com grande autonomia —, e algumas *Igrejas autônomas*, dependentes de uma ou outra forma de algum patriarcado: China, Japão, Finlândia. Por último encontram-se as *Igrejas da diáspora* espalhadas por todo o mundo devido à imigração de fiéis ortodoxos que se seguiu após a II Grande Guerra. Algumas delas são muito influentes, como a dos Estados Unidos, com cerca de quatro milhões de membros. O fato das diferentes emigrações nacionais tem sido um fator muito negativo para a unidade das Igrejas ortodoxas, já que os conflitos de jurisprudência afetam profundamente as relações entre umas e outras. O termo "ortodoxas" foi assumido por elas após as discussões cristológicas para distinguir-se das então chamadas "heréticas" por sua rejeição ao concílio de Éfeso (431) — Nestório, patriarca de Constantinopla é condenado —, e ao concílio de Calcedônia (451). Portanto, as Igrejas que se mantiveram em comunhão com Éfeso e Calcedônia autodenominaram-se Igrejas ortodoxas (fiéis às definições dos grandes concílios).

As estatísticas sobre as Igrejas ortodoxas são muito difíceis de serem estabelecidas, devido fundamentalmente às dificuldades de se avaliar os graus de descristianização que sofreram durante anos os países do Este europeu. Calcula-se, contudo, que sejam uns 150 milhões de ortodoxos, dos quais uns 60 milhões se achem em territórios da antiga União Soviética, 14 na Romênia, cerca de 10 na Grécia, e em menor número na Sérvia, Bulgária e Estados Unidos. Na Espanha há somente duas Igrejas ortodoxas e ambas encontram-se em Madri: a grega, dependente do patriarcado ecumênico de Constantinopla, e a romena. As relações das Igrejas das ortodoxas, a partir do cisma de 1054, nunca foram muito fraternais com a Igreja católica romana. Além dos fatores políticos, nacionalistas, culturais, sociais e eclesiológicos que tanto influíram no cisma, as diferenças doutrinais referentes ao primado romano e a questão teológica do "Filioque" também têm sido dados de grande importância para manter as distâncias entre os "dois pulmões da Igreja". A tímida aproximação que se registrou durante o concílio Vaticano II — são históricos o encontro em Jerusalém entre Paulo VI e o patriarca Atenágoras (1964) e a presença de observadores ortodoxos nas sessões conciliares —, e que tanto prometia, viu-se obscurecida nesses últimos anos pela acusação ortodoxa contra Roma de praticar um proselitismo nos antigos territórios da União soviética. Acusação que, somente em alguns casos isolados poderia ser verdadeira, parece antes devida à falta de entendimento entre os próprios ortodoxos na hora de levar adiante um diálogo sério com as Igrejas do Ocidente. Contudo, cabe ressaltar os passos dados já de diálogo doutrinal entre Roma e as Igrejas ortodoxas e que felizmente algum dia prosseguirão. Em 1976 cria-se uma comissão conjunta para preparar um diálogo oficial e um documento programático, cuja finalidade era restabelecer a plena comunhão entre ambas as Igrejas.

A metodologia proposta propunha começar o estudo dos temas mais comuns para passar posteriormente aos mais delicados e conflitivos. O anúncio oficial do começo do diálogo teológico foi feito conjuntamente por Paulo VI e pelo patriarca Dimitrios I, no dia 30 de novembro de 1979. A "Comissão conjunta internacional para o diálogo teológico entre a Igreja católica romana e a Igreja ortodoxa" estava composta por membros representantes de ambas as Igrejas, em igual número, e que se encontrariam em sessões plenárias e em sessões de estudo. A 1ª sessão plenária teve lugar em Patmos e Rodes (29 de maio a 4 de junho de 1980), na qual se trabalhou para gerar um plano para o diálogo. A 2ª sessão reuniu-se em Munique (30 de junho a 6 de julho de 1982) e alcançou um acordo no texto: *O mistério da Igreja e da eucaristia à luz do mistério da Trindade*. A 3ª sessão reuniu-se em Creta (30 de maio a 8 de junho de 1984) e nela se discutiu o rascunho *Fé, sacramentos e a unidade da Igreja*; certas dificuldades surgidas na delegação ortodoxa impediram a aprovação do documento. Em Bari (Itália) teve lugar a 4ª sessão plenária que se trabalhou em duas sessões. A primeira (29 de maio a 7 de junho de 1986) foi interrompida por algumas Igrejas ortodoxas, acusando Roma de praticar proselitismo entre os fiéis ortodoxos. Uma segunda reunião (Bari, 9 a 16 de junho de 1987) aprovou finalmente o texto estudado em Creta. A 5ª sessão plenária celebrou-se em Valamo (Finlândia, 19 a 27 de junho de 1988) e adotou o texto: *O sacramento da ordem dentro da estrutura sacramental da Igreja, com particular referência à importância da sucessão apostólica para a santificação e unidade do povo de Deus.* Em Valamo decidiu-se criar uma subcomissão para a análise da espinhosa questão uniata. E para a 6ª sessão plenária (Munique, 1990) programou-se o trabalho: *Conseqüências canônico-eclesiológicas da estrutura sacramental da Igreja: conciliaridade e autoridade na Igreja.* Os temas subseqüentes deverão tratar assuntos que dividiram ambas as comunidades ao longo da história, como o papel da Igreja de Roma, o bispo de Roma e as Igrejas locais etc.

Ortodoxia

O termo "ortodoxia" significa literalmente opinião ou crença conforme à verdade, doutrina concreta. Na linguagem cristã veio a significar o conjunto de Igrejas pertencentes ao cristianismo oriental, seja em seu ramo calcedoniano (Igrejas ortodoxas de tradição bizantina) ou em seu ramo não-calcedônio (Igrejas ortodoxas orientais, às vezes chamadas Igrejas antigas orientais). Não há, pois, comunhão entre todas as Igrejas do Oriente, uma vez que as primeiras divisões apareceram bem cedo; algumas cristandades rejeitaram o terceiro concílio ecumênico (Éfeso, 431), outras o quarto, por questões doutrinais a respeito da cristologia (Calcedônia, 451). Depois de tantos séculos de divisão cristã, parece hoje, com mais clareza, que boa parte das divergências entre as cristandades orientais deveu-se a mal-entendidos terminológicos (N. Lossky) e que as dificuldades para uma reunião são mais de ordem prática que de natureza teológica. As separações das Igrejas ortodoxas em seu conjunto com o cristianismo ocidental não se podem atribuir a uma só razão. Há toda uma série de fatores políticos, culturais, sociais, eclesiológicos e teológicos que terminaram com a mútua excomunhão em 1054. Mas já desde o século IX (Fócio, patriarca de Constantinopla, e o papa Nicolau I são apenas dois personagens significativos) se pressagiava a enorme dificuldade de manter o equilíbrio necessário e a comunhão recíproca diante de duas concepções cristãs tão distintas — a oriental e a ocidental — de conceber o mundo, a Igreja, e a própria idéia de Deus.

Centralizando-se na própria ortodoxia, deve-se assinalar que, excetuando as dissensões a respeito do concílio de Calcedônia e que provocaram o cisma já apontado entre Igrejas antigas orientais (não-calcedonianas) e as Igrejas ortodoxas (calcedonianas e de tradição bizantina), há um patrimônio comum característico do cristianismo oriental. Eis aqui alguns de seus traços mais característicos: o apreço pela tradição que preserva e explicita o sentido das Escrituras e envolve a vida da Igreja, a teologia dos Padres, a liturgia e a iconografia; a inclinação para uma teologia apofática (ou negativa), que fornece pistas para entender a concepção ortodoxa do *dogma*, cujo sentido é mais preservar o mistério inefável da fé que o "descobrir" e esclarecer as verdades que com ele deseja expressar. Com respeito à antropologia, deve-se esclarecer a visão ortodoxa do ser humano como "imagem de Deus" que o impede de rejeitar o livre-arbítrio e o conhecimento natural de Deus. Essa concepção antropológica realçou algumas relações mais harmoniosas do ser humano com o cosmo, que adquire todo seu esplendor quando a obra de Cristo redentor recria e restaura a criatura na ordem a sua "deificação". A pneumatologia marcou secularmente a própria vida e a teologia ortodoxas, por isso que a mediação salvífica da Igreja — tão distante de uma concepção juridicista da mesma — encontre seu fundamento na obra do Espírito Santo. O ápice da vida cristã encontra-se na "sagrada liturgia", na celebração dos sacramentos e na prece trinitária: isso não impede a veneração e piedade marianas manifestadas popularmente nos ícones.

As Igrejas ortodoxas — em sua diversidade — consideram-se a comunidade fundada por Cristo, em perfeita fidelidade à doutrina dos apóstolos e na ordem estabelecida pelos Padres. Seguindo a tradição da Igreja indivisa, consideram-se "Igrejas irmãs" — de regime episcopal — sob o primado de honra do patriarcado de Constantinopla. O ministério ortodoxo está estruturado conforme a tríade de diácono, presbítero e bispo. O monacato, de grande importância na ortodoxia, constitui uma instituição carismática e seus membros são reconhecidos como "pais espirituais" pelos fiéis que desejam aprofundar sua vida espiritual. Certamente a realidade é sempre mais pobre. As divisões e rixas internas na ortodoxia são devidas à dispersão e emigração dos fiéis ortodoxos através do mundo. Unindo esse fato ao impulso dos nacionalismos, surgiu a tendência a identificar a Igreja particular com uma cultura dada, com um grupo étnico especial, com uma nação. Teólogos ortodoxos admitem que hoje substituiu-se aquele princípio tradicional do território — cada bispo ortodoxo rege os fiéis dentro de sua Igreja local — pelo da *eclesiologia nacionalista*. Isso implica que os ortodoxos que abandonaram suas nações, identificadas com sua "Igreja mãe", continuam nos países recebedores pertencendo à jurisdição daquela Igreja, o que supõe que numa cidade determinada pode haver uma multiplicidade de jurisdições, em vez de — o que parece seria o certo — estar sob a jurisdição de somente um bispo em cada lugar. Outros desafios aos quais nem sempre a ortodoxia tem correspondido convenientemente seria, de uma parte, seu não-compromisso diante das questões atuais e sua clara submissão aos governantes atuais; por outra parte, a tendência (facilidade) de algumas Igrejas ortodoxas de rejeitar o ecumenismo como um perigo que atenta contra suas mais íntimas convicções de que somente elas constituem a Igreja de Cristo; por último, o perigo da passividade de um laicato que assiste —

simplesmente assiste — a uma sagrada liturgia bela e formosa, mas como o espectador que não participa dos mistérios do Senhor.

Oxford (Movimento de)

Corrente espiritual e teológica que se fez sentir na "Igreja da Inglaterra" entre 1830 e 1845 sob o impulso dos anglicanos J. H. Newman, E. B. Pusey e John Keble. Acentuou o legado da antiga Igreja católica na Inglaterra antes da Reforma. Seus seguidores foram chamados "tractarianos", por causa dos *tracts* (artigos) que publicavam periodicamente. A influência do movimento fez-se sentir muito fortemente no chamado "anglo-catolicismo". Embora o terreno estivesse preparado desde algum tempo antes (Ata da reforma do parlamento de 1832; redução das sedes episcopais irlandesas por ordem do parlamento em 1833), a labareda incendiou-se pelo sermão de Klebe, pregado no dia 14 de julho de 1833, sobre a "apostasia nacional". Klebe acusou o parlamento de uma "negação direta da soberania de Deus". Em seguida criou-se a Sociedade de amigos da Igreja, que publicou o primeiro de uma série de *Tracts of the times*, início do movimento anglo-católico. A figura mais importante do movimento foi o clérigo John Henry Newman, naquele momento professor do Oriel College e vigário da Igreja de Santa Maria. Os *tracts* e os sermões de Newman na Igreja de Santa Maria fizeram dele logo o centro de atenção de toda a Inglaterra. Os homens do movimento ressuscitaram a esquecida doutrina de que a Igreja é o corpo de Cristo, quando a maioria a considerava um departamento do Estado ou como o aspecto religioso da existência de uma nação. E foram resgatando os melhores teólogos do século XVII, a tradição monástica e medieval, da liturgia antiga, dos Padres da Igreja... Até que chegou o *Tract 90*. Os *39 artigos de fé* poderiam ser lidos permanecendo fiel ao passado "católico" da Igreja da Inglaterra? A publicação daquele texto foi decisiva. Começava o afastamento de Newman e outros da "Igreja da Inglaterra". No dia 9 de outubro de 1845, Newman entrava para a Igreja católica romana. Pusey, Keble, R. W. Church, ao contrário, permaneceram fiéis a sua Igreja de sempre. O Movimento de Oxford, acima das pessoas que o integraram, significou o reencontro do anglicanismo com suas melhores raízes patrísticas, medievais e teológicas.

Paulo VI

João Batista Montini (Concesio, 26.9.1897 - Roma, 6.7.1978). O papa do diálogo. O seu pontificado está simbolizado pelo feliz término do Concílio Vaticano II e pela primeira época do pósconcílio. Ordenado sacerdote em 1920, e acabados os estudos de direito, passa um breve tempo na nunciatura de Varsóvia, servindo depois na Secretaria do Estado do Vaticano. Desde 1954 é arcebispo de Milão. Fino intelectual e por sua vez intrépido apóstolo entre as classes operárias. Depois da morte do papa João XXIII, é eleito papa no dia 21 de junho de 1963. Tratou com pulso firme a obra conciliar e executou o que o concílio havia determinado. Seu magistério ficou marcado através de várias encíclicas. Algumas muito controvertidas, mas magistério sempre atento à tradição da Igreja e a dos sinais dos tempos. Assim a encíclica *Ecclesiam suam* (1964), carta magna do diálogo; a *Populorum progressio* (1967) e a *Humanae vitae* (1968). Talvez entre seus escritos há um de especial ressonância: a carta *Evangeli nuntiandi* (1975). Do ponto de vista ecumênico destacam-se sua viagem à Terra Santa (1964), e o encontro com o patriarca Atenágoras, de novo a visita ao patriarcado de Constantinopla (1967), sua visita à sede do Conselho Ecumênico das Igrejas (Genebra, 1969), e a calorosa entrevista com o arcebispo de Cantuária em 1970. A correspondência de Paulo VI com Atenágoras acha-se no *Tomos agapis*. Ao encon-

tro da unidade; documentação das relações entre a Santa Sé e o patriarcado de Constantinopla (1958 a 1972). É significativa também a solene remoção das excomunhões entre Roma e Constantinopla, que teve lugar no dia 7 de dezembro de 1965, nas vésperas do encerramento do Concílio Vaticano II.

Pan-ortodoxas (Conferências)

Desde a divisão entre Oriente e Ocidente (1054), o mundo ortodoxo creu — e tem sido conseqüente com sua idéia — na impossibilidade de convocar novos concílios ecumênicos por causa das feridas sofridas pela Igreja indivisa. Contudo, diferentes encontros entre as Igrejas da família ortodoxa tiveram lugar desde aquelas nefastas separações. Por isso, por iniciativa sempre do patriarca ecumênico de Constantinopla, de comum acordo com os outros patriarcas, foram convocados alguns concílios na antiga Bizâncio ao longo dos séculos XV, XVI, XVII e XIX, para tratar de assuntos canônicos e litúrgicos, nunca dogmáticos. O de 1590 tratou precisamente da elevação da sede metropolitana de Moscou à dignidade de patriarcado. Um novo estilo de encontros ortodoxos tem lugar ao longo do século XX com a participação das Igrejas nacionais do Este da Europa. A reunião de 1930, celebrada no monte Athos, dedicou-se à preparação de um sínodo geral das Igrejas ortodoxas. Somente depois da Segunda Guerra Mundial começaram a ser celebradas as chamadas "Conferências pan-ortodoxas" que, convocadas sempre pelo patriarca de Constantinopla, vêm reunindo-se desde 1961 (Rodes). Na primeira conferência tratava-se de confeccionar uma ordem do dia para a preparação do sínodo ortodoxo que incluía temas de caráter doutrinal, missionário, ecumênico. Nas segunda e terceira conferências, também celebradas em Rodes (1963, 1964), foram estudados os temas referentes aos diálogos teológicos com as outras Igrejas cristãs e se analisou a resposta que conviria dar ao convite do Vaticano de enviar observadores ao concílio da Igreja católica romana. Em 1968 tem lugar a quarta conferência, que foi celebrada na Suíça (Chambésy) e estabeleceu uma comissão preparatória do grande e santo concílio pan-ortodoxo da Igreja ortodoxa. Desde então tiveram lugar duas conferências preparatórias do concílio pan-ortodoxo, as duas em Chambésy, em 1976 e em 1986. Em 1976 foram formulados os pontos a ser tratados no concílio: a diáspora ortodoxa, a autocefalia, a autonomia eclesial, os dípticos, a revisão do calendário, os impedimentos matrimoniais, as regras do jejum, as relações intereclesiais, o movimento ecumênico e a paz e a justiça. Na conferência de 1986, dedicada à avaliação da participação ortodoxa nas relações ecumênicas, fez-se um balanço dos diálogos doutrinais levados a efeito com as grandes tradições cristãs, assim como uma reflexão sobre seu lugar e estatuto dentro do Conselho Ecumênico das Igrejas e suas idéias básicas sobre o conceito de unidade.

Patrística

Disciplina acadêmica centralizada na análise da vida e obra dos Padres da Igreja. O título de Padres da Igreja, propriamente falando, dá-se àqueles autores que depois do período apostólico asseguraram a mensagem evangélica ensinando a doutrina ortodoxa. O período clássico dos Padres da Igreja abrange até ao século VIII e corresponde à celebração dos grandes concílios ecumênicos da Igreja indivisa. Embora os Padres da Igreja sejam doutores, contudo o título de doutores da Igreja reserva-se normalmente aos escritores posteriores ao primeiro milênio. A importância atribuída aos Padres da Igreja exerce um papel decisivo no movimento ecumênico, pois são intérpretes fiéis das Escrituras e expoentes da fé cristã antes que acontecessem os grandes cismas e divisões que a comunidade eclesial tem sofrido. Embora o estudo do pensamento e da espiritualidade dos Padres tenham muito maior importância na ortodoxia e no catolicismo romano que no protestantismo — o princípio da "sola Scriptura" faz decair muito no século XVI o significado da tradição patrística —, hoje é óbvio em grandes espaços do cristianismo reformado não-fundamentalista o interesse que despertam os Padres para se redescobrir a "alma" do primitivo cristianismo. O problema *Escritura-Tradição*, tão conexo com o tema da patrística e que dividiu tanto o cristianismo ocidental no passado, está sendo objeto de numerosos diálogos bilaterais, e cada vez se torna mais patente que nos Padres — as melhores testemunhas da tradição — o uso e a autoridade da Escritura, longe de se rebaixar, alcançaram níveis que são exemplo para o cristianismo de todos os tempos. Hoje é convicção comum que, ao lado do estudo dos Padres, aqueles autores nos quais se dão estes quatro elementos: ortodoxia na doutrina, santidade de vida, aprovação eclesiástica e antiguidade, devem também ser considerados outros autores antigos aos quais faltam algumas das notas anteriores, mas que com seus escritos — às vezes considerados heréticos — contribuíram ao debate, ao desenvolvimento e ao esclarecimento da dogmática cristã. O estudo de Nestório, Orígenes, Teodoro de Mopsuéstia, Pseudo-Dionísio, o Areopagita etc. estariam nesta linha. O estudo da patrística no Ocidente deve-se em boa parte às edições dos beneditinos de São Mauro (século XVII), às séries da patrologia grega e latina de J. P. Migne (século XIX), à *Library of the Fathers*, impulsionada pelos homens do Movimento de Oxford (século XIX) e à coleção iniciada pelos Jesuítas Henri de Lubac e Jean Daniélou, "Sources Chrétiennes" (século XX). Esse "retorno aos Padres" tem facilitado um melhor entendimento entre católicos e ortodoxos, tornando visível o fato de como uma só e mesma fé pode estar formulada a partir de ópticas diferentes que correspondem a culturas e eclesiologias diferentes.

Pentecostais

Membros de um movimento que se iniciou nos últimos anos do século XIX, no contexto dos "despertares religiosos" ("revivals") americanos e com o propósito de viver de novo a experiência de Pentecostes descrita no livro dos Atos dos Apóstolos. Os pregadores itinerantes, promotores desses "despertares", tinham já precedentes no movimento metodista de John Wesley durante o século XVIII. Embora membros de diferentes

Igrejas vão constituindo pouco a pouco um fenômeno tipicamente transconfessional, sua pregação mais que proselitismo no sentido denominacional está destinada a "fazer experimentar" a santidade e a salvação das massas de cristãos adormecidos, mas sem os separar de suas próprias denominações. Após algum tempo, muitos desses pregadores revivalistas serão rejeitados de suas denominações originais, vendo-se forçados a formar novos agrupamentos. Desse modo origina-se, por exemplo, a "Pentecostal Holiness Church" (1911). Anos antes, o pregador negro J. Seymour batiza no Espírito muitos cristãos fazendo-os viver "um novo Pentecostes" (Los Angeles, 1906).

A expansão do pentecostalismo no território americano coincide com os novos ramos que surgem na Escandinávia (M. Barat) e no País de Gales (Evan Roberts). Nem todas as comunidades pentecostais empregam em sua denominação oficial o termo "pentecostal": por exemplo, as "Assembléias de Deus", talvez o mais numeroso e difundido ramo do pentecostalismo. A estrutura e o regime interno dessas comunidades, embora sempre muito simples, variam de uma para outra. Estas diferenças dificultaram durante muito tempo o estabelecimento de um organismo comum pentecostal em níveis mundiais, embora desde 1947 (Zurique) há uma "Confederação mundial pentecostal", cujas convenções são celebradas a cada três anos. Sem dúvida o homem que mais tem feito para que o pentecostalismo deixe as atitudes sectárias e se converta numa força cristã organizada e dialogante tem sido o pastor sul-africano David du Plessis. Algumas Igrejas pentecostais chilenas uniram-se ao Conselho Ecumênico das Igrejas em 1961 e 1969. Desde 1972, e graças a David du Plessis, observador convidado no Concílio Vaticano II, e ao beneditino Kilian McDonnell, são mantidas conversações de tipo doutrinal entre alguns grupos pentecostais e Roma. No primeiro período (1972 a 1976) trabalhou-se sobre o papel do Espírito Santo nos inícios cristãos e o Espírito Santo e a Igreja; o segundo período (1977 a 1982) abordou os temas da fé cristã e a experiência, o falar em línguas e a cura pela fé, a Igreja como comunhão, Maria e o ministério eclesial; por último, o terceiro período (1985 a 1990) aconteceu uma maior participação e interesse de novas Igrejas pentecostais no diálogo com a Igreja católica.

Já há alguns anos, a experiência pentecostal vem manifestando-se também em Igrejas luteranas, presbiterianas, anglicanas e católica, sob o nome de *Renovação carismática*. O teólogo Van Dusen qualificou um dia o movimento pentecostal como a "terceira força cristã mundial" e, por isso, a mais vigorosa". O pentecostalismo aceita as doutrinas tradicionalmente admitidas pelo cristianismo: Trindade de pessoas num único Deus; salvação do homem caído através do sacrifício de Cristo; a doutrina da justificação explicada conforme o protestantismo tradicional. Mas põe ênfase na santificação, resultado de um processo de conversão no qual o adulto experimentou sentir-se limpo do pecado. A obra santificadora do Espírito Santo, realizada no batismo do Espírito Santo, manifesta-se em vários carismas, principalmente na *glossolalia, na saúde ou cura pela fé e na profecia*. Estes são os sinais mais importantes. O modelo de Igreja descrito no livro dos Atos dos Apóstolos é normativo para todas as comunidades pentecostais. Admitem dois sacramentos: o batismo, por imersão, e a ceia do Senhor como puro memorial da morte de Cristo. Mas ambos os sacramentos somente adquirem seu ápice quando chegou o batismo no Espírito. Algumas comunidades pentecostais constituem hoje um autêntico desafio ao movimento ecumênico. A difusão de suas pequenas e muitas vezes sectárias comunidades em toda a América Latina é hoje um perigo para as relações ecumênicas entre as Igrejas protestantes tradicionais e a Igreja católica por seu evidente proselitismo.

Pentecostes

Procede do termo grego *pentekoste*: qüinquagésimo. Festa israelita de origem agrícola celebrada para agradecer a Yavé os frutos dos campos depois de cinqüenta dias após a Páscoa. A partir da tradição cristã, conforme o relato do livro dos Atos dos Apóstolos (2,1-13), comemora-se a vinda do Espírito Santo sobre os apóstolos reunidos, suas novas experiências e o início da expansão missionária da primitiva comunidade cristã. Bem cedo tornou-se uma festa litúrgica importante, cuja vigília, depois da Páscoa, chegaria a ser ocasião para a celebração do rito batismal. Pentecostes tem sido sempre um tempo forte para o movimento ecumênico em sua dimensão espiritual. A semana de oração pela unidade que conclui com o domingo de Pentecostes foi um primeiro costume no ambiente de "Fé e Constituição" até a década dos anos quarenta, quando começou a tomar preponderância a semana que vai de 18 a 25 de janeiro. Não obstante, ainda em muitos lugares a festa de Pentecostes continua congregando fiéis cristãos que oram pela unidade das Igrejas. A teologia subjacente nessa celebração assume temas ecumênicos por excelência: a consideração do Espírito Santo como princípio de unidade e diversidade; a interdependência entre unidade e catolicidade da Igreja; a categoria da *unidade na diversidade*; e constitui finalmente a resposta cristã a uma teologia da *Oikoumene* como criação harmônica de Deus (cosmos) frente ao símbolo de Babel como o intento humano de querer ser como Deus (caos).

Pietismo

Movimento nascido nos séculos XVII e XVIII nos meios luteranos — com seu centro na universidade de Halle —, evangélicos e anglicanos (metodistas) que, herdeiros de uma tradição mística, insistem na necessidade de uma piedade de tipo pessoal, incitando a uma vida comunitária em pequenos grupos, à vivência religiosa e às experiências emocionais mais que a estrita ortodoxia doutrinal. Representantes do pietismo são Ph. J. Spener, A. H. Francke, G. Arnold, Nicolás L. von Zinzendorf e os Irmãos moravos. Em ambientes anglicanos sobressai John Wesley, iniciador do metodismo.

Pluralismo

A qualidade e o valor da diversidade e pluralidade (de fato) adquirem, na perspectiva ecumênica, sua maior expressão no pluralismo eclesiológico, teológico, litúrgico e pastoral. O pluralismo seria, neste sentido, a aceitação do fato plural como algo não recusável. É evidente que qualquer tentativa de uniformidade, monolitismo ou centralismo na problemática do ecumenismo está condenada ao fracasso. O Novo Testamento mostra surpreendentemente um pluralismo eclesiológico que ainda hoje continua sendo um exemplo para as Igrejas divididas que buscam a reconciliação e a plena comunhão. Mas aquela tensão entre unidade da fé e a pluralidade de expressões dessa mesma fé que na época apostólica, na dos Padres da Igreja e na melhor da Idade Média deu magníficos resultados, nem sempre supôs manter-se devidamente. Desde a Ilustração as Igrejas cristãs receberam, além disso, o desafio das sociedades pluralistas e democráticas, nas quais as diversas cosmovisões deviam conviver num Estado. Uma longa tradição monárquica e o princípio "cuius regio, eius religio" impediram as Igrejas estarem à altura das circunstâncias. O *Syllabus* de Pio IX é a melhor expressão da rejeição da Igreja católica a um mundo moderno que estava surgindo, situando-se na defensiva e recorrendo à condenação. Os textos do Vaticano II, *Gaudium et spes*, *Unitatis redintegratio e Nostra aetate*, significarão contudo o fim duma longa e triste tradição chamada "contra-reforma". A partir do movimento ecumênico, hoje está claro que qualquer intento de busca sincera da unidade cristã passa pela aceitação de um pluralismo que não implique negação dos núcleos da fé e que respeite as legítimas tradições eclesiais. O decreto *Unitatis redintegratio*, do Vaticano II, admite de boa vontade a "legítima diversidade" de ritos e costumes (UR 16) e de exposição teológica (UR 17), que foram mantidos secularmente por ortodoxos e católicos.

O problema torna-se agudo quando se trata da diversidade e do pluralismo teológico que devem existir legitimamente entre ortodoxos, protestantes, anglicanos e católicos. Mas o pluralismo adquire uma dimensão maior quando se trata não já de tradições cristãs diversas, mas da pluralidade de religiões no mundo. Nos meios ecumênicos é cada vez mais desafiadora a questão do diálogo inter-religioso, no qual se deve admitir, por uma parte, a relevância, a identidade e a legitimidade das diversas religiões que entram em diálogo com o cristianismo, mas por outra parte, a unicidade que reclama para si. São conhecidas as posturas que aparecem no diálogo inter-religioso: a *exclusivista* (a revelação de Deus é única e exclusiva e está contida nos textos bíblicos); e a *pluralista* (há um nivelamento entre todas as religiões, já que em todas existem elementos da verdade e, conforme alguns autores, todas são igualmente verdadeiras).

Polêmica

Gênero literário usado no passado pelas diversas tradições cristãs para vencer em suas controvérsias teológicas. Na realidade, a polêmica é a luta dialética entre teólogos — nem sempre de primeira linha — e hierarquias que procuram desacreditar e vencer o adversário dentro de um contexto "religioso". A polêmica esteve presente tanto nas controvérsias entre bizantinos e latinos, como entre católicos e protestantes. Os elementos essenciais nas controvérsias podem ser descritos do seguinte modo: 1) Há um único objetivo: sair vitorioso da contenda. Interessa refutar, desacreditar o inimigo, não importando compreender suas razões. Recorre-se inclusive à vida privada, aos ataques pessoais, emprega-se com freqüência o argumento "ad hominem". 2) Prescinde-se das visões gerais, das perspectivas de conjunto. Opõem-se argumentos contra argumentos e se contrastam os textos e as "autoridades", mas desvinculando-os de seus próprios contextos. Por isso aparecem somente visões parciais do problema de fundo. 3) Confeccionam-se grandes listas ou relações de erros, verdadeiros ou supostos, sem nenhum sentido crítico. Assim, junto a pontos essenciais do debate teológico, colocam-se detalhes de importância muito secundária. 4) Acontece uma constante e rotineira monotonia porque os argumentos repetem-se, copiam-se de uns autores para outros. As posições adversárias não são tomadas nunca a partir de novas apresentações. Não há originalidade. Um argumento que, num dado momento, pode ter seu "nervo", repetido num outro contexto perde toda sua força. Aparece assim uma teologia rígida — a teologia polêmica —, preocupada mais em refutar que em expor e que produz finalmente uma mutilação na explicação do mistério cristão. A polêmica entre bizantinos e latinos — a maioria das vezes medíocre e com argumentos muito pueris — fomentou a desconfiança entre mundos espirituais e culturais tão diversos e acabou nas tristes rupturas eclesiais entre Oriente e Ocidente. Foram clássicos os tratados *Kata Latinon* e *Contra Graecos*. A polêmica entre católicos e protestantes, conforme J. Lortz, teve estas características: negação de qualquer nexo de união entre as confissões implicadas na polêmica; negação de qualquer aspecto positivo que pudesse existir na "outra Igreja"; e negação da própria responsabilidade no início dos conflitos. Entre os polemistas católicos destacaram-se Johannes Eck, Johannes Cochlaeus, Thomas Murner, Alfonso de Castro, e posteriormente Roberto Bellarmino e J. de Maistre; e entre os protestantes, em primeiro lugar, o próprio Martinho Lutero, mas também E. Bullinger, Jerônimo Zanchi, Mathias Flacius etc. Valeria a pena recordar que, apesar de que a polêmica é um gênero literário do passado, ainda hoje há teólogos em muitas Igrejas herdeiros das velhas polêmicas que impedem o avanço ecumênico.

Portal, Fernando

Fernando Portal (+ 1926). Sacerdote francês, cujo nome, ao lado do de Lord Halifax, representa um dos momentos mais apaixonantes no esforço de superar as divisões entre anglicanos e católicos. Professor e diretor do seminário de Chalons, visitou várias vezes conventos anglicanos, especialmente o de Betânia, em Londres, onde adquiriu especial carinho pelos ambientes da Alta Igreja. Depois de Chalons, é nomeado superior do seminário de Niza, e após alguns anos funda em Paris, na rua Cherche-Midi, um segundo seminário dependente do Instituto Católico. Cria grupos de jovens seminaristas e estudantes que mantêm regulares encontros com anglicanos, protestantes e inclusive não-crentes. Funda a "Revue catholique des Eglises", e se relaciona com personagens da vida intelectual parisiense: Paul Boyer, alma da Escola de línguas orientais, P. Laberthonnière, os pioneiros do ecumenismo católico etc. O encontro com Lord Halifax, em 1890, iria significar o início de dois acontecimentos importantes na história das relações entre Cantuária e Roma: o estudo e posterior publicações da carta *Apos-tolicae curae* (setembro de 1896), e as Conversações de Malinas (1921 - 1926). A partir daquele encontro, visitam diferentes hierarquias para informá-las de seu desejo de estudar o tema das ordenações. O Padre Portal escreve em 1893 um artigo intitulado "As ordenações anglicanas" que suscita diferentes reações. Os pontos de vista católicos são desiguais. O Padre Duchesne está a favor da validade, Dom Gasparri escreve contra a validade. O tema chega aos mais altos níveis e o papa Leão XIII nomeia uma comissão de estudo, cujo resultado seria expresso na *Apostolicae curae*, que é uma afirmação solene da invalidade das ordenações anglicanas. Entretanto, o Padre Portal criou "La Revue Anglo-Romaine" (1895). O fracasso que supôs a empresa da revisão do tema das ordenações não desanimou o Padre Portal nem Lord Halifax, tiveram de esperar longo tempo, mas a ocasião se apresentou quando a conferência de Lambeth (1920) publicou sua famosa *Chamada a todos os cristãos*, que teve uma cordial e positiva réplica por parte do cardeal Mercier, arcebispo de Malinas. O Padre Portal convidou Lord Halifax a visitar o cardeal Mercier. A acolhida foi ca-lorosa. Em pouco tempo estava programando-se aquilo que seriam as Conversações de Malinas. Depois da quarta conversação, o ancião cardeal Mercier faleceu, e no ano seguinte morria também o Padre Portal. A quinta conversação (outubro de 1926), presidida pelo novo arcebispo, dom van Roey, iria ser a última. Ali acabava uma aventura ecumênica, cujas almas haviam sido o Padre Portal, Lord Halifax e o cardeal Mercier.

Potter, Philip A.

Philip A. Potter (Ilha Dominica, Índias ocidentais, 19.8.1921 -). Terceiro secretário geral do Conselho Ecumênico das Igrejas (1972-1984), e primeiro homem da raça negra com as máximas responsabilidades nesse conselho. Desde muito jovem dedicou-se com ardor às obras da Igreja metodista, da qual é membro ativo, primeiramente como missionário entre os haitianos, depois como presidente da "Federação mundial de estudantes cristãos" (WSCF), e membro da Sociedade metodista em Londres. Muito cedo ensinou no Seminário teológico de Caenwood (Jamaica), e tendo sido ordenado pastor, assiste à Conferência mundial das juventudes cristãs (Oslo, 1947) e às Assembléias de Amsterdã (1948) e Evanston (1954) do Conselho Ecumênico das Igrejas. Desde 1954 até 1960 trabalha no Departamento da juventude do Conselho Ecumênico, na sede central de Genebra. Em 1967 chegou a ser diretor do programa "Missão e Evangelização" do mesmo conselho Ecumênico. Sucede no cargo de máxima responsabilidade, isto é, de secretário geral do Conselho Ecumênico das Igrejas, ao pastor Eugene Carson Blake em 1972, cargo que ocupará até 1984. Desde fins desse ano ensina na Universidade de West Indies, na Ilha Dominica, no Caribe. Recebeu vários prêmios e graus honoríficos por sua entrega incondicional à causa da unidade dos cristãos.

Presbiteriano

Termo que designa o fiel pertencente ao mundo eclesial reformado ou calvinista. É um termo que se usa preferentemente na área lingüística anglo-saxônica; por sua vez, no mundo protestante continental prefere-se o termo "reformado". A origem dever-se-ia buscar na reforma executada na sua Escócia natal por John Knox (1505-1572), discípulo de João Calvino, e que seria aceita pelo parlamento escocês. A *Confessio scotica* (1560) iria significar o triunfo das doutrinas e estruturas ministeriais calvinistas, fundadas sobre os "presbíteros" em oposição à figura do "bispo". A intenção de se introduzir no mundo inglês foi rápida no tempo, mas com repercussões muito profundas. Durante a assembléia de Westminster (1643-1648) se redigiria uma das profissões protestantes de fé que maior influência teve no mundo anglo-saxão: a *Westminster Confession* (1647). A expansão presbiteriana pelo território norte-americano foi muito eficaz e muitos presbiterianos tomaram parte ativa na revolução americana contra a coroa inglesa. A tradição calvinista sempre se distinguiu não somente no escrupuloso intento de se reger pelo consistório composto pelo pastor e os anciãos, e pelo sínodo, formado pelos delegados dos diversos presbitérios (e com grande participação dos leigos no governo da Igreja), mas também por uma teologia de inspiração calvinista que põe grande ênfase na majestade de Deus e na necessidade do louvor divino, numa polêmica ininterrupta contra toda classe de idolatria e tradições humanas, numa ética e vida austera e disciplinada que todo cristão deve levar, e na pregação da palavra de Deus, como centro do verdadeiro culto cristão. As grandes comunidades eclesiais dessa tradição protestante são a Igreja presbiteriana da Escócia e a Igreja presbiteriana unida dos Estados Unidos. Quase todas as Igrejas dessa tradição estão federadas na Aliança reformada mundial que, desde 1970, e com a entrada nela das Igrejas congregacionistas, formam hoje a Aliança mundial de Igrejas reformadas. Alguns dos mais eminentes teólogos protestantes pertenceram a essa tradição eclesial: John Witherspoon (1723-1794), Herman Bavinck (1854-1921), Emil Brunner (1989-1966), Karl Barth (1886-1968), Willen Visser't Hooft (1900-1985).

Presbítero

Os termos *presbítero* e *presbiterado* designam no vocabulário eclesiástico, e de modo geral, o ministério que exerce as funções da pregação da palavra, a celebração do sacramento e o governo pastoral da comunidade cristã. Ambos se originam no regime eclesial da Igreja de Jerusalém que, sob a presidência do apóstolo São Tiago, governava colegialmente aquela comunidade apostólica. O termo, contudo, esteve desprovido em suas origens das conotações sacerdotais; foi tirado precisamente dos *anciãos* das comunidades judaicas que não pertenciam à classe sacerdotal. Com isso, sem dúvida, se quis facilitar aos primeiros cristãos de ascendência judia uma melhor compreensão do único e supremo sacerdócio de Jesus Cristo e da separação efetuada definitivamente com o templo de Jerusalém.

As comunidades paulinas não conheceram esse ministério; nelas se falava antes de bispos e diáconos. Bem cedo a tradição pós-apostólica anota um ministério tripartido, no qual a presidência da comunidade reserva-se ao bispo, ajudado colegialmente pelos presbíteros, aos quais se agrega o grupo de diáconos. Somente quando a expansão da Igreja tornou-se um fato evidente e as Igrejas locais multiplicaram-se em comunidades dispersas, os presbíteros assumem as funções da presidência da comunidade, dos sacramentos e do ensinamento. E essa será a tradição tanto oriental como ocidental até o tempo da Reforma do século XVI. A evolução desses ministérios — especialmente o de presbítero — mostra certa clericalização e sacerdotalização que, marginalizando o fato comunitário e exaltando — inclusive fora da assembléia cristã — a celebração do sacrifício da missa, esquecerá um dos aspectos primordiais que definiu o presbítero das origens: a pregação da palavra. *Presbítero* chegará a se identificar com *sacerdote*. Sacerdote: aquele que realiza o sacrifício da missa, embora não pregue. Neste contexto surgira a polêmica luterana, e inclusive a negação do caráter sacerdotal referido a alguns ministros especiais. Para Lutero e outros reformadores somente cabe aplicar o sacerdócio da nova aliança a Cristo e a todo o povo de Deus. Bispos, presbíteros e diáconos são ofícios ou ministérios da Igreja, mas sem o componente sacerdotal que lhes havia atribuído a tradição medieval. João Calvino, muito mais analítico que Lutero, chegará a identificar presbiterado e episcopado, pelo que com lógica afirmará a existência de um único ministério, o do presbítero, negando a identidade do bispo como algo distinto daquele. Por isso, em sua *Instituição cristã* oferece os quatro clássicos ministérios de toda tradição presbiteriana: *pastor*, *ancião*, *doutor* e *diácono*.

A problemática ecumênica sobre o presbiterado gira em torno de vários núcleos. Por uma parte, conhecer se a distinção entre presbiterado e episcopado é de direito divino, ou simplesmente de tradição pós-apostólica, ou inclusive não são, na realidade, termos sinônimos que se referem a uma só e idêntica função eclesial. Questão com enorme interesse, já que de sua resposta depende a necessidade de incluir a ordem episcopal como absolutamente irrenunciável numa eventual união de Igrejas, dado que algumas mantiveram somente o ministério presbiteral. Por outra parte, se o presbiterado tem o caráter sacerdotal que as tradições ortodoxas e católico-romanas lhe atribuem, ou se é meramente um ministério desprovido dessa carga sacramental. Caberia acrescentar, além disso, a questão se requer uma ordenação especial que o inclui no tríplice ministério, e se deve ser exercido pessoal, colegial e comunitariamente (cf. *Documento de Lima*, M 26). Finalmente pode-se perguntar se a figura do presbítero deve ser considerada exclusivamente como pertencente a uma comunidade local determinada, ou se sua responsabilidade alcança outras comunidades locais da mesma família eclesial. E neste último caso, qual seria sua função em algumas Igrejas com estrutura congregacionista.

Primado romano

No centro das separações entre Oriente e Ocidente e no meio das profundas cisões da Igreja ocidental durante o século XVI acha-se presente, de uma forma ou de outra, o tema do primado romano. Desde a entrada da Igreja católica romana no movimento ecumênico, é esse um dos temas mais debatidos na agenda ecumênica. Sobre sua dificuldade está bem consciente a própria Igreja católica. Paulo VI, em sua visita à sede do Conselho Ecumênico das Igrejas, em

1966, afirmou taxativamente: "Eu sou Pedro; o ministério de Pedro, criado para a unidade da Igreja, converteu-se em seu maior obstáculo". A primazia da Igreja de Roma sobre todas as Igrejas parte, segundo a doutrina católica, do fato de ter sido o lugar onde o testemunho de fé dos apóstolos Pedro e Paulo encontra sua melhor expressão e onde encontraram o martírio ambos os apóstolos. Desde então aquela Igreja local foi considerada guardiã da fé apostólica, e seu bispo, como sucessor de Pedro, o continuador de sua primazia quanto à função de confirmar a fé de seus irmãos. Os estudos bíblicos e históricos sobre a figura de Pedro — seu serviço especial, seu papel como dirigente na comunidade apostólica, sua função de fundamento e rocha através dos textos bíblicos muitos sérios —, e as reflexões sobre a necessidade de uma sucessão histórica no serviço de responsabilidade de Pedro, assim como a inegável atribuição a Roma, por parte de outras Igrejas locais, de ser instância orientadora, e o amplo reconhecimento primitivo de que estar em comunhão com Roma significa estar em comunhão com todas as Igrejas que dão o aval à posição católica na questão do primado romano. A doutrina genuinamente católica nunca ensinou que a autoridade papal deva restringir a autoridade episcopal, ou que o bispo de Roma seja o bispo de todas as outras Igrejas locais. O problema surge quando essa visão é contrastada pelas outras Igrejas cristãs que consideram inaceitáveis alguns dos pressupostos católicos.

Aqui vão as *principais objeções* que se assacam contra a posição católica sobre o primado romano: a ausência de explícitas referências bíblicas a respeito de uma sucessão papal no papel que Pedro exerceu de fato na primitiva comunidade apostólica; o desenvolvimento de toda uma teologia do primado romano que, ultrapassando os limites de um "primus inter pares", fariam do papa (o bispo de Roma) um *pontifex maximus*; a justificação do primado romano baseada somente na sucessão de Pedro, e não na sucessão episcopal universal e apostólica; o exercício de um primado no qual, longe de se considerar os demais bispos como irmãos na apostolicidade da Igreja, são considerados como seus vigários, submissos à sua suprema autoridade doutrinal e canônica; a visão de que o papado identifica-se mais como poder absoluto com prestígio humano do que como serviço real a todas as Igrejas locais; as conseqüências de todo um desenvolvimento originado nas tomadas de posição dos papas como Leão Magno (440-461), Gregório Magno (590-604), o famoso *Dictatus Papae* (1075) e as prerrogativas de Inocêncio III (1198-1216), e que culminam na Constituição do Vaticano I, a *Pastor aeternus*, que confere ao papa um poder sobre todos os fiéis, imediato e ordinário, revestido da inefabilidade e cujas decisões doutrinais sobre fé e costumes são "irreformáveis por si mesmas e não em razão do consentimento da Igreja" ("ex sese, non ex consensu Ecclesiae irreformabiles"). Há evidentemente um longo caminho desde o serviço petrino, tal como o descreve o Novo Testamento, até ao papado em sua forma e proteção históricas, sobretudo nas expressadas nas sentenças do Vaticano I, ou nas formas de exercer o primado em alguns papas do século XX. Por isso num diálogo ecumênico sério, longe de voltar a uma leitura maximalista do Vaticano I — como se suas formulações tivessem de se converter em referências absolutas acima da história, e como se o padrão único e definitivo do que é e do que o papa pode fazer estivesse encerrado na literalidade das sentenças do Vaticano I, deverá analisar-se o sentido do ministério universal de unidade e as condições de seu exercício, para que, o que hoje é o maior obstáculo para a unidade, possa converter-se um dia num serviço real à *Oikoumene*.

    O Vaticano II introduziu dois elementos importantes nessa questão: a necessidade de situar o primado papal dentro e não na frente do colégio apostólico (colegialidade episcopal), e a necessidade de uma consideração do primado romano como ministério de comunhão para todas as Igrejas locais, respeitando suas legítimas e diversificadas tradições, as quais deveriam servir como garantia moral da unidade. Afortunadamente, o tema do primado romano está sendo estudado hoje num contexto não polêmico nos diálogos bilaterais que a Igreja católica romana mantém com outras Igrejas cristãs. Merecem ser destacados, entre outros textos, o denominado *O evangelho e a Igreja* (*Redação de Malta*, 1972), produto do diálogo luterano-católico; *O primado do papa, pontos de convergência*, declaração do grupo teológico luterano-católico dos Estados Unidos (1974), que oferece algumas pistas de renovação para a Instituição papal em razão de três princípios: a legítima diversidade, a colegialidade das Igrejas e dos bispos, e a subsidiaridade, além da necessária salvaguarda da herança luterana se chegasse um dia à plena comunhão com a Igreja de Roma; e o informe final da comissão anglicano-católico-romana intitulado *A autoridade da Igreja* (ARCIC 1, 1981). Esse informe chega a dizer que, apesar da ausência sobre a sucessão do ministério de Pedro em alguma Igreja, pode-se afirmar a possibilidade e a conveniência de uma primazia eclesial de acordo com a vontade de Deus a fim de manter a unidade visível na confissão da fé, a vida sacramental e da missão, primazia que deverá residir na Igreja de Roma, sob certas condições. Com respeito ao estado da questão entre Roma e a ortodoxia, embora ainda não haja nenhum documento oficial, nota-se partindo de algumas instâncias muito sérias que Roma não deveria exigir do Oriente uma doutrina distinta da formulada e vivida no primeiro milênio (o papa sucessor de Pedro, o primeiro em honra no episcopado universal e presidente na caridade), mas por sua vez a ortodoxia deveria aceitar para Roma como verdadeiramente ortodoxa a própria evolução que ela desenvolveu no segundo milênio. Dever-se-ia ter em conta, por último, a encíclica de João Paulo II, *Ut unum sint*, na qual se pede expressamente uma ajuda à hierarquia e aos teólogos de outras Igrejas para encontrar um melhor caminho no exercício do primado romano.

Proselitismo

O proselitismo é o procedimento desleal que, sob qualquer tipo de pressão, atenta contra a liberdade interior da consciência da pessoa para atraí-la à própria causa. É como uma falta de respeito ao outro procurando por todos os meios consegui-lo como adepto ou mais um número. É tema muito debatido em meios ecumênicos já que impede um relacionamento normal entre as diversas Igrejas cristãs. O problema agrava-se com a entrada em ação da maioria das seitas, sejam de origem cristã ou extra-cristã.

O Conselho Ecumênico das Igrejas abordou o tema em duas ocasiões. Primeiramente numa reunião de "Fé e Constituição" (St. Andrews, 1960), quando afirma: "O proselitismo não é algo absolutamente diferente do testemunho: é a corrupção do testemunho. Corrompe-se o testemunho quando se usam sutil ou abertamente a adulação, o suborno, a pressão indevida ou a intimidação para provocar a aparente conversão; quando colocamos o êxito de nossa Igreja antes que a honra de Cristo; quando cometemos a desonestidade de comparar o ideal de nossa Igreja com as conquistas reais da outra; quando procuramos fazer progredir nossa causa levantando falso testemunho contra outra Igreja; quando pessoal ou coletivamente substituímos o amor a cada alma individual que nos concerne pelo afã de conquista. Essa corrupção do testemunho cristão indica falta de respeito para com a natureza do homem e falta de reconhecimento do verdadeiro caráter do evangelho. É muito fácil reconhecer estas faltas e pecados nos outros, mas é necessário reconhecer que todos estamos expostos a cair num ou noutro deles".

Outro documento, o do "Grupo misto de trabalho" entre a Igreja católica e o Conselho Ecumênico das Igrejas, define assim nosso tema: "Por proselitismo entende-se tudo quanto fere o direito de cada pessoa, cristã ou não, a ver-se livre de toda violência interna nos assuntos religiosos, ou também certas formas de evangelização que não correspondem com a vontade de Deus, que convida o homem a seguir seu chamamento em liberdade e a servi-lo em espírito e verdade". Para que o testemunho dos cristãos seja verdadeiramente ecumênico deve-se evitar certas atitudes que o converteriam em proselitista. Eis aqui algumas destas *atitudes* que devem ser *evitadas*: Toda classe de violência física ou moral e pressão psíquica que tende a despojar a pessoa do juízo pessoal, do livre-arbítrio ou da plena autonomia de sua responsabilidade; qualquer oferecimento aberto ou encoberto de vantagens temporais ou materiais ou como preço pela mudança de pertença religiosa; o aproveitamento das situações de necessidade, de alguma fraqueza ou defeituosa formação daqueles aos quais se dirige o testemunho, a fim de provocar neles a conversão; tudo quanto torna suspeita a "boa fé" dos outros (nunca se deve supor a má intenção, já que esta deve demonstrar-se); a utilização de um motivo que nada tem que ver com a fé, mas que é aproveitado para alcançar uma conversão, como, por exemplo, a utilização de motivos políticos para ganhar aqueles que desejariam estar seguros da proteção ou do favor do poder estatal ou, pelo contrário, aqueles que se opõem ao sistema político dominante; toda alusão injusta e egoísta às convicções ou à conduta de outras comunidades religiosas como meio para ganhar adeptos. De forma geral, deve-se evitar a todo custo comparar a parte boa e os ideais de uma comunidade com as fraquezas e a prática de outra.

Puritanismo

Em sentido genérico significa certa tendência religiosa que pretende manter em toda sua pureza a religiosidade cristã. Historicamente, contudo, relaciona-se com o movimento que, dentro da Igreja da Inglaterra, esforçou-se para que a *via media* anglicana, que guardava um difícil equilíbrio entre os postulados doutrinais protestantes (partes do *Prayer Book* e os *39 artigos de fé*) e a organização, e cerimoniais "católicos" se diluíssem e a Igreja optasse definitivamente por abolir estes últimos, achando somente na "sola Scriptura" a norma única e definitiva. Em seus aspectos positivos, o puritanismo acentuou uma religiosidade de tipo pessoal, a leitura bíblica e a santificação do domingo, rejeitando as manifestações mundanas públicas, como o teatro, o esporte, a dissipação, e inclusive a ostentação litúrgica das assembléias do culto da Igreja da Inglaterra. Também no campo político o puritanismo exerceu um papel destacado na Inglaterra do século XVII, rejeitando a monarquia e a Igreja Oficial (O. Cromwell). Ainda que derrotado como projeto político, a herança puritana se deixaria sentir em todos os povos anglo-saxões. Na América inglesa, o projeto dos padres peregrinos (1620) foi decisivo, com um acentuado tom de austeridade e intolerância que imprimem na terra que chamaram a "terra prometida"; e na própria Inglaterra, mais tarde, dois grandes escritores dessa tendência, John Milton (*O Paraíso perdido*, 1667) e John Bunyan (*O caminho do peregrino*, 1678) marcariam definitivamente alguns dos traços nacionais do povo inglês. É muito conhecida a tese de Max Weber que relaciona estreitamente postulados puritanos com o moderno espírito capitalista.

Quakers

A "Sociedade religiosa dos amigos" — essa é a denominação oficial dos Quakers ou quaqueres — é uma comunidade cristã de estrutura muito livre, fundada nos meados do século XVII na Inglaterra por George Fox (1624-1691). Espírito místico, decepcionado com a prática religiosa da Igreja anglicana e das outras Igrejas, sente o chamado de Deus a provocar em cada ser humano o verdadeiro relacionamento com Ele sem necessidade de mediações sacerdotais, litúrgicas ou sacramentais. É o típico não-conformista inglês. Fox e seus seguidores são perseguidos por causa de sua insistência na liberdade religiosa, por negar-se a assistir aos cultos oficiais, a ir às guerras e não fazer distinção entre pessoas nem entre classes sociais. Ele mesmo passará seis anos de sua vida na prisão, em vários períodos, que deixou escritos em seu Diário. Levado a julgamento, admoesta seus juízes para que tremam (do inglês *quake*: tremer) diante da palavra de Deus. Daquela frase, repetida com freqüência, receberão o nome de *quakers*. Os primeiros quakers chegados a Massachusetts serão também perseguidos pelos puritanos e pelos congregacionistas. Willian Penn (1644-1718) estabelece-os na colônia que desde então (1682) toma seu nome: Pensilvânia. As comunidades quakers opõem-se a qualquer forma de proselitismo.

Em Birmingham (Inglaterra) acha-se a sede do "Friends World Committee" que reagrupa na realidade uns 200.000 quakers espalhados pelo mundo inteiro. Distinguem-se pelo seu *caráter anti-dogmático*, pois nunca professaram dogmas especiais e, apesar de suas raízes trinitárias, a corrente unitária esteve também muito presente entre eles. Admitem a existência, no mais profundo do ser humano, de uma *luz interior* ou uma *chispa do Espírito*, mas somente se tem consciência dela no silencioso recolhimento da oração. Essa *luz interior* viria a ocupar o lugar que a Bíblia tem em outras formas do cristianismo. Procuram retornar à mais pura simplicidade nas relações com Deus, por isso que julgam desnecessários os elementos externos ou mediações, como os sacramentos do batismo e da eucaristia, do sacerdócio ministerial, do culto litúrgico da palavra lida no texto bíblico. Não têm liturgia especial nem ministérios ordenados. O culto quaker está baseado no *silêncio*, na meditação e adoração. O tema do *silêncio* é fundamental para a experiência quaker. A unidade básica do quakerismo apóia-se na fé em Deus e nos ensinamentos de Jesus Cristo, que reduzem ao amor, ao espírito de reconciliação e à igualdade de todos os seres humanos. Cada um deles é irmão, sem distinção de raça, de credo ou de posição social. Esse espírito igualitário os faz rejeitar o juramento, o serviço militar, a luta de classes e raças e os sentimentos mundanos. O tradicional pacifismo dos quakers teve diversas dimensões: total oposição à escravidão, fundações de hospitais, luta pela humanização das prisões, celebração de conferências pela paz, criação do "American Friends Service Committee", cujos voluntários trabalham em programas de ajuda a todos os contendores, iniciativas para legalizar os objetores de consciência etc.

Racismo

O tema do racismo esteve sempre presente entre as preocupações maiores do movimento ecumênico. As assembléias e conferências ecumênicas até 1968 haviam denunciado o racismo e a discriminação racial como perversões das relações humanas e como contrários ao espírito do evangelho. Mas somente a partir da IV Assembléia Geral do Conselho Ecumênico das Igrejas (Upsala 1968) se começam a dar passos concretos encaminhados a erradicar o racismo. Ajudou isso, sem dúvida, o impacto causado pelo assassinato de Martin Luther King, um dos convidados a dirigir um discurso na assembléia de Upsala. Upsala urgiu a "empreender uma vigorosa campanha contra o racismo".

Embora nessa assembléia não se oferecesse uma definição científica do racismo, apontam-se contudo alguns elementos que ajudam a entender melhor um fenômeno arraigado em todas as culturas e, inclusive, em algumas Igrejas cristãs. Eis aqui algumas das afirmações de Upsala: "Orgulho etnocêntrico pelo próprio grupo racial com preferência pelas características distintivas de tal grupo; crença de que estas características são fundamentalmente biológicas por natureza...; fortes sentimentos negativos para com os outros grupos que não possuem tais características, unidos ao impulso de discriminá-los e excluí-los da plena participação na vida da comunidade". Dessas perspectivas pode-se pensar o racismo como uma ideologia que interpreta a realidade social partindo das bases raciais e biológicas com o fim de manter o poder, tanto político como econômico.

A partir de 1969, após uma consulta sobre o racismo celebrada em Notting Hill (Inglaterra), o Conselho Ecumênico das Igrejas põe em marcha o *Programa para combater o racismo* (PCR) dentro da Unidade de Trabalho I, "Justiça e Serviço". Entre as várias funções do PCR, sobressaem, por uma parte, o trabalho feito no terreno das investigações e publicações sobre o racismo (especialmente em textos escolares, nos meios de comunicação social, no tema do *apartheid* sul-africano, nas reivindicações dos aborígines australianos e canadenses, assim como no tema do indigenismo americano), e, por outra parte, pela criação e manutenção de um "fundo especial" de subvenções para organizações civis e grupos políticos que lutam contra a opressão racial. Esse programa tem sido o mais controvertido na história do Conselho Ecumênico das Igrejas precisamente porque certas Igrejas muito aburguesadas e o então governo sul-africano viram neste "fundo especial" uma ajuda indiscriminada ao qual chamavam a "subversão armada". A tarefa do PCR não se restringiu exclusivamente à luta contra o racismo branco sul-africano, mas também denunciou sem ambigüidades toda classe de racismo contra a mulher, assim como o ressuscitado racismo que aparece atualmente tanto na Europa como nos Estados Unidos.

Rahner, Karl

Karl Rahner (Friburgo im Breisgau, 5.3.1904 - Innsbruck, 30.3.1985). Teólogo católico, com enorme criatividade, cuja influência fez-se perceber em todas as Igrejas cristãs. Ingressou na Companhia de Jesus em 1922 e estudou em Friburgo com Martín Heidegger. Ordenado sacerdote em 1932, foi professor de teologia dogmática em Innsbruck

Karl Rahner

(1949) e em Munique (1964). Sua enorme produção teológica teve repercussão no Concílio Vaticano II, do qual foi membro da "Comissão Teológica". Contudo algumas das teorias de Rahner receberam certa reprovação por parte de Roma. A grandeza de sua teologia está em sua abertura às mais modernas correntes filosóficas e à cultura moderna. Mas não esqueceu tampouco o diálogo com a teologia protestante. Entre suas obras merecem ser destacadas: *Liberdade da palavra na Igreja* (1953); *Missão e graça* (1959); *Cristologia* (1972); *Mudança estrutural da Igreja* (1973); *Curso fundamental da fé* (1976); e *Escritos de teologia*. Foi editor do *Enchiridion symbolorum*, de Denzinger, do famoso *Lexikon für Theologie und Kirche*, e da enciclopédia em seis volumes *Sacramentum mundi* (1968-1970). Do ponto de vista ecumênico, Rahner desponta por seu livro, em colaboração com Heinrich Fries, *A unidade das Igrejas: uma possibilidade real* (1985), no qual através de oito teses muito bem elaboradas propõe a possibilidade de que a unidade da fé e das Igrejas seja real e não meramente utópica, com a condição de que as Igrejas abandonem suas excessivas precauções táticas, suas tradicionais inércias e aceitem com decidida vontade o desejo de querer transcender a atual situação de desunião.

Ramsey, Arthur Michael

Arthur Michael Ramsey (Cambridge, 4.11.1904 - Oxford, 23.4.1988). Arcebispo de Cantuária e um dos maiores promotores da unidade cristã do século XX. Educado em Cambridge, foi ordenado presbítero em 1928 e regente da cátedra de teologia na universidade de Durham desde 1940 a 1950. Foi cônego dessa catedral. Mais tarde foi promovido para a universidade de Cambridge (1951-1952) e no ano seguinte é nomeado bispo de Durham (1952-1956), arcebispo de York (1956-1961), e finalmente arcebispo de Cantuária (1961-1974). Trabalhou incansavelmente pela causa ecumênica, tanto com respeito à ortodoxia, visitando o patriarca Atenágoras em Constantinopla (1962), e recebendo o patriarca Alexis em Cantuária (1964), como com a Igreja católica romana. É histórica para as relações anglicano-católicas a visita que faria a Paulo VI no Vaticano no ano de 1966. Entre suas obras merecem ser citadas: *O evangelho e a Igreja católica* (1956), e *De Gore a Temple* (1960).

Recepção

Termo teológico que expressa o grau de aceitação, por parte do conjunto da Igreja, das resoluções doutrinais ou decisões disciplinares emanadas da autoridade eclesial reunida em assembléia conciliar ou — no caso da Igreja católica romana — do que foi definido pelo papa enquanto fala "ex-cathedra". A idéia de "recepção" tem uma longa história que se remonta às disputas mantidas na Igreja dos primeiros séculos sobre o batismo, a eucaristia e as ordenações praticadas pelas comunidades cismáticas e sobre a autoridade que os concílios ou sínodos tinham para determinar sobre sua validade. Na grande tradição da Igreja dos Padres, a recepção dos concílios ecumênicos foi capital para a história do cristianismo: o dissenso com as deliberações doutrinais conciliares levava à heterodoxia, sua aceitação à ortodoxia. Constitui, por exemplo, um caso de especial importância a recepção do credo niceno-constantinopolitano por parte de todas as tradições cristãs. Mais tarde se aplicará o mútuo intercâmbio de tradições e usos litúrgicos entre diferentes comunidades eclesiais que supunham o enriquecimento de toda a Igreja universal. Assim algumas Igrejas "recebiam" os dons de outras Igrejas entrando num processo de mútua comunhão. Na tradição conciliar do catolicismo romano, a recepção supôs um período, mais ou menos longo, de assimilação por parte do povo de Deus, das decisões de tipo doutrinal e disciplinar. Mais além dos níveis jurídicos, a recepção real dependeu do valor dos próprios ensinamentos oferecidos pelo concílio, das exigências e necessidades da comunidade eclesial e, sobretudo, do "sensus fidelium". Nem todos concílios expressaram decisões significativas para a vida da Igreja. Concílios como o de Calcedônia, Trento e Vaticano II não podem comparar-se nesse sentido com concílios como os lateranenses e o Vaticano I. As etapas de recepção chamadas pós-conciliares são cruciais. Nelas exerce-se, a partir do "sensus fidei", a sintonia ou não entre as decisões do próprio concílio e a consciência da Igreja. No caso do concílio de Florença é significativo: o decreto de união entre as Igrejas do Oriente e do Ocidente, aprovado pelos Padres conciliares, mas que não teve o consenso do povo de Deus e "ficou letra morta".

No mundo ecumênico, a recepção refere-se à aceitação por parte das respectivas Igrejas dos documentos emanados dos diálogos bilaterais ou multilaterais. Recepção, em primeiro lugar, por parte das hierarquias que encomendaram tais diálogos aos membros das comissões mistas; mas também recepção por parte dos fiéis da comunidade eclesial. O paradoxo é que quando alguns documentos ecumênicos, resultantes dos diálogos intereclesiais, são conhecidos em muitos locais do povo de Deus, recebem maior aceitação que aquele que, às vezes, lhe concedem as próprias hierarquias. O caso, entre muitos outros, que agora está em jogo é a receptividade que um documento como o texto de Lima, sobre *Batismo, eucaristia e ministério* (BEM, 1982), poderá ter por parte dumas 190 Igrejas que estão analisando-o com grande atenção.

Reforma

Em linguagem eclesiástica entende-se por "reforma" qualquer mudança que afeta as estruturas, costumes ou doutrinas da Igreja com o fim de uma purificação e maior identificação com a Igreja primitiva e a dos apóstolos. Ao longo da história aconteceram diferentes reformas (carolíngia, gregoriana, tridentina, chamada às vezes de "contra-reforma"), embora em linguagem técnica se tenha deixado o termo "reforma" no singular, para designar o desejo dos "reformadores" de renovar, mediante um retorno ao puro evangelho, a Igreja do século XVI. Dessa reforma será necessário afirmar que, mais que uma reforma dos costumes, foi uma reforma que afetou as estruturas eclesiais e doutrinais. Diz-se que Guilherme Farel reprovava no sacerdote católico "não sua má vida, mas sua má crença". É evidente que um de seus efeitos, não queridos certamente, foi a problemática ruptura do cristianismo ocidental. Discute-se também se se deve falar da reforma — no singular — ou das reformas — no plural — do século XVI, já que pelo lado protestante quiseram incluir somente suas duas maiores manifestações — o luteranismo e o calvinismo —, deixando à margem toda a linha reformista fora de Lutero e Calvino e que constitui a *reforma radical* na qual se encontram os movimentos anabatistas e menonistas. Seu derivado, o termo "reformado", tem também duas acepções: uma primeira, empregada fundamentalmente no mundo anglo-saxão, refere-se a qualquer Igreja que tenha passado pelo processo de ter aceito a supremacia da Escritura e de ter reformado seu culto litúrgico de maneira inteligível para os fiéis, e partindo dessa perspectiva qualquer Igreja com essas duas características seria uma Igreja "reformada". A segunda acepção, cujo uso é mais freqüente no continente europeu, estende-se somente às Igrejas nascidas nas reformas suíças e, portanto, neste sentido são Igrejas reformadas as calvinistas e as zwinglianas.

Religiosas (Comunidades)

A vida religiosa comunitária, entendida como a entrega voluntária a Deus de homens e mulheres no seguimento radical do evangelho de Jesus Cristo através dos votos de obediência, castidade e pobreza, esteve no meio de muitas querelas entre as diferentes comunidades cristãs no passado. Basta recordar a crítica que dirigiram os reformadores do século XVI, especialmente Martinho Lutero em seu *De votis monasticis* (1521), contra a vida consagrada e contra a profissão dos votos por entender quão distante estava esse tipo de vida do ideal evangélico que propunham, a partir da "sola Scriptura", para todos os cristãos. Mais importante que a crítica dos costumes que se fazia aos mosteiros e conventos — falta e integridade moral, riquezas excessivas, vida em contradição com os ideais professados etc. —, era a visão que os reformadores tinham de um modo de vida que buscava a perfeição e a salvação *fora* e *à margem da fé* em Jesus Cristo, e que dividia os cristãos segundo seu estado de vida: de *perfeição* para aqueles que professavam os votos, de *mundanidade* para aqueles que ficavam no mundo. A partir dessa crítica, a quase totalidade de conventos e mosteiros foram supressos naqueles territórios onde as reformas protestante (Europa continental) ou anglicana (Ilhas britânicas) conseguiram penetrar. Contudo, o ideal de vida descrito no livro dos Atos dos Apóstolos (2,42-43) logo voltou a cativar homens e mulheres, inclusive dentro das tradições luteranas, calvinistas e anglicanas. Os Irmãos moravos, no século XVII, e as comunidades de diaconisas luteranas no século XIX são como o renascer do ideal evangélico vivido em comunidade. Também no mundo anglicano, a partir do movimento de Oxford, foram fundadas algumas comunidades de religiosas e religiosos. Merecem especial menção a sociedade de "Saint John the Evangelist" (Cowley Fathers), fundada em Oxford (1866), e a

"Holy Cross Order", fundada nos Estados Unidos em 1881.

O século XX conheceu também certo florescimento de comunidades religiosas, tanto no mundo luterano ("Irmãs de Maria", de Darmstadt, em 1947, e "Irmãs de Maria", da Suécia, em 1954), como no mundo reformado ("Comunidade de Taizé, perto de Lyon, em 1949). A vida religiosa hoje — tanto no mundo católico como na ortodoxia, no anglicanismo e protestantismo — constitui um dos lugares de encontro mais promotedores da perspectiva ecumênica. Há ordens e mosteiros com expressa vocação unionista: é o caso da abadia beneditina de "Chevetogne", de "Dombes"; as comunidades de "Taizé"; "Grandchamp"; a fundação, de tradição franciscana, de "Atonement" (Graymoor); e as femininas "Missionárias da unidade", e "Missionárias ecumênicas".

Inclusive algumas ordens e congregações que nasceram com carismas muito diferentes ao ecumenismo, assumiram o tema da unidade cristã como uma de suas prioridades. A liturgia, o estudo dos Padres, o clima de acolhida, retiro e espiritualidade, que tantos mosteiros oferecem, assim como o trabalho doutrinal que levam avante os jesuítas e dominicanos, constituem hoje como uma *koinonia* que quer superar as barreiras que ainda dividem as Igrejas.

Revistas ecumênicas

As instituições ecumênicas e interconfessionais editaram ao longo dos anos uma literatura que apareceu principalmente em revistas especializadas. Agora mesmo o número de revistas de caráter ecumênico é notável. Incluimos neste breve tratado as de maior transcendência e difusão e também alguns boletins que, embora de caráter confessional, informam seriamente sobre as relações interconfessionais: "Irénikon": revista trimestral, publicada pelos monges da abadia de Chevetogne. Fundada por Dom Lambert Beauduin, em 1925. Temática: relações interconfessionais, com trabalhos de alto nível cien-tífico. Endereço: Ed. Chevetogne. B-5590. Chevetogne (Bélgica). "Istina": revista trimestral, publicada pelos dominicanos do centro Istina de Paris. Temática: relações interconfessionais e documentação de grande interesse. Trabalhos de alto nível científico. Endereço: Centre d'Études Istina, 45. Rue de la Glacière. F-75013 Paris (França). "The Ecumenical Review": revista quadrimestral, editada pelo Conselho Ecumênico das Igrejas, de Genebra. Temática: relações interconfessionais, especialmente as concernentes às Igrejas-membros do CEI, com artigos de alto nível científico; excelentes bibliografias. Endereço: 150, route de Ferney, CH 1211, Genebra (Suíça). "One in Christ". Endereço: Turvey Abbey. Turvey, Bedfordshire MK 43 8DE (Reino Unido). "Journal of Ecumenical Studies". Endereço: Temple University (022-38) Filadélfia, Pensilvânia 19122 (Estados Unidos). "Unité des chrétiens". Endereço: 80, rue de l'Abbé-Carton. 75014 Paris (França). "Una sancta". Endereço: Kyrios-Verlag GmbH, Postfach 1740. 8050 Freising (Alemanha). "Verbum Caro. Ökumenische Rundschau": Endereço: Leerbachstrasse, 42, 6000 Frankfurt am Main 1 (Alemanha). "Ecumenism/Oecuménisme", revista bilíngüe do *Canadian Center for Ecumenism*. Endereço: 2065 Sherbrooke St. W. Montreal, Quebec, H3H 1G6 (Canadá). "Pro dialogo", editada pelo *Pontificium consilium pro dialogo inter religiones*. Temática: diálogo inter-religioso. Endereço: Via dell'Erba, 1. 00193 Roma (Itália).

Entre as revistas espanholas cabe citar: "Diálogo ecumênico": revista quadrimestral da universidade pontifícia de Salamanca, fundada em 1966. Temática: diálogo interconfessional, e excelente sessão de documentos. Endereço: Centro de Estudos Orientais e Ecumênicos "Juan XXIII", Universidade Pontifícia, Apdo 541. 37080 Salamanca. "Pastoral ecumênica": revista quadrimestral do Centro ecumênico "Misioneras de la unidad", de Madrid. Fundada em 1984. Temática: estudos ecumênicos, miscelâneas e documentos. Endereço: Centro Ecumênico Misioneras de la unidad, Plaza Conde Barajas, 1. 28005 Madrid. "Renovación ecuménica": Temática: divulgação de temas unionistas, Endereço: Toro, 19. 37002 Salamanca.

Entre os boletins cabe citar: "Service d'Information", do Conselho pontifício para promoção da unidade dos cristãos. Temática: documentação ecumênica da Santa Sé. Endereço: Via dell'Erba, 1. 00193 Roma (Itália). "Carta de Taizé": bimestral. Endereço: 71250 Taizé Communauté (França). "Ecumenical News International" (ENI), boletim informativo do Conselho Ecumênico das Igrejas. Endereço: 150, route de Ferney, CH 1211 Genebra (Suíça). "Episkepsis", boletim do Centro ortodoxo do patriarcado ecumênico. Endereço: 37, Chemin de Chambésy, 1292 Chambésy-Genebra (Suíça). "Boletim Informativo" do Secretariado da C.E. de Relações interconfessionais. Endereço: Añastro, 1. 28033 Madri (Espanha). "Filadelfia", folha informativa do Centro ecumênico de Sevilha. Endereço: Santa Clara, 5. 41002 Sevilha (Espanha). "Oikoumene": do Centro ecumênico da Catalunha. Endereço: Riera de Sant Miquel, 1. 08006 Barcelona (Espanha). "Hermano menor", boletim informativo da Fraternidade ecumênica franciscana de Sevilha. Endereço: Santa Clara, 5. 41002 Sevilha (Espanha). "O Odigos. La Guida", do Centro ecumênico São Nicolau. Endereço: Largo Abate Elia, 13. 70122 Bari (Itália). "Gigajon di Bose", boletim da Comunidade monástica de Bose. Endereço: 13050 Magnano (Bi. Itália).

"Revival"

Palavra da língua inglesa (*revival*: retorno à vida) que designa os movimentos do despertar do século XIX, em ambientes protestantes dos Estados Unidos, como reação ao deísmo originado pelo racionalismo e liberalismo imperante. Os pregadores do "revival" eram normalmente ministros ordenados metodistas e presbiterianos que, vendo a frieza de suas próprias Igrejas e comunidades, saiam em viagens missionárias tentando "despertar" a fé e a emoção religiosa para produzir em seus ouvintes o sentido do pecado e a necessidade de conversão.

Rouse, Ruth

Ruth Rouse (Londres, 1872-1956). Pioneira da obra missionária e ecumênica na Igreja da Inglaterra e historiadora do movimento ecumênico. Apesar de vir de uma família de tendência "evangélica" muito piedosa — a família de seu pai estava relacionada com os Irmãos de Plymouth, e sua mãe, de ascendência escocesa, era batista —, ingressou muito cedo no Girton College, da universidade de Cambridge, algo fora de costume nos tempos vitorianos. Estudante na universidade compromete-se com o movimento de voluntários para as missões estrangeiras. Em 1895 é editora da revista "The Student Volunteer", passando pouco depois aos Estados Unidos onde se envolve em movimentos pelos direitos da mulher. Sua vocação missionária leva-a à Índia (1899-1901), mas problemas de saúde a impedem de continuar sua obra e volta para a Inglaterra onde exerce um grande trabalho entre as mulheres estudantes através da "Federação mundial de estudantes cristãos" (WSCF). São anos de evangelização entre universitários, nos quais exerce seus dotes apologéticos em intermináveis debates sobre fé e ciência, razão e religião. Além de sua tarefa na promoção da mulher na Igreja e na sociedade, levou adiante ações de pacificação, de entendimento mútuo e de ajuda entre jovens dos países em luta na Primeira Guerra Mundial, criando — depois da derrota alemã — o "European Student Relief". Também durante muitos anos faz parte da "Associação mundial de Jovens mulheres" (YWCA), da qual foi membro do comitê executivo (1906-1946), e presidente durante os anos da Segunda Guerra Mundial. Sua capacidade de organização levou-a a um dos postos vedados à mulher naqueles anos: a presidência do Conselho missionário na Assembléia nacional da Igreja da Inglaterra. A contribuição específica de Ruth Rouse para a causa ecumênica, além de sua participação nos movimentos anteriormente citados e sua presença em Amsterdã (1948), apóia-se fundamentalmente na edição do livro *A History of the Ecumenical Movement, 1517-1948* (1954), cuja responsabilidade compartilhou com o bispo anglicano Stephen Ch. Neill. Essa obra é já um clássico em seu gênero e um texto para qualquer consulta. Junto a essa obra merece também destaque seu livro *A Federação mundial de estudantes cristãos: Uma história dos trinta primeiros anos* (1948) *(The World's student Cristian Federation: A History of the First Thirty Years).*

Sacerdócio

Palavra latina *sacerdotium*, expressa a função sagrada de mediação entre a comunidade e a divindade. A história das religiões mostra como os encarregados das ações "mediadoras" receberam seus poderes de modos distintos: por chamados ou sinais especiais na hora do nascimento, por herança tribal, por vocação etc. O ingresso ao sacerdócio implicou sempre ritos de iniciação, preparação espiritual e aprendizagem de saberes ocultos ao resto do povo, e o conhecimento preciso dos diferentes tipos de sacrifícios e oferendas. Israel possuiu uma instituição sacerdotal muito elaborada, cujos membros deviam pertencer à tribo de Levi. Jesus, logicamente, não foi nem pode ser sacerdote do povo de Israel, contudo o fato de não pertencer à tribo de Levi não impediu uma das grandes afirmações neotestamentárias: sua proclamação como sumo, eterno e único sacerdote (Carta aos Hebreus). A morte de Jesus alcançou o que nenhum sacrifício nem oferenda haviam obtido, e é por isso que sua mediação e intercessão haviam abolido toda sorte de sacerdócios humanos. A tradição cristã num primeiro momento, com objetivo de marcar distâncias do povo que havia rejeitado o Messias, faz alusão à terminologia sacerdotal referindo-a aos ministros da comunidade, restringindo-a com exclusividade, ou à pessoa de Jesus, ou ao conjunto do povo eleito.

Todo batizado pertence à nação santa, é e parte do "povo eleito", e possui um "sacerdócio real" (1Pd 3,9). Por isso quando reaparecem termos da ordem do culto é para se referir à vida dos cristãos entregue aos demais como serviço, como sacrifício espiritual, como culto verdadeiro. Somente mais tarde, a terminologia sacrifical e sacerdotal começa a ser aplicada a certos ministros presidentes da comunidade e da celebração eucarística, talvez porque neles se descobre uma relação direta entre suas ações litúrgicas e a liturgia celeste de Cristo, sumo sacerdote. A teologia dos Padres da Igreja, e depois a dos grandes escolásticos desenvolvem uma reflexão sobre o sacramento da ordem sacerdotal na qual o ministro ordenado atua "in persona Christi", deixando um tanto à margem o sacerdócio dos fiéis. Uma prática cultual muito enraizada no processo de sacerdotalização dos ministérios faz com que as funções dos presbíteros e bispos, que no passado haviam mantido um harmonioso equilíbrio entre as funções profética (o serviço da palavra), régia (o serviço e a presidência da comunidade) e sacerdotal (o serviço do culto), percam esse equilíbrio em favor da prática sacrifical da missa e em detrimento das funções da palavra e da comunidade. A figura do sacerdote sacrificador — sacerdote para oferecer missas — adquire uma preponderância que provocaria a rejeição dos reformadores do século XVI.

Com isso surgiu a polêmica católico-protestante que leva à negação por parte dos reformadores do sacerdócio ministerial, e ao esquecimento — que não é negação — por parte dos católicos do sacerdócio dos fiéis. A doutrina de Trento sobre o sacerdócio (sessão XXIII), interpretada de maneira muito rígida na tradição pós-tridentina, fundamentalmente na escola francesa de São Sulpício, unidas às negações frontais do protestantismo com respeito aos ensinamentos da Igreja indivisa sobre o significado do presbiterado e episcopado, tornaram inviável qualquer aproximação de posições até na entrada do século XX.

Hoje as posições do catolicismo romano e a ortodoxia não diferem fundamentalmente. Ambas as tradições cristãs ensinam que o sacerdócio ministerial é exercido na presidência da celebração eucarística que comporta a proclamação da palavra e o oferecimento do sacrifício. Sacerdócio que se distingue essencialmente do sacerdócio dos fiéis (LG 10). O Concílio Vaticano II exaltou muito o papel desse sacerdócio, tanto na Constituição sobre a Igreja, *Lumen gentium*, como no decreto sobre o apostolado dos seculares, *Apostolicam actuositatem*. O tema está sendo objeto de diálogos doutrinais entre as diferentes Igrejas. Ajudam muito para uma melhor compreensão do sacerdócio os estudos já realizados interconfessionalmente e sobre a natureza do sacrifício eucarístico em sua íntima relação com o sacrifício da cruz.

A problemática, muito longe ainda de chegar a acordos substanciais, centra-se sobretudo na identidade sacerdotal da Igreja, diluída num sacerdócio comum e outro ministerial, nas relações entre estes dois e em sua subordinação ao único sacerdócio de Jesus Cristo, e sobretudo no sentido que se deve dar ao caráter sacrifical do sacerdote do Novo Testamento. Dos três temas expostos no documento do BEM (Lima, 1982), é o ministério o que mais pontos de discrepância suscita diante das diferentes Igrejas. O tema do sacerdócio tem sido abordado de maneira particular na *Declaração de Cantuária* (1973), resultado do diálogo anglicano-católico sobre *O ministério e ordenação*, ao qual seguiu o *Esclarecimento de Salisbury* (1979), combinando pontos importantes do desacordo, e a relação da comissão luterano-católico-romana intitulada *O evangelho e a Igreja* (*Relação de Malta*, 1972), que lhe dedica toda uma sessão: "O Evangelho e o ministério eclesiástico" (n. 47-64).

Sacramento

A questão sacramental acha-se em meio das disputas entre católicos e protestantes a partir da denúncia de Martinho Lutero em seu polêmico livro *Prelúdio ao cativeiro babilônico da Igreja* (1520). O reformador alemão oferecia em sua obra uma dura crítica ao sistema sacramental da Igreja de Roma. Para ele, o sacramento consiste na promessa explícita do perdão oferecido por Cristo, em sua apropriação pela fé do cristão, e no sinal propriamente sacramental. Partindo dessa convicção reconhece somente dois sacramentos: batismo e santa ceia.

Denunciava três erros "romanistas" com referência à santa ceia: a proibição do cálice para os leigos, a doutrina da transubstanciação e o sacrifício da missa. O erro fundamental consistia para Lutero em que a promessa do Senhor havia-se convertido numa "boa obra do homem", quer dizer, num sacrifício e num ofertório. Isso é uma tergiversação do sacramento da ceia do Senhor, porque a única coisa que pode e deve o cristão fazer é recordar, agradecer e responder com sua fé à promessa do perdão que Deus lhe oferece. A sacramentalidade do batismo expressa-se com clareza na promessa do perdão dos pecados, testemunhada nas Escrituras e na doutrina da justificação pela fé, que é sempre iniciativa de Deus, não do homem. E assim Lutero aceitava também o batismo das crianças, tão radicalmente controvertido pelos anabatistas de seu tempo. A rejeição luterana dos demais sacramentos deveu-se ao fato de não se acharem claramente expressos na Bíblia sua instituição por parte do próprio Cristo. O desenvolvimento dessa visão sacramental corria paralelo a uma eclesiologia na qual a Igreja se acha somente ali onde a palavra de Deus se prega corretamente e os sacramentos se administram de maneira adequada segundo as Escrituras. Qualquer concepção objetivista sacramental ou doutrinas, como a do "ex opere operato", sacrifício da missa etc., já não tinham mais cabimento na teologia sacramental do tipo protestante. É verdade que a penitência e a ordenação do ministro (pastor) conservaram-se em algumas Igrejas reformadas, inclusive a qualificação de "sacramento", mas dando a estas ações somente um valor da tradição antiga, sem o reconhecimento da sacramentalidade concedida ao batismo e à ceia do Senhor.

Nos meios ecumênicos hoje perderam seu sentido alguns elementos da controvérsia do passado sobre os sacramentos. Por sacramento entende-se hoje a expressão da visibilidade da graça e salvação de Deus. Neste sentido, *o sacramento original* é Cristo mesmo em sua humanidade, revelação do Pai, e *sacramento primordial* é a comunidade dos crentes que participa da própria vida do Senhor Jesus, que é a Igreja. Mas a Igreja cumpre a sua missão através de alguns sinais e ações simbólicas e rituais que, sob a ação do Espírito e sempre animados pela palavra, expressam o perdão e a salvação oferecidos por Deus, assim como a fé e o louvor da comunidade cristã.

Na Constituição sobre a liturgia do Vaticano II se diz expressamente: "Os sacramentos... não só supõem a fé, mas por palavras e coisas também a alimentam, a fortalecem e a exprimem. Por essa razão são chamados sacramentos da fé. Conferem certamente a graça, mas sua celebração também prepara os fiéis do melhor modo possível para receberem frutuosamente a graça, culturarem devidamente a Deus e praticarem a caridade" (SC 59). E a Constituição dogmática sobre a Igreja expressa-se assim: "E porque a Igreja é em Cristo como que o sacramento ou o sinal e instrumento da íntima união com Deus e da unidade de todo o gênero humano..." (LG 1). Se a Igreja como *sacramento primordial* continua a sacramentalidade de Cristo — a Igreja é o corpo de Cristo —, realiza algumas ações que de maneira eminente visibilizam a vida divina na comunidade: a ação de incorporar novos crentes pela pregação da palavra, gerando-os para a vida divina: o batismo; e a reunião comunitária comemorativa da ceia do Senhor. Ambos os sacramentos foram instituídos pelo próprio Cristo; dos outros sinais sacramentais aceitos por algumas Igrejas de tipo episcopal se deveria dizer que receberam do Senhor seu sentido profundo, embora a maneira de sua organização concreta foi determinada após um longo processo que acabou, na tradição romana, aceitando o número de sete. Todas as Igrejas reconhecem hoje uma nova aproximação à teologia sacramental — num contexto mais trinitário, antropológico e escatológico em termos da história da salvação —, que se afasta das tradicionais visões individualistas e "extrinsecistas" que marcaram o passado. Certamente grandes áreas do protestantismo manifestam ainda claras reservas contra o conceito de uma Igreja como *sacramento primordial*, enquanto isso significa que a Igreja exerça um papel de mediação na comunicação da graça aos crentes.

Salvação

Salvação, como o termo da própria família "salvador" procede do latim *salvare, salvator*, que por sua vez deriva do hebraico *Yehoshua* (Yavé é salvação) e seu correspondente termo em grego *soter*. Embora conceito religioso genérico — toda religião implica e oferece "salvação" — a teologia cristã o empregou sempre para referir-se à precariedade existencial do ser humano e às experiências repetidas de culpa e morte, e conseqüentemente à impossibilidade da salvação proveniente do próprio homem. A salvação devia ser oferecida pelo enviado e ungido de Deus, Jesus (Deus salva). Desde sua vida — que foi para salvar o povo de seus pecados e reconciliá-lo com Deus —, a humanidade toda tem diante de si o caminho da salvação, embora esta continue sendo mais objeto da esperança que da experiência.

As Igrejas cristãs coincidiram sempre, embora dentro de uma lícita diversidade de explicações teológicas, em centralizar na pessoa e mensagem de Cristo a causa da salvação. Se a ortodoxia acentuou a salvação da pessoa como restauração da imagem e semelhança de Deus, e certo catolicismo e protestantismo puseram ênfase na interpretação da morte de Cristo como expiação pelos pecados da humanidade, hoje prefere-se apresentar toda a atividade da pessoa de Jesus Cristo — pregação, vida entregue no serviço pelos outros, paixão, morte e ressurreição —, porque sabem e proclamam que "em nenhum outro nome há salvação" (At 4,12). Se o conceito de salvação em Cristo foi uma constante essencial na mensagem de todas as Igrejas, as disputas surgiram a propósito da apropriação da salvação e seus resultados por parte do cristão. Diante de uma concepção católica que pareceu aos reformadores deformada — o homem fica completamente limpo e justificado quando é perdoado pela Igreja graças aos méritos de Cristo, no qual intervêm também as "boas obras" —, a reforma acentuou a "justificação somente pela fé", que seria a absolvição do pecador pela graça que resultará em boas obras. Homem e mulher justificados, mas mantendo uma tensão que é fruto da coexistência neles do pecado inerente e da justiça atribuída ("simul justus et peccator"). Partindo das perspectivas ecumênicas, parte das velhas controvérsias sobre a salvação e justificação foram superadas. A "Comissão mista luterano-católica" apresentou anos atrás um documento *O Evangelho e a Igreja*, conhecido como o *Relatório de Malta* (1972); anos depois outro: *O ministério espiritual na Igreja* (Paderborn 1981); e o grupo luterano-católico em diálogo, nos Estados Unidos, apresentava em 1984 um texto importante intitulado *A justificação pela fé. Declaração conjunta*. A "Comissão internacional anglicana-católico-romana" (ARCIC II) por sua parte publicou em 1986 um documento com o título *A salvação e a Igreja*. Temas debatidos hoje, mas com amplas convergências entre as Igrejas, são os referentes às dimensões sociais da salvação postas em relevo pelas diferentes teologias da libertação, embora com certas reticências por parte de algumas Igrejas ortodoxas, e a clássica questão da salvação dos não-cristãos abordada, tanto pelo Pontifício conselho para os não-cristãos como pelo programa de *Significação teológica das religiões* do Conselho Ecumênico das Igrejas.

Schutz, Roger

Roger Schutz-Marsauche (Provence, Suíça 12.5.1915 -). Fundador e prior da comunidade ecumênica de Taizé, perto de Lyon. Depois de seus estudos de teologia em Lausana e vários anos de trabalho pastoral como pastor ordenado da Igreja reformada suíça, chega à pequena aldeia de Taizé em 1940, compra um velho casarão e inicia uma vida de retiro e contemplação. Imediatamente se unem a ele vários irmãos com os quais realiza uma tarefa urgente de acolhida a refugiados políticos. Em 1949, sete irmãos professam os votos religiosos diante dele, iniciando-se assim uma experiência de vida monástica dentro do calvinismo que choca ambientes protestantes. O irmão Roger escreve em 1952 a *Regra de Taizé*, que tanto vigor dará para aquilo que bem cedo será já uma comunidade propriamente ecumênica. A vocação da reconciliação cristã da comunidade granjeia-lhe as simpatias em todo o povo cristão. João XXIII recebe-o em audiência em 1956, e será convidado para as sessões do Concílio Vaticano II como observador. A partir de 1970, anuncia o "Concílio dos jovens", cuja abertura acontece em 1974. Desde então milhares de jovens de todo o mundo e de todas as confessionalidades dirigem-se a Taizé em busca de uma espiritualidade e de uma compartilha. As peregrinações de Roger por todo o mundo, principalmente nos encontros europeus e nos intercontinentais, fizeram do prior dessa comunidade ecumênica uma das figuras mais amáveis e premiadas do ecumenismo atual. Em 1974 recebeu o prêmio Templeton e no mesmo ano o prêmio da paz na Alemanha. E anos mais tarde, em 1988, o prêmio da UNESCO para a educação e para a paz. Entre suas obras destacam-se: *Viver o hoje de Deus*; *Dinâmica do provisional*; *Luta e contemplação*; *Violência do pacífico* e *Floriram os desertos do coração*.

Seita

O termo seita, do latim *secare* (cortar) e *sequitur* (seguir alguém) tem na linguagem popular sentidos pejorativos. Partindo da sociologia religiosa, ao contrário, a seita é qualquer grupo religioso marginal e periférico, cortado do tronco maior, com uma estrutura fechada, reticente diante da sociedade e dos outros grupos religiosos, cuja pertença se deve à livre e voluntária decisão do adepto. Estas características gerais já demonstram um fato que da perspectiva ecumênica tem graves inconvenientes. Por definição, o grupo sectário opõe-se ao diálogo e ao encontro positivo com outras associações religiosas. Os critérios para classificar as seitas variam de uns autores para outros. O critério mais comum, não necessariamente o melhor, atribui-se a M. Weber e E. Troeltsch, para os quais a contracomposição dialética à idéia de "Igreja" serviria para definir a "seita". Esta, pois, seria a associação religiosa voluntária, livre, fechada à maioria, e aberta somente aos iniciados, em oposição as demais Igrejas; a outros tipos de associacionismo (cultural, esportivo, militar etc.); e à própria sociedade. Muitos dos grupos sectários põem grande ênfase na doutrina e no comportamento de seus membros, cuja transgressão supõe a expulsão dos membros heterodoxos. Bryan Wilson indica como critério de classificação o tipo de salvação que oferece cada uma das seitas. Outros autores na hora de expor sua tipologia sectária fixam-se nas atitudes e respostas que estes grupos dão a suas relações com o mundo e à sociedade em geral (milenarista, sincretista etc.), ou nas dimensões geográficas (orientais, americanas, africanas etc.).

O complexo panorama sectário complicou-se a partir dos anos 60 pela forte irrupção no mundo ocidental de alguns grupos, sumamente conflitivos, de origem oriental, mas radicados nos Estados Unidos, cuja terminologia não acaba ainda de se estabilizar. São chamados Novos movimentos religiosos, Novos cultos, Seitas juvenis, Movimentos totalitários, Seitas destrutivas, Religiões de suplência, ou Religiões alternativas. Alguns peritos descreveram essas associações sectárias com as seguintes características: movimento totalitário, cujos membros encontram-se em total dependência da ideologia e ditames do "guru", que utiliza certas técnicas de controle mental (chamada às vezes "lavagem cerebral") e que favorece nos adeptos a idéia coletiva em detrimento da idéia e do desenvolvimento da individualidade. A conflitividade dessas associações religiosas gerou respostas — nem sempre eqüânimes por parte de muitos segmentos da sociedade. Tem especial interesse o *Informe Cottrell*, do Parlamento europeu (1984); o *Documento para o estudo das seitas*, da Comissão parlamentar espanhola (1988-1989); o *Informe progressivo: seitas e novos movimentos religiosos. Desafios pastorais*, de vários discatérios vaticanos (1986), e o texto da *Consulta de Amsterdã sobre novos movimentos Religiosos e as Igrejas*, da "Federação luterana mundial" e do Conselho Ecumênico das

Igrejas (1986). Estes dois últimos documentos, com grande espírito ecumênico, aceitam o desafio do mundo sectário, fazem uma autocrítica do atuar das próprias Igrejas, mas por sua vez, reconhecem a grande dificuldade que supõe para a prática pastoral e ecumênica a existência da fragmentação religiosa de caráter sectário.

Semana de oração pela unidade dos cristãos

É talvez a mais velha expressão do chamado ecumenismo espiritual. Baseia-se na convicção de que há tempos fortes, tempos especiais, nos quais a oração conjunta dos cristãos divididos podem acelerar o dom da unidade visível pela qual Cristo orou pouco antes de padecer. Celebra-se de 18 a 25 de janeiro de cada ano, mas sua história, curta no tempo, teve algumas variações. Embora durante o século XIX haja pequenas realizações para dedicar um tempo para pedir a Deus o dom da unidade dos cristãos: Inácio Spencer (1840), Conferência de Lambeth (1867), Leão XIII (encíclica *Providentissimus*, 1885) etc., seria necessário remontar-se à proposta do Padre Paul Wattson — um convertido do anglicanismo à Igreja católica romana —, que em 1908 convidava os cristãos divididos a consagrar a semana, que ia desde 18 de janeiro até a festividade da conversão de São Paulo (25 de janeiro), à oração para a reunião dos cristãos. Pouco depois (1921), o anglicano Spencer Jones cria o oitavário pela unidade cristã com o fim de que as Igrejas de Roma e da Inglaterra cheguem a formar uma unidade corporativa. Alguns anos mais tarde, a comissão de "Fé e Constituição" (1926) propõe algumas sugestões para a celebração de um oitavário de orações pela unidade com motivação da festa de Pentecostes. Será, contudo, o sacerdote Paul Couturier quem dará uma visão muito mais ampla que as dos primeiros intentos na hora de oferecer a *todos* os cristãos de *todas* as Igrejas a oportunidde de dirigir sua oração — de 18 a 25 de janeiro — para que a unidade se alcance "como Deus quer e por todos os caminhos que Ele quer".

Desde 1957, um *texto comum* realizado conjuntamente por "Fé e Constituição" e pelo "Centro da unidade cristã" (Lyon) tem servido para que as diferentes tradições cristãs pudessem orar com as mesmas orações pedindo a unidade. E a partir de 1966, esse mesmo trabalho é executado por uma equipe conjunta do Conselho Ecumênico das Igrejas e do Conselho Pontifício do Vaticano para a promoção da unidade. Em sua confecção intervêm peritos em Bíblia e em liturgia que trabalham sobre um esquema, preparado por um grupo ecumênico local, a cada ano de um país diferente. O *tema da semana da oração*, tirado sempre de um versículo bíblico, é desenvolvido ao longo dos oito dias por diferentes pregadores naquelas comunidades locais, que se unem desse modo às intenções das outras comunidades espalhadas por todo o mundo. A metodologia do Pe. Couturier teve uma maior aceitação que outras propostas, pois não procura "pedir pelo retorno dos outros cristãos" à própria Igreja, mas que pede ao Senhor por uma unidade que, mais além das realidades presentes, "será como Ele quer, quando Ele quer e através dos meios que Ele quer". Logicamente, com estes pressupostos, todos os cristãos podem reunir-se e orar juntos, pois não se trata da conversão ou absorção de umas Igrejas por outras, mas da purificação de todas elas e de sua conversão ao Senhor de todas.

Seul (Assembléia ecumênica mundial de)

Assembléia mundial de Igrejas cristãs celebrada de 5 a 12 de março de 1990 em resposta ao apelo que o Conselho Ecumênico das Igrejas fizera em sua assembléia de Vancouver (1983), com a finalidade de "comprometer as Igrejas-membros no processo conciliar de compromisso mútuo a favor da justiça, paz e integridade da criação". Sua finalidade era que as Igrejas estudassem juntas uma resposta comum às ameaças de injustiça, violência e degradação do meio ambiente humano. Esse encontro mundial esteve precedido de diversos encontros regionais e continentais, destacando-se a assembléia ecumênica européia celebrada em Basiléia no ano anterior. A convocatória aconteceu a cargo do Conselho Ecumênico das Igrejas e reuniu mais de mil participantes, quatrocentos deles como delegados oficiais de todas as Igrejas-membros desse conselho. Recusando o convite do organismo de Genebra ao Vaticano para organizar conjuntamente a assembléia e a posterior oferta para enviar 50 delegados da Igreja católica, a representação por parte católica limitou-se à presença de 20 observadores, embora a esse número se somasse a participação de 15 peritos católicos convidados e um número de católicos que compareceram como delegados representantes de organizações ecumênicas ou a título pessoal. A negativa da Igreja católica de uma convocatória conjunta e a ausência na assembléia de uma delegação oficial vaticana supuseram um retrocesso ecumênico com referência à Assembléia de Basiléia, na qual se conseguiu pela primeira vez, depois de cinco séculos de divisão, uma convocatória conjunta por parte de todas as Igrejas cristãs da Europa. Fruto da assembléia de Seul e depois de um difícil consenso, foi emitido um documento final, embora nem todos os seus textos fossem aprovados em sessão plenária. Nele é apresentada uma série de afirmações como resposta ao pacto de Deus com a humanidade sobre a justiça, a paz e a integridade da criação, e uma série de "atos de compromisso mútuo" adotados por diversas Igrejas, contudo, em Seul, não se chegaria a conclusões tão unânimes como em Basiléia (CMB).

Sincretismo

Fusão ou mistura num só sistema de várias doutrinas de origens diferentes. A palavra teve diversos sentidos ao longo da história cristã. Os escritores irenistas do século XVI, em meio das violentas controvérsias de seu tempo, procuraram por sua parte falar de fraternidade pacífica e de união entre as Igrejas, recompondo as diferenças doutrinais numa nova expressão. Depois o termo foi usado para designar uma superficial mistura de idéias religiosas que na realidade eram incompatíveis umas com as outras. O projeto sincretista, neste sentido, seria prejudicial para o verdadeiro ecumenismo. Contudo, um uso mais recente da palavra, empregada fundamentalmente na ciência comparada da religião, está sendo aceito como projeto de análise dos valores e doutrinas complementares das diferentes religiões.

Sínodo

Num sentido genérico significa assembléia, reunião. Deriva-se do grego *synodos* (fazer caminho com) e do latim *synodus* (assembléia conjunta). No vocabulário cristão tem vários sentidos conforme o uso das diferentes tradições cristãs. Empregando o mesmo termo, as Igrejas de tipo episcopal, presbiteriano ou congregacionista referem-se a diversos tipos de assembléias. Estes três modelos básicos de estrutura eclesial apresentam várias classes de sínodos que correspondem numa última palavra às eclesiologias subjacentes, embora todas digam encontrar suas raízes e antecedentes no Novo Testamento. Assim as *Igrejas de tipo episcopal*, cuja expressão máxima foi já no século II o episcopado monárquico (Inácio de Antioquia), tiveram logo um desenvolvimento que através do tríplice ministério ordenado (diaconado, presbiterado e episcopado) se expressou de diferentes maneiras.

Na tradição romana, o bispo à frente da comunidade diocesana e rodeado de seu presbitério, e o bispo de Roma à cabeça de todos os bispos da esfera católica adquiriram real preeminência, que muitas vezes o povo fiel ficou à margem de qualquer tomada de decisões. Hoje o *sínodo dos bispos* é a assembléia de bispos, de natureza consultiva, que se reúnem em determinadas ocasiões para fomentar a união estreita entre o papa e os bispos e ajudá-lo nas suas deliberações. O sínodo diocesano, porém, seria a assembléia de sacerdotes e de outros fiéis de uma Igreja particular, convocada pelo bispo e ouvido o conselho presbiteral, para ajudar o bispo em seu trabalho pastoral diocesano.

Na tradição ortodoxa e anglicana, o sínodo tem conotações diversas às da Igreja católica. Embora convocado sempre pelos bispos, a participação dos leigos é maior e sua presença não é simplesmente por convite pessoal.

As *Igrejas de tipo presbiteriano*, principalmente as chamadas "reformadas" da tradição calvinista, acentuaram sempre o papel do colégio ministerial, no qual os *clérigos* (pastores, anciãos, doutores e diáconos, conforme a doutrina de João Calvino) exerceriam a pregação da palavra, da celebração dos dois únicos sacramentos e a correção e a disciplina comunitárias. Mas a reunião do colégio ministerial em níveis mais amplos da congregação local inclui sempre a presença de leigos na assembléia chamada sínodo. Por isso que na tradição presbiteriana — contraposta à congregacionista por não se encerrar na comunidade local —, o sínodo tenha marcado a vida da Igreja, até ao ponto de que nessas Igrejas se pode falar de sua *característica sinodal* com toda propriedade.

Por último, as *Igrejas de tipo congregacionista* acentuaram desse modo a assembléia local, que a autoridade reside nos membros que voluntariamente se uniram a essa congregação, tanto na ordem litúrgica e disciplinar como na da evangelização. A partir daí, a cooperação com outras congregações da mesma família confessional varia muito, desde a mais absoluta independência até a aproximação a certa ordem sinodal.

"Sobornost"

Neologismo criado pelo movimento eslavófilo em meados do século XIX, um de cujos autores principais foi Aleksey Khomyakov (1804-1860). A raiz dessa palavra encontra-se no termo eslavo *sobor*, que significa reunião conjunta, solidariedade, reciprocidade. Sergio Bulgakov (1871-1944) pôs em circulação esse neologismo a partir de sua intervenção na conferência de "Fé e Constituição" (Lausana,1927), e em seu livro *L'orthodoxie* (1932). A tradução mais aproximada parece "conciliaridade" e "ecumenicidade", mas entendidas a partir da perspectiva ortodoxa que incluiria também a "catolicidade", mais como dimensão qualitativa do que geográfica.

"Sobornost" é o atributo que se manifesta

quando há unanimidade no conjunto da Igreja reunida em assembléia conciliar. O termo goza de grande atualidade, pois inclui também o conjunto do povo de Deus, tanto o laicato como os ministros com autoridade hierárquica.

"Social Gospel"

Movimento do protestantismo norte-americano, nos princípios do século XX, proclama a iminente implantação do reino de Deus na terra. Suas raízes remontam-se, contudo, aos anos 70 do século XIX. A filosofia do "Social Gospel" está influenciada pelo liberalismo de algumas Igrejas protestantes que procuram evangelizar as instituições familiares, sociais, econômicas e políticas do país. Convencidas das possibilidades da instauração do reino de Deus na terra, o empenho eclesial deveria consistir fundamentalmente na transfiguração da ordem social, e a responsabilidade de cada cristão não podia ser outra senão a de contribuir que se instaurasse a nova ordem. A América parecia o lugar onde poderia ser executada e realizada essa visão. A gigantesca industrialização do país, a riqueza, a classe trabalhadora bem remunerada, o capitalismo com suas imensas possibilidades e a crença no potencial humano faziam pensar que o evangelho devia introduzir-se nessas realidades e ser a alma do mundo novo. Do ponto de vista bíblico, os ensinamentos dos profetas reformadores do Antigo Testamento e as doutrinas sociais de Jesus davam base doutrinal ao movimento. Embora nunca tenha alcançado proporções consideráveis dentro das Igrejas americanas, contudo atingiu setores seletos que souberam aproveitar os meios de comunicação social e conectaram com políticos reformistas. Talvez o interesse máximo resida em que seus mentores, membros de diversas Igrejas, forjaram um ecumenismo que mais tarde viria potenciar movimentos como "Vida e Ação". Entre seus mais conhecidos representantes estão Walter Rauschenbusch, batista, e Washington Gladden, congregacionista. Mas também as Igrejas episcopalinas, metodistas e presbiterianas comungaram com os princípios e as atividades do "Social Gospel". É fácil compreender que as duas guerras mundiais, a depressão econômica em fins dos anos vinte, e as críticas dos setores fundamentalistas protestantes, insistindo na pecaminosidade e incapacidade dos seres humanos para construir um mundo novo, se chocassem contra o otimismo exagerado característico daquela época dourada que acreditou poder construir o reino de Deus na terra.

SODEPAX

Nome do programa patrocinado pelo Conselho Ecumênico das Igrejas e da Santa Sé para as questões referentes à *sociedade*, ao *desenvolvimento* e à *paz*. Suas atividades iniciaram-se em 1968 — a partir de uma conferência celebrada em Beirute na qual participaram peritos em questões sociais e políticas e teólogos de diversas Igrejas — até 1980. O clima ecumênico daqueles anos e a sensibilidade social dos anos 60-70 — João XXIII havia escrito a encíclica *Pacem in terris* (1962), Paulo VI a *Populorum Progressio* (1967), o Vaticano II havia publicado *Gaudium et spes* (1965), e em Genebra havia tido lugar a conferência sobre *Igreja e sociedade* (1966) — favoreceram o crescimento da SODEPAX. Os interesses desse programa interdenominacional abrangeram as seguintes áreas: comunicação social, educação para o desenvolvimento, mobilização para a paz, pesquisas para o desenvolvimento, reflexão teológica e trabalhos com crentes de outros credos religiosos. SODEPAX promoveu grandes conferências em nível internacional, mas sem dúvida seu máximo interesse residiu sempre nos temas referentes à Nova Ordem econômica internacional. "Church Alert", publicação oficial desse programa, reflete em suas páginas a riqueza que supôs a estrita colaboração em questões sociais entre o Conselho Ecumênico das Igrejas e a Comissão Pontifícia para a justiça e paz. Comentou-se que problemas financeiros acabaram com a existência da SODEPAX. Seguramente há, além disso, razões de tipo ideológico que impediram sua continuação. Contudo a colaboração entre o Conselho Ecumênico das Igrejas e o Vaticano continua hoje através do "Grupo conjunto de trabalho" ("Joint Working Group"), e da participação plena de teólogos católicos na comissão de "Fé e Constituição".

Söderblom, Nathan

Natham Söderblom (Trönö, Suécia, 15.1.1886 - Upsala, 12.7.1931). Pastor luterano e capelão da delegação sueca em Paris de 1894 a 1901, onde obteve seu doutorado em teologia com o tema da antiga religião persa. Professor da universidade de Upsala em história das religiões desde 1901 até 1914. Em 1914 é nomeado arcebispo de Upsala e tem começo a Primeira Guerra Mundial. Iniciada a guerra escreve um famoso livro *Chamamento para a paz* com grande impacto europeu. Seus esforços para influir através de princípios cristãos nas relações internacionais desembocam na conferência sobre "Vida e Ação" ou "Cristianismo Prático" ("Life and Work"), celebrada na cidade de Estocolmo (1925). É considerado como um dos pioneiros do ecumenismo. Ambas as facetas: ecumenismo e trabalho pela paz dos povos — em 1930 é contemplado com o Prêmio Nobel da Paz — são o melhor legado do arcebispo Nathan Söderblom.

"Sola Scriptura"

É o princípio formal da reforma protestante. Expressão formulada pelos grandes reformadores do século XVI, ao revalorizar com exclusividade a palavra de Deus em referência à Sagrada Escritura contra as tradições eclesiásticas ou filosóficas herdadas da Idade Média. No contexto das controvérsias católico-protestantes, esse princípio significa que a Escritura *somente* deve dirimir os conflitos entre as doutrinas de umas e outras Igrejas. A mensagem contida nas Escrituras é a mensagem do único Cristo ("solus Christus"), a quem se tem acesso somente através da fé ("sola fide"). A preocupação dos reformadores de não ultrapassar os limites da revelação contida na Escritura se traduz nas diferentes fórmulas com as quais se referem à centralização do "núcleo" revelado: "solus Deus", "solus Christus", "sola gratia".

Taizé (Comunidade de)

Comunidade ecumênica fundada por Roger Schutz. Integrada por Irmãos de diferentes nacionalidades e confissões cristãs, reunidos sob uma vocação comum: a reconciliação. Seu começo foi em 1944, ano em que Roger Schutz estabeleceu-se em Taizé (Lyon), acompanhado dos primeiros irmãos. Inicialmente, todos os membros da comunidade eram de origem evangélica. Somente a partir de 1968 há irmãos católicos fazendo parte da comunidade. Alguns deles vivem fora de Taizé, reunidos em pequenas fraternidades situadas em diversos lugares do mundo onde compartilham sua vida com os mais pobres. Um "compromisso de vida" vincula os irmãos no celibato, a aceitação do ministério do prior e a comunidade de bens. A comunidade busca ser "parábola de comunhão", um sinal de reconciliação entre cristãos divididos, que os impulsione a ser fermento de reconciliação entre os homens e povos da terra. Dessa forma, a unidade dos cristãos não é buscada unicamente como um fim em si, mas como o início de uma unidade maior; a unidade entre os povos. A oração comum, três vezes ao dia, constitui o núcleo da vida da comunidade. As *Fontes de Taizé* (revisão realizada em 1990 pelo Irmão Roger da primitiva regra de Taizé) apresenta o mais essencial da comunidade. Progressivamente, Taizé converteu-se num lugar aonde numerosos jovens de todo o mundo acorrem para participar dos encontros semanais, onde compartilham a oração, a reflexão e o trabalho. Desde sua fundação, o Irmão Roger é o prior da comunidade (CMB).

Tantur (Instituto ecumênico de)

É um organismo ecumênico de tipo internacional, fundado em Jerusalém (1972), por iniciativa de Paulo VI. O papa dava assim resposta aos pedidos que diferentes observadores do concílio das tradições protestantes, anglicanas e ortodoxas lhe haviam dirigido em 1963 com respeito à criação de um Instituto, no qual professores e pesquisadores pudessem compartilhar o estudo interconfessional, a oração comum e a pesquisa. Toda a programação de tipo bíblico, das espiritualidades orientais, o estudo da fé hebraica e islâmica, assim como as relações ecumênicas e inter-religiosas, e a temática sobre direitos humanos, tem como pano de fundo o conceito da "história da salvação". Embora o instituto seja propriedade da Igreja católica, uma junta diretiva de tipo interconfessional planeja as programações e contrata o pessoal docente. Além dos cursos oficiais, há cursos de três meses de duração com o objetivo de possibilitar uma formação permanente para pessoas interessadas na área ecumênica. Dá-se como aproximada a cifra de 2.500 as pessoas que de uma ou outra maneira participaram ativamente nos cursos do Instituto ecumênico de Tantur.

Temple, William

William Temple (Exeter, 15.10.1881 - Kent, 26.10.1944). Arcebispo de Cantuária e um dos clérigos anglicanos que mais trabalhou pela realização da reconciliação das Igrejas cristãs. De uma família de bispos e arcebispos, estudou no Balliol College, de Oxford. Ordenado sacerdote, lecionou filosofia em Queen's College; em 1916 se casa e é nomeado reitor da paróquia de St. James, Picadilly, de Londres. Sua carreira eclesiástica passa pelos seguintes cargos: canônico de Westminster, bispo de Manchester (1921), arcebispo de York (1929), e arcebispo de Cantuária (1942-1944). Durante toda sua vida projetou combinar uma espécie de "vida média" entre suas preocupações sociais, seu trabalho pastoral na "Igreja da Inglaterra" e seus trabalhos no terreno do ecumenismo. Esteve presente nas grandes conferências ecumênicas e missionárias de Edimburgo (1910), Lausana (1927), Jerusalém (1928), Oxford e Edimburgo (1937), e presidiu uma histórica reunião em Utrecht (maio de 1938), na qual foi proposta a criação de um "Conselho Ecumênico das Igrejas", agrupando as tendências de doutrina e ação que desde 1910 vinham definindo o trabalho unionista. W. Temple não chegou a ver a criação desse conselho, acontecida em 1948. A força moral e a voz desse arcebispo de Cantuária se deixaram ouvir com grande autoridade durante os terríveis anos da guerra européia. Entre suas obras principais merecem ser recordadas: *Nature, Man and God* (1934); *Readings in St. John's Gospel* (1939); e *Christianity and Social Order* (1942).

Teologia ecumênica

Com esse termo deve-se entender uma diversidade de significados que implica certa ambigüidade. Aqui vão alguns que foram com mais freqüência empregados, embora em vários casos com clara imprecisão: 1) A *teologia radical*, que prescinde do magistério eclesiástico, ou das confissões de fé, feita por autores particulares sem relação com suas próprias comunidades eclesiais. 2) Um tipo de *teologia aberta*, e muito sensível às opiniões teológicas de cristãos de outras Igrejas. 3) A disciplina acadêmica que trata da análise das organizações, das instituições de caráter unionista, ou do movimento ecumênico em geral. 4) A teologia feita por um teólogo particular bom conhecedor e amante das tradições cristãs de Igrejas diferentes da sua. 5) A teologia católica, posterior ao Concílio Vaticano II, que leva em conta o decreto *Unitatis redintegratio*. 6) A teologia que está subentendida nos documentos do Conselho Ecumênico das Igrejas, e em particular nos da Comissão de "Fé e Constituição". 7) A teologia presente nos diálogos bilaterais ou multilaterais entre as Igrejas cristãs. 8) A teologia do ecumenismo, e num sentido mais genérico ainda a teologia do movimento ecumênico.

O ponto fraco na hora de definir a teologia ecumênica é, talvez, a dificuldade de distingui-la convenientemente da teologia confessional ou teologia feita a partir da Igreja. A Igreja indivisa dos primeiros séculos, apesar de sua rica diversidade de escolas e de expressões conceptuais, manteve uma unidade teológica expressa numa unidade de fé e de vida. O fato das divisões cristãs veio complicar o panorama teológico. Em primeiro lugar porque iriam desenvolver teologias polêmicas e condenatórias com respeito às outras Igrejas, mas além disso porque as próprias reflexões afetarão inclusive a interpretação da revelação divina que impediria a comunhão entre elas. As *diversas teologias* iriam ser desde então *teologias confessionais*. Seria possível uma teologia feita à margem da própria Igreja? Seria possível uma teologia feita em espaços não-confessionais?

A resposta clássica a essas indagações tem sido sempre negativa. Não é possível uma verdadeira teologia cristã à margem da respectiva comunidade eclesial. O atual movimento ecumênico, contudo, veio para iluminar essas questões. As Igrejas que entraram na dinâmica ecumênica, isto é, que buscam — por obediência ao mandato de Cristo — a unidade em uma só comunidade eucarística, viram-se afetadas em todas as suas dimensões, também na teológica. A teologia destas Igrejas deve logicamente estar impregnada pela dimensão ecumênica, e não é possível coerentemente continuar fazendo uma teologia polêmica, de enfrentamento, mas dialogal, de aproximação e busca de convergência. A *dimensão ecumênica*, que deve ter a teologia, faz que essa possa ser definida como *teologia ecumênica*?

A maioria dos autores contestaria pela afirmativa. Alguns dos significados acima mencionados são abundantes nesta linha. Buscando mais rigor, contudo, parece que somente se poderia fazer teologia ecumênica tendo em conta algumas particularidades. Em primeiro lugar, quando fosse capaz de manter com todo vigor a constante referência ao passado, às raízes bíblicas e da grande tradição da Igreja indivisa; além disso, quando, mantendo fidelidade à própria tradição eclesial desenvolvida diante da e contra as outras Igrejas, tivesse a capacidade da necessária humildade e da autocrítica suficiente para poder pôr em questão, à luz da palavra de Deus e do princípio "ecclesia semper reformanda", algumas das posições da própria tradição; e finalmente quando se fizesse partindo de espaços estritamente interconfessionais, em que o intercâmbio e conhecimento mútuos e o diálogo sincero prevalecessem sobre o clássico isolamento nos quais elaboraram quase sempre as teologias confessionais. É evidente que tendo-se em conta estas premissas parece que a teologia ecumênica desenvolve-se fundamentalmente no espaço do Conselho Ecumênico das Igrejas (cujo lugar privilegiado é a comissão "Fé e Constituição"), nas comissões mistas do diálogo doutrinal (sejam já diálogos bilaterais ou multilaterais), e finalmente nas chamadas "Igrejas unidas", resultado de diferentes tradições confessionais integradas numa única realidade eclesial. Por isso que chamar simplesmente teologia ecumênica a teologia que cita autores de outras tradições, a que relata os processos de pesquisa da unidade, ou fala de diálogos interconfessionais etc. seria na realidade uma imprecisão de linguagem.

Thurian, Max

Max Thurian (Genebra, 16.8.1921 - Genebra 15.8.1996). Membro da comunidade de Taizé, teólogo ecumenista e sacerdote católico. Estudou teologia na universidade de Genebra e foi ordenado pastor da Igreja reformada da Suíça. Um dos primeiros irmãos que se unem a Roger Schutz, em 1942, fundador da comunidade ecumênica de Taizé (França). Junto com o irmão Roger foi convidado por João XXIII como observador no Concílio Vaticano II. A partir de 1949 encarrega-se das pesquisas e estudos ecumênicos da comissão "Fé e Constituição" do CEI, e desde 1970 trabalha na preparação daquilo que logo será o *Documento de Lima* sobre o batismo, a eucaristia e o ministério, adotado em 1982. A versão francesa do BEM deve-se a seu trabalho. E ele mesmo prepararia os seis volumes que colecionam as respostas oficiais das Igrejas ao *Documento de Lima*, *Churches Respond to BEM* (1986-1989). Tem sido autor de numerosas obras teológicas, entre as quais destacam-se: *Marriage et célibat; L'unité visible des chrétiens et la tradition; Marie, mère du Seigneur, figure de l'Eglise; Le mystère de l'eucharistie.* Sua passagem para a Igreja católica romana e sua ordenação como sacerdote católico, em 1987, em Nápoles pelo cardeal Corrado Ursi, de maneira um tanto reservada e tornada pública um ano depois, provocou rumores e controvérsias. Contudo, Max Thurian continuou sendo membro da comunidade de Taizé até o último dia de sua vida. E em seus funerais, celebrados em Taizé no dia 18 de agosto de 1996, foram lidas sentidas mensagens tanto do pessoal do CEI como do Papa João Paulo II.

Tillard, Jean-Marie

Jean-Marie Tillard (Illes S. Pierre et Miquelon, 1927 -). Dominicano francês, teólogo ecumenista, professor de teologia em Ottawa (Canadá) e em Friburgo (Suíça). Além dos doutorados em filosofia e teologia, diversos centros acadêmicos deram-lhe o título de doutor "honoris causa" (Universidades de Toronto, St. Michael e Cantuária), e a Ordem dos Pregadores concedeu-lhe o máximo título que dá aos seus melhores professores: Mestre em teologia. Foi perito no Concílio Vaticano II e é membro da "Comissão teológica internacional". Do ponto de vista ecumênico, seus cargos recordam o trabalho que o Pe. Tillard realiza. É vice-presidente da comissão "Fé e Constituição", organismo do Conselho Ecumênico das Igrejas", membro fundador do ARCIC (Diálogo Internacional anglicano-católico-romano), membro da Comissão ortodoxo-católica, e consultor do Conselho pontifício para a promoção da unidade. Como teólogo ecumênico trabalha habitualmente em temas eclesiológicos, especialmente a partir da teologia da comunhão. Suas obras nesta especialidade foram traduzidas para muitas línguas (em espanhol): *Iglesia de Iglesias* (1987); *Carne de la Iglesia. Carne de Cristo* (1992); *La Iglesia local. Eclesiología de comunión y catolicidad* (1995). Havia escrito também *O bispo de Roma.* Colabora habitualmente em "Irénikon", "Istina" e outras revistas de caráter ecumênico. Sua produção literária abrange também a faceta da vida religiosa: *Los religiosos en el corazón de la Iglesia; Delante de Dios y para el mundo; Llamada de Cristo... llamadas del mundo.*

Tillich, Paul Johannes

Paul Johannes Tillich (Starzeddel, 1866 - Chicago, 22.10.1965). Teólogo luterano alemão, com grande repercussão no movimento ecumênico por seus desejos de síntese e de conciliação. Depois de seus estudos em Könisberg (1898), Berlim (1900), Tubinga (1905) e Halle (1907), defende sua tese de doutorado em filosofia em Breslau (1911). Durante a Grande Guerra de 1914-1918 é capelão castrense das forças alemães. O livro de R. Otto, *O santo*, teve grande influência sobre ele. Desde 1919 até 1933 ensina nas universidades alemãs (Berlim, Marburgo, Dresde e Leipzig) as matérias da teologia fundamental, teologia sistemática, ciência da religião, filosofia e sociologia. Sucede a Max Scheler em Frankfurt como professor de filosofia. Sua simpatia para com o socialismo é causa de sua destituição na cátedra. Emigra para os Estados Unidos em 1933 — tinha então 47 anos — e é nomeado catedrático na "Union Theological Seminary" e na "Columbia University" de Nova York, desde 1933 até 1955. São anos de grande criatividade, quando escreve os dois primeiros volumes de sua *Teologia sistemática* (1951 e 1957); *A coragem de existir* (1952) e *A era protestante* (1952). Em 1955 passa para a universidade de Harvard, onde ensinará até 1963; e nos últimos três anos de sua vida é contratado para a universidade de Chicago. Em 1963 aparece o terceiro volume de sua *Teologia sistemática*. O símbolo da fronteira é o "conceito mais adequado para simbolizar todo meu desenvolvimento pessoal e espiritual. Em quase todo momento foi meu destino estar entre duas possibilidades da existência, sem estar completamente em nenhuma delas nem tomar partido por nenhuma decisão definitiva". Seus interesses maiores residem em relacionar filosofia e teologia — ele foi sempre professor de teologia filosófica —, religião e cultura, e em desenvolver o método teológico de correlação. Esse método explica os conteúdos da fé cristã através da mútua interdependência entre as questões (perguntas) existenciais e as respostas teológicas.

Tomos agapis

É o *Livro do amor*. No contexto ecumênico refere-se ao *diálogo da caridade* que precede o diálogo doutrinal e que o anima e vivifica para que esse não fique no simples encontro de tipo acadêmico. Mas em concreto, com esse termo designa-se o intercâmbio epistolar e de encontros pessoais que durante anos — de 1958 até 1972 — mantiveram o patriarcado de Constantinopla e a Santa Sé. Aqueles intercâmbios pessoais e epistolares eram testemunho vivo de uma graça que o Senhor concedia a Constantinopla e a Roma e que teve seus melhores protagonistas nas pessoas do patriarca Atenágoras e do papa Paulo VI. As sugestões do presidente do santo sínodo do patriarcado ecumênico e com a animação do próprio papa e do patriarca, pensou-se na publicação dos textos trocados entre eles "não somente para que fossem conhecidos, mas para que essa experiência nova, esse redescobrimento mútuo, constituísse um fato real em todo o povo fiel católico e ortodoxo". Era um convite para que o povo de Deus "recebesse" a experiência única da aproximação de duas Igrejas separadas durante quase mil anos. A comissão mista encarregada da publicação esteve constituída por parte dos ortodoxos pelos arquimandritas Damaskinos Papandreou e Bartholomaios Archondonis, e por parte da Igreja católica pelos religiosos Pierre Duprey e Christophe Dumont.

Os 306 documentos que constituem o texto, traduzido para o espanhol com o título *Al encuentro de la unidad* (*Documentação das relações entre a Santa Sé e o patriarcado de Constantinopla, 1958 a 1972*), estão classificados segundo a ordem cronológica, "porque assim — dizem os editores — oferece-se, em sua estrita objetividade, uma imagem mais fiel da realidade completa e da história". Os documentos, certamente, têm caráter muito diverso, desde aqueles relacionados com visitas trocadas entre as hierarquias das duas Igrejas, anunciando-as e agradecendo-as, até comunicados de uma e de outra parte, e inclusive decisões de grande importância tomadas por algumas das Igrejas implicadas neste *diálogo do coração*. Uma análise de seus conteúdos encontra em seguida temas sugeridos, que logo depois serão apresentados nos diálogos doutrinais: a categoria de "Igrejas irmãs" (n. 186), a necessidade e logo colocada em prática do levantamento dos mútuos anátemas (n. 127-130), a importância de recorrer com freqüência ao princípio da *oikonomia* (n. 172), ter em devida conta "a profunda identidade de nossa fé", nas palavras de Paulo VI etc. Além dos textos assinados por Atenágoras, a quem pertence a maioria, há outros nomes importantes nessa documentação ecumênica: os cardeais Bea, Willebrands, Cicognani e Masella, o arquimandrita Simeón, e os metropolitas Melitón e Máximo de Sardes. Um texto como o presente ajuda a manter vivo o espírito ecumênico e a realizar o que, infelizmente, muito poucos textos ecumênicos conseguiram: chegar ao povo de Deus para seu conhecimento e para seu "acolhimento".

Tradição e tradições

A origem do termo "tradição" encontra-se no verbo latino *tradere* (entregar), do qual deriva-se *traditio* (transmissão). De modo muito genérico pode-se dizer que a tradição é a entrega ou transmissão da aprendizagem e valores do passado ao momento presente para sua conservação e revitalização. Nenhuma instituição, nenhum grupo religioso pode subsistir sem manter algum tipo de tradição. O conceito é de vital importância na Igreja e na teologia, já que designa, por uma parte, o conjunto da fé e das experiências cristãs que desde as origens da comunidade pós-pascal de Jesus foi guardado no cânon das Escrituras, e se viveu e se transmitiu ao longo dos séculos até sua recepção por parte da Igreja contemporânea; mas, por outra parte, significa o corpo de ensinamentos e práticas da Igreja que, sem estar explicitamente contido nas Escrituras, foi transmitido como instituído nas origens. Para ninguém hoje é um segredo que as Escrituras dependem e se originam da tradição oral e que, depois de um período prudencial, aquelas veneráveis tradições que vinham do Senhor e dos apóstolos passaram a ser regra de fé (*cânon*) quando foram postas por escrito. A controvérsia com os gnósticos, que apelavam para secretas e íntimas tradições não escritas, estimulou os primeiros escritores cristãos e os Padres da Igreja a ensinar que toda tradição deve referir-se às Escrituras. Inclusive as tradições não explicitamente inseridas na Bíblia deviam manter-se basicamente de acordo com ela para ser legitimadas pela doutrina ortodoxa. Em nenhum caso a tradição significou nos tempos patrísticos uma fonte de informação suplementar com referência a outra fonte que seria a Escritura. É esse um conceito posterior, impregnado dos ressaibos de uma triste polêmica entre católicos e protestantes: o debate sobre as "duas fontes da revelação". A desastrada controvérsia levaria a posições irredutíveis.

Diante de tradições — no plural — claramente não-evangélicas, Lutero formularia o princípio "sola Scriptura", considerando as tradições pós-apostólicas como simples ensinamentos humanos não obrigatórios para os cristãos. O único e exclusivo critério de fé e comportamento cristão será a Escritura. Mas partindo duma fria e extrema concepção, essa posição — não é o caso nem de Lutero nem dos grandes reformadores do século XVI — pode levar a um fundamentalismo que empobrece e atraiçoa o sentido mais profundo da Igreja.

Por outra parte, num ambiente polêmico, o catolicismo pós-tridentino acentuará dessa maneira a tradição frente à ênfase escriturística do protestantismo, que acabará aceitando duas fontes paralelas ou complementares da revelação: a Tradição e a Escritura. Como se as verdades da fé revelada, que não chegaram através do texto bíblico, pudessem chegar por uma via paralela, isto é, pela Tradição. Terá de se esperar pelo movimento ecumênico para que o debate tenha entrado numa linha de aproximação de posições tão irreconciliáveis.

Por outra parte, a Igreja católica, aprovando a constituição *Dei Verbum*, afastava-se do falso dilema das "duas fontes da revelação". O texto conciliar é taxativo: "A Sagrada Tradição e a Sagrada Escritura estão portanto entre si estreitamente unidas e comunicantes. Pois promanam ambas da mesma fonte divina, formam de certo modo um só todo e tendem para o mesmo fim" (DV 9). "A Sagrada Tradição e a Sagrada Escritura constituem um só sagrado depósito da palavra de Deus confiado à Igreja... Fica portanto claro que segundo o sapientíssimo plano divino a Sagrada Tradição, a Sagrada Escritura e o Magistério da Igreja estão dessa maneira entrelaçados e unidos, que um não tem consistência sem os outros, e que juntos, cada qual a seu modo, sob a ação do mesmo Espírito Santo, contribuem eficazmente para a salvação das almas" (DV 10).

Partindo dos âmbitos protestantes tem-se redescoberto o significado da Tradição, e a necessidade de não as contrapor (Tradição e Escritura) como se somente na Escritura se contivesse a revelação quando, na verdade, é na Tradição, isto é, *na vida da Igreja*, onde se deve ler e viver a única palavra de Deus. Entendida a Tradição como a realidade viva da fé vivida pela Igreja, torna-se supérfluo o velho debate sobre Escritura ou Tradição. É uma meta alcançada poder afirmar que é *na* Igreja, em sua vida, onde transmitindo-se a salvação de Deus à humanidade, tem lugar a centralização da Escritura. Temática abordada, de uma ou outra perspectiva, por teólogos e assembléias ecumênicas. Yves Congar escrevia *A tradição e as tradições* (1960-1963) ao mesmo tempo em que a conferência de "Fé e Constituição" reunia-se em Montreal (1963) e aduzia um texto clássico sobre a matéria: *Escritura, tradição e tradições*. Hoje já existe um acordo entre todas as grandes confissões cristãs em considerar a tradição duma perspectiva dinâmica e comunitária, na qual a transmissão da revelação (doutrina e vida) não é somente dever do magistério hierárquico, mas de todo o povo de Deus ("sensus fidelium").

Trento (Concílio de)

O Concílio de Trento, conforme a numeração católica, é o décimo nono concílio ecumênico. Paulo III, através da bula *Laetare, Jeru-*

salem (1544) convocava um concílio que seria realizado na cidade de Trento a partir de dezembro de 1545 com uma finalidade muito concreta: dar uma resposta doutrinal conveniente à controvérsia luterana, e impulsionar a reforma geral da Igreja pedida havia muito tempo. Três etapas muito distintas aconteceram neste concílio. A primeira etapa (13 de dezembro de 1545 a 2 de junho de 1547) ficou caracterizada pelo baixo número de bispos participantes, e pela análise doutrinal e aprovação de várias definições e decretos sobre o pecado original, a justificação, o batismo, a confirmação, assim como também sobre a Bíblia. Sob o pontificado de Júlio III celebra-se a segunda etapa (1º de maio de 1551 a 28 de abril de 1552) na cidade de Bolonha, com um fracasso a respeito de um possível entendimento com os delegados luteranos, que voltaram para a Alemanha. São aprovados os decretos sobre a eucaristia, penitência e unção dos enfermos. Alguns anos depois, após um um longo período, o Papa Pio IV convoca novamente o concílio e acontece a terceira etapa (de 18 de janeiro de 1562 a 4 de dezembro de 1563), outra vez na cidade de Trento.

A aprovação de vários decretos de tipo doutrinal: caráter sacrifical da missa, ordenação sacerdotal, o matrimônio, o purgatório e a veneração dos santos e das relíquias, o contravertido tema das indulgências, e outros de tipo reformista: a obrigação da residência dos bispos, e a criação dos seminários, constituiu a resposta católica à crise religiosa que havia sido causada pelos pressupostos, questionamentos e respostas dadas pelos reformadores do século XVI.

Fundamentalmente os ensinamentos e definições do magistério sobre a justificação, sobre o caráter sacrifical da missa, sobre a ordenação sacerdotal e a existência do caráter, cuja negação implicava o "anathema sit", foram os grandes temas que durante séculos têm dividido os católicos e protestantes. Mas de Trento além disso surgiam uma linha monolítica, que, através da publicação do *Índice dos livros proibidos*, do *Catecismo romano*, do *Missal romano*, e a *Con-*

fissão de fé tridentina, iria forjar a contra-reforma; e um modo muito característico do ser católico, que iria reger a Igreja até à celebração do Concílio Vaticano II.

Trindade

A confissão trinitária — um Deus em três pessoas — constitui o específico da religião cristã. Com exceção da controvérsia sobre o "Filioque", trata-se de uma doutrina comum aceita sem discussão por todas as Igrejas cristãs históricas, salvo a tradição heterodoxa dos unitários. Constitui além disso, um dos elementos centrais da fé cristã, situando-se no núcleo da hierarquia das verdades como um dos centros fundamentais da revelação. Sendo a confissão trinitária algo comum a todas as Igrejas, as diferenças existentes entre elas não são dogmáticas, mas unicamente teológicas. Assim, tem sido abordada de forma diferente pelas tradições oriental e ocidental: enquanto a teologia oriental parte das pessoas divinas, não da natureza, considerando a unidade a partir da comunhão entre elas, a teologia ocidental considera em primeiro lugar a unidade. Tem sido também maior a importância da doutrina trinitária nas Igrejas do Oriente. De fato, tanto a antropologia como a eclesiologia ortodoxas encontram seu fundamento no dogma da Trindade. A eclesiologia estrutura-se segundo o princípio da unidade absoluta na diversidade absoluta, princípio trinitário que constitui para a ortodoxia a verdadeira catolicidade. Na Igreja latina, pelo contrário, originou-se certa marginalização da Trindade na vivência cristã. Essa situação motivou que fossem as Igrejas ortodoxas aquelas que mais tenham favorecido nos diálogos ecumênicos para que se tome em consideração a perspectiva trinitária nas diversas questões tratadas.

Assim aconteceu, por exemplo, com a base doutrinal do Conselho Ecumênico das Igrejas, cuja aceitação é requisito necessário para pertencer a esse organismo; a pedido dos ortodoxos, em 1961, modificou sua base doutrinal insistindo mais no conteúdo trinitário. O texto definitivo ficou assim: "O Conselho Ecumênico das Igrejas é uma associação fraternal de Igrejas que crêem em nosso Senhor Jesus Cristo como Deus e Salvador segundo as Escrituras e se esforçam por responder conjuntamente à sua vocação comum para glória de somente Deus Pai, Filho e Espírito Santo".

Embora não se tenha terminado uma reflexão teológica expressa da doutrina da Trindade, por parte de alguma comissão mista, é sim notável o interesse ecumênico numa compreensão comum do mistério trinitário e um redescobrimento de sua centralização na vida e experiência cristãs. Outros temas de discussão ecumênica foram também abordados partindo de uma perspectiva trinitária, como aconteceu com o batismo e a eucaristia no *Documento de Lima* (BEM) ou com o texto final do diálogo ortodoxo-católico-romano intitulado *O mistério da Igreja e da eucaristia à luz do mistério da Santíssima Trindade* (Munique, 1982).

Mas a conferência trinitária não somente constitui uma doutrina comum, mas que está sendo redescoberta como fonte, modelo e fim da unidade. Por isso que o Conselho Ecumênico das Igrejas, ao se referir à unidade na assembléia de Nova Delhi (1961), ou ao propor um modelo de unidade na de Nairobi (1975), trata da necessidade de considerar detidamente a unidade num marco trinitário. Igualmente, a consideração da perspectiva trinitária abre um fecundo caminho que possibilita abordar de forma nova a questão e os desafios atuais que reclamam uma resposta conjunta de todas as Igrejas cristãs. Assim, questões como a responsabilidade ecológica, a situação da mulher na Igreja, o diálogo inter-religioso etc. estão sendo abordadas de forma renovada por parte das Igrejas a partir de uma leitura trinitária das mesmas (CMB).

"Una sancta" (Movimento)

Movimento cristão que se acha nas raízes mais profundas do despertar ecumênico das Igrejas cristãs da Alemanha. Suas origens coincidem com a celebração das conferências de "Vida e Ação" (Oxford, 1937) e de "Fé e Constituição" (Edimburgo, 1937). Figuras dos primeiros passos desse movimento, ainda nada estruturado, foram os teólogos, historiadores e pastoralistas Max Josef Metzger, Arnoldo Rademacher, Paul Simon e Joseph Lortz, que propuseram partindo de uma perspectiva católica encontros entre cristãos alemães de diferentes Igrejas, a revisão da idéia de catolicidade, e a busca de uma nova reinterpretação da reforma e da pessoa de Martinho Lutero. Não foram fáceis os anos de pós-guerra para o movimento "Una sancta". As instruções do Vaticano (1948 e 1949) sobre a participação dos católicos em reuniões ecumênicas esfriaram bastante o ambiente ecumênico que havia sido criado. "Una sancta" teve desde 1946 sua sede na abadia beneditina de Niederaltaich e contribuiu para que, durante anos, as populares *Katholikentage* (jornadas católicas) e *Kirchentage* (jornadas protestantes) mantivessem aceso o ideal unionista.

Uniatas

Denominam-se "Igrejas uniatas" aquelas Igrejas do Oriente cristão que, mantendo os ritos, as tradições disciplinares e as liturgias próprias das Igrejas ortodoxas, reconhecem, contudo, o primado romano e se encontram em comunhão com a Igreja católica romana. A reunificação com a sede romana tem tido várias etapas. Certas Igrejas romenas e maronitas aderem à obediência romana ao longo do século XII, mais tarde o concílio de Ferrara-Florença (1438 a 1445) pareceu chegar a um entendimento com os gregos e armênios, mas terminou num fragoroso fracasso. Alguns dos acordos mais estáveis serão os havidos durante o século XVI, com algumas comunidades malabares da Índia, e com rutênios e ucranianos da Polônia alcança-se a União de Brest-Litowsk (1595). No século XVII, várias comunidades da Hungria e Transilvânia unem-se a Roma, e no século XVIII outras dos melquitas e sírios de Antioquia. É inegável que o uniatismo é uma das maiores dificuldades que impedem um diálogo sério entre a Igreja católica e as Igrejas ortodoxas, não somente porque geraram o fato anômalo da dupla hierarquia oriental numa mesma sede geográfica, mas sobretudo porque com o tempo foram sofrendo uma latinização profunda. O Concílio Vaticano II reconheceu a identidade dessas Igrejas através do decreto *Orientalium Ecclesiarum*.

Unidade (cristã)

A *unidade* considerada a partir da perspectiva ecumênica refere-se a uma dimensão essencial da Igreja de Cristo, que se sentiu prejudicada pelas divisões existentes entre as Igrejas cristãs. Está no núcleo do problema ecumênico desde o momento em que os cristãos reconhecem que sua mútua comunhão é a vontade expressa de Jesus, o mestre (Jo 17,21). A *unidade* da Igreja possui em primeiro lugar uma referência teológica: a Igreja é chamada a refletir visivelmente a unidade existente no mistério íntimo de Deus ("como tu, Pai, estás em mim e eu em ti"), mas também uma dimensão sacramental e de sinal ("para que o mundo creia"). A *unidade* da Igreja está proclamada em cada um dos símbolos primitivos do cristianismo (credo dos apóstolos, credo niceno-constantinopolitano).

O problema ecumênico na realidade refere-se à *restauração da unidade* entre as Igrejas e entre os cristãos. Apesar das dificuldades que esse problema implica, há já algumas convicções comuns compartilhadas pelas Igrejas comprometidas no movimento ecumênico a respeito da restauração da unidade: trata-se de uma *unidade visível*, de uma *unidade na verdade*, de uma unidade que *não é uniformidade*, e de uma unidade que será *dom de Deus*, não criação do homem. As tentativas de restauração da unidade buscada nos diálogos ecumênicos foram diversas e correspondem aos *diferentes modelos de unidade* que proclamam as Igrejas históricas do protestantismo (a diversidade reconciliada), a Igreja católica (a unidade que implica a comunhão na mesma fé, nos mesmos sacramentos e na sucessão apostólica em comunhão com a sede romana), as Igrejas ortodoxas (unidade na tradição dos Padres) e algumas denominações cristãs muito particulares (unidade orgânica total).

Talvez um dos documentos ecumênicos mais elaborados neste sentido seja o apresentado pela comissão mista católico-luterana de 1984, intitulado *Ante a unidade. Modelos, formas e etapas da comunhão eclesial luterano-católica*. Estudo que analisa cinco tipos de modelos: união orgânica, associação corporativa, comunhão eclesial pela concórdia, comunhão conciliar, e unidade na diversidade reconciliada.

Unidade da humanidade

Por *unidade da humanidade* — no contexto do movimento ecumênico — entende-se não somente a convicção intelectual de que a humanidade como criação de Deus constitui, dentro de sua enorme variedade geográfica, étnica, cultural, uma só família, mas a persuasão de que a busca da unidade das Igrejas (a razão de ser do movimento ecumênico) está estreitamente relacionada com a unidade da humanidade como uma só família dentro de suas diversas faces. É uma aquisição relativamente nova a idéia de que a problemática das divisões eclesiásticas e o ideal da unidade eclesial não é um assunto que atinja somente as Igrejas implicadas no movimento ecumênico; é um assunto que diz respeito à própria humanidade. Nesta mudança de perspectiva exerceram um papel muito importante as novas eclesiologias. A concepção da Igreja como sacramento e como sinal (*Lumen gentium*), a eclesiologia de comunhão, a abertura da Igreja ao mundo moderno e sua positiva avaliação (*Gaudium et spes*) significaram para a Igreja católica um olhar para, e um resituar-se perante o mundo, que implica uma relação como nunca antes se havia sentido. Os problemas e divisões que desumanizam o mundo — o racismo, o desprezo dos direitos humanos, a falta de liberdades e da liberdade religiosa, os fundamentalismos e as intolerâncias religiosas, a fome etc. — dizem respeito à própria essência da Igreja. Também na vida das Igrejas existiram o racismo, a falta de liberdades, fundamentalismos etc. Portanto, a busca da unidade eclesial — se ela é sinal e sacramento de um mundo novo — importa e repercute na humanidade. Philip Potter, antigo secretário geral do Conselho Ecumênico das Igrejas, falou da *unidade ecumênica* como "diálogo universal das culturas", dando ao termo sua significação primeira e elementar: aquele que se refere a "todo o mundo habitado". As Igrejas divididas devem olhar-se mutuamente como expressões da única salvação de Cristo destinada a todo o mundo. Dificilmente poderão ajudar a expressar a unidade que Deus quer para o mundo — não somente tão diverso, como fundamentalmente dividido — se elas mesmas não expressam, em sua particularidade cultural e étnica, os valores que compartilham com os povos.

Mas a complexidade da *Oikoumene* não se apóia somente na diversidade cultural, religiosa e étnica, mas também nas relações injustas de dominação e dependência, de racismo e sexismo, de militarização e de terror que existem cada dia mais no mundo. Por isso que o Conselho Ecumênico das Igrejas esteja empenhado em duas frentes decisivas a respeito da unidade: promover, por uma parte, a recepção do modelo da unidade sacramental, que é descrita, por exemplo, no *Documento de Lima* (BEM) e que faria com que as Igrejas experimentassem já a "comunidade conciliar"; e, por outra parte, tomar uma atitude militante na defesa dos direitos humanos, sendo constante sua crítica contra qualquer manifestação de injustiça étnica, sexista, militarista, econômica etc. Essa última dimensão da unidade pode ser denominada com propriedade *unidade da humanidade*. Trata-se, para o Conselho Ecumênico das Igrejas e para o movimento ecumênico em geral, de vincular as duas buscas ecumênicas por excelência, isto é, a *unidade da Igreja* com a *unidade da humanidade*.

"Unidas" (Igrejas)

Há um "modelo de unidade" dentro do movimento ecumênico que se denomina em inglês "United Churches" (Igrejas unidas) e que corresponde ao modelo de unidade orgânica total. Esse tipo de unidade convida as Igrejas que entram no processo de unificação a deixar de existir como instituições autônomas e independentes a fim de criar um corpo eclesial totalmente novo. As "Igrejas unidas" formam hoje uma notável realidade no panorama cristão contemporâneo. Embora a mais conhecida de todas as "Igrejas unidas" seja a da Índia do Sul — criada em 1947 (Madras) pela reunificação depois de um longo processo de negociações entre anglicanos, metodistas e reformados —, há contudo muitas outras "Igrejas unidas" em países como Jamaica, Madagascar, Bélgica, Norte da Índia, Paquistão, Zâmbia e Zaire. Em todos estes países, Igrejas ou dioceses de diferentes tradições cristãs, depois de longos processos de conversações, chegaram a formar "novas Igrejas" nas quais se fundiram as antigas Igrejas.

Os problemas maiores que as "Igrejas unidas" encontram dizem respeito à unificação dos ministérios e à *ordem* ou constituição da própria Igreja. Há algumas características que parecem ser comuns na hora da reunificação (fusão) que implica a "Igreja unida": 1) a unidade buscada não pode consistir na absorção por uma Igreja — que ficaria basicamente intacta — das outras dispostas à transformação; 2) a recusa, por outra parte, da uniformidade ritual, e por outra, do congregacionalismo absoluto e radical; 3) reconhecimento de que a união no plano doutrinal não deve ser alcançada nem pela rígida imposição dos credos e confissões antigas, nem pela elaboração detalhada de novas afirmações de fé. A verdadeira resposta acha-se somente no processo posterior ao próprio ato da reunião; 4) entrar a fazer parte de uma "Igreja unida" significa lealdade e fidelidade a essa Igreja, não à tradição a qual pertenceu no passado. Implica portanto, vontade expressa de querer desaparecer como entidades separadas, inteiramente e para sempre. O valor supremo que se apresenta partindo da perspectiva das "Igrejas unidas" é que o denominacionalismo tenha tocado em seu fim.

União orgânica

Entre os diferentes tipos ou modelos de união entre Igrejas cristãs, que ainda hoje não mantêm a comunhão eclesial, está a chamada *união orgânica*. Modelo muito controvertido e que não teve sua máxima expressão no processo que levaram a cabo várias Igrejas e dioceses pertencentes às Igrejas de ultramar diante de uma reunificação eclesial na Índia, em 1947, cujo resultado foi a criação da "Igreja da Índia do Sul". O bispo Palmer insistiu faz anos no fato de que "morrer para viver" não somente é predicado do cristão individualmente considerado, como também das denominações separadas. Esse modelo tem sido analisado num documento da comissão mista católico-luterana intitulado *Ante a unidade. Modelos, formas e etapas da comunhão eclesial luterano-católica* (1984). Ali se diz: "União orgânica ou unidade orgânica é um dos conceitos ecumênicos mais antigos que podem designar tanto uma concepção determinada de unidade como um modelo concreto de acordo. O conceito que faz referência à unidade da Igreja como 'corpo de Cristo' foi aceito nos princípios de nosso século pelos movimentos de união eclesial para designar seu objetivo ecumênico, e recebeu com o passar do tempo um significado específico que não tinha no princípio e que para muitos ainda continua não tendo (n. 16). Nesse significado específico, que chegou a ser de uso comum no movimento de 'Fé e Constituição', e depois no Conselho Ecumênico, o modelo de 'união orgânica' corresponde a uma forma de pensar que vê na existência de Igrejas com distintas confissões um impedimento decisivo para uma boa realização da unidade cristã e, portanto, crê que a unidade somente é possível se forem abandonadas a filiação e a identidade tradicionais de cada Igreja ou confissão. A 'união orgânica', para a qual se requer, em regra geral, a elaboração de uma confissão de fé comum, a concordância com respeito aos sacramentos e ao ministério eclesial e uma estrutura de organização unitária, nasce da associação de Igrejas e identidades eclesiais numa 'nova identidade própria'. Significa 'sacrifício' e 'renúncia... à própria identidade', 'uma espécie de morte' das confissões anteriores, que será considerada, não obstante, como 'caminho para uma nova vida'" (n. 17).

Upsala (Assembléia de)

É a IV Assembléia Geral do Conselho Ecumênico das Igrejas. Foi celebrada em Upsala (Suécia) de 4 a 20 de julho de 1968. Participaram 235 Igrejas-membros e 704 delegados oficiais. Tema geral: *Faço novas todas as coisas*. O trabalho ocupou seis sessões: 1) O Espírito Santo e a catolicidade da Igreja; 2) Renovação na missão; 3) O desenvolvimento econômico e social do mundo; 4) Para uma justiça e paz nos assuntos internacionais; 5) O culto; 6) Rumo a novos estilos de vida. Em Upsala os jovens fazem ouvir sua voz. Questionam as estruturas, os métodos e inclusive os objetivos do CEI e põem em dúvida a bondade do aparato burocrático do próprio conselho. A partir daquelas críticas, inicia-se uma reestruturação tendente a simplificar e agilizar a dinâmica ecumênica. O próprio contexto mundial anuncia mudanças profundas. As revoltas dos estudantes em Paris, as mobilizações contra a guerra no Vietnã, a busca de alguns países do Este de um "socialismo mais humano", os movimentos de libertação na África, Ásia e América Latina, a emergência de um método de fazer teologia que se denominará "Teologia da libertação", a criatividade da Igreja católica, que acaba de encerrar o concílio Vaticano II, são todos eles sintomas esperançosos que se fazem presentes em

Upsala. Cabe ressaltar um fato importante: o discurso do padre Tucci perante a assembléia sobre a possível entrada da Igreja católica como membro efetivo do CEI.

Ut unum sint

Carta encíclica do Papa João Paulo II dedicada ao ecumenismo e datada no Vaticano (em 2 de maio de 1995). Nela o papa apresenta a doutrina que, desde o concílio, vem sendo ensinada tradicionalmente na Igreja católica. Mostra um dos interesses maiores do papa, sendo em algum ponto determinado realmente inovador. Algumas vozes críticas o acusam de uma desproporcionada atenção ao mundo oriental ortodoxo em detrimento da devida atenção às Igrejas reformadas ocidentais. Consta de três partes com 103 artigos. Aqui está o esquema da encíclica: Introdução (1-4). Parte I: *O empenho ecumênico da Igreja católica*: O desígnio de Deus e a comunhão (5-6); O caminho ecumênico: caminho da Igreja (7-14); Renovação e conversão (15-17); Importância fundamental da doutrina (18-20); Primado da oração (21-27); Diálogo ecumênico (28-30); Estruturas locais do diálogo (31-32); Diálogo como exame de consciência (33-35); Diálogo para resolver as divergências (36 39); A colaboração prática (40). Parte II: *Os frutos do diálogo*: A fraternidade reencontrada (41-42); A solidariedade no serviço à humanidade (43); Convergências na palavra de Deus e no culto divino (44-46); Apreciar os bens presentes nos outros cristãos (47-48); Crescimento da comunhão (49); O diálogo com as Igrejas do Oriente (50-51); O restabelecimento dos contatos (52-54); Igrejas irmãs (55-58); Progressos do diálogo (59-61); Relações com as antigas Igrejas do Oriente (62-63); Diálogo com as outras Igrejas e Comunidades eclesiais no Ocidente (64-70); Relações eclesiais (71-73); Colaborações realizadas (74-76). Parte III: *Quanta est nobis via?* Continuar e intensificar o diálogo (77-79); Recepção dos resultados conseguidos (80-81); Continuar o ecumenismo espiritual e testemunhar a santidade (82-85); Contributo da Igreja católica na busca da unidade dos cristãos (86-87); O ministério da unidade do Bispo de Roma (88-96); A comunhão de todas as Igrejas particulares com a Igreja de Roma: condição necessária para a unidade (97); Plena unidade e evangelização (98-99); Exortação (100-103).

Valdenses

Nome que se dá aos fiéis da Igreja evangélica valdense, uma pequena comunidade cristã de origem italiana — de apenas cinqüenta mil membros —, que se sente precursora da reforma protestante do século XVI. O iniciador do movimento, Pedro Valdo (1140-1217), comerciante de Lyon, que se havia convertido ao evangelho depois da leitura do Sermão da montanha (Mt 5), fez voto de pobreza e começou uma vida de pregador itinerante, denunciando com grande vigor a riqueza e o luxo de uma Igreja e de um clero mundanos. Os *Pobres de Lyon*, ou *Pobres de Cristo*, nome que designou seus seguidores, embora tivessem no princípio a permissão da hierarquia para pregar, foi-lhes retirada mais tarde por causa de seu radicalismo (Concílio de Verona, 1184) e solenemente foram condenados no IV Concílio de Latrão (1215). Expulsos e perseguidos através de uma repressão feroz, aqueles leigos pobres e pregadores unem-se aos albigenses na França e aos humilhados da Lombardia. Pensa-se que tenham em certo tempo sofrido a influência dos cátaros. A maioria, refugiada nos vales do Piamonte e reduzida a uma vida muito precária, passou para a reforma em fins do século XVI. Somente em 1848, o duque de Sabóia concederá a liberdade religiosa aos valdenses. E em princípios do século XX emigraram para países latino-americanos, principalmente para o Uruguai e Argentina, onde encontram-se hoje as comunidades valdenses mais numerosas fora da Itália. Quatro séculos antes da reforma protestante haviam difundido a Bíblia na língua do povo, haviam rejeitado o batismo de crianças, o culto aos santos e a veneração das relíquias, as indulgências, as doutrinas da presença real eucarística e do purgatório, assim como a hierarquização da Igreja. O culto valdense desenvolveu-se em torno da palavra e, ao contrário, a santa ceia era muito raramente celebrada. Com o tempo iriam aceitar a organização sinodal calvinista. Hoje é a Igreja de tipo protestante mais representativa na Itália e pertence ao Conselho Ecumênico das Igrejas, onde desenvolve um trabalho ecumênico de grande importância.

Vancouver (Assembléia de)

É a VI Assembléia Geral do Conselho Ecumênico das Igrejas. Celebrada em Vancouver (Canadá), de 24 de julho a 10 de agosto de 1983. Tema geral: *Jesus Cristo, vida do mundo*. Participaram 301 Igrejas-membros e 847 delegados oficiais. O tema geral desdobra-se em quatro subtemas: 1) A vida, dom de Deus; 2) A vida vitoriosa sobre a morte; 3) A vida em sua plenitude; 4) A vida na unidade. Para o estudo dessa temática formam-se oito grupos em que, de maneira menos burocrática que no passado, o trabalho é distribuído: "Testemunhando num mundo dividido"; "Atos concretos rumo à unidade"; "Desenvolvimento da participação"; "Compartilhando a vida na comunidade"; "Enfrentando as ameaças contra a paz e a sobrevivência"; "Lutando pela justiça e dignidade humana"; "Aprendendo em comunidade"; e "Comunicando com credibilidade". Uma das maiores preocupações de Vancouver é acelerar o estudo do *Documento de Lima* por causa de sua "recepção" por parte das Igrejas-membros. A famosa *Liturgia de Lima* ajuda a celebrar a fé para todos os cristãos presentes na grande assembléia.

A Igreja católica faz-se presente através de uma mensagem especial do papa e de 20 delegados oficiais. A mensagem da assembléia de Vancouver é muito explícita a respeito do tema geral: a vida está constantemente ameaçada pelos poderosos da terra: "Milhões de seres humanos lutam dia após dia para poder sobreviver, esmagados pelos poderes militares ou despersonalizados pela propaganda dos poderosos. Escutamos seus gritos... O nosso mundo, o mundo de Deus, deve agora escolher entre a vida e a morte, a bênção e a maldição...".

Mas em Vancouver não faltaram os questionamentos. Se em cada assembléia geral há uma série impressionante de questões candentes, e se sobre todas e em cada uma delas deve pronunciar-se, haveria tempo para uma reflexão séria? Estariam sempre asseguradas sua eficácia e imparcialidade? Não se poderia planejar um tempo de moratória e abster-se de expressar-se publicamente procedendo de maneira mais discreta?

Vaticano II

Conforme a classificação católica, o Concílio Vaticano II é o vigésimo primeiro concílio ecumênico. Constitui, sem dúvida, o acontecimento mais importante da Igreja católica do século XX. E do ponto de vista da unidade cristã, o Vaticano II significou a entrada oficial e definitiva da Igreja no movimento ecumênico, após recusar algumas vezes sua participação nos esforços unionistas iniciados por cristãos de outras Igrejas. Foi celebrado no período de 11 de outubro de 1962 (inauguração oficial por João XXIII) até 8 de dezembro de 1965 (encerramento oficial por Paulo VI). Seu anúncio no dia 25 de janeiro de 1959 e convocatório no dia 2 de dezembro de 1961, feitos pelo papa João XXIII, causaram uma grande comoção na Igreja, e com o tempo viu-se que aquele evento significou para o catolicismo romano uma renovação interna e externa de valor incalculável.

Cerca de 2.500 bispos do mundo católico, acompanhados em seus trabalhos por uns 200 teólogos oficiais, e seguidos com enorme atenção e respeito pelos observadores de diferentes Igrejas (o número variou desde a primeira sessão

Concílio Vaticano II

conciliar, 35, até a última na qual se achavam presentes 93), realizaram a imensa tarefa conciliar. Na fase preparatória (5 de junho de 1960 a 11 de junho de 1962) trabalharam cardeais, bispos e peritos da comissão central, e de outras dez comissões e três secretariados. Dos 73 esquemas preparatórios, nos quais se percebia um desejo de retorno às fontes, a superação de certas perspectivas romanas, a abertura ao mundo e o diálogo interconfessional, muito pouco ou quase nada foi aproveitado pelos redatores, homens todos da teologia oficial. Contudo o discurso de abertura de João XXIII marcou o modo de como seria o trabalho conciliar. Suas linhas principais foram: arrojo frente ao futuro, visão positiva da história, necessidade de distinguir entre o conjunto da revelação e a maneira de expressá-lo, uma nova atitude diante do erro, sem severidade e usando a medicina da misericórdia, e a promoção da unidade da família humana. Quatro sessões abrangeram propriamente o tempo do concílio: 1ª sessão (11 de outubro a 8 de dezembro de 1962). Nela, sob a presidência de João XXIII, foram examinados os temas da revelação, da liturgia e do ecumenismo. Devolveu-se o esquema das duas fontes da revelação para diferentes comissões para uma nova revisão. A 2ª sessão (11 de outubro a 4 de dezembro de 1963), agora já sob a presidência de Paulo VI, trabalharia os esquemas da Igreja, do ecumenismo, da função dos bispos, e o grande tema da colegialidade episcopal. Nesta sessão, junto com os observadores, estiveram presentes alguns leigos. A 3ª sessão (14 de setembro a 21 de novembro de 1964), na qual se debatem questões sobre a *Lumem Gentium*, seria testemunha da famosa *Nota praevia* e das diversas tomadas de posição da liberdade religiosa e das religiões não-cristãs. Por último, na 4ª sessão (14 de setembro a 8 de dezembro de 1965) analisam-se e votam os esquemas ainda não promulgados. As assembléias plenárias, chamadas congregações gerais foram num total de 168, e estão consignadas nas *Acta synodalia*, monumento histórico para o desenrolar interno do Vaticano II. Os documentos conciliares estão distribuídos do seguinte modo: 4 constituições, 9 decretos, 3 declarações. Do ponto de vista ecumênico cabe ressaltar as constituições *Lumen gentium* (LG), por sua concepção eclesiológica, e *Dei Verbum* (DV), por seu esclarecimento sobre a divina revelação; os decretos *Unitatis redintegratio* (UR), a carta magna do ecumenismo, e *Orientalium Ecclesiarum* (OE), por sua positiva olhada para o Oriente; e as declarações *Nostra aetate* (NA), com uma visão positiva sobre as religiões não-cristãs, e *Dignitatis humanae* (DH), por sua firme aceitação do direito à liberdade religiosa.

Veterocatólicos

Denominação para designar os membros de certas Igrejas de tipo católico que em vários momentos da história européia (séculos XVII e XIX) se separaram da Igreja católica romana. O nome de veterocatólicos ou velhos católicos não deve ser confundido com o de *velho-crente*; este designa uma cisão de cristãos russos (1653) por sua oposição à introdução de uma liturgia de inspiração greco-bizantina na Igreja ortodoxa russa. Os veterocatólicos são de tradição latina, e têm antecedentes na sede episcopal de Utrecht, separada de Roma por sua rejeição à bula *Unigenitus*, que condenava o jansenismo. Em 1724 nasce a "Igreja católica do velho clero episcopal", criando em seu seio diferentes bispados (Haarlem, em 1742; Deventer, em 1758 etc.). Contudo, quando durante o Concílio Vaticano I foi proclamado o dogma da jurisdição universal e da infalibilidade do papa, numerosos bispos alemães protestaram através da *Declaração de Nuremberg* (1870) e rejeitam essa promulgação como oposta à tradição mais pura da Igreja católica de todos os tempos. A excomunhão destes bispos ocorre em 1871, ano em que celebram um congresso em Munique e decidem, sob a inspiração de Ignacio von Döllinger (1799-1890), a constituição de uma Igreja que seja realmente a Igreja católica de sempre. Anos depois, os velhos católicos alemães, suíços e holandeses assinam a *Declaração de Utrecht* (1889), pela qual se constituem numa comunidade eclesial supranacional. Unir-se-ão à "União de Utrecht" anos mais tarde tanto a "Igreja católica nacional polonesa" (1909) como a "Igreja filipina independente" (1965).

A Igreja veterocatólica mantém a intercomunhão com a Igreja anglicana desde 1931, ano em que se chega ao *Acordo de Bonn*. Mantém igualmente a intercomunhão com a "Igreja espanhola reformada episcopal" e com a "Igreja lusitana episcopal" desde 1965. Hoje sua participação no movimento ecumênico é notável. É membro do Conselho Ecumênico das Igrejas e mantém relações muito estreitas com a comunhão anglicana e com as Igrejas ortodoxas. Com estas últimas as relações começaram quase no princípio. Mas os diálogos teológicos bilaterais têm duas fases muito notáveis: uma primeira que vai de 1961 a 1975, de encontros prévios e preparação para os diálogos diretos, e uma segunda, de 1975 a 1987, que supôs uma análise das doutrinas comuns sobre a fé e teologia sobre Deus, a cristologia, a eclesiologia, a soteriologia, a doutrina sacramental, a escatologia e a comunhão eclesial, temas aos quais chegaram a um consenso total. Trata-se agora saber quais as conseqüências práticas que possam ser tiradas de tais consensos. Todas as "Igrejas da união de Utrecht", no plano doutrinal, têm a convicção de professar a fé da Igreja primitiva, aceitam os dogmas definidos nos sete primeiros concílios ecumênicos e rejeitam os últimos dogmas proclamados pela Igreja católica romana. A liturgia, com raízes do rito romano, manteve-se desde o princípio na língua vernácula de cada país, exceto nos casos da "Igreja nacional polonesa" e da "Igreja filipina independente", que mantiveram ritos litúrgicos próprios. Aceitam igualmente os sete sacramentos. Qualquer Igreja de tipo episcopal que deseje a admissão na união de Utrecht deve subscrever a *Declaração de Utrecht*, que declara a manutenção do episcopado como essencial à Igreja, a autonomia das Igrejas nacionais, e o primado de honra ("primus inter pares") da sede de Utrecht. A grande afirmação é: "Mantemos a fé da Igreja antiga, como está expressa nos símbolos ecumênicos e nas decisões dogmáticas, universalmente reconhecidas, dos concílios ecumênicos da Igreja indivisa do primeiro milênio".

"Vida e Ação"

Movimento (em inglês "Life and Work") que, a partir da assembléia missionária mundial de Edimburgo (1910), pretende traduzir o desejo de unidade de todos os cristãos numa *ação comum* em todas as áreas da vida, com o fim de estabelecer o reino de Deus. Esse movimento inicia sua caminhada graças à intuição do arcebispo luterano sueco de Upsala, Nathan Söderblom (1886 a 1931). Homem de grande talento intelectual, foi também um obstinado militante disposto a levar o testemunho cristão à sociedade européia abalada por uma devastadora guerra. Convocou uma reunião em Genebra (1920) com o fim de preparar aquela que seria a primeira conferência mundial de "Vida e Ação". Söderblom conseguiu, apesar de muitas reticências, que o movimento se abrisse aos crentes de todas as Igrejas, incluídos ortodoxos, anglicanos e católicos-romanos, embora estes recusassem participar.

A celebração da conferência de Estocolmo (agosto de 1925) foi um acontecimento ecumênico de enorme transcendência; na realidade foi o primeiro evento, depois de Edimburgo, na história do moderno movimento ecumênico. Os cinco temas fundamentais estudados em Estocolmo giram em torno da Igreja e sua incidência em 1) questões econômicas e industriais; 2) problemas morais e sociais; 3) relações internacionais; 4) educação cristã; e 5) métodos de cooperação e federação. Em Estocolmo tentou-se afastar as dificuldades dogmáticas que separam as Igrejas, nascendo assim um slogan que teria certo poder convocatório: "A doutrina separa, a ação une". Somente com o tempo se descobriria a importância do doutrinal, inclusive partindo das perspectivas sociais e políticas.

A segunda conferência de "Vida e Ação" foi celebrada em Oxford (julho de 1937). Reúnem-se 300 delegados de Igrejas procedentes de 40 países, e sentem as dolorosas ausências da Igreja evangélica alemã — que não obteve a permissão do Reich para se transladar até a Inglaterra — e da Igreja católica que, uma vez mais, rejeitou o convite. O tema estudado em Oxford seria *Igreja, nação, Estado*. É um momento crítico para a Europa, já que os fascismos de todo tipo se apoderam do continente. A partir de Oxford há uma palavra de condenação ao Estado quando esse se converte em ídolo. Certa teologia liberal presidiu os trabalhos dessa segunda assembléia. G. Thils disse acertadamente: "Os delegados vieram a Oxford falando de Igrejas, e regressam falando somente de uma Igreja". Estava descobrindo-se a necessidade de unir doutrina e ação. O movimento "Vida e Ação" se integrará perfeitamente no Conselho Ecumênico das Igrejas em 1948. Hoje suas funções estão asseguradas pelas Unidades de trabalho III (*Justiça, paz e criação*) e IV (*Compartilhar e servir*) do Conselho Ecumênico das Igrejas.

Vischer, Lukas

Lukas Vischer (Basiléia, 23 de novembro de 1926 -) Ordenado pastor da Igreja reformada da Suíça (1950), exerceu seu ministério pastoral em Schaffhausen, mas sua vida esteve consagrada ao movimento ecumênico após seus estudos de história e teologia nas universidades de Basiléia (doutorado em teologia), Estrasburgo, Gotinga e Oxford. Observador, como representante do Conselho Ecumênico das Igrejas, no Concílio Vaticano II, e membro da comissão "Fé e Constituição", foi diretor da mesma desde 1967 a 1979. Pertenceu também ao departamento teológico da Aliança reformada mundial (1982-1989). Entre suas obras de caráter ecumênico destacam-se: *História documentada do movimento Fé e Constituição, 1927-1963* (1963); *Documentos da comissão Fé e Constituição (1910-1968) do Conselho Ecumênico das Igrejas* (1972), e *Catecismo comum*, em colaboração com J. Feiner, traduzido para o espanhol (Herder, 1977).

Visser't Hooft, Willen

Willen Adolf Visser't Hooft (Haarlem, Holanda, 20.9.1900 - Genebra, 4.7.1985). É uma das maiores personalidades do movimento ecumênico de todos os tempos. Ministro ordenado da Igreja reformada holandesa e da Igreja nacional protestante de Genebra, havia ingressado desde muito jovem na "Federação mundial de estudantes cristãos" (WSCF), da qual seria mais tarde secretário geral (1932 a 1938), iniciando assim uma carreira que o fez entrar em contato com organismos interconfessionais como a "Associação cristã de jovens" (YMCA) e no movimento de "Vida e Ação", em cuja conferência de Estocolmo participou em 1925. Sua tese de doutorado (1928) sobre o movimento do "Social Gospel" norte-americano lhe abriu os olhos às novas realidades. Assistiu em 1937 às conferências de Edimburgo ("Fé e Constituição") e de Oxford ("Vida e Ação"), nas quais se decide a criação de um organismo que agrupe ambas as tendências ecumênicas. Na reunião de Utrecht (1938) é eleito secretário geral do comitê provisório, que somente depois da guerra efetivará a criação do Conselho Ecumênico das Igrejas (1948). Em Amsterdã, onde foi celebrada a primeira assembléia geral, é eleito para dirigir a secretaria geral do CEI, cargo que exerceu até 1966. Durante muitos anos será editor da revista "The Ecumenical Review". Entre suas obras merecem especial menção: *The*

Renewal of the Church (1957); *Peace amongst Christians* (1967), e *Memoirs* (1973), verdadeira história do ecumenismo descrita por um dos maiores protagonistas.

Willebrands, Johannes G. M.

Johannes G. M. Willebrands (Bovenkarspel, Holanda, 4.11.1909 -). Pioneiro do movimento ecumênico, e batalhador pela unidade nos postos oficiais e hierárquicos que ocupou. Recém-ordenado sacerdote é nomeado pároco em Amsterdã, e a partir de 1940 trabalha no seminário de Warmond, primeiro como professor de filosofia (1940) e a partir de 1945 como diretor. Fez o doutorado no Angelicum de Roma. Como pioneiro do ecumenismo deve ser recordado seu trabalho organizador, no começo da década de cinqüenta, da "Conferência católica para as questões ecumênicas". Quando João XXIII cria, em junho de 1960, o Secretariado romano para a unidade, J. Willlebrands é nomeado secretário; e anos mais tarde, em 1969, presidente desse secretariado e cardeal. Seu trabalho durante o Concílio Vaticano II foi muito positivo tanto em suas relações pessoais com os observadores de outras Igrejas, como na redação de textos sobre o ecumenismo (*Unitatis redintegratio*), a liberdade religiosa (*Dignitatis humanae*), e a relação da Igreja com as outras grandes religiões (*Nostra aetate*). Em 1975 foi nomeado arcebispo de Utrecht. Entre seus livros merece especial menção *Oecuménisme et problèmes actuels* (1969).

YMCA

A Associação cristã de jovens (em inglês "Young Men Christian Association") é um movimento mundial de jovens criado em Londres em 1844 com a preocupação de construir uma sociedade cristã. Resultado do despertar evangélico que apareceu na Grã-Bretanha e nos Estados Unidos na década de 40 do século XIX. A YMCA quis dar a seus membros vários meios para se formarem como indivíduos, desenvolverem sua fé em Cristo, e oferecer capacidades para suas responsabilidades cívicas e profissionais. Embora essa organização nunca tivesse como objetivo específico a aproximação entre Igrejas, uma vez que a preocupação essencial fosse a "extensão do reino de Deus entre a juventude", muitos de seus líderes encontram-se entre os pioneiros do movimento ecumênico, participando da Conferência missionária mundial de Edimburgo (1910). Vários elementos influíram nesta circunstância: o internacionalismo e as contínuas viagens dos membros do YMCA fizeram com que se relacionassem e se estreitassem os laços com dirigentes de outras Igrejas; além disso peritos na complicada técnica de organizar conferências e assembléias internacionais contribuíram eficazmente para pôr em marcha reuniões ecumênicas do futuro, e por último, um forte espírito missionário os faz interessar-se pelas "Igrejas jovens" da Ásia e África, fazendo com que as velhas cristandades européias tomem mais consciência da necessidade de "unidade na missão". Grandes figuras do movimento ecumênico foram em sua juventude membros do YMCA: John Mott, Nathan Söderblom, Joseph Oldham, W. A. Visser't Hooft etc. YMCA buscou sempre, além disso, o equilíbrio físico de seus membros; assim não é de estranhar que, quando o movimento se estendeu pela costa Este dos Estados Unidos, nasçam infinidades de equipes de todos os esportes sob a inspiração cristã do YMCA. O ramo feminino, a YWCA, havia sido criado na Inglaterra em 1854. Embora seus membros pertencessem fundamentalmente às Igrejas de tradição protestante e anglicana, também há presença católica e ortodoxa em suas fileiras, e inclusive crentes da fé judaica e muçulmana.

Bibliografia

1. Em português

- Ben-Chorin, Schalom, *A eleição em Israel - um tratado teológico-político*. Ed. Vozes, Rio de Janeiro, RJ.
- Blackham, H. J., *A religião numa sociedade moderna*. Ed. Paz e Terra, RJ, 1967.
- Bonatti, Mário, *Jesus nos quer unidos*. Edições Loyola, São Paulo, SP.
- Cantone, Carlo, *A reviravolta planetária de Deus*. Ed. Paulinas, São Paulo, SP.
- Casaldáliga, Pedro, *Comunidade, ecumenismo e libertação*. Ed. Paulinas, São Paulo, SP, 1983.
- ClaiConic, *Diversidade e comunhão*. Ed. Paulinas, São Paulo, SP.
- CNBB, *Que é ecumenismo?* Brasília.
- Conac, *Vida em Cristo*. Ed. Paulinas, São Paulo, SP.
- Freire, Paulo, *Pedagogia do oprimido*. Ed. Paz e Terra, RJ, 1974.
- Hortal, Jesus, *O Código de Direito Canônico e o Ecumenismo*. Edições Loyola, São Paulo, SP, 1998.
Kung, Hans, *Teologia a caminho*. Ed. Paulinas, São Paulo, SP.
- Pellá, Ângelo Virgílio, *Renovar-se no espírito da unidade*. Ave-Maria, SP.
- Poulat, Émile, *Jesus, a galáxia*. Ed. Paulinas, São Paulo, SP.
- Ribeiro, Sandra Ferreira, *Ecumenismo*. Ed. Cidade Nova, SP.
- Santa Ana, Júlio H., *Ecumenismo e libertação - reflexões sobre a relação entre a unidade cristã e o reino de Deus*. Ed. Vozes, Petrópolis, RJ, 1987.
- Souza, Sérgio Jeremias, *Como receber as outras religiões que batem a sua porta*. Ed. Ave-Maria, SP.
- Wolff, Eliás, *O ecumenismo no Brasil*. Ed. Paulinas, São Paulo, SP.

2. Em espanhol

- Allmen, J. J. von, *La Iglesia y su unidad*. Marova, Madri 1968.
- Allmen, J. J. von, *El ministerio en el diálogo interconfesional*. Sígueme, Salamanca 1975.
- Assembléia ecumênica européia, *Paz con justicia (Documentación oficial de la Asamblea Ecuménica Europea, Basilea, 15-21 mayo 1989)*. CECI-Centro Ecuménico Misioneras de la Unidad, Madri 1989.
- Aubert, R., *Problemas de la unidad cristiana*. Plaza y Janés, Barcelona 1969.

- AA.VV., *Unidad de los cristianos y conversión del mundo*. Euramérica, Madri 1963.
- AA.VV., *Diálogo ecuménico*. Eler, Barcelona 1964.
- AA.VV., *Diálogos de la cristiandad* (Encuesta dirigida por Luis V. Romeu). Sígueme, Salamanca 1964.
- AA.VV., *La unidad. Cumplimiento y esperanza*. San Esteban, Salamanca 1965.
- AA.VV., *El Movimiento Ecuménico (Nueva Delhi: III Asanblea Ecuménica las Igrejas. Encuentro Ecuménico de Ginebra)*. Península, Barcelona 1966.
- AA.VV., *El ecumenismo (Texto del decreto, notas y comentarios por un equipo de laicos y sacerdotes)*. Mensajero, Bilbao 1966.
- AA.VV., *Teólogos protestantes contemporáneos*. Sígueme, Salamanca 1968.
- AA.VV., *Análisis ecuménico de la juventud española*. NovaTerra/ISPA, Barcelona 1970.
- AA.VV., *El pueblo de Dios*. Mensajero, Bilbao 1970.
- AA.VV., *Los cristianos en las revoluciones técnicas y sociales de nuestro tiempo*. Sal Terrae, Santander 1971.
- AA.VV., *Seis ensayos sobre la unidad. El ecumenismo como fermento de solidaridad humana*. Nova Terra, Barcelona 1972.
- AA.VV., *Vocabulario ecuménico*. Herder, Barcelona, 1972.
- AA.VV., *Al encuentro de la unidad. Documentación de las relaciones entre la Santa Sede y el patriarcado de Constantinopla (1958-1972)*. BAC, Madri 1973.
- AA.VV., *El futuro del ecumenismo*. La Aurora, Buenos Aires 1975.
- AA.VV., *El ministerio en el diálogo interconfesional (Estudios y documentos)*. Sígueme, Salamanca 1976.
- AA.VV., *Pedro en el Nuevo Testamento*. Sal Terrae, Santander 1976.
- AA.VV., *Nuevo libro de la fe cristiana* (J. Feiner-L. Vischer, eds.). Herder, Barcelona 1977.
- AA.VV., *Presencia de Cristo en la Iglesia y en el mundo (Estudio sobre el Documento Católico-Reformado)*. Universidade Pontifícia de Salamanca, Salamanca 1979.
- AA.VV., *La confesión de Augsburgo, ayer y hoy (Congreso internacional luterano-católico, 1980)*. Universidade Pontifícia de Salamanca, Salamanca 1981.
- AA.VV., *María en el Nuevo Testamento*. Sígueme, Salamanca 1986.
- Barth, K., *Ante las puertas de san Pedro*. Marova, Madri 1971.
- Baurérot, J.-Willaime, J. P., *El protestantismo de A a Z (Lugares, nombres, conceptos)*. Gayata, Barcelona 1996.
- Bea, A., *La unión de los cristianos*. Estela, Barcelona 1963.
- Bea, A., *El camino hacia la unión después del concilio*. 62ª edição, Barcelona 1967.

- Beaupère, R., *Matrimonios mixtos (Testimonios de hogares católicos-protestantes)*. Mensajero, Bilbao 1970.
- Biot, F., *Comunidades protestantes*. Eler, Barcelona 1964.
- Blaser, P., *Diálogo concreto. Preguntas y respuestas entre católicos y protestantes*. Paulinas, Madri 1970.
- Bosch, J., *Ecumenismo y mundo joven*. PPC, Madri 1971.
- Bosch, J., *Iglesias, sectas y nuevos cultos*. Edebé-Bruño, Barcelona-Madrid 1981.
- Bosch, J., *James H. Cone. Teólogo de la negritud*. Faculdade de Teologia San Vicente Ferrer, Valencia 1985.
- Bosch, J., *Para comprender el ecumenismo*. Verbo Divino, Estella 1994.
- Bouyer, C., *Unidad cristiana y movimiento ecuménico*. Difusión, Buenos Aires 1960.
- Bouyer, L., *Un precursor del ecumenismo: Dom Lambert Beauduin*. Península, Madri 1966.
- Brown, R., *La revolución ecuménica. Un estudio del diálogo católico-protestante*. Marfil, Alcoy 1970.
- Burgos, J. M., *Celebraciones ecuménicas*. PPC, Madri 1968.
- Buss, Th., *El movimiento ecuménico en la perspectiva de la liberación*. Hisbol, La Paz 1996.
- Canals, F., *En torno al diálogo católico-protestante*. Herder, Barcelona 1966.
- Cañigueral, B., *El fenómeno religioso. Las religiones actuales (2ª parte)*. Claret, Barcelona 1978.
- Capo, E., *Testimonios de nuestra fe. Diálogo entre cristianos españoles*. Estela, Barcelona 1966.
- Castro, A., *Roma y Constantinopla*. Rialp, Madri 1965.
- Cavero, M. M., *La comunicación entre las Iglesias cristianas*. Studium, Madri 1970.
- Chenu, B., *Teologías cristianas de los terceros mundos*. Herder, Barcelona 1989.
- Colomer, E., *Iglesia en diálogo*. Nova Terra, Barcelona 1969.
- Comissão internacional católico-reformada, *Presencia de Cristo en la Iglesia y en el mundo (Estudios sobre el documento católico-reformado)*. Secretariado Comissão Episcopal Relações Interconfessionais-Centro de Estudos Orientais e Ecumênicos, Salamanca 1979.
- Comissão mista católico-luterana, *Iglesia y justificación. La concepción de la Iglesia a la luz de la justificación*. Centro de Estudos Orientais e Ecumênicos, Salamanca 1996.
- Comissão mista católico romana-evangélico-luterana, *Ante la unidad. Modelos, formas y etapas de la comunión eclesial luterano-católica*. Centro de Estudos Orientais e Ecumênicos, Salamanca 1988.
- Congar, Y., *Falsas y verdaderas reformas en la Iglesia*. Instituto de Estudos Políticos, Madri 1953.
- Congar, Y., *Cristianos desunidos*. Verbo Divino, Estella 1967 (ed. original, 1937).

- Congar, Y., *Santa Iglesia*. Estela, Barcelona 1965.
- Congar, Y., *Iniciación al ecumenismo*. Herder, Barcelona 1965.
- Congar, Y., *Cristianos en diálogo*. Estela, Barcelona 1967.
- Congar, Y., *Cristianos ortodoxos*. Estela, Barcelona 1963.
- Conselho Ecumênico das Igrejas, *Informes, declaraciones y alocuciones*. Sígueme, Salamanca 1969.
- Conselho Ecumênico das Igrejas, *Seis ensayos sobre la unidad (El ecumenismo como fermento de solidaridad humana)*. Nova Terra, Barcelona 1972.
- Conselho Ecumênico das Igrejas, *Para todo el pueblo de Dios (Ciclo ecuménico de oración)*. Igreja Evangélica Espanhola, Barcelona 1981.
- Conselho Ecumênico das Igrejas, *Venga tu reino. Perspectiva misionera*. Sígueme, Salamanca 1982.
- Conselho Ecumênico das Igrejas, *Justicia, paz, integridad de la creación* (Convocatoria mundial, Seúl, Corea, 6-12 março 1990). Comissão justiça e Paz de Madri, Madri 1990.
- Cortés, C. G., *Selección bibliográfica de ecumenismo*. Pio X, Salamanca 1969.
- Cullmann, O., *El diálogo está abierto (Los observadores luteranos ante el concilio)*. Cultura Popular, Barcelona 1967.
- Cullmann, O., *Unidad en Cristo*. Sígueme, Salamanca 1968.
- Cullmann, O., *La Biblia en el diálogo interconfesional*. Sígueme, Salamanca 1968.
- Cullmann, O., *Verdadero y falso ecumenismo*. Studium, Madri 1972.
- Dalmais, I. H., *Shalom. Cristianos a la escucha de las grandes religiones*. Desclée, Bilbao 1976.
- Desumbila, J., *El ecumenismo en España*. Estela, Barcelona 1964.
- Díez, J. L., *Ecumenismo: una tarea para los laicos*. Bruño, Madri 1971.
- Dombes (Grupo de les), *¿Hacia una misma fe eucarística?* Herder, Barcelona 1973.
- Doriga, E. L., *Jerarquía, infalibilidad y comunión intereclesial*. Herder, Barcelona 1973.
- Duque, J., *La tradición protestante en la teología latino-americana. Primer intento: lectura de la tradición metodista*. DEI, San José de Costa Rica 1983.
- Duquoc, Ch., *Iglesias provisionales (Ensayo de eclesiología ecuménica)*. Cristiandad, Madri 1986.
- Dvornik, Fr., *Bizancio y el primado romano*. Desclée, Bilbao 1968.
- Enrique Tarancón, V., *Ecumenismo y pastoral*. Sígueme, Salamanca 1964.

- Estruch, J., *Ecumenismo, actitud espiritual*. Nova Terra, Barcelona 1965.
- Fé e Constituição, *Autoridad e interpretación de la Sagrada Escritura en el movimiento ecuménico*. Centro de Estudos Orientais e Ecumênicos, Salamanca 1991.
- Fé e Constituição, *Confesar la fe común (Una explicación ecuménica de la fe apostólica según es confesada en el credo niceno-constantinopolitano, 381)*. Centro de Estudos Orientais e Ecumênicos, Salamanca 1994.
- Flamand, J., *San Pedro interroga al papa*. Studium, Madri 1973.
- Franfield, P., *Los límites del papado*. Desclée de Brouwer, Bilbao 1991.
- Fries, H., *La Iglesia en diálogo y encuentro*. Sígueme, Salamanca 1967.
- Fries, H., *El diálogo con los cristianos protestantes en el pasado y en el presente*. Marfil, Alcoy 1970.
- Fries, H., *Todavía es posible la esperanza*. Sígueme, Salamanca 1995.
- Fuster, S., *Milenarismos. El cristianismo en la encrucijada del año 2000*. Edibesa, Madri 1997.
- Ganuza, J. M., *El ecumenismo. Una nueva actitud*. Paulinas, Caracas 1965.
- García Hernando, J., *Los matrimonios mitos en España*. PPC, Madri 1975.
- García Hernando, J., *La unidad es la meta. La oración el camino*. Atenas, Madri 1996.
- Gebara, I., *Teología a ritmo de mujer*. San Pablo, Madri 1995.
- Gill, J., *Eugenio IV. Papa de la unión de los cristianos*. Espasa-Calpe, Madri 1967.
- Goedt, M., *Fe en Cristo y diálogos del cristiano*. Península, Barcelona 1969.
- Goitia, J., *El cristianismo roto. Génesis y evolución de las grandes Iglesias*. Universidade de Deusto, Bilbao 1996.
- González, M., *Marchas marianas de unidad*. OPE, Caleruega-Burgos 1969.
- González Montes, A., *Reforma luterana y tradición católica*. Universidade Pontifícia de Salamanca, Salamanca 1987.
- González Montes, A. (ed.), *Justificados en Jesucristo (La justificación en el diálogo ecuménico actual)*. Centro de Estudos Orientais e Ecumênicos, Salamanca 1989.
- González Montes, A. (ed.), *Enchiridion oecumenicum*, vol I. Universidade Pontifícia de Salamanca, Salamanca 1986; vol II, Universidade Pontifícia de Salamanca, Salamanca 1993.
- González Montes, A. (ed.), *Pasión de verdad (Newman, cien años después: el hombre y la obra)*. Centro de Estudos Orientais e Ecumênicos, Salamanca 1992.

- Goodall, N., *El movimiento ecuménico*. La Aurora, Buenos Aires 1970.
- Grau, J., *El ecumenismo y la Biblia*. Ediciones Evangélicas Europeas, Barcelona 1973.
- Guitton, J., *Diálogo con los precursores*. Taurus, Madri 1963.
- Guitton, J., *Cristo desgarrado*. Cristiandad, Madrid 1965.
- Guitton, J., *Silencio sobre lo esencial*. Edicep, Valencia 1988.
- Häring, B., *Mi experiencia con la Iglesia*. PS Editorial, Madri 1989.
- Häring, B., *Las cosas deben cambiar. Una confesión valiente*. Herder, Barcelona 1995.
- Herberg, W., *Católicos, protestantes y judíos*. Libreros Mexicanos Unidos, México 1964.
- Howe, R. L., *El milagro del diálogo*. CPC, São José de Costa Rica 1962.
- HowelI, L., *Fe en acción (La obra del Consejo Mundial de Iglesias desde 1975)*. Conselho Mundial de Igrejas, Genebra 1982.
- Igartua, J. M., *La esperanza ecuménica de la Iglesia*. BAC, Madri 1970, 2 vols.
- Ispa, *El ecumenismo en el mundo*. Estela, Barcelona 1964.
- Ispa, *¿Es posible Ia unión con el oriente cristiano?* Estela, Barcelona 1965.
- Javierre, A., *Promoción conciliar del diálogo ecuménico*. Cristiandad, Madri 1966.
- Javierre, A., *La unión de las Iglesias*. Instituto Teológico Salesiano de Guatemala, Madri 1977.
- João Paulo II, *Nuevo paso hacia la unidad (Ankara, Estambul, Efeso, Esmirna)*. BAC, Madri 1980.
- Karrer, O., *Visión católica de la herencia protestante*. Fax, Madri 1966.
- Karrer, O., *La unidad cristiana: don y deber*. Eler, Barcelona 1967.
- Koening, F., *Iglesia, ¿adónde vas?* Sal Terrae, Santander 1986.
- Küng, H., *El concilio y la unión de los cristianos*. Herder, Santiago de Chile 1962.
- Küng, H., *Para que el mundo crea*. Herder, Barcelona 1966.
- Küng, H., *Mantener la esperanza (Escritos para la reforma de la Iglesia)*. Trotta, Madri 1993.
- Küng, H., *Grandes pensadores cristianos (Una pequeña introducción a la teología)*. Trotta, Madri 1995.
- Kuschel, K. J., *Discordia en la casa de Abrahán (Lo que separa y lo que une a judíos, cristianos y musulmanes)*. Verbo Divino, Estella 1996.

- Lambert, B., *El problema ecuménico*. Guadarrama, Madri 1963.
- Lanne, E., *La oración ecuménica*. Desclée, Bilbao 1973.
- Leeming, B., *Las Iglesias y la Iglesia. (Estudio sobre el ecumenismo)*. Vergara, Barcelona 1963.
- Le Guillou, M. J., *El espíritu de la ortodoxia griega y rusa*. Casal i Vall, Andorra 1963.
- Le Guillou, M. J., *Misión y unidad (Exigencias de la comunión)*. Estela, Barcelona 1963.
- Lengsfeld, P., *Tradición, Escritura e Iglesia en el diálogo ecuménico*. Fax, Madri 1967.
- León, J., *Teología de la unidad*. La Aurora, Buenos Aires 1971.
- Lescrauwaet, J., *La unidad de los cristianos en la Biblia*. Verbo Divino, Estella 1970.
- Leuba, J. L., *Institución y acontecimiento*. Sígueme, Salamanca 1969.
- Lindbeck, G., *El diálogo está abierto (Las tres primeras sesiones del concilio vistas por los observadores luteranos)*. Cultura Popular, Barcelona 1967.
- Loades, A. de, *Teología feminista*. Desclée, Bilbao 1997.
- Lortz, J., *Unidad europea y cristianismo*. Guadarrama, Madri 1964.
- Lubac, H. de, *Diálogo sobre el Vaticano II*. BAC, Madri 1985.
- Mackintosch, H. R., *Corrientes teológicas contemporáneas (De Schleiermacher a Barth)*. Methopress, Buenos Aires 1964.
- Matabosch, A., *Liberación humana y unión de las Iglesias. El CEI entre Upsala y Nairobi (1968-1975)*. Cristiandad, Madri 1975.
- Matabosch, A., *La esperanza cristiana en un mundo conflictivo (Conferencia de Fe y Constitución en Bangalore, 1978)*. Lumen, Vitória 1979.
- Máximos IV, *La voz de la Iglesia en oriente*. Taurus, Madri 1965.
- Michael, J. P., *Cristianos en busca de una Iglesia (El movimiento ecuménico y Roma)*. Jus, México 1962.
- Michalon, P., *La unidad de los cristianos*. Casal i Vall, Andorra 1968.
- Michalon, P., *Ecumenismo y unidad cristiana*. Marova, Madri 1969.
- Míguez Bonino, J., *El futuro del ecumenismo*. La Aurora, Buenos Aires 1976.
- Míguez Bonino, J.-Alvarez, C.-Craig, R. (eds.), *Protestantismo y liberalismo en América latina*. Sebila, São José de Costa Rica 1983.
- Newman, J., *Vía media de la Iglesia anglicana (Conferencias sobre la función profética de la Iglesia considerada en relación con el sistema romano y con el protes-*

tantismo popular). Centro de Estudos Orientais e Ecumênicos, Salamanca 1994.
- Newman, J., *Ensayo sobre el desarrollo de la doctrina cristiana*. Centro de Estudos Orientais e Ecumênicos, Salamanca.
- Nicolau, M., *Decreto sobre el ecumenismo. Texto y comentario*. Apostolado da Imprensa, Madrid1965.
- Núñez, E. A., *Teología de la liberación. Una perspectiva evangélica*, Caribe, Miami 1988.
- Ortiz, P., *Protestantismo y liberación*. Mensajero, Bilbao 1978.
- Paulo VI, *El diálogo ecuménico según la mente de Pablo VI*. BAC, Madri 1968.
- Panero, A., *Iglesia católica e Iglesias cristianas*. PS, Madri 1982.
- Parker, D., *Hacernos testigos de la unidad*. Zyx, Madri 1967.
- Pelypenko, A., *Ruptura y unión de la Iglesia*. Dom Bosco, México 1967.
- Pelypenko, A., *Oriente y el ecumenismo a la luz de la historia de Ucrania*. Instituto Salesiano Artes Gráficas, Buenos Aires 1969.
- Pérez, T., *18 propulsores del concilio*. Paulinas, Bilbao 1965.
- Philippe, M. D.-Finet, A., *Católicos y protestantes (Diálogo sobre la Iglesia)*. Aldecoa, Burgos 1968.
- Rahner, K.-Fries, H., *La unión de las Iglesias (Una posibilidad real)*. Herder, Barcelona 1987.
- Ratzinger, J., *Iglesia, ecumenismo y política (Nuevos ensayos de eclesiología)*. BAC, Madri 1987.
- Res, M. J. (ed.), *Del cielo a la tierra (Una antología de teología feminista)*. Sello Azul, Santiago do Chile 1994.
- Restrepo, I., *Taizé, una búsqueda de la comunión con Dios y con los hombres*. Sígueme, Salamanca 1975.
- Riber, M., *Catequesis del ecumenismo*. PPC, Madri 1966.
- Richard-Molard, G., *El concilio visto por un protestante*. Cid, Madri 1967.
- Rodríguez, P., *Iglesia y ecumenismo*, Rialp, Madri 1979.
- Sampedro, F., *Manual de ecumenismo. Iglesias cristianas y pastoral ecuménica*. Paulinas, Santiago do Chile 1988.
- Sánchez, J., *Oremos por la unidad*. Centro Ecumênico João XXIII, Salamanca 1964.
- Sánchez, J., *Ecumenismo. Manual de formación ecuménica*. Centro Ecumênico João XXIII, Salamanca 1971.
- Santa Ana, J., *Ecumenismo y liberación*. Paulinas, Madri 1987.
- Schatz, K., *El primado del papa (Su historia desde los orígenes hasta nuestros días)*. Sal Terrae, Santander 1996.

- Schillebeeckx, E., *Soy un teólogo feliz*. Atenas, Madri 1994.
- Schultze, B., *Teología latina y teología oriental*. Herder, Barcelona 1961.
- Schüssler Fiorenza, E., *Pero ella dijo (Prácticas feministas de interpretación bíblica)*. Trotta, Madri 1996.
- Schutz, R., *La unidad, esperanza de vida*. Estela, Barcelona 1965.
- Sheerin, J. B., *Reunión cristiana: el movimiento ecuménico y los católicos americanos*. Marfil, Alcoy 1967.
- Sölle, D., *Reflexiones sobre Dios*. Herder, Barcelona 1996.
- Stawrowsky, A., *Ensayo de teología irénica. La ortodoxia y el catolicismo*. Euramérica, Madri 1967.
- Tamayo-Acosta, J. J., *Para comprender la teología de la liberación*. Verbo Divino, Estella 1989.
- Tejero, E., *Convivencia hispana*. Sígueme, Salamanca 1979.
- Thils, G., *Historia doctrinal del movimiento ecuménico*. Rialp, Madri 1965.
- Thils, G., *El decreto sobre el ecumenismo. Comentario doctrinal*. Desclée, Bilbao 1968.
- Thils, G., *La Iglesia y las Iglesias, nuevas perspectivas del ecumenismo*. Palabra, Madri 1968.
- Thils, G., *¿Sincretismo o catolicidad?* Sígueme, Salamanca 1968.
- Thurian, M., *La unidad visible de los cristianos y la tradición*. Península, Barcelona 1965.
- Tillard, J. R., *El obispo de Roma (Estudio sobre el papado)*. Sal Terrae, Santander 1986.
- Vercruysse, J., *Introducción a la teología ecuménica*. Verbo Divino, Estella 1995.
- Vidal, D., *Reconciliación, ¿con quién?* IEE, Madri 1973.
- Vila, D., *El conflicto de las Iglesias*. Clie, Tarrasa 1970.
- Vilanova, E., *Historia de la teología cristiana (Siglos XVIII, XIX y XX)*. vol. III, Herder, Barcelona 1992.
- Vilar, J. B., *Intolerancia y libertad en la España contemporánea. Los orígenes del protestantismo español actual*. Istmo, Madri 1994.
- Villain, M., *Introducción al ecumenismo*. Desclée, Bilbao 1962.
- Vischer, L. (ed.), *Texto y documentos de la Comisión Fe y Constitución (1910-1969) del Consejo Ecuménico de las lglesias*. BAC, Madri 1972.
- Visser't Hooft, W. A., *Hacia una nueva cristiandad*. Desclée, Bilbao 1973.
- Vodopivec, J., *La Iglesia y las Iglesias*. Herder, Barcelona 1961.
- Vries, W., *Ortodoxia y catolicismo*. Herder, Barcelona 1967.

- Winling, R., *La teología del siglo XX (La teología contemporánea: 1945-1980)*. Sígueme, Salamanca 1987.
- Zahrnt, H., *A vueltas con Dios (La teología protestante en el siglo XX)*. Hechos y Dichos, Zaragoza 1972.
- Zernov, N., *Cristianismo oriental (Orígenes y desarrollo de la Iglesia ortodoxa oriental)*. Guadarrama, Madri 1962.

3. Em inglês

- Abraham, K. C., *Third World Theologies (Commonalities and Divergences)*. Orbis Books, Maryknoll 1990.
- Alting von Gesau, L., *Ecumenism and the Roman Catholic Church*. Sheed and Ward, Londres 1966.
- Amirtham, S.-Moon, C. (eds.), *The Teaching of Ecumenics*. WCC, Genebra 1987.
- Baum, G.-Wells, H., *The Reconciliation of Peoples. Challenge to the Churches*. Orbis Books, Maryknoll 1997.
- Beckwith, R., *The Church of England: what it is, and what it stands for*. Latimer House, Oxford 1992.
- Bent, A. J. van der (ed.), *World Council of Churches. Handbook Member Churches*. WCC, Genebra 1982.
- Best, T. F. (ed.), *Faith and Order (1985-1989). The Commission Meeting at Budapest 1989*. WCC, Genebra 1990.
- Bevans, S., *Models of Contextual Theology: The Struggle for Cultural Relevance*. Orbis Books, Maryknoll 1992.
- Birmelé, A., *Local Ecumenism (How Church Unity is seen and practised by congregations)*. WCC, Genebra 1984.
- Bluck, J., *Everyday ecumenism*. WCC, Genebra 1987.
- Bouyer, L., *The Spirit and Forms of Protestantism*. World Publishing Company, Cleveland 1964.
- Bradbury, D. (trad.), *The Russian Orthodox Church*. Progress Publishers, Moscú 1982.
- Bria, I.-HeJler, D., *Ecumenical Pilgrims (Profiles of Pioneers in Christian Reconciliation)*. WCC Publications, Genebra 1995.
- Brinkman, M., *Progress in Unity? Fifty Years of Theology Within the World Council of Churches (1945-1995): A Study Guide*. Eerdmans, Grand Rapids 1995.
- Butler, D., *Dying To Be One. English Ecumenism: History, Theology and the Future*. SCM, Londres 1996.
- Campbell, J. T., *Songs of Zion: The African Methodist Episcopal Church in the United States and South Africa*. Oxford University Press, Nova York 1995.
- Cashmore, G.-Puls, J., *Clearing the Way (En Route to an Ecumenical Spirituality)*. WCC, Genebra 1990.
- Davies, H., *Worship and Theology in England. The Ecumenical Century (1900-1965)*. Princeton University Press 1965.

- Dionne, J. R., *The Papacy and the Church. A Study and Reception in Ecumenical Perspective*. Philosophical Library, Nova York 1987.
- Dombes, Groupe des, *For the Conversion of the Churches*. World Council of Churches, Genebra 1993 (ed. original 1991).
- Evans, G. R., *The Church and the Churches (Toward an Ecumenical Ecclesiology)*. Cambridge University Press, Cambridge 1994.
- Fey, H. E. (ed.), *The Ecumenical Advance. A History of the Ecumenical Movement (1948-1968)*. SPCK, Londres 1970.
- Flory, M., *Moments in Time: One Woman's Ecumenical Journey*. Friendship, Nova York 1995.
- Fournier, K.-Watkins, W., *A House United? Evangelicals and Catholics Together: A Winning Alliance for the 21st Century*. Navpress, Colorado Springs 1994.
- Gasmann, G. (ed.), *Documentary History of Faith and Order (1963-1993)*. WCC, Genebra 1993.
- Hagen, K. (ed.), *The Quadrilog: Tradition and the Future of Ecumenism (Essays in Honor of George Tavard)*. Liturgical Press, Collegeville 1994.
- Hale, R., *Canterbury and Rome, Sister Churches (A Roman Catholic monk reflects upon reunion in diversity)*. Paulist Press, Nova York 1982.
- Highlights, L., *Church and Oecumene in the Netherlands*. J. A. Hebly, Utrecht 1972.
- Hollis, M., *The Significance of South India Church*. John Knox Press, Richmond 1966.
- Hordern, W. E., *A Layman's Guide to Protestant Theology*. MacMillan, Nova York 1986.
- Horgan, Th. D. (ed.), *Walking Together (Roman Catholics and Ecumenism Twenty-five Years after Vatican II)*. William B. Eerdmans, Grand Rapids 1990.
- Howard Hopkins, C., *John R. Mott, (1865-1955). A Biography*. William B. Eerdmans, Grand Rapids 1979.
- Hüffmeier, W.-Podmore, C. (eds.), *Leuenberg, Meissen and Porvoo: Consultation between the Churches of the Leuenberg Church Fellowship and the Churches Involved in the Meissen Agreement and the Porvoo Agreement (6-20 septembert 1995)*. Otto Lembeck, Francfort 1996.
- Hurley, M., *Theology of ecumenism*. Fides, Notre Dame 1968.
- Irvin, D. T., *Hearing Many Voices: Dialogue and Diversity in the Ecumenical Movement*. Lanham, Nova York 1994.
- Isasi-Díaz, A. M., *Mujerista Theology: A Theology for the Twenty-First Century*. Orbis Books, Maryknoll 1996.
- Jenson, R. W., *Unbaptized God (The Basic Flaw in Ecumenical Theology)*. Fortress Press, Minneápolis 1992.
- Jones, A. W., *Journey into Christ*. Seabury Press, Nova York 1977.

- Kinnamon, M. (ed.), *Signs of the Spirit (Official Report. Seventh Assembly)*. WCC Publications, Genebra 1991.
- Kinnamon, M.-Cope, B. (eds.), *The Ecumenical Movement (An Anthology of Key Texts and Voices)*. WCC Publications, Ginebra- William B. Eerdmans, Grand Rapids 1997.
- Koet, J.-Galema, L. (eds.), *Hearth of Unity: Forty Years of Foyer Unitas (1952-1992)*. Eerdmans, Grand Rapids 1996.
- Lange, E., *And yet it moves (Dream and Reality of the Ecumenical Movement)*. WCC, Genebra 1979.
- Leith, J. H., *Introduction to the Reformed Tradition*. John Knox Press, Atlanta 1981.
- Lidgett, H., *Called To Be One: The Work Book*. Churches Together in England, Londres 1996.
- Lossky, N.-Míguez Bonino, J. (eds.), *Dictionary of the Ecumenical Movement*. WCC, Genebra-William B. Eerdmans, Grand Rapids 1991.
- Mackay, J., *Ecumenics: The Science of the Church Universal*. Prentice-Hall, Englewood Cliffs 1964.
- Marty M.-Appleby, R. (eds.), *Accounting for Fundamentalisms: The Dynamic Character of Movements*. University of Chicago Press, Chicago 1994.
- McAdoo, H. R., *Anglican Heritage: Theology and Spirituality*. The Canterbury Press, Norwich 1991.
- McNeill, J. T., *Unitive Protestantism. The Ecumenical Spirit and Its Persistent Expression*. John Knox Press, Richmond 1964.
- Meyendorff, J., *Rome, Constantinople, Moscow. Historical and Theological Studies*. St. Vladimir Seminary Press, Nova York 1996.
- Michael, A. (ed.), *Catholic Perspectives on Baptism, Eucharist and Ministry (A Study commissioned by Catholic Theological Society of America)*. University Press of America, Nova York 1986.
- Míguez Bonino, J., *Faces of Latin American Protestantism*. W. B. Eerdmans, Grand Rapids 1996.
- Neill, S., *Men of Unity*. SCM Press, Londres 1960.
- Nockles, P. B., *The Oxford Movement in Context (Anglican High Churchmanship, 1760-1857)*. University Press, Cambridge 1997.
- Norgren, W. (ed.), *Ecumenism of the Possible: Witness, Theology and the Future Church*. Forward Movement Pub., Cincinnati 1994.
- Norris, F. W., *The Apostolic Faith. Protestants and Catholics*. The Liturgical Press, Collegeville 1992.
- O'Brien, J. A., *Steps to Christian Unity (The crucial issues of Christian Unity discussed by 24 outstanding ecumenical leaders)*. Collins, Londres 1965.

- Patelos, C. G., *The Orthodox Church in the Ecumenical Movement (Documents and Statements 1902-1975)*. WCC, Genebra 1978.
- Paton, D. (ed.), *Breaking Barriers. Nairobi 1975*. SPCK, Londres 1976.
- Pawley, B. M., *Rome and Canterbury through Four Centuries (A Study of the Church of Rome and the Anglican Churches, 1530-1973)*. Seabury Press, Nova York 1975.
- Peerman, D.-Marty, M. (eds.), *A Handbook of Christian Theologians*. Abingdon Press, Nashville 1992.
- Pelikan, J., *Obedient Rebels (Catholic substance and Protestant principle in Luther's Reformation)*. SCM, Londres 1964.
- Petre, J., *By Sex Divided (The Church of England and Women Priests)*. Harper Collins, Londres 1994.
- Pollard, A., *The Failure of the Church of England? The Church, the Nation and the Anglican Communion*. Latimer House, Oxford 1994.
- Price, D. W., *Unity in itself? (The Stevenage Experiment in Group Ministry)*. SPCK, Londres 1963.
- Purdy, W., *The Search for Unity (Relations between the Anglican and Roman Catholic Churches from the 1950s. to the 1970s.)*. Geoffrey Chapman, Londres 1996.
- Raiser, K., *Ecumenism in Transition. A Paradigm Shift in the Ecumenical Movement?* WCC, Genebra 1993.
- Rouse, R.-Neill, St. (eds.), *A History of the Ecumenical Movement (1517-1948)*. SPCK, Londres 1954 (1967, 2ª ed.).
- Rowell, G. (ed.), *The English Religious Tradition and the Genius of the Anglicanism*. IRON, Oxford 1992.
- Russell, L.-Shannon, J. C. (eds.), *Dictionary of Feminist Theologies*. Mowbray, Londres 1996.
- Sabev, T., *The Orthodox Churches in the World Council of Churches. Towards the Future*. WCC, Genebra 1996.
- Schatz, K., *Papal Primacy: From Its Origins to the Present*. Liturgical Press, Collegeville 1996.
- Shinn, R.-Albrecht, P. (eds.), *Faith and Science in an unjust World*. WCC, Genebra 1980, 2 vols.
- Speer, R. E., *Christianity and the Nations*. Revell, Londres 1910.
- Strehle, S., *The Catholic Roots of the Protestant Gospel*. Brill, Leyde 1995.
- Tavard, G. H., *A Review of Anglican Orders (The Problem and the Solution)*. The Liturgical Press, Collegeville 1990.
- Tesfai, Y., *Liberation and Orthodoxy: The Promise and Failures of Interconfessional Dialogue*. Orbis Books, Maryknoll 1996.
- Tomkins, O., *A Time for Unity*. SCM Press, Londres 1964.

- Vassiliadis, P. (ed.), *Oikoumene and Theology. The 1993-95 Erasmus Lectures in Ecumenical Theology*. Paratiritis, Tesalónica 1996.
- Waddams, H., *The Church and Man's Struggle for Unity*. Blandford Press, Londres 1968.
- Wainwright, G., *Methodists in Dialogue*. Abingdon Press, Nashville 1995.
- Wainwright, G., *Worhisp with one accord (Where Liturgy and Ecumenism Embrace)*. Oxford University Press, Nova York 1997.
- Weber, H.-Ruedi, *The Courage to Live (A Biography of Suzanne de Diétrich)*. WCC, Genebra 1995.
- Weber, H.-Ruedi, *A Laboratory for Ecumenical Life (The Story of Bossey 1946-1996)*. WCC, Genebra 1996.
- Wesley Soper, D., *Men Who Shape Belief (Mayor Voices in American Theology)* vol. II. Kennikat Press, Port Washington 1969.
- William, F. D., *Third World Liberation Theologies. An Introductory Survey*. Orbis Books, Maryknoll 1992.
- Wright, R. (ed.), *A Communion of Communions: One Eucharist Fellowship (The Detroit Report and Papers of the Triennial Ecumenical Study of the Episcopal Church, 1976-1979)*. Seabury Press, Nova York 1979.

4. Em francês

- Adam, K., *Vers l'Unité Chrétienne. Le point de vue catholique*. Aubier, Paris 1949.
- Allmen, J. J. von, *Une réforme dans l'Église*. Duculot, Gembloux 1971.
- Barot, M., *Le Mouvement Oecuménique*. PUF, Paris 1967.
- Barth, K.-Cullmann, O. (eds.), *Catholiques et protestants. Confrontations théologiques*. Seuil, Paris 1963.
- Baum, G., *L'unité chrétienne d'après la doctrine des Papes de Léon XIII à Pie XII*. Cerf, Paris 1961.
- Belilos, L., *Unir les hommes*. La Colombe, Paris 1956.
- Birmelé, A., *Le salut en Jésus Christ dans les dialogues oecuméniques*. Cerf, Paris-Labor et Fides, Genebra 1986.
- Bivort de la Saudé, J., *Anglicans et catholiques. Le problème de l'union anglo-romaine (1833-1933)*. Plon, Paris 1948.
- Blaser, K., *Une Église, des confessions (Leur unité et désunion, leurs doctrines et pratiques)*. Labor et Fides, Genebra 1990.
- Boegner, M., *Le problème de l'unité chrétienne*. Je sers, Paris 1946.
- Boegner, M., *L'exigence oecuménique (souvenirs et perspectives)*. Albin Michel, Paris 1968.
- Bon, M. (ed.), *Le dialogue et les dialogues*. Centurion, Paris 1967.

- Bosc, J., *Unité dans le Seigneur*. Universitaires, Paris 1964.
- Bosc, J., *La foi chrétienne*. PUF, Paris 1965.
- Bouyer, L., *Du protestantisme à l'Église*. Cerf, Paris 1954.
- Bouyer, L., *Dom Lambert Beauduin, un homme d'Église*. Casterman, Paris 1964.
- Bouyer, L., *La spiritualité orthodoxe et la spiritualité protestante et anglicane*. Aubier, Paris 1965.
- Braaten, C., *La théologie luthérienne. Ses grands principes*. Cerf, Paris 1996.
- Brandi, S. M., *Rome et Cantorbéry. Commentaire de la Bulle "Apostolicae curae"*. Lethielleux, Paris 1988.
- Castro, E.-Vischer, L., *Ortodoxie et mouvement oecuménique*. Centro Ortodoxo, Chambésy 1986.
- Cerbelaud, D., *Écouter Israel. Une théologie chrétienne en dialogue*. Cerf, Paris 1995.
- Chappuis, J. M., *Rassemblés pour la vie. Rapport officiel. Sixième assemblée des Églises. Vancouver 1983*. Conseil Oecuménique des Églises, Genebra 1984.
- Comité mixte catholique-protestant en France, *Consensus oecuménique et différence fondamentale*. Le Centurion, Paris 1987.
- Commission internationale catholique-luthérienne, *Face à l'unité (Tous les textes officiels: 1972-1985)*. Cerf, Paris 1986.
- Congar, Y., *Chrétiens désunis. Principes d'un "oecuménisme" catholique*. Cerf, Paris 1937.
- Congar, Y., *Vraie et fausse réforme dans l'Église*. Cerf, Paris 1950.
- Congar, Y., *900 ans après (Notes sur le "Schisme oriental")*. Chevetogne 1954.
- Congar, Y., *Sainte Église*. Cerf, Paris 1963.
- Congar, Y., *Chrétiens en dialogue*. Cerf, Paris 1964.
- Congar, Y. (ed.), *Vocabulaire oecuménique*. Cerf, Paris 1970.
- Congar, Y., *Une passion: l'unité*. Cerf, Paris 1974.
- Congar, Y., *Je crois en l'Esprit Saint*. Cerf, Paris 1979-1980.
- Congar, Y., *Diversités et communion*. Cerf, Paris 1982.
- Congar, Y., *Martin Luther, sa foi, sa réforme*. Cerf, Paris 1983.
- Congar, Y., *La parole et le souffle*. Desclée 1984.
- Congar, Y., *Essais oecuméniques (Les hommes, le mouvement, les problèmes)*. Centurion, Paris 1984.
- Congar, Y., *Entretiens d'automne*. Cerf, Paris 1987.
- Congar, Y., *Église et papauté*. Cerf, Paris 1994.
- Conseil oecuméniquc du christianisme pratique, *La mission de l'Église dans le monde*. SCEL, Paris 1937.
- Conseil oecuménique du christianisme pratique, *Les Églises en face de Ieur tache actuelle (Rapport de la Conférence d'Oxford - 1937)*. SCEL, Paris 1938.

- Conseil Oecuménique des Églises, *L'Église universelle dans le dessein de Dieu* (I), *Le dessein de Dieu et le témoignage de l'Égiise* (II), *L'Église et le désordre de la société* (III), *L'Église et le désordre international* (IV), *La première Assemblée du Conseil Oecuménique des Églises. Rapport officiel* (V). Delachaux et Niestlé, Neuchâtel 1949.
- Conseil Oecuménique des Églises, *L'espéran-ce chrétienne dans le monde d'aujourd'hui, Evanston 1954*. Delachaux et Niestlé, Neuchâtel 1955.
- Conseil Oecuménique des Églises, *Nouvelle-Delhi 1961. Rapport de la Troisième Assemblée*. Delachaux et Niestlé, Neuchâtel 1962.
- Conseil Oecuménique des Églises, *Conférence mondiale de Foi et Constitution, Louvain 1971*. lstina, Paris 1971.
- Cottret, B., *Calvin, biographie*. Lattès, Paris 1995.
- Cullmann, O.-Quanbeck, W. A. (eds.), *Le dialogue est ouvert (Le concile vu par Ies obser-vateurs luthériens)*. Delachaux et Niestlé, Neuchâtel 1965.
- Cwiertniak, S., *La Vierge Marie dans la tradition anglicane*. Fleurus, Paris 1958.
- Cwiertniak, S., *Étapes de la pietas anglicana*. Saint Paul, Paris 1962.
- Desseaux, J., *Dialogues théologiques et accords oecuméniques*. Cerf, Paris 1982.
- Desseaux, J. E., *Vingt siècles d'histoire oecuménique*. Cerf, Paris 1983.
- Dick, I., *Les melkites. Grecs-orthodoxes et grecs-cathoIiques des patriarcats d'Antioche, d'Alexandrie et de Jérusalem*. Brepols, Turnhout 1994.
- Dombes, Groupe des, *Pour la communion des Églises (L'apport du groupe des Dombes, 1937-1987)*. Le Centurion, Paris 1988.
- Dombes, Groupe des, *Marie dans le dessein de Dieu et la communion des saints*. Bayard-Centurion, Paris 1997.
- Dumas, A., *Protestants*. Les Bergers et les Mages, Paris 1987.
- Dumas, A., *Marie de Nazareth*. Labor et Fides, Genebra 1989.
- Dumont, C. J., *Les voies de l'unité chrétienne. Doctrine et spiritualité*. Cerf, Paris 1954.
- Dvornik, F., *Byzance et la primauté romaine*. Cerf, Paris 1964.
- Fath, P., *Du catholicisme romain au christianisme évangélique (Réponse au P. Louis Bouyer)*. Berger, Paris 1957.
- Foi et Constitution, *Actes Officiels de la Deuxième Conférence Universelle. Edimbourg 1937*. Fischbacher, Paris 1939.
- Foi et organisation, *La conférence oecuménique de Lausanne. 1927*. Fischbacher, Paris 1928.

- Frost, F., *Oecuménismc*. Letouzey-Ané, Paris 1984.
- Fuchs, E., *L'éthique protestante. Histoire et enjeux*. Labor et Fides, Genebra 1990.
- Gaguère, F., *Vers l'unité chrétienne. Drummond et Bossuet (Leur correspondence, 1685-1704)*. Beauchesne, Paris 1963.
- Gavalda, B., *Le mouvement oecuménique*. PUF, Paris 1959.
- Geense, A., *Oecuménisme et universalisme. Propos d'un théologien européen*. Labor et Fides, Genebra 1996.
- Girault, R., *Construire l'Église une*. Desclée, Paris 1990.
- Gratieux, A.-Guitton, J., *Trois serviteurs de l'unité chrétienne. Le père Portal, Lord Halifax, le cardinal Mercier*. Cerf, Paris 1937.
- Gratieux, A., *L'amitié au service de l'union (Lord Halifax et l'abbée Portal)*. Bonne Presse, Paris 1950.
- Guillaumont, A., *Études sur la spiritualié de l'orient chrétien*. Bellefontaine, Paris 1996.
- Jones, S., *L'Église d'Angleterre et le Saint-Siège. Propos sur la réunion*. Arthaud, Grenoble 1940.
- Lescrauwaet, M., *Le problème de l'unité chrétienne*. Apostolat des Éditions, Paris 1972.
- Leuba, J. L., *Á la découverte de l'espace oecuménique*. Delachaux et Niestlé, Neuchâtel 1967.
- Leuba, J. L. (ed.), *Perspectives actuelles sur l'oecuménisme*. Académie Internationale des Sciences Religieuses, Lovaina 1995.
- Longton, J., *Fils d'Abraham. (Panorama des communautés juives, chrétiennes et musulmanes)*. Brepols, Maredsous 1997.
- Lossky, V., *Théologie mystique de l'Église d'Orient*. Aubier, Paris 1944.
- Martineau, S., *Pédagogie de l'oecuménisme*. ISPC, Fayard-Mame, Paris 1965.
- Martineau, S., *Les Anglicans (Fils d'Abraham)*. Brepols, Turnhout 1996.
- Mehl, R., *La théologie protestante*. PUF, Paris 1967.
- Meyendorff, J., *L'Église orthodoxe hicr et aujourd'hui*. Seuil, Paris 1995.
- Minnerath, R., *De Jérusalem à Rome: Pierre et l'unité de l'Église apostolique*. Beauchesne, Paris 1994.
- Morerod, C., *Cajetan et Luther en 1518*. Universitaires, Friburgo 1994.
- Parker, D., *Devenir témoin de l'unité*. L'Épi, Paris 1964.
- Parré, P.-Francis, P., *Rapprochements anglicans-catholiques romains aux XIX et XX siècles*. Service de Presse, Malinas 1996.
- Perreau, C., *Un chemin d'unité: hommage au père Jacques Elisée Desseaux (1923-1984)*. Cerf, Paris 1994.
- Ramsey, A. M., *Récents développements de la théologie anglicane (De Gore à Temple)*. Desclée, Tournai 1967.

- Rinvolucri, M., *Anatomie d'une Église. L'Église grecque d'aujourd'hui*. Spes, Paris 1969.
- Rouillard, P., *Le livre de l'unité*. Cerf, Paris 1967.
- Schmemann, A., *Le chemin historique de l'orthodoxie*. YMCA Press, Paris 1995.
- Sesboüé, B., *Pour une théologie oecuménique*. Cerf, Paris 1990.
- Stauffer, R., *La Réforme*. PUF, Paris 1970.
- Tavard, G. H., *La poursuite de la catholicité (Études sur la pensée anglicane)*. Cerf, Paris 1965.
- Tillard, J. M., *L'Église locale. Ecclésiologie de communion et catholicité*. Cerf, Paris 1995.
- Willaime, J. P., *Vers de nouveaux oecuménismes (Les paradoxes contemporains de l'oecuménisme: recherches d'unité et quêtes d'identité)*. Cerf, Paris 1989.
- Villain, M. (ed.), *Oecuménisme spirituel (Les écrits de l'abbé Paul Couturier)*. Casterman, Paris 1963.
- Visser't Hooft, W A., *Le temps du rassemblement. Mémoirs*. Seuil, Paris 1975.

5. Em alemão

- Benz, E., *Patriarchen und Einsiedler (Der tausendjährige Athos und die Zukunft der Ostkirche)*. Eugen Diederichs Verlag, Düsseldorf 1964.
- Breitmaier, I., *Das Thema der Schöpfung in der Ökumenischen Bewegung 1948 bis 1988*. Peter Lang Verlag, Francfort 1995.
- Bundschuh-Schramm, C., *Einheit und Vielheit der Kirchen: Ökumene im konziliaren Prozess*. Köhlhammer, Stuttgart 1993.
- Dombes, Groupe des, *Für die Umkehr der Kirchen: Identität und Wandel im Vollzug der Kirchengemeinschaft*. Lembeck, Francfort 1994.
- Erni, R., *Das christusbild der Ostkirche*. Räber, Lucerna 1963.
- Fleinert-Jensen, F., *Das Kreuz und die Einheit der Kirche: Skizzen zu einer Kreuzestheologie in ökumenischer Perspektive*. Evangelische Ver-lagsanstalt, Berlim 1994.
- Flogaus, R., *Theosis bei Palamas und Luther*. Vandernhoeck/Ruprecht, Gotinga 1997.
- Fries, H., *Ein Glaube. Eine Taufe. Getrennt beim Abendmahl?* Styria Verlag, Graz 1971.
- Gahbauer, F., *Die Regensburger Ökumenischen Symposien und der nachkonziliare ost-westliche Dialog*. Bonifatius, Paderborn 1996.
- Hahn, U. (ed.), *Ökumene wohin?: Die Kirchen aufdem Weg ins dritte Jahrtausend*. Bonifatius, Paderborn 1996.

- Henkel, A., *Geistliche Erfahrung und geistliche Übungen bei Ignatius von Loyola und Martin Luther. Die ignatianischen Exerzitien in ökumenischer Relevanz.* Peter Lang, Francfort 1995.
- Koerrenz, R., *Ökumenisches Lernen.* Gütterslohen Verlags Mohn, Gütersloh 1994.
- Kühn, U., *Die eine Kirche als Ort der Theologie.* Vandenhoeck/Ruprecht, Gotinga 1997.
- Neumann, B., *Sakrament und Ökumene (Studien zur deutschsprachigen evangelischen Sakramententheologie der Gegenwart).* Bonifatius Verlag, Paderborn 1997.
- Nikolaou, T., *Askese, Mönchtum und Mistik in der orthodoxen Kirche.* EOS Verlag, St. Ottilien 1995.
- Payer, A., *Der Ökumenische Patriarch Athenagoras I. Ein Friedensbringer aus dem Osten.* Catholica Unio, Wurzburgo 1986.
- Pfürtner, St., *Luther und Thomas im Gespräch.* F. H. Kerle Verlag, Heidelberg 1961.
- Raiser, K., *Wir stehen noch am Anfang: Ökumene in einer veränderten Welt.* Güttersloher Verlagshaus Mohn, Gütersloh 1994.
- Renkewitz, H., *Die Kirche auf dem Wege zur Einheit.* Güttersloher Verlagshaus, Gütersloh 1964.
- Roman catholic-lutheran joint Commission, *Kirche und Rechtfertigung: Das Verständnis der Rechtfertigungslehre.* Bonifatius, Paderborn 1994.
- Sauer, R., *Ökumene im Religionsunterricht (Glauben lernen im evangelisch-katolischen Dialog).* Güttersloher Verlag, Gütersloh 1994.
- Scheele, P. W. (ed.), *Für die Einheit in Christus: Ein ökumenisches Gebetbuch.* Neue Stadt, Munich 1997.
- Simon, R., *Das Filioque bei Thomas von Aquin: Eine Untersuchung zur dogmengeschichtlichen Stellung, theologischen Struktur und ökumcnischen Perspektive der thomanischen Gotteslehre.* Peter Lang, Francfort 1994.
- Taube, R. (ed.), *Grezenlos leben?: Ökumenische Frauengottesdienste.* Echter, Wurburgo 1995.
- Weinrich, M., *Ökumene am Ende?: Plädoyer für einem neuen Realismus.* Neukirchener, Neukirchen-Vluyn 1997.

Termos

A

- Acordos ecumênicos, 9
- Adventistas, 11
- Aliança batista mundial, 13
- Aliança reformada mundial, 13
- Amsterdã (Assembléia de), 14
- Anabatistas, 15
- Anglicana (Comunhão), 16
- Anglo-católicos, 19
- *Apostolicae curae*, 20
- Apostolicidade, 20
- Assembléias de Deus, 24
- Associação ecumênica de teólogos do Terceiro Mundo, 25
- Atenágoras I, 27
- *Augsburgo (Confissão de)*, 28
- Autocéfalas (Igrejas), 29
- Autoridade, 30

B

- *Barmen (Confissão de)*, 33
- Barth, Karl, 36
- Basiléia (Assembléia ecumênica européia), 37
- Batismo, 38
- Batistas, 40
- Bea, Agostinho, 42
- Beauduin, Lambert, 42
- BEM (*Documento de Lima*, 1982), 43
- *Bíblia*, 45
- Bilateral, multilateral (Tipos de diálogo teológico), 47
- "Black Theology", 48
- Boegner, Marc, 49
- Bonhoeffer, Dietrich, 50
- *Book of common prayer*, 51
- Bossey (Instituto de), 53
- Brent, Charles, 54

C

- Calvinismo, 54
- Calvino, João, 57
- Camberra (Assembléia de), 59
- Carismático (Movimento), 60

- Catolicidade, 62
- Centros ecumênicos, 64
- Chevetogne, 66
- Cisma, 66
- CLAI, 67
- Colegialidade, 68
- Comissões mistas, 70
- Conciliaridade, 75
- Concílio ecumênico, 76
- Conferência das Igrejas européias (KEK), 79
- Confissão de fé, 80
- Congar, Yves, 81
- Congregacionismo, 82
- Conselho das Conferências Episcopais Européias (CCEE), 84
- Conselho Ecumênico das Igrejas, 84
- Conselho Missionário Internacional, 86
- Conselho pontifício para a promoção da unidade, 88
- Contra-reforma, 89
- Conversão, 91
- Couturier, Paul, 93
- Cristologia, 93
- Cullmann, Oscar, 96
- Culto, 97

D

- Década ecumênica das Igrejas em solidariedade com as mulheres, 100
- Decreto do ecumenismo (UR), 101
- Denominação, 103
- Diálogo, 103
- Diálogo ecumênico, 105
- Diálogos teológicos, 106
- Dietrich, Suzanne de, 108
- *Diretório ecumênico*, 110
- Diversidade reconciliada, 111
- Divisão (da Igreja), 112
- Dogma, 114
- Dombes (Grupo de), 116
- Duprey, Pierre, 117

E

- Eclesiologia, 118
- Ecologia, 121
- Economia (*oikonomia*), 123
- Ecumenismo, 125

Termos / 383

- Edimburgo (Conferência de), 126
- Edimburgo ("Fé e Constituição"), 127
- *Enchiridion oecumenicum*, 127
- Episcopado, 128
- Episcopaliano, 131
- Erastiano, 131
- Escatologia, 132
- Espiritualidade ecumênica, 133
- Espírito Santo, 135
- Ética, 137
- Eucaristia, 140
- Evangélico, 143
- Evanston (Assembléia de), 144
- Evdokimov, Paul, 145
- Excomunhão, 146
- Exército de salvação, 147

F

- Fé, 148
- Federação Mundial de Estudantes Cristãos, 150
- Feminista (Teologia), 152
- FEREDE, 153
- "Fé e Constituição", 154
- "Filioque", 156
- Florovsky, Georges, 157
- Formação ecumênica, 158
- Fries, Heinrich, 160
- Fundamentalismo, 161

G

- García Hernando, Julián, 162
- Glossolalia, 163
- Graz (Assembléia ecumênica européia), 163
- Grupo de trabalho conjunto
    ("Joint Working Group"), 165
- Gutiérrez, Gustavo, 166

H

- Halifax, Lord, 167
- Heresia, 168
- Hermenêutica, 170
- Hierarquia de verdades, 170
- História da salvação, 172
- Histórico (Método), 173
- Huguenote, 175

I

- Ícone, 176
- Igreja "confessante", 177
- Igreja "eletrônica", 179
- Igreja Espanhola Reformada Episcopal (IERE), 180
- Igreja Evangélica Espanhola (IEE), 182
- Igreja local, 184
- Infalibilidade, 186
- Intercomunhão, 188
- Irenismo, 189

J

- Jesus Cristo, 190
- João Paulo II, 191
- João XXIII, 192
- *Justiça, paz e integridade da criação*, 193
- Justificação pela fé, 194

K

- *Kairós (Documento)*, 196
- King, Martin Luther, 198
- *Koinonia*, 199
- Küng, Hans, 200

L

- Laicato, 201
- Lambeth (Conferências de), 203
- *Lambeth (Quadrilátero de)*, 204
- Lausana, 205
- *Leuenberg (Acordo de)*, 205
- Liberdade religiosa, 206
- Libertação (Teologias da), 209
- *Lima (Liturgia de)*, 211
- Local (Ecumenismo), 211
- Lund (Conferência de), 212
- Luterana (Federação... mundial), 213
- Luteranismo, 214
- Lutero, Martinho, 216

M

- Malinas (Conversações de), 219
- Maria (no diálogo ecumênico), 220

Termos / 385

- Mártires ecumênicos, 223
- Matrimônios mistos, 224
- Mennonitas, 226
- Mercier, Désiré, 227
- Metodismo, 228
- Meyendorff, John, 229
- Milenarismo, 230
- Ministérios cristãos, 231
- Moravos (Irmãos), 233
- Mott, John Raleigh, 235

N

- Nairobi (Assembléia de), 236
- Neill, Stephen Charles, 237
- Newbigin, Lesslie, 237
- Newman, John Henry, 238
- Niebuhr, Reinhold, 240
- Niemöller, Martin, 241
- *Nostra aetate*, 242
- Nova Delhi (Assembléia de), 245
- Novos Movimentos Religiosos, 246
- *Novo Testamento*, 248

O

- *Oikoumene*, 250
- Oldham, Joseph Houldsworth, 254
- Oração pela unidade, 254
- Ordenação, 257
- Ordenação de mulheres, 259
- Ordenações anglicanas, 263
- Orientais (Igrejas ortodoxas), 267
- Ortodoxas (Igrejas), 269
- Ortodoxia, 272
- Oxford (Movimento de), 275

P

- Paulo VI, 276
- Pan-ortodoxas (Conferências), 277
- Patrística, 278
- Pentecostais, 279
- Pentecostes, 281
- Pietismo, 282
- Pluralismo, 282
- Polêmica, 284

- Portal, Fernando, 285
- Potter, Philip A., 287
- Presbiteriano, 287
- Presbítero, 288
- Primado romano, 290
- Proselitismo, 294
- Puritanismo, 295

Q

- Quakers, 296

R

- Racismo, 298
- Rahner, Karl, 299
- Ramsey, Arthur Michael, 301
- Recepção, 301
- Reforma, 303
- Religiosas (Comunidades), 304
- Revistas ecumênicas, 305
- "Revival", 307
- Rouse, Ruth, 307

S

- Sacerdócio, 309
- Sacramento, 311
- Salvação, 314
- Schutz, Roger, 315
- Seita, 316
- Semana de oração pela unidade dos cristãos, 318
- Seul (Assembléia ecumênica mundial de), 319
- Sincretismo, 320
- Sínodo, 321
- "Sobornost", 322
- "Social Gospel", 323
- SODEPAX, 324
- Söderblom, Nathan, 325
- "Sola Scriptura", 325

T

- Taizé (Comunidade de), 326
- Tantur (Instituto ecumênico de), 326
- Temple, William, 327

- Teologia ecumênica, 328
- Thurian, Max, 330
- Tillard, Jean-Marie, 331
- Tillich, Paul Johannes, 332
- *Tomos agapis*, 333
- Tradição e tradições, 334
- Trento (Concílio de), 336
- Trindade, 338

U

- "Una sancta" (Movimento), 340
- Uniatas, 340
- Unidade (cristã), 341
- Unidade da humanidade, 342
- "Unidas" (Igrejas), 344
- União orgânica, 345
- Upsala (Assembléia de), 346
- *Ut unum sint*, 347

V

- Valdenses, 348
- Vancouver (Assembléia de), 349
- Vaticano II, 350
- Veterocatólicos, 352
- "Vida e Ação", 354
- Vischer, Lukas, 355
- Visser't Hooft, Willen, 356

W

- Willebrands, Johannes G. M., 357

Y

- YMCA, 358

Índice referencial

Este índice pretende oferecer uma ajuda ao leitor, visto que muitos nomes próprios e referências conceituais, que se empregam freqüentemente no vocabulário ecumênico, não têm aqui uma introdução própria. Apresenta-se, pois, uma lista em ordem alfabética de alguns desses numerosos termos, que remetem através do sinal • a algum dos 245 vocábulos que se encontram neste dicionário.

A

"Aggiornamento"	• João XXIII
Aliança de emergência de pastores	• Niemöller, M.
Amish	• Menonistas
Andrewes, L.	• Anglo-católicos
Apartheid	• "Black Theology"; *Kairós (Documento)*
Ário	• Concílio ecumênico
Armênia (Igreja de)	• Orientais (Igrejas)
Arminiano	• Calvinismo
Arnold, G.	• Pietismo
Arnoldshain (Teses de)	• Comissões mistas
Asmussen, H.	• *Barmen (Confissão de)*
Assembléia geral	• Conselho Ecumênico das Igrejas
"Atonement"	• Religiosas (Comunidades)
Azariah, V. S.	• Edimburgo (Conferência de)

B

Baillie, J.	• Edimburgo
Balthasar, H. U. von	• Cristologia
Barat, M.	• Pentecostais
Barot, M.	• Federação mundial de estudantes cristãos
Base doutrinal	• Conselho Ecumênico das lgrejas
Beaupère, R.	• Centros ecumênicos
Bellarmino, R.	• Polêmica
Beza, T.	• Calvino, J.
Bispo	• Apostolicidade; Episcopado

390 / Índice referencial

Boesak, A.	• "Black Theology"
Booth, E.	• Exército de salvação
Bouyer, L.	• Eclesiologia
Brunner, E.	• Barth, K.; Presbiteriano
Buber, M.	• Diálogo
Bucer, M.	• *Book of common Prayer*
Bulgakov, S.	• "Sobornost"
Bultmann, R.	• Histórico (Método)
Bunyan, J.	• Puritanismo

C

Cabrera, J. B.	• Igreja espanhola reformada episcopal
Calcedônia	• Concílio ecumênico
Canon	• *Bíblia*
Carey, W.	• Batistas
Carson, B.	• Conselho Ecumênico das Igrejas
Cartas pastorais	• Autoridade
Castro, E.	• Conselho Ecumênico das Igrejas
Cayetano, C.	• Lutero, M.
Cerfaux, L.	• Eclesiologia
Chambéssy	• Pan-ortodoxas (Conferências)
Chikane, F.	• "Black Theology"
Ciclo ecumênico de oração	• Oração pela unidade
Ciência	• Ética
Cisma do Ocidente	• Cisma
"Class meeting"	• Metodismo
Cold Ash (Informe)	• Comissões mistas
Comitê central	• Conselho Ecumênico das Igrejas
"Communicatio in sacris"	• Intercomunhão
Comunhão aberta	• Eclesiologia
Conciliarismo	• Episcopado
Cone, J.	• "Black Theology"
Constantinopla	• Concílio ecumênico
Consulta de Amsterdã	• Seitas
Controvérsia	• Polêmica
Convergência	• Bilateral-multilateral (Tipos de diálogo teológico)
Copta, (Igreja)	• Orientais (Igrejas)
Cottrell (Informe)	• Seitas
"Cowley Fathers"	• Religiosas (Comunidades)
Cranmer, Th.	• Anglicana (Comunhão)
Crise ecológica	• Ecologia
"Cristãos alemães	• Igreja "confessante"

Índice referencial / 391

Cromwell	• Puritanismo
Cura pela fé	• Pentecostais

D

Damasceno, San J.	• Ícone
Daniélou, J.	• Patrística
Dei Verbum	• *Novo Testamento*
Denifle, H.	• Lutero, M.
Deotis Roberts, J.	• "Black Theology"
Despertares	• "Revival"
"Deus negro"	• "Black Theology"
Deuterocanônicos	• *Bíblia; Novo Testamento*
Dia de oração mundial	• Oração pela unidade
Diakonia	• Autoridade
Diálogo da caridade	• *Tomos agapis*
"Diálogo ecumênico"	• Revistas ecumênicas
Diáspora (Igrejas da)	• Ortodoxas (Igrejas)
Dibelius, M.	• Histórico (Método)
Dictatus Papae	• Primado romano
Dignitatis humanae	• Liberdade religiosa
Dimensão ecumênica	• Teologia ecumênica
Direitos da pessoa	• Liberdade religiosa
Dodd, C. H.	• Escatologia
Döllinger, J.	• Veterocatólicos
Dordrecht (Sínodo)	• Calvinismo
Doze	• Autoridade

E

Ebeling, G.	• Cristologia
Eck, J.	• Polêmica
Eclesiologia de comunhão	• *Koinonia*
Eclesiologia nacionalista	• Ortodoxia
"Ecumenical Review" (The)	• Revistas ecumênicas
Ecumenicidade	• "Sobornost"
Ecumenismo de base	• Local (Ecumenismo)
Edito de Nantes	• Huguenote
Eduardo Vl	• *Book of common Prayer*
Éfeso	• Concílio ecumênico
Erastus	• Erastiano
Etíope (Igreja)	• Orientais (Igrejas)
"Ex opere operato"	• Sacramento

F

Falso irenismo	• Irenismo
Família	• Ética
Farel, G.	• Calvino, J.
Flaccius, M.	• Polêmica

392 / Índice referencial

Fócio	• Ortodoxia
Fórum ecumênico de mulheres cristãs da Europa	• Feminista (Teologia)
Foster Dulles, J.	• Amsterdã (Assembléia de)
Fox, G.	• Quakers
Fração do pão	• Eucaristia
Francke, A. H.	• Pietismo
Fraternidade conciliar	• Conciliaridade
Fontes de Taizé	• Taizé (Comunidade de Taizé)
Fusão	• "Unidas" (Igrejas)

G

Gabriella de la Unidade	• Espiritualidade ecumênica
Galicanismo	• Episcopado
Gogarten, F.	• Barth, K.
González Montes, A.	• *Enchiridion oecumenicum*
Gordon Lang, C.	• Edimburgo (Conferência de)
Gould Harmon, H.	• Adventistas
Guitton, J.	• Divisão da Igreja

H

Hare Krihsna	• Novos movimentos religiosos
Harnack, A.	• Barth, K.
Henrique VlII	• Anglicana (Comunhão)
Hermenêutica suspeitosa	• Feminista (Teologia)
Hierarcologia	• Eclesiologia
"Holy Cross Order"	• Religiosas (Comunidades)
Hooker R.	• Anglo-católicos
Hromadka, J.	• Amsterdã (Assembléia de)
Hus, J.	• Moravos (Irmãos)

I

lconoclasta (Controvérsia)	• Ícone
Igreja	• Eclesiologia
"Igreja católica nacional polaca"	• Veterocatólicos
"Igreja da Índia do Sul"	• Episcopado
"Igreja filipina independente"	• Veterocatólicos
"lgreja negra"	• "Black Theology"

Índice referencial / 393

"Igrejas irmãs"	• Eclesiologia; *Tomos agapis*
Inácio de Antioquia	• Episcopado
Inculturação	• Culto
Índice dos livros proibidos	• *Trento* (Concílio de)
Indulgências	• M. Lutero
Inerrância	• *Bíblia*
Informe progressivo	• Seitas
Informe Rockefeller	• Igreja eletrônica
"In persona Christi"	• Sacerdócio
Instituição da religião cristã	• Calvino, J.
"Intentio faciendi"	• Ordenações anglicanas
Interpretação	• Hermenêutica
Intolerância religiosa	• Huguenote
Invalidez	• Ordenações anglicanas
"Istina"	• Revistas ecumênicas
"Irénikon"	• Revistas ecumênicas

J

Jeremias, J.	• Escatologia
Jerry, F.	• Igreja "eletrônica"
Jimmy, S.	• Igreja "eletrônica"
Jones, S.	• Espiritualidade ecumênica
Jornadas nacionais do ecumenismo	• García Hernando, J.
"Journal of Ecumenical Studies"	• Revistas ecumênicas
Journet, Ch.	• Eclesiologia

K

Kasper, W.	• Cristologia
"Katholikentage"	• "Una sancta"
Keble, J.	• Anglo-católicos (Movimento de Oxford)
Kehl, M.	• Eclesiologia
"Kirchentage"	• "Una sancta"
Knox, J.	• Presbiteriano
Kraemer, H.	• Laicato

L

Laberthonière, P.	• Portal, F.
Lang, C. G.	• Edimburgo
Laud, W.	• Anglo-católicos
Leão XIII	• *Apostolicae curae*; Halifax, Lord
Lima (Documento de)	• BEM
Lincoln, E.	• "Black Theology"

394 / Índice referencial

Língua vernácula	• Culto
Livro de oração comum	• *Book of Common Prayer*
Livros simbólicos	• Luteranismo
Lortz, J.	• Lutero, M.
Lubac, H. de	• Eclesiologia; Patrística
Luz interior	• Quakers

M

Maioria moral	• Igreja "eletrônica"
Malabar (Igreja)	• Orientais (Igrejas)
Manipulação biológica	• Ética
Manual de doutrinas	• Exército de salvação
Mariologia	• Maria (no diálogo ecumênico)
Marketing da fé	• Igreja "eletrônica"
Massachusetts Institute of Technology	• Ética
Mauro, São	• Patrística
McDonell, K.	• Pentecostais
Mediação de Maria	• Maria (no diálogo ecumênico)
Meditação transcendental	• Novos movimentos religiosos
Melanchton, F.	• Calvino, J.; Lutero, M.
Mello, M.	• Assembléias de Deus
Menno, S.	• Anabatistas
Método indutivo	• Libertação (Teologias da)
Migne, J. P.	• Patrística
Milênio	• Adventistas
Miller, W.	• Adventistas
Milton, J.	• Puritanismo
Missionárias da unidade	• Religiosas (Comunidades)
Missionárias ecumênicas	• Religiosas (Comunidades)
Modos de presença de Cristo	• Eucaristia
Monofisismo	• Concílio ecumênico
Monolitismo	• Pluralismo
Monte Athos	• Pan-ortodoxas (Conferências)
Moro, T.	• *Book of Common Prayer*
Mosteiro invisível	• Espiritualidade ecumênica
Movimentos totalitários	• Novos movimentos religiosos
Mulher	• Década ecumênica das Igrejas em solidariedade com as mulheres

Índice referencial / 395

Münster	• Anabatistas
Murner, Th.	• Polêmica

N

Não-calcedonianas	• Orientais (Igrejas)
Não-conformista	• Quakers
Não-violência	• King, M. Luther
Nestório	• Concílio ecumênico; Ortodoxas (Igrejas)
Nicéia	• Concílio ecumênico
"Norma normans"	• Confissão de fé
Notting Hill	• Racismo
"Nova Era"	• Novos movimentos religiosos

O

Obras meritórias	• Fé
"One in Christ"	• Revistas ecumênicas
"Ordinatio sacerdotalis"	• Ordenação de mulheres
Ortodoxia luterana	• Luteranismo
Otto, R.	• Tillich, P.

P

Pannenberg, W.,	• Cristologia
Parágrafo ariano	• Igreja "confessante"
Parker, M.	• Anglo-católicos; Ordenações anglicanas
Pastor aeternus	• Primado romano
"Pastoral ecumênica"	• Revistas ecumênicas
Patriarcado	• Autocéfalas (Igrejas)
Penn, W.	• Quakers
Piedade mariana	• Maria (no diálogo ecumênico)
Plessis, D.	• Pentecostais
Pneumatologia	• Ortodoxia
Pobres de Lyon	• Valdenses
Pontifícia Comissão Bíblica	• Fundamentalismo
Potter, Ph.	• Conselho Ecumênico das Igrejas
Prayer Book	• *Book of Common Prayer*; Ordenações anglicanas
Predestinação	• Calvinismo
Presença real	• Eucaristia
"Primus inter pares"	• Ortodoxas (Igrejas)

Processo conciliar	• Ecologia
"Pro dialogo"	• Revistas ecumênicas
Profecia	• Pentecostais
Programa de luta contra o racismo	• Nairobi (Assembléia de); Racismo
Protocanônicos	• *Bíblia*
Pullach (Informe)	• Comissões mistas
Pusey, E. B.	• Anglo-católicos; Oxford (Movimento de)

R

Raça	• Igreja "confessante"
Racismo	• Ética
Raiser K.	• Conselho Ecumênico das Igrejas
Rauschenbusch, W.	• "Social Gospel"
Recepção	• Conciliaridade; Infalibilidade
Reconciliação com a criação	• Graz (Assembléia ecumênica européia)
Regra de Taizé	• Schutz, R.
Reino de Deus	• YMCA
"Reunião corporativa"	• Halifax, Lord
Rito mozárabe	• Igreja espanhola reformada episcopal
Roberts, E.	• Assembléias de Deus
Roberston, P.	• Igreja "eletrônica"
Rodas	• Pan-ortodoxas (Conferências)
Rublev, A.	• Ícone

S

Sacerdócio dos fiéis	• Laicato
Sánchez, A.	• Igreja espanhola reformada episcopal
Schauenberg (Tese de)	• Comissões mistas
Schillebeeckx, E.	• Cristologia
Schleitheim (Confissão de)	• Anabatistas
Schweitzer, A.	• Escatologia
Secretariado nacional de ecumenismo	• García Hernando, J.
Secretariado romano para a unidade dos cristãos	• Conselho pontifício para a promoção da unidade
Seitas juvenis	• Novos movimentos religiosos

Índice referencial / 397

"Segunda reforma"	• Igreja evangélica espanhola"
"Seguridade nacional"	• Ética
"Sensus fidelium"	• Tradição e tradições; Recepção
Sesboüé, B.	• Dombes (Grupo de)
Seymour, W. J.	• Assembléias de Deus
Silêncio	• Quakers
"Simul iustus et peccator"	• Justificação pela fé
Sínodo europeu de mulheres	• Feminista (Teologia)
Síria, (Igreja)	• Orientais (Igrejas)
Sociedade bíblica britânica e estrangeira	• Comissões mistas
"Sola fide"	• "Sola Scriptura"
"Sola gratia"	• "Sola Scriptura"
Sölle, D.	• Cristologia
"Solus Christus"	• "Sola Scriptura"
Spener, Ph.	• Pietismo
Stott, J. R.	• Conselho missionário internacional
Suenens, L. J.	• Carismático (Movimento)

T

Taibo, R.	• Igreja espanhola reformada episcopal
Taylor, J.	• Anglo-católicos
Tecnologia	• Ética
Telepregadores	• Igreja "eletrônica"
Teologia contextual	• Libertação (Teologias da)
Teologia profética	• *Kairós (Documento)*
Tertio millenio adveniente	• João Paulo II; Mártires ecumênicos
Theotókos	• Ícone
Tracts for the Times	• Newman, J. H.
Tridentinismo	• Contra-reforma
Troeltsch, E.	• Seita
Trullo, (Concílio de)	• Economia
Tutu, D.	• "Black Theology"

U

"Una sancta"	• Revistas ecumênicas
Unidade na diversidade	• Pentecostes
Uniformidade	• Unidade cristã; Pluralismo
"Union Theological Seminary"	• Niebuhr, R.; Bonhoeffer, D.

V

"Unité des chrétiens"	• Revistas ecumênicas
Utrecht (União de)	• Veterocatólicos

V

Valdo, P.	• Valdenses
Vaticano l	• Autoridade
Velhos-crentes	• Cisma
Veneração	• Ícone
"Verbum caro"	• Revistas ecumênicas
"Vestigia Ecclesiae"	• Eclesiologia
Via media	• Calvinismo; Anglicana (Comunhão)
Villain, M.	• Espiritualidade ecumênica; Couturier, P.
Vladimiro, São (Instituto)	• Meyendorff, J.

W

Wainwright, G.	• Eclesiologia
Wattson, P.	• Semana da unidade
Weber, M.	• Seitas
Wesley, J.	• Metodismo
White, J.	• Adventistas
Williams, R.	• Batistas
Wilmore, G.	• "Black Theology"
Wilson, B.	• Seitas
Windsor (Acordo de)	• Eucaristia
"Womanist Theology"	• Feminista (Teologia)

Z

Zinzendorf, N. L.	• Moravos (Irmãos)
Zwingliana	• Reforma